辽宁省教育厅 2015—2018 年科学研究一般项目（W2015105）成果
大连外国语大学 2018 年度学科建设专项经费资助出版

深层汉语语法分析

袁庆德　著

中国戏剧出版社
CHINA THEATRE PRESS

图书在版编目（CIP）数据

深层汉语语法分析 / 袁庆德著．—北京：中国戏剧出版社，2019.4
ISBN 978-7-104-04776-6

Ⅰ．①深… Ⅱ．①袁… Ⅲ．①汉语－语法－研究
Ⅳ．①H14

中国版本图书馆 CIP 数据核字（2019）第 059208 号

深层汉语语法分析

项目策划：张恒军
责任编辑：王松林
项目统筹：崔晗珺
责任印制：冯志强

出版发行：中国戏剧出版社
出 版 人：樊国宾
社　　址：北京市西城区天宁寺前街 2 号国家音乐产业基地 L 座
邮　　编：100055
网　　址：www.theatrebook.cn
电　　话：010-63385980（总编室）
传　　真：010-63383910（发行部）

读者服务：010-63381560
邮购地址：北京市西城区天宁寺前街 2 号国家音乐产业基地 L 座

印　　刷：北京鑫海达印刷有限公司
开　　本：787mm×1092mm　1/16
印　　张：28.5
字　　数：480 千字
版　　次：2019 年 4 月　北京第 1 版第 1 次印刷
书　　号：978-7-104-04776-6
定　　价：98.00 元

前　言

20世纪80年代以来，汉语语法研究进入了新的理论和新的分析方法引进与应用阶段，这些理论和方法不同程度上弥补了传统语法分析的不足，大大提高了汉语语法分析的质量。在各种新引进的语法理论中，转换生成语法中的空语类理论独具特色，它是动态地描写和分析句法结构，而不是像有些语法理论那样偏重于对句法结构进行静态的描写分析，它是通过对句法结构中存在的空语类的分析来从更深的层次上分析句法结构，并在此基础上分析一种句法结构的生成方式，以及句法结构之间的转换关系，这对于分析灵活多变的汉语句法结构是非常有利的。例如：

这本书我看过。

按照我国现行的语法理论，这是一个主谓谓语句，其中的“这本书”是句子的主语，是受事主语，“我看过”是主谓短语作谓语。但是，谓语是对主语进行陈述的句法成分，可是这里“我看过”并没有说“这本书”怎么样，只是说“我”做过什么，显然，“这本书”不是句子的主语，这个句子不是一个主谓谓语句。根据空语类理论，“看”是一个及物动词，及物动词的后面必须有宾语意义才完整，这里“看过”的宾语毫无疑问就是句首的“这本书”，而被移到了句首，结果在“看过”的后面形成空宾语。由此可见，“这本书我看过”是由“我看过这本书”转换成的。不过，有的学者不承认句法成分移位现象的存在，会坚持认为“这本书”就是句子的主语，认为“这本书我看过”是用“这本书”作“受事主语”而造成的句子，而不认为是将“看过”的宾语“这本书”向前移位而成的。但这样一来，他无法解释“看过”后面的位置为什么是空的，因为这种空位显然不是省略成的，宾语“这本书”是不可以补出的，否则句子重复累赘，不成话。从这个例子中我们可以看出，空语类理论是动态地分析句法结构的转换与生成，对于客观地分析汉语的句法结构具有不可低估的作用。

不过，空语类理论只负责深层次上的句法结构分析，只分析不同句法结构之间的转换生成关系，而不分析不同句法结构之间在语义和语用上的区别，所以在运用空语类理论分析完一种汉语句式的句法结构及其生成方式以后，我们还要根据“三个平面”理论，分析转换成的句式与原型句式之间在语义和语用上的区别。“这本书我看过”和“我看过这本书”在语义上是相同的，但语用功能不同。“这本书我看过”是用“这本书”作话题，而用“我看过”作对话题的说明，这样就可以使听者或读者注意后面对话题的说明，从而使“我看过”得到了强调。这是因为句末是听者或读者注意的天然焦点，将“看过”的宾语“这本书”向前移动，就使“我看过”落在了句末焦点的位置上，从而引起听者或读者的注意。再如，“王冕死了父亲”这个句子，自从20世纪50年代中期以来，学术界一般都把它看成“主—动—宾”句，认为其中的“父亲”是“死”的宾语，属于“施事宾语”。但是，“死”是不及物动词，是不能带宾语的，“死”与“父亲”显然不是动宾关系。而根据空语类理论，这里“死”的前面存在着空主语，这显然是由主语“父亲”与谓语“死了”互换位置而形成的，确切地说，是由谓语“死了”向前移位而形成的。可见，“死了父亲”是一个主谓倒置的主谓句，在这里作“王冕”的谓语，也就是说，“王冕死了父亲”是一个特殊的主谓谓语句，是由“王冕父亲死了”的说法转换成的，转换的目的是避免将“王冕父亲死了”理解为“王冕的父亲死了”，因为“王冕的父亲死了”陈述的是王冕的父亲的变化，而“王冕父亲死了”说的是王冕的变化，将“王冕父亲死了”转换成“王冕死了父亲”，在形式上与“王冕的父亲死了”有了明显的区别，这样就能使人更准确地理解“王冕死了父亲”这个句子的意义，就是由于父亲死了，王冕成了没有父亲的人，而不会把它理解为“王冕的父亲死了”。“王冕死了父亲”这个句子出自《儒林外史》第一回，是用来说明王冕的身世的。原句是：

这人姓王名冕，在诸暨县乡村里住，七岁上死了父亲。

“王冕死了父亲”是由“（王冕）七岁上死了父亲”改造成的。从这里我们可以更清楚地看出“王冕死了父亲”这种句式的语用功能。

通过上面的两个例子我们可以清楚地看到空语类理论在分析汉语句子的深层结构上的巨大作用，它可以帮助我们避免在汉语句法结构的分析上出现句法成分间的语义关系与句法成分间的语法关系相矛盾的情况。20世纪50年代的那场汉语主语宾语问题的大讨论中，形式派仅仅根据句法成分间的位置关系确定主语和宾语，把“王冕死了父亲”中的“父亲”分析为宾语，把“台上坐着主席团”中的“主席团”也分析为宾语，说它们是“施事宾语”，否定了“王冕死了父亲”“台上坐着主席团”等特殊句式在语序上的特殊性，否定了它们作为不同于“主—动—宾”句的特殊句式的地位，结果使句法成分间的语法关系与语义关系相脱节、相矛盾，影响了人们对“王冕死了父亲”“台上坐着主席团”之类的特殊句式的语法意义和语用功能的深入分析。这种仅仅根据句子的表层结构分析句子结构的做法是没有意义的。

本书名为《深层汉语语法分析》，就是要运用空语类理论，在更深的层次上对汉语的句法结构进行分析，找出不同的句法结构与它所表示的语法意义之间的内在联系，以及不同的句法结构所具有的不同的语用功能，指出汉语特殊句式的生成过程与机制，这对于汉语语法教学也是有利的。

笔者在很多年以前就觉得学术界所提出的“施事宾语”说有问题，认为这样的说法是不合逻辑的，也发表过相关的论文。在长期的现代汉语课程教学的实践中，笔者越来越觉得这样的理论是不合理的，是没有实用价值的，直到后来接触到了空语类理论，才更加清楚地认识到了这种理论为什么是不合理的，于是决定在徐烈炯、沈阳、韩景泉等学者对空语类理论的介绍与研究的基础上，运用空语类理论进一步分析汉语的句法结构。2015 年，笔者向辽宁省教育厅申报了题目为“汉语空语类语法研究”的课题，得到了辽宁地区专家学者们的认可，获批为辽宁省 2015—2018 年的科学研究一般项目，从此用了两年多的时间撰写论文和本书。在这里衷心感谢本项目评审专家们的支持，也感谢辽宁省教育厅和大连外国语大学对本项目的资助。

本书运用空语类理论，从汉语空语类所属的词性类别、句法成分类别、形成机制类别这三个角度系统地分析归纳了汉语的空语类，在此基础上论述了学术界所认定不当的汉语名词重叠、量词重叠、动词重叠等语法现象的实质，并讨论了学术界广泛争论的兼语句、连谓句、存现句、“为”字被动句等特殊句式，又从空语类的角度对以往学术界尚未提出或很少提到的“事件句”“变化句”“宾语话题句”“中心语话题句”“主语话题句”“动补宾谓语句”“动宾补谓语句”“省略式反复反问句”等进行了系统的分析，分析了它们的句法结构、语法意义、语用功能、生成方式等。最后本书又从帮助汉语学习者避免语法偏误的角度论述了我们的研究成果在对外汉语教学上的应用价值。

笔者于2017年8月末开始在亚美尼亚孔子学院担任汉语教师。在此期间，笔者把本课题的少量研究成果运用到课堂教学中去，收到了比较好的效果。在一次“准本土教师培训会”上，笔者做了“谈谈汉语语序的转换”的讲座，举了“客人来了”转换为“来客人了”、“我没见过雷锋，我见到了活雷锋”转换为“雷锋我没见过，活雷锋我见到了”、“还是老的姜辣”转换为“姜还是老的辣”、“雷锋出差一千里，做了一火车好事”转换为“雷锋出差一千里，好事做了一火车”等例子，说明了语序转换的机制和转换前后语用功能上的差异。听完该讲座之后，参加培训的教师及志愿者均表示收获不小（关于本次讲座的具体内容，本书最后一章结尾处将详细说明）。衷心希望本书的研究成果能够对汉语语法理论的丰富与发展以及促进对外汉语教学效率的提高作出微薄的贡献。

本书的各种观点都是以实际存在的语料为根据提出的，极少使用自拟的例句，偶尔使用的自拟例句也是家喻户晓的通用说法，其他例句绝大多数出自北京大学语料库网络版，少数出自BCC汉语语料库，这两个语料库语料丰富，只是对于很多语料的出处标得过于简略，甚至等同于没有标明出处（如“出处：科技文献”），为了突出本书的严谨性和语料的可信度，我们又通过多种渠道弄清了这些语料的具体出处，个别语料实在弄不清具体出处，我们只好舍弃，这样额外花费了不少时间。尽管如此，我们还是要对这两个语料库的主办单位表示由衷的感谢，如果没有它们提供的这两个大型语料库，本书的写作会非常困难，结论的可靠性也会大打折扣。除了从这两大语料库中搜集到的语料以外，还有少量语料出自“语料库在线”语料库，以及转引自其他学者的论著（均已标明出处），在此一并表示感谢。

值得一提的是，本书中的很多观点都是以往学术界所没有提出的，也有许多观点与学术界现有的观点是不同的，这些观点都是以实际应用为目的提出的，其中也难免有不当之处，再加上时间仓促，有些新提出的观点处理得可能不够圆满，行文中甚至还有笔误等问题，恳请广大专家学者批评指正，以便将来有适当的机会再根据我们的后续研究心得和专家学者的意见进行修订。

袁庆德

2018年4月18日

目　　录

第一章　空语类理论概述

空语类理论是生成语法理论中的一个重要组成部分，是生成语法理论的创始人乔姆斯基[①]于20世纪80年代提出的，随后传入中国。

生成语法理论主要研究一个深层语法结构怎样转换成一个表层语法结构。所谓深层语法结构，结合汉语的实际说，就是从逻辑上看或从一般语法规则上看，一个句子或短语的原型结构；而所谓表层结构，是由深层结构转换成的一个句子或短语的实际形式，是深层结构的变化形式或省略形式。在句子或短语的深层结构上应该存在的句法成分或句法成分的一部分有时在表层结构的相对应的位置上不出现，这种在表层结构的相对应的位置上不出现的句法成分或句法成分的一部分就是空语类。下面我们具体说明什么是空语类，以及空语类理论在汉语句法分析中的作用，然后再谈谈自从空语类理论引进我国之后学术界的研究情况。

第一节　什么是空语类

关于“空语类”的概念，徐小球（2010）根据乔姆斯基的有关论述指出：“所谓空语类，是指语言结构中没有语音形式，但有语法作用和语义内容的隐性成分。”[②]这个定义很精确，但不够通俗。陆俭明、沈阳《汉语和汉语研究十五

---

① 乔姆斯基（Avram Noam Chomsky），1928年出生，美国语言学家和语言哲学家，退休前为麻省理工学院教授。乔姆斯基创立的转换—生成语法被认为是20世纪理论语言学研究上最伟大的贡献。

② 徐小球：《论汉语中的空语类》，《湖北经济学院学报》2010年第3期。

讲》(2003)对“空语类”作了较为通俗的解释。他们首先说明了什么是“语类”:“语类可以看作是所有能够充当句法成分的词和词组的总称,也可以看作是所有由词和词组充当的句法成分的总称。”然后说明了什么是“空语类”:“空语类就是指在语句中的某些句法成分位置上没有出现的一些词和词组,换句话说就是这些句法成分的位置是‘空’的。”[①] 这个定义通俗得多。不过,空语类理论是根据英语、西班牙语等印欧语系语言的实际提出的,汉语中的空语类类型更多,不但包括所有充当句法成分的词和词组,还包括充当句法成分的词组的一部分(如介宾短语中的介词)。

就汉语语法的实际而言,所谓“语类”(category),就是句法成分或句法成分的一部分,如主语、谓语、宾语、定语、状语、补语、中心语、介词短语中的介词等。而所谓“空语类”(empty category),是相对于“实语类”而言的,就是从逻辑和一般语规则法上看,在语句中的某个位置上,应该存在而不存在的句法成分或句法成分的一部分。例如:

① 那个人我认识。

我们知道,“认识”是一个及物动词,而及物动词必须有宾语才能表达相对完整的意义,同时汉语是“主—动—宾”(S-V-O)语序的语言,宾语通常要出现在动词的后面,而这里“认识”就是一个及物动词,它的后面没有宾语,但我们却知道“认识”的对象是“那个人”,显然“那个人”就是“认识”的宾语,被提到了主语“我”的前面,而在“认识”的后面留下了一个宾语的空位置,这种空位置就是一种空语类。这种宾语的空位置可以叫作“空宾语”。再如:

② 立正!

“立正”的意思就是“站直”,说的是一种行为,而行为必然要有行为主体,而这里却没有出现行为主体,但当体育教师、军训教官等对学生或参加军训的人员说出“立正”的时候,学生或参加军训的人员马上就会做出立正的动作,这是为什么呢?显然“立正”的前面隐含着行为主体“你们”,从一般语法规则上看,这个隐含着的行为主体是句子中没出现的主语,是空主语,也是一种空语类。

③ 中、日、韩三国合作拍摄的动画大片《金玉凤凰》,取材中国民

---

① 陆俭明、沈阳:《汉语和汉语研究十五讲》,北京大学出版社2003年版,第150—151页。

间故事。（新华社2004年8月新闻报道）

这里“取材”是一个动宾结构的合成词，意思是“选取素材”，后面的“中国民间故事”是名词性的短语，汉语语法学界一般把“取材中国民间故事”这种动宾结构的合成词后面带名词性成分的结构看作动宾结构，认为这是“动宾式动词带宾语”现象。而实际上，从意义上看，“取材”的行为与“中国民间故事”不能构成行为与对象的关系，二者显然不是动宾关系。从语法功能上看，“取材”的“取”是一个只可以带一个宾语的词素，而“取”的后面既然有了宾语性的词素，“取材”就不能再带宾语，它后面的名词性词语显然不是它的宾语。从逻辑关系上看，“中国民间故事”表示的是“取材”的范围，它与“取材”是处所与行为的关系，因而属于“取材”的处所补语，而根据汉语书面语的一般语法规则，名词性词语需要用介词“于”引出后方可作范围补语，所以“取材”的后面实际上暗含着一个介词“于”，由于“取材”与“中国民间故事”的逻辑关系明确，介词“于”被省略了，留下一个空位，而这个空位仍然在暗中起着介词“于”的作用，“取材”与“中国民间故事”的关系仍然是中心语与范围补语的关系。这种没有出现的介词也是一种空语类，是介词性空语类（关于介词性空语类，详见本书第二章第一节“三、介词性空语类”），可以称之为“空介词”。

第二节　空语类理论在汉语句法分析中的作用

乔姆斯基研究空语类的主要目的是要证明他的普遍语法观，证明他的语言天赋论。他认为，语法知识中有一部分是先天的，婴儿在出生时，就通过遗传在大脑中固定下来了，空语类就属于这类知识。空语类听不见，看不见，不可能是通过父母、师长的教导掌握的，只能是先天获得的。乔姆斯基的研究对于发现人类的语言机制无疑具有重要意义。然而，空语类理论对于汉语的语法分析尤其具有重要意义。汉语是一种广泛地运用句法成分（或句法成分的一部分）的省略、移位来表示不同语法意义、获得不同表达功能的语言，因此汉语的句子中存在着大量的空语类。这些空语类有的是比较容易意识到的（主要是省略型空语类），有的则是不容易意识到的，而这种空语类通常存在于汉语的特殊句式中，对于这种空语类的研究有助于人们深入地认识这些特殊句式的深层结构、生成方式，进而去探讨这种特殊句式的语法意义和表达功能，把这种研究成果运用到对外汉语教学中去，还能增强汉语学习者的兴趣，提高他们学习汉语的效率。

以往学术界在汉语句法分析上，主要采用的是结构主义语法理论。结构主义语法理论着重描写语法事实，对语法事实进行纯形式上的描写。结构主义语法理论的缺点是很明显的，就是它只是着重描写语法事实，对语法事实进行纯形式上的静态描写，基本上不考虑结构成分间的逻辑关系，不考虑某些情况下的句法成分移位、省略和隐含等因素，而汉语中又存在着多种由成分移位、省略和隐含造成的特殊句式，而空语类理论由于看到了句法成分移位、省略和隐含的事实，积极探索句子或短语的深层结构转换为表层结构的事实，这样可以纠正和弥补结构主义语法理论的不足，对于汉语句法分析和汉语语法学习具有不可低估的作用。利用空语类理论分析表层结构与深层结构不一致的句子或短语，可以透过现象看本质，使人们能够看出这种句子或短语的真实面貌，有利于人们了解这种句子或短语的构成方式。例如，“他瘸了腿”“他白了头发”这两个句子，按照现行的汉语语法理论，其中的“腿”是“瘸”的宾语，“头发”是“白”的宾语，并且都是“施事宾语”，因而这两个句子属于“施事宾语”句。然而前一个句子中的“瘸”是不及物动词（属于变化动词），后一个句子中的“白”是形容词（属于变化形容词，意思是“变白”），二者都是不能带宾语的，显然这样分析和描写这种谓语中心为变化动词或变化形容词的句子，既不合逻辑，也不符合汉语的语法实际，还不能使汉语学习者了解这种句子是怎样造出的，当然更不能使汉语学习者知道这两个句子具有一般句式所不具备的语法意义和表达功能，因而教学效率较低。实际上，既然这种句子的谓语中心不是及物动词，这种句子也就不是“主—动—宾”（S-V-O）结构的句子。从逻辑上看，“瘸”是“腿”的变化，“白”是“头发”的变化，所以在“他瘸了腿”和“他白了头发”这两个句子中，“瘸”和“腿”“白”和“头发”应该是主谓关系，而不是动宾关系，但它们的语序却不是“主—谓”，而是“谓—主”，而“他瘸了腿”和“他白了头发”用“谓—主”结构的短语作谓语，属于非常规句式。空语类原理表明，非常规句式一般都是由常规句式转换成的，非常规句式都有自己的原型结构。我们知道，在汉语中，如果谓语是不及物动词或形容词，主谓短语的原型结构就是“主语＋动词”“主语＋

形容词”，如“腿瘸了”“头发白了”，而“瘸了腿”“白了头发”的说法却是“动词＋主语”“形容词＋主语”结构，显然它是由“腿瘸了”“头发白了”转换成的，转换的方式是将谓语“瘸了”“白了”移到主语“腿”“头发”的前边，这样在谓语动词“瘸”和谓语形容词“白”的前面留下了主语空位，形成空主语。

当然，我们借鉴空语类理论研究汉语特殊句式的深层结构，目的不仅仅在于研究汉语特殊句式的生成方式，还要在此基础上，对比分析不同句式之间的语法意义和语用功能的差异，从而使汉语学习者能够更深入地认识汉语语法的理据性，能够根据表达的需要恰当地选择汉语句式，还可以避免在某些句式的使用上出现偏误。这里还以“他瘸了腿”“他白了头发”为例，我们既要研究“他瘸了腿”“他白了头发”这种用“谓—主”短语作谓语的句式的生成方式，还要研究这种句式与“他的腿瘸了”“他的头发白了”这种“主—谓”句之间的语法意义和语用功能的区别（详见本书的第三章第二节“空语类与变化句”部分）。

目前学术界在汉语语法分析上，引进了多种传统语法理论以外的语法理论，但学者们通常只用这些理论来分析结构主义语法理论所描写的汉语语法事实，但运用结构主义语法理论所描写的汉语语法事实有时并不符合汉语语法实际，有时是缺乏深度的，它往往只是指出了某些汉语句式的外部特征，而不是这些句式的内在的语法结构。如有的学者用“格语法”理论来说明“他瘸了腿”这种句子中的不及物动词为什么能带宾语。再如，“叫他进来”这个句子，语法学界通常把它说成“兼语短语”句，说它是由一个“兼语短语”构成的句子，“他”是“叫”的宾语，又是“进来”的逻辑主语。这样分析，实际上把它看成了一个不可分析的整体，它的内在结构反而变得模糊不清了。而按照空语类理论，“进来”的前面隐含着一个不言而喻的主语“他”，也就是说，“叫他进来”的深层结构是“叫他$_{他}$进来”，这实际上是一个由“叫他”和“（他）进来”两部分合成的句子，而这两部分在逻辑上明显是行为与目的的关系，它实际上是由两个单句紧缩成的句子，意思是“叫他，从而实现‘使他进来’的目的”。如果局限于运用结构主义语法理论所描写的汉语语法事实来研究汉语，任何新的语法理论的引进都是没有意义的。

值得注意的是，运用空语类理论研究汉语语法的学者有时会套用西方学者研究西方语言中的空语类而得出的结论，从而得出不符合汉语语法实际的结论。例如，乔姆斯基根据英语、西班牙语等西方语言归纳出四种空语类，其中的一种是

“NP 语迹”，典型的“NP 语迹”出现在被动句中，于是我国有些学者据此认为，汉语被动句的谓语动词后存在着由主语移位造成的空主语。例如：

The man was killed. 这个人被杀了。

根据学者们的看法，英语这个句子的主语“The man”是从谓语“was killed”的后面移到句首的，而与之相应的汉语句子的主语“这个人”是从谓语“被杀了”的后面移到句首的。这种说法是有问题的。所谓成分移位，是相对于某个成分在原型结构中的位置而言的，但英语中并不存在“Was killed the man”这种原型结构，汉语中也不存在“被杀了这个人”这种原型结构。从英语和汉语被动句的来历来看也是如此。英语的被动句与判断句同形，显然英语的被动句更有可能是由判断句转化成的，可以推测，在英语的被动句形成之前，“The man was killed”这个句子是判断句，意思是“这个人是杀了的（人）”，而这个人是杀了的（人），就意味着这个人被杀了，于是人们将系词“was”重新分析为被动助词，把动词的过去式重新分析为动词的被动形式，从而将这种句子重新分析为被动句，而人们按照这种重新分析的结果理解和造句，就形成了被动句。也就是说，英语被动句的主语是由判断句的主语转化成的，本来就在主语的位置上，而不是从谓语动词后面移到句首的。而汉语的“被”字被动句是由主动句转化成的，最初的“被”是动词，意思是“遭受”，经常用在意义上名物化了的动词作宾语。例如：

① 何贞臣之无罪兮，被离谤而见尤？（屈原《九章·惜往日》）

这里“被”与“离”同义连用，都是“遭受”的意思。“被离谤”也单独说成“离谤”。例如：

② 纷逢尤以离谤兮，謇不可释。（屈原《九章·惜诵》）

这句的意思是：多次遭受指责并遭受诽谤。

在屈原《九章·惜往日》中，“被离谤”和“见尤”（被指责）并列连用，说明在屈原（公元前 340—前 278 年）所在的时代，“被”还没有成为被动助词。不过，当“被”用动词作宾语的时候，如果没有语境提示（如上面我们提到的与动词“离”同义连用），既可以理解成“遭受”意义的动词，又可以理解为被动助词，而“被”正是在这种语境下，被理解为被动助词的，“被”字被动句也正是这样产生的。例如，与屈原同时代的魏国人张仪替秦惠王（公元前 356—前 311 年）游说齐宣王时说：

③ 国一日被攻，虽欲事秦，不可得也。是故愿大王熟计之。（《战国策·齐策一》）

这里的“被攻”既可以按照主动语态理解为“遭受进攻”，也可以按照被动语态理解为“被进攻”。于是，人们就将这种带动词宾语的“被”理解为被动助词，并用它来构成被动句，于是“被”字被动句就形成了。例如：

④ 万乘之国，被围于赵，壤削主困，为天下戮，公闻之乎？（《战国策·齐策六》）

这里用介词“于”引出“围”的施事，说明主语“万乘之国”是受事，显然“被围”用的是被动意义，意思是“被包围”，“被”是被动助词。另外值得注意的是，这段话里还使用了无标记被动句“壤削主困”（土地被侵占，君主被围困）和“为”字被动句“为天下戮”（被天下人侮辱），这就说明，战国末期，“被”正处在由动词向被动助词演变的过程中，“被”字被动句还没有被广泛应用。

从动词“被”语法化为被动助词的过程可以看出，汉语“被”字被动句的主语是由主动句的主语转化来的，并不是由动词的宾语移位而成的，汉语的“被”字被动句中不存在由宾语移位而形成的空宾语，那种认为汉语被动句的谓语动词后存在着由宾语移位造成的空宾语的看法是没有根据的。由此可见，在确定汉语中一种句式的原型结构时，有时需要考察这种句式的历史来源，否则可能会得出不可靠的结论。尽管如此，以往学者们对汉语被动句中的空宾语的看法也是有一定道理的。空语类理论是根据一种语言的一般语法规则来确定句子或短语中的空语类的存在的，汉语被动句的谓语动词都是及物动词，而及物动词通常情况下是必须带宾语的，所以学者们断定“这个人被杀了”之类的被动句中，谓语动词的后面存在着空宾语。但是，空宾语或者是由省略造成的，或者是由移位造成的，可是，汉语被动句的谓语动词后既不能添加宾语，也不能把句首的主语移到谓语动词的后面，所以不宜认定汉语被动句的谓语动词后存在着空宾语。实际上，汉语被动句中的被动助词“被”不仅是由动词“被”演变成的，也还保持着一定的动词的性质，后面的及物动词在逻辑上仍然属于它的宾语，而且这个宾语在语义上是名物化了的，指的是一种处置性的行为（如“杀”这种行为），所以这个及物动词的后面本来就不需要带宾语，并非宾语被移走了。

另外值得注意的是，运用空语类理论分析汉语句式的深层结构，所得出的结论往往与20世纪50年代的那场汉语主语宾语问题大讨论中所形成的定论相冲突，信守这种定论的学者通常反对空语类理论中的句法成分移位说。例如，笔者根据移位理论所写的一篇论文（现为本书的一部分内容）投到某核心期刊时，二审专家认为这篇文章不可以发表，因为他不认为“死了父亲”是由“父亲死了”转换成的、“鸡不吃了”（意思是人不吃鸡了）是由“不吃鸡了”转换成的，不承认这种谓语前移、宾语前移现象的存在，不承认“死了父亲”中“父亲”的后面存在着空谓语“死了”、不承认“鸡不吃了”（意思是人不吃鸡了）中“吃”的后面存在着空宾语“鸡”，认为如果这样分析“死了父亲”这种“不及物动词带宾语”结构、“鸡不吃了”这种“受事主语”结构，“就乱套了”。结果这篇作为笔者科研项目阶段性成果之一的论文没能及时发表。

由于专家们对运用空语类理论分析汉语的句法结构所得出的结论持否定态度，汉语空语类的研究在当代的汉语语法学界很难产生应有的影响。事实证明，将空语类理论运用到汉语句法分析中来，能使我们透过现象看本质，深入地认识汉语的句法结构，准确地理解汉语特殊句式的语法意义，发现不同句式在语义和语用上的分工，这对于汉语语法教学也具有重要意义（详见本书第四章。本书第四章专门论述空语类理论的研究成果在对外汉语教学上的应用价值）。

第三节　汉语空语类的研究情况

根据蒋晨彧《空语类理论及汉语空语类研究发展史》一文[①]的归纳总结，空语类理论自从20世纪80年代传入我国以来，大致经历了三个发展阶段：

（1）20世纪80年代

这一阶段主要是理论引进和探讨阶段。黄正德、徐烈炯等学者积极通过论文或专著引进空语类理论，并讨论汉语中的空语类的类型。

（2）20世纪90年代

这一阶段主要是理论改造阶段。空语类理论是乔姆斯基主要根据英语及西班

① 蒋晨彧:《空语类理论及汉语空语类研究发展史》,《赤峰学院学报》2014年第8期。

牙语等印欧语系的语言提出的，所提出的确定空语类的原则和所划分出的空语类的类别，不完全适用于汉语，而且他的理论也过于艰深晦涩，这都影响了空语类理论在汉语句法分析中的应用。有鉴于此，学者沈阳（1994）在《现代汉语空语类研究》一书中，结合汉语语法实际，提出了确定汉语空语类的原则，并对汉语的空语类进行了更为合理的分类。但是这部专著的主要内容也是对空语类理论进行探讨和改造，而实际应用部分所占的篇幅还不够，并且是举例式的，同时所确定的汉语空语类也只是名词性的，其他词性的空语类暂时没有涉及。

（3）21 世纪

这一阶段是空语类理论进一步应用阶段。有些学者将汉语空语类与英语空语类进行对比，有些学者用空语类理论研究汉语的某些特殊句式。2013 年还出现了一篇探讨汉语非名词性空语类的论文①。

总的说来，尽管空语类理论已经引进中国几十年了，但由于空语类理论与结构主义语法理论相抵触，再加上乔姆斯基的空语类理论过于艰深、复杂，我国早期引进和运用空语类的学者简化得也不够，使得空语类理论在汉语语法研究中运用得还不够广泛，早期引进并应用空语类理论研究汉语语法的学者也逐渐放弃了相应的研究，因而运用空语类理论研究汉语语法所获得的成果还不够丰硕。我们认为，现在的任务是，停止对空语类理论的争论，结合汉语语法实际，适当简化空语类理论，注重实际应用，选择对汉语语法研究具有应用价值的部分加以吸收利用，扬弃艰深晦涩而应用价值不大的部分。

笔者于 2015 年荣幸地申请到了辽宁省教育厅科学研究一般项目“汉语空语类语法研究”[项目编号：W2015105]，本书就是该项目的最终成果。本书要在前人研究成果的基础上，运用空语类理论，更多地归纳、分析汉语中的空语类，更多地分析归纳汉语中的特殊句式，从而扩大空语类理论在汉语句法分析中的应用范围，促进汉语句法分析的进一步深化。

① 见屠爱萍《现代汉语非名词性空语类》，《现代外语》2013 年第 3 期。

第二章　汉语空语类的类别

我们可以从空语类的形成方式、其所属的词性和句法成分三个角度观察汉语空语类，相应地，我们可以从这三个角度划分汉语空语类的类别，从而全面认识汉语的空语类。

空语类理论的创始人乔姆斯基是根据英语、西班牙语等印欧语系的语言归纳空语类的，他所归纳出的空语类只有名词性的和代词性的，并且都是跟动词相关联的。乔姆斯基根据空语类形成的机制，把英语、西班牙语等印欧语系的语言中的空语类分成四种：语迹（NP 语迹和 Wh- 语迹）、PRO、pro。下面我们分别加以说明。

第一，语迹。主要有两种，一种是 NP 语迹；一种是 Wh- 语迹。乔姆斯基本来是把这两种语迹型空语类分成两类的，我们这里把它们合在了一起。

NP 语迹是名词性空语类，是由作主语或宾语的名词性词语向前移位产生的。例如：

① The $book_i$ seems $_{ti}$ to be interesting.

研究者认为，“The book”（这本书）本来是“to be interesting”（有意思）的主语，被移到“seems”（看起来）的前面，结果在“to be interesting”的前面形成空主语。这种看法实际上是有问题的。“seem”的意思是“to give the impression of being... ; appear...”（给人以一种……的印象；看起来是……），“to be interesting”说的正是“the book”给人的印象，显然“the book”本来就是“seems to be interesting”的主语，并非移位而来的，“to be interesting”的前面不存在空主语。这个句子翻译成汉语就是：

这本书看起来挺有意思。

不过，值得注意的是，汉语的“看起来”或“看样子”似乎可以用来对译英语的“seem”，但实际上语法功能有所不同。汉语的“看起来”或“看样子”只是插入语，用来表示估计、推测的语气，它也可以放在主语的前边（如“看起来这本书挺有意思”），因此，汉语的“这本书看起来挺有意思”这个句子中“挺有意思”的前面也不存在空主语。再如：

② $Jill_i$ seems $_{ti}$ to know everything. 吉尔看起来懂得一切（什么都懂）。

这一句与上一句的结构相同，只是“seems”（看起来）的宾语是个不定式动宾短语。这个句子中也不存在空宾语。

研究者一般认为，英语被动句的谓语动词后也存在着名词性的空主语。例如：

③ She_i was criticized $_{ti}$. 她$_i$被批评了 $_{ti}$。

关于这个句子，研究者认为，它的主语“She”是从谓语“was criticized”的后面移到句首的，而与这个英语句子相应的汉语句子中的主语“她”是从谓语“被批评了”的后面移到句首的。这种说法是有问题的，因为在英语中并不存在“Was criticized she”这种原型结构，汉语中也不存在“被批评了这个人”这种原型结构（参见本书第三章第四节“空语类与汉语的被动句”部分）。

尽管前面学者们所举的几个例子都不足以说明英语中存在着由宾语移位所造成的空宾语，但由宾语移位所造成的空宾语在英语中是确实存在的，在汉语中也是存在的，而且在汉语中非常常见。例如：

④ The $book_i$, I do not want to read $_{ti}$. 那本书$_i$我不想看 $_{ti}$。

⑤ Whatever you say_i, I will not believe $_{ti}$. 你说的任何话$_i$我都不相信 $_{ti}$。

以上二例中都存在着由宾语前移所造成的空宾语。使用英语的人们清楚地知道句首的名词性词语不是句子的主语，所以在书面上，通常在前置宾语与句子的主语之间加上逗号，而汉语书面语没有这种习惯，以至于从20世纪50年代中期以来，语法学界统一规定，把这种前置宾语看作“受事主语”，把所在的句子看成主谓谓语句的一种。这种看法是非常不合逻辑的（参见本书第三章第六节“空语类与宾语话题句”部分）。

Wh-语迹是疑问代词性空语类。研究者认为英语中以疑问代词或疑问代词短语所引导的疑问句（包括作宾语的疑问句形式）的谓语动词的后面或谓语动词后的介词的后面，都存在着由疑问代词或疑问代词短语向前移位所造成的空宾语。这些疑问代词包括who（whom，谁）、what（什么）、where（哪里）、which（哪一个）等。例如：

⑥ Who$_i$ do you like $_{ti}$? 你喜欢谁？

⑦ Who$_i$ do you want $_{ti}$ to come? 你想让谁来？

⑧ Who$_i$ do you work for $_{ti}$? 你为谁工作？

⑨ Whom$_i$ are you trying to fool $_{ti}$? 你骗谁呀？

⑩ What$_i$ do you want $_{ti}$? 你想要什么？

⑪ What$_i$ do you want to buy $_{ti}$? 你想买什么？

⑫ Where$_i$ did you go $_{ti}$? 你到哪去了？

⑬ Which book$_i$ should I read $_{ti}$? 哪本书我应该看？

⑭ He didn't say which book$_i$ he knew I couldn't read $_{ti}$.

他没说哪本书他知道我看不了。

这一句是疑问句形式"which book he knew I couldn't read"（哪本书他知道我看不了）作宾语。

在英语中，特指问句的疑问焦点一律从谓语动词的后面或谓语动词后的介词的后面移到句首，结果在谓语动词的后面或谓语动词后的介词的后面形成空宾语，不过，这只是根据现代英语陈述句的语序和句法成分间的逻辑关系上推测出的，在现代英语中，特指问句的疑问焦点没有放在谓语动词的后面或谓语动词后的介词的后面的，也就是实际上不存在这种原型结构。而在汉语中，通常只有疑问焦点是谓语动词的宾语时，有时才移到句首，如："哪本书你喜欢看？""什么东西你不吃？"

第二，PRO。"PRO"是英语单词"proform"（绝对空形式）的缩写，是不可以补出来的空语类，一般是代词性的空主语，主要指英语中作宾语、目的状语等的动词不定式或动词不定式短语前的空主语。例如：

⑮ Tom wants $_P$ to eat something. 汤姆想吃点东西。

英语动词不定式或动词不定式短语作宾语的句子翻译成汉语时，不需要调整语序，只是汉语动词没有定式和不定式的区别，因而也就没有不定式的标志。在这个英语句子中，"to eat something"的前边有个空主语，与句子的主语所指相同，因为是第二次出现，所以是代词性的。与这个句子相对应的汉语句子中，动词"吃"的前边有个助动词"想"，与动词"吃"构成一个不可分割的整体，所以"吃"的前边并不包含一个代词性的空主语。再如：

⑯ I decide $_P$ to go to England in order to improve my English. 为了提

高我的英语水平，我决定 $_{P}$去英国。

这里“to go to England”的前面隐含着一个空主语“I”（我）。相应的汉语句子中“去”的前面隐含着一个空主语“我”。又如：

⑰ I forgot $_{P}$ to bring my book with me. 我忘带书了。

这里“to bring my book with me”的前面隐含着一个空主语“I”（我）。相应的汉语句子中“带书”的前面隐含着一个空主语“我”。

⑱ We went to the hospital $_{P}$ to see our teacher. 我们去医院看我们的老师了。

这里“to see our teacher”的前面隐含着一个空主语“we”（我们）。相应的汉语句子中“看我们的老师”的前面隐含着一个空主语“我们”。不过，值得注意的是，汉语语法学界通常把“去医院看我们的老师”这种短语称为“连动短语”或“连谓短语”，但是这种说法只是指出了这种短语的外部特征（在用词上的特征），并不能说明这种短语的内在语法结构。要想分析一个句子或短语的内在语法结构，应该看它的构成成分间的逻辑关系，因为句法成分就是按照相互间的逻辑关系进行组合的，尽管不同语言或同一种语言的不同历史时期的语序可能有所不同，那也只是用不同的语序表示了相同的句法成分间的逻辑关系，如主谓关系、动宾关系等。而自 20 世纪 50 年代中期开始，中国语法学界却有了一种受结构主义语法理论影响而形成的观点，认为“语义关系不等于语法关系”，认为分析句法结构可以不考虑句法成分间的逻辑关系，而事实证明，根据这种原则分析汉语语法，所得出的结论往往是不合逻辑的，而语法本身就是逻辑思维的产物，不合逻辑的结论往往是不正确的。从逻辑关系上看，“去医院看我们的老师”是由“去医院”和“看我们的老师”这两个短语合成的，其中“看我们的老师”是“去医院”的目的，这一点和相应的英语句子一样，“to see our teacher”是“went to the hospital”的目的，显然“去医院看我们的老师”是一个动补短语，而“连动短语”或“连谓短语”的说法显然是缺乏深度的①。

---

① 值得注意的是，虽然我们可以把“去医院看我们的老师”看成一个目的结构的动补短语，但“去医院”和“看我们的老师”是两个动作行为，前面应该各有一个主语，显然“我们去医院看我们的老师了”起的是“我们去医院了”和“我们看我们的老师了”两个单句的作用，所以它实际上不是一个单句，而是一个解说关系紧缩复句，是由解说关系复句紧缩成的，“去医院看我们的老师”是两个单句的谓语融合在了一起，看起来像是一个短语。

第三，pro。“pro”也是英语单词“proform”（代词）的缩写。pro也是一种代词性的空语类。与PRO空语类有所不同的是，pro是由动词定式或定式短语前的代词性主语省略而形成的空语类，而PRO则是由于主语不言而喻而隐含不说而形成的空语类。现代英语句子的主语一般不可以省略，因此英语中没有pro空语类，而动词或助动词形态变化更为丰富的西班牙语、意大利语等有pro空语类，在这种语言中，主语省略后，可以根据动词或助动词的人称、数、格等特征推测出主语的人称，所以代词主语可以省略。古英语中也有代词性的空语类pro。例如，古英语中助动词will有第二人称单数的形式“wilt”，如果“wilt”前面或后面的主语是单数第二人称代词“you”，“you”就可以通过“wilt”推测出来，因而可以省略，如“Wilt come？”意思是“（你）来吗？”[①]。现代英语的动词只有第三人称和非第三人称的区别，没有专门表示第二人称的形式，助动词的人称和数的变化也不齐全，同时现代英语还要求句子结构完整，所以现代英语句子的主语一般不能省略（宾语通常也不能省略）。例如：

⑲ —Do you like salad?　—Yes, I like it very much.

——你喜欢吃沙拉吗？　——是的，我非常喜欢它。（$_e$喜欢吃 $_e$。）

由于现代英语句子的主语一般不能省略，因而现代英语中没有西班牙语、意大利语等语言中的那种pro空语类。汉语中的动词或助动词没有人称、数、格等形态变化，因而主语与动词或助动词之间没有形态上的约束关系，因而在有上下文语境的时候，主语可以随意省略，而且通常省略，因而有省略型的代词性空语类，但在形成机制上与西班牙语、意大利语的那种pro空语类还是有所不同。

以上我们说明了乔姆斯基所归纳出的印欧语系的代表性语言中的三种空语类。其中“NP语迹”和“Wh-语迹”本来是分成两种的，因为二者的词性不同，但我们考虑到二者形成的机制都是成分移位，就把它们归到了一起。

乔姆斯基所划分的四种空语类是结合了空语类的词类属性和形成机制两种标准，而汉语与英语等印欧语系的语言在语法上有差异，同时汉语语法具有很大的灵活性，空语类的种类众多，可以从多个角度进行分类观察，除了可以根据空语类的词类属性和形成机制进行分类外，还可以根据空语类所属的句法成分进行分类，因为汉语的空语类除了有空主语和空宾语以外，还有空谓语、空定语、空状

① 参见徐小球《论汉语中的空语类》，《湖北经济学院学报》2010年第3期。

语、空补语、空中心语等。下面我们就从空语类的形成机制、其所属的词类和句法成分这三个角度对汉语的空语类进行分类。不过，由于空语类的词性类别与空语类的句法成分类别会有很多交叉的地方，所以我们重点从从空语类的形成机制和空语类所属的句法成分这两个角度对空语类进行分类，而对于空语类的词性类别只作简单的举例说明，不展开论述。

第一节　空语类的词性类别

按照乔姆斯基的定义，所谓空语类，是指语言结构中没有语音形式，但有语法作用和语义内容的结构成分。乔姆斯基（1981、1982）所归纳出的空语类只是名词性的。乔姆斯基研究空语类的目的主要是证明人类有一种与生俱来的语言能力，而我们研究汉语中的空语类，主要目的在于深入地分析汉语的句法结构，研究与空语类有关的不同句式的不同语法意义和不同的语用功能，并提高汉语的教学效率，所以凡是汉语句子中没有语音形式但有语法作用和语义内容的结构成分我们都视之为空语类。经研究我们发现，由于汉语句子中的词语相互间没有形态上的制约关系，词语可以比较灵活地移位、省略，因而汉语中的空语类的词性类别也很多，绝不只是名词性的，还有动词性的、介词性的、数词性的等。下面我们分别举例加以说明。

一、名词性空语类

由于多数的句子都是以动词为核心的，而动词表示的是人或事物的动作行为、变化等，而动作行为、变化都是由一定的主体发出的，有些动作行为、变化还会作用于一定的客体，但是在一定的语境中，汉语的动词核心句的谓语中可以只出现谓语动词，而与之相关联的代表主体或客体的名词性词语不出现，或者移动位置，听者或读者也能理解，再加上汉语的句法成分之间没有性、数、格、时、体、人称等形态上的制约关系，因而汉语中的名词性空语类（noun empty category）及其他词性的空语类非常多。这里我们先来看看名词性空语类的例子：

① 甲：鲨鱼是哺乳动物吗？　乙：$_e$不是 $_e$。

这里乙方答话中的“不是”的前后各存在一个名词性空语类。

② 夜宵我是不喜欢吃 $_e$，但零食什么时候都可以吃 $_e$。（岑凯伦《蜜糖儿》）

这里两个分句中动词“吃”的后面都存在着一个名词性空语类。

③ 快叫你师父 $_e$进来。（金庸《天龙八部》）

这里“进来”的前边存在着一个名词性空语类，这个空语类就是“你师父”。这个空语类与上面的两个例子中的空语类有所不同。例①中的空语类是由承前省略主语和宾语造成的，是可以补出来的，属于省略型空语类；例②中的空语类是由宾语向前移位而形成的，是可以移回来的，属于移位型空语类；而例③中的空语类却只能隐含着，不能补出来，否则不符合语法规则，属于隐含型空语类。关于上述三种空语类，详见本章第三节。

二、动词性空语类

动词性词语是动词性谓语句的核心成分，通常是不可以不出现的，但在有些情况下，借助一定的语境，动词性词语也可以不出现，就形成了动词性空语类。例如：

① 什么事情她都抢在前头。（转引自吕叔湘《汉语语法分析问题》，商务印书馆 1979 年版，第 82 页）

吕叔湘先生把这一例看成主谓谓语句，把其中的“什么事情”看成句子的主语，把“她都抢在前头”看成谓语。实际上，“她都抢在前头”并不是用来陈述“什么事情”的，“什么事情”显然不是句子的主语。这是一个紧缩条件复句，“什么事情”的前边省略了动词“做”，因而在“什么事情”的前边存在着一个动词性空语类。这个句子的原型是：

② 不管做什么事情，她都抢在前头。

当然，这个作为例①的原型的复句中，也存在着空语类，就是它的条件分句的句首（“不管”的前边）蒙后省略了主语“她”，形成名词性空语类（这里代词“她”代替的是“她”的名字，起的是名词的作用，因此可以归到名词性空语类中去）。这个原型的原型是：

她不管做什么事情，她都抢在前头。

③ 黄庚不但歌唱得好，舞也跳得好。

这里“歌”的前边存在着动词性空语类“唱”，“舞”的前边存在着动词性空语类“跳”。这两个句子的原型是：

黄庚不但唱歌唱得好，跳舞也跳得好。

④ 初一饺子，初二面。

这里“饺子”和“面”的前边都存在着动词性空语类“吃”。这是两个由省略造成的结构不完整的句子，它们的原型是：

初一吃饺子，初二吃面。

另外，这两个作为“初一饺子，初二面”的原型的句子中的谓语动词“吃”的前面也省略了主语“人们”之类的。

三、介词性空语类

介词是用来引出动作行为、变化等的时间、处所及方位、范围、工具、手段、条件、原因、主动者、所涉及的对象等的词。与动作行为、变化等有关的这些因素需要用介词引出，所以介词通常不可以不出现，否则这些因素与动作行为、变化等之间的关系大都会变得不明确。不过，有时动作行为、变化等与时间、处所及方位、范围、工具等的关系是不言而喻的，人们就将用来引出这些因素的介词省略，从而形成介词性空语类。例如：

① 美国有些州规定，把违章逃学儿童的家长送到父母学校这类的特殊机关受教育。(《1994 年报刊精选・01》)

这里名词“美国”作处所状语。因为“美国”是处所名词，与后面所陈述的内容语义关系明确，所以前面省略了处所介词“在”。相对于一般语法规则来说，这里处所名词“美国”的前面省略了处所介词，也就是前面存在着介词性空语类。在有些情况下，处所名词前的处所介词是不可以省略的。例如：

② 从 17 岁到 28 岁，蒋廷黻在美国生活了 11 年。（蒋廷黻《中国近代史》导读）

这里用处所介词“在”引出处所名词“美国”，如果将“在”省略，名词

“蒋廷黻”与名词“美国”连在了一起，影响理解，即使听者或读者根据语境能够理解，也会使语言显得不严谨，所以这里处所介词“在”不能省略。

有时即使处所名词与后面所陈述的内容语义关系明确，为了突出处所，句首的处所介词也有不省略的。试比较：

③ 在美国有些州，患艾滋病的儿童被禁止上学。(《读者》合订本)

④ 堂妹反问：“在美国，有这样的大家庭吗？”(王蒙《坚硬的稀粥》)

⑤ 在法国有众多研究汉学的专家。(麦小燕《学中国画的法国姑娘)

以上三例中的处所名词“美国”“法国”的前面没有省略处所介词“在”。

⑥ 高大的槐树下，一位老者面带微笑注视着远方。(《人民日报》2000 年)

这里“高大的槐树下”的前面存在着空介词“在”。试比较：

⑦ 在岸边的槐树下睡着一头大花狗，听见有人走过来，抬头看了一眼又睡下。(赵树理《三里湾》)

用来引出处所补语的介词有时也省略，从而也形成介词性空语类。例如：

⑧ 烟放哪儿了？(海岩《永不瞑目》)

这里处所代词“哪儿”的前面存在着空介词“在”。试比较：

⑨ 你的手机放在哪儿了？(《福建日报》2006 年 6 月 2 日)

⑩ 中华民族有过悠久的航海史，海上技术曾长期领先世界。(《文汇报》2005 年 7 月 10 日)

这里“世界”的前面存在着空介词“于”。试比较：

⑪ 元明以前，华夏大地在科技和经济很多领域都领先于世界。(《文汇报》2001 年 4 月 11 日)

这里“世界”前面的处所介词“于”没有省略，但“元明以前”省略了处所介词“在”。试比较：

⑫ 在唐代以前，县的长官称县令或县长。(《中国儿童百科全书》)

⑬ 在亚洲战场，日本法西斯在中国制造了灭绝人性的南京大屠杀，仅在 40 多天的时间里，使用集体枪杀、活埋、刀劈、火烧等惨绝人寰的方法，杀害平民和被俘军人达 30 万名。(《文汇报》2005 年 4 月 26 日)

这里“枪、刀、火”的前面都存在着空介词“用”。这是工具状语中的介词性空语类。用来引出动作行为的工具的介词不经常省略，所以工具状语中的介词性空语类不太常见。比较常见的是时间状语、处所状语、范围状语、对象状语中的介词性空语类，本书第二章第三节中有专门的说明，为了避免重复，这里不再举例说明了。另外，时间补语、处所补语中的介词性空语类也比较常见，在第二章第三节中我们也作了专门的说明。

四、数词性空语类

数词性空语类是由与量词和位数词配合使用的数词省略而形成的空语类。下面我们先说明数词性空语类出现的语言环境，然后再谈谈与数词性空语类有关的两种特殊的语法现象——名词“类重叠”现象和动词“类重叠”现象。

（一）数词性空语类出现的语言环境

数词是用来表示事物的数量、动作行为等的次数、动作行为等持续或间隔的时间以及事物的排列次序等的词。在现代汉语中，数词通常要和量词配合来表示事物的数量、动作行为等的次数、动作行为等持续或间隔的时间，量词只是表示人、事物或动作行为等的计算单位，它必须和数词连用才能表示人、事物或动作行为等的数量、次数、持续的时间等，如果一个量词前没有数词，我们可以肯定地说，它的前面存在着数词性空语类。数词性空语类是由数词省略造成的。在汉语中，当事物的数量是“一”，或者位数词前的系数词是“一”的时候，在不影响理解的前提下，量词前的数词“一”经常省略，从而形成数词性空语类。由于省略的数词一般都是“一”，“一”以外的数词通常不能省略，所以数词性空语类基本上只有“一”。

概括地说，汉语的数词性空语类主要出现在物量词、动量词和位数词的前边。下面我们分别举例加以说明。

如前所述，量词是用来表示人、事物或动作行为等的计算单位的词。表示人或事物计算单位的词可以统称为“物量词”，也叫“名量词”，表示动作行为等的计算单位的词可以统称为“动量词”。而物量词和动量词都有专用的和借用的两种，专用物量词和专用动量词、借用物量词和借用动量词前都可以出现数词性空语类。下面我们分别举例加以说明。

1. 物量词前的数词性空语类

专用物量词就是“个”“只”“条”“尺”“斤”等这种专门的量词，而借用物量词就是像“一杯水”“一块肉”“一捆大葱”中的“杯”“块”“捆”这种借用容器包装的名称、物体的形态、动作行为等而成的物量词。下面我们看看物量词前的数词性空语类的例子：

① 有一次，在推广卷秧中，有$_e$个大队的两个生产队由于旧习惯旧思想的束缚，下了水秧。(《福建日报》1972 年 7 月 26 日)

这里“有个”是“有一个”的省略形式，量词“个”的前面存在着空数词“一”。而后面量词“个”前面的数词是“两”，就不能省略。

② 灵魂不断地投胎转世，也许前世是$_e$只蚂蚁，是$_e$只狗，是$_e$只猫，是$_e$只牛，而今世忽然投胎为人，来世是否继续为人尚不可知。(余敦康《哲学导论》讲课稿)

这里四个量词“只”的前面都存在着数词性空语类“一”。

③ 老首长，您说句话，给我$_e$个机会吧。(新华社 2001 年 7 月新闻报道)

这里量词“个”的前面存在着数词性空语类“一”。

以上是专用物量词前数词性空语类的例子。

④ 对于几百万饥肠辘辘的群众来说，这依然是$_e$杯水$_e$车薪。(《1994 年报刊精选 · 01》)

这里成语“杯水车薪”是“一杯水一车薪”的省略形式，“杯”和“车”都是借用量词，前面都存在着数词性空语类“一”[①]。

⑤ 张树珍向他们解释说：“吃$_e$碗饭，还让您掏钱，从情理上说不过去。”(《1994 年报刊精选 · 06》)

⑥ 刚才我在这儿花 2 元多钱买了$_e$瓶饮料，喝后才半小时就感觉肚子难受……(《1994 年报刊精选 · 01》)

⑦ 他奶奶的，刚喝了酒，总得叫老子吃$_e$块肉再死啊。(令狐庸

---

① 成语“杯水车薪”出自《孟子 · 告子上》：“今之为仁者，犹以一杯水救一车薪之火也，不熄，则谓之水不胜火。”“杯水车薪”就是“以一杯水救一车薪之火”的省略形式。

《续鹿鼎记》)

以上三例中的借用量词“碗”“瓶”“块”前都存在着数词性空语类“一”。

2. 动量词、时量词前的数词性空语类

动量词是用来表示动作行为、变化等发生的次数和持续或间隔的时间的量词。有专用动量词和借用动量词两种。

专用动量词就是“回”“次”“趟”“下”等专门用来表示动作行为等发生的次数的量词。专用动量词前很少出现数词性空语类。例如：

① 看这一家子，老少男女都是啬刻鬼，连看$_e$回电影都好像犯什么罪似的！（老舍《四世同堂》）

这里动量词“回”的前边存在着数词性空语类“一”。

② 如果你不相信，你就去看$_e$下他的比赛，或者录像吧，那你一定会和我们一样崇拜他！（大秦炳炳《校园篮球风云》）

这里动量词“下”的前边存在着数词性空语类“一”。

时量词是用来表示时间长度单位的量词。时量词前也不常出现数词性空语类。例如：

③ 吃饱了小睡一会儿，以免等$_e$会儿“演戏”不够精神。（岑凯伦《豪门奇谭》）

这里“等会儿”是“等一会儿”的省略形式，时间量词“会儿”的前边存在着数词性空语类“一”。前面“小睡一会儿”中的时量词“会儿”前面的数词“一”没有省略，就不存在数词性空语类。

④ 她作为第一夫人，许多内外事情都得兼顾，所以每日作息时间安排有序，不浪费$_e$分$_e$秒。（陈廷一《蒋氏家族全传》）

这里“分”和“秒”两个时量词的前边都存在着数词性空语类“一”。

以上是专用动量词和时量词前的数词性空语类的例子。我们再来看看借用动量词前边的数词性空语类。

借用动量词有四种，第一种是借用发出动作行为的器官或肢体名称而成的，如“看一眼”“踢一脚”“打两拳”中的“眼”“脚”“拳”等；第二种是借用动作行为的工具名称而成的，如“砍一刀”“打一枪”“抽一鞭子”中的“刀”“枪”“鞭子”；第三种是借用动作行为的对象名称而成的，如“唱一曲”“喊一声”“转一圈”中的“曲”“声”“圈”。上述三种借用动量词都是由名词临时转化成的，如果将前面的数词省略，动补短语容易被理解为动宾短语，所以这三种借用动量词前的数词通常不能省略。第四种借用动量词是借用动词本身而成的，前面的数词如果是“一”，经常省略，在某些方言（如东北方言）中甚至全部省略，从而形成数词性空语类。例如：

⑤ 你们把地扫$_e$扫。（艾米《山楂树之恋》）

这里“扫扫”是“扫一扫”的省略形式，后一个“扫”是借用量词，是借用动词“扫”而形成的临时量词，前面存在着数词性空语类“一”。以往语法学界往往把这种动词加借用量词的短语看成动词重叠，这是不符合实际的（后面我们将详尽论述这个问题。见本节第四部分的第二个论题“空语类与名词类重叠现象”）。再如：

⑥ 走在路上，走$_e$走停$_e$停，停$_e$停走$_e$走，30公里的路跑了一个小时38分。（《1994年报刊精选·07》）

这里“走走停停，停停走走”是“走一走，停一停，停一停，走一走”的省略形式，意思是“走一会儿，停一会儿，停一会儿，走一会儿”，后一个“走”“停”是借用量词，前面存在着数词性空语类“一”。

⑦ 我想出去溜达$_e$溜达。

这里后一个“溜达”是借用量词，前面存在着数词性空语类“一”。值得注意的是，在现代汉语中，借用双音节动词而成的借用量词前从来都不出现数词，如不说“溜达一溜达”“研究一研究”等，但在近代汉语中，借用双音节动词而成的借用量词前是出现数词“一”的。例如：

⑧ 老兄，菩萨在哪里？累烦你引见一引见。（《西游记》第八回）

这里“引见一引见”的意思是“引见一下”，后一个“引见”是借用量词，前边的数词“一”没有省略。由于“AB$_{动}$一AB$_{量}$”的说法不够简洁，清代以后，这种说法逐渐不使用了，只说成“AB$_{动}$AB$_{量}$”。

3. 位数词前的空语类

汉语的位数词主要有“十、百、千、万、亿”等，要与系数词“一、二、三、四、五、六、七、八、九、十”配合使用（“十”既是位数词，也是系数词）。在现代汉语中，当位数词是“十”的时候，前面的系数词“一”一概省略，只说“十，十一，十二……十九”，而不说成“一十，一十一，一十二……一十九”，因此，“十，十一，十二……十九”这十个数词中“十”的前边都存在着数词性空语类“一”。而“百、千、万、亿”等位数词前的“一”有时也省略。例如：

① 中国近代历史虽仅百年，历时不长但内容极为复杂丰富。（蒋廷黻《中国近代史》）

这里“百年”的前面存在着数词性空语类“一”。

② 百年修得同船渡，千年修得同枕眠，万年修得好公婆。（闻卓《给老爸老妈的100个长寿秘诀》）

这里“百年”“千年”“万年”的前面都存在着数词性空语类“一”。

以上我们举例说明了数词性空语类出现的语言环境。

下面我们再谈谈与数词性空语类有密切关系的两种语言现象，一是名词“类重叠”现象，一是动词“类重叠”现象。

（二）数词性空语类与名词“类重叠”现象①

关于汉语名词是否可以重叠的问题，以往学术界的观点是不同的，有的学者认为汉语名词不可以重叠，有的学者则认为汉语名词可以重叠。事实上，汉语中的名词是不需要或不可以重叠的，因而汉语中没有名词重叠现象。那些认为汉语名词可以重叠的学者其实是把叠音名词（如“爸爸”“妈妈”）、名词的反复用法（如“前前后后”）、“一+N（名词）”短语省略形式的重叠（如“人人”“家家”）、“N与N”短语的省略形式（如“人人平等”中的“人人”）等名词“类重叠”现象看成了名词重叠，这种看法不符合汉语语法的实际，也不利于汉语学习者透彻地掌握汉语名词的各种“类重叠”现象的实质，因而是需要纠正的。

1. 以往学术界对名词重叠问题的看法

著名的语法学家和主要的现代汉语教材都认为，一般名词不可以重叠，少数带有量词性质的名词可以重叠。如吕叔湘（1984）明确指出：“其实一般名词是不能重叠的，花花、书书、猫猫、狗狗是大人哄小孩儿说的（有些方言里爱用重叠式，但是不含‘每个’的意思，正如妈妈和妈是一个意思）。名词重叠表示‘每个’，文言里通行，现代汉语里只有量词有这个本事，‘个个毕业’，‘门门

① 本书的这一部分内容曾以《论汉语名词的“类重叠”》为题，作为笔者的辽宁省科学研究一般项目“汉语空语类语法研究”［项目编号：W2015105］的阶段性成果之一在《语文学刊》2016年第3期上发表，在这里感谢《语文学刊》编辑部的支持。

五分’。‘人人’是文言的残余形式，也可以说是由于它多少有点儿量词的性质（‘一级英雄十五人’）。”[1] 黄伯荣、廖序东（2011）则指出：“名词不能用重叠式表示某种共同的语法意义。亲属称谓以及其他少数词，例如‘妈妈、哥哥’和‘星星’等，这些是构词的语素重叠，不算构形的形态变化。”[2]

也有一些学者认为，有一些名词是可以重叠的，如张静（1987）指出：“在汉语里多数名词的确不能重迭，如‘房屋’、‘政府’、‘问题’等，都不能说成‘房屋房屋’、‘政府政府’、‘问题问题’，但有一些名词还是可以重叠的。例如：人人、事事、村村、山山、水水、年年、杠杠儿、家家户户、盆盆碗碗、坑坑洼洼、神神鬼鬼。类似这样的例证可以举出百八十个，无论如何也不能说这是个别现象或特殊现象。最好还是不要把‘不能重迭’看作名词同别的词类相互对立的特点。”[3] 张静（1987）所举的例子这么多，那些著名的语法学家和主要的《现代汉语》教材的编者们不可能看不见，而他们之所以对这些例子视而不见，显然是因为他们不认为“山山水水”“盆盆碗碗”之类的说法属于名词重叠，但他们也没有指出这是一种什么现象。

2. 我们的观点

我们知道，汉语中的一些形容词和动词都有重叠用法，所表示的语法意义是“程度大”和“持续的时间长”，如“高高的树上”，将形容词“高”重叠，表示高度大，用来描写物体很高的状态；“唠唠叨叨地发牢骚”，将动词“唠叨”重叠，表示唠叨的时间长，用来描写人不停地唠叨的动态。由此类推，汉语的名词如果重叠的话，应该用来表示人或事物“数量大”的语法意义，而实际上，汉语的名词不需要或不可以通过重叠来表示这种语法意义。

从事物的存在形式上看，名词所表示的事物有两种，一种是作为若干个体存在的事物，如人、狗、书、树等；另一种是非作为若干个体存在的事物，如水、土、火、铁等。表示作为若干个体存在的事物的名词既可以用来指一类事物（类指），也可以用来指一类事物中的每个个体（个指），属于个指兼类指名词。个指

---

① 吕叔湘：《关于汉语词类的一些原则性问题》，《汉语语法论文集》，商务印书馆1984年版。

② 黄伯荣、廖序东：《现代汉语》（增订五版），高等教育出版社2011年版，第8页。

③ 张静：《汉语语法问题》，中国社会科学出版社1987年版，第219—220页。

兼类指名词被用来表示类指的时候，指的是一类事物，包括了一类事物中的全部个体，因而没有通过重叠来表示“数量大”的必要，如我们不会说“* 人人是一种高级动物”，而只会说“人是一种高级动物”。还有一种专职的类指名词（集体名词），如“车辆、船只、马匹”等，同样不需要通过重叠来表示“数量大”的语法意义。而当个指兼类指名词被用来表示个指的时候，前面如果不加数量词语，既可以指一个人或事物的个体，也可以指两个或两个以上的人或事物的个体，因此也没有重叠的必要，所以我们会说“屋里有人”“屋里有很多人”，而不会说“屋里有人人”。显然那种常见的“人人、家家、年年、月月、天天、子子孙孙、男男女女、山山水水、瓶瓶罐罐、盘盘碗碗、杯杯碟碟”等说法，尽管能表示人或事物的数量大，但不是名词的重叠。至于那种用来表示非作为若干个体存在的事物的名词，如“水、土、火、铁、黄金、石头、肉、纸、酒、盐、牛奶”等，一般都是物质名词，带有类指名词的性质，也是不需要重叠的。

当然，即使人们想用名词重叠来表示人或事物数量多的意义也是行不通的，因为类指名词或具有类指名词性质的名词一个就表示了一类事物，不能重叠，而如前所述，个指名词在没有数量词语修饰的时候，既可以指一个人或事物的个体，也可以指两个以上的人或事物的个体，如“屋里有人”，这个“人”既可以指一个人，也可以指两个以上的人，因而名词没法脱离数词单独重叠，如我们不能用“人人”来表示“很多人”的意思，我们虽然可以说“人人”，但这绝不属于“人”的重叠。分析到这里，我们深深地体会到，黄伯荣、廖序东（2011）所说的“名词不能用重叠式表示某种共同的语法意义”，这是一个非常精辟的论断。

3. 汉语名词“类重叠”的实质

如前所述，以往人们所说的各种名词重叠形式其实都是似是而非的名词重叠，所以我们称之为名词的“类重叠”。下面我们来剖析一下各种名词“类重叠”现象的实质。

（1）叠音词

叠音词是由同一个音节重叠成的词。常见的叠音词有三种：一种是叠音象声词，如“咚咚”“当当”，本身是对连续出现的同一种声音的模拟；一种是用摹声方式构成的叠音名词，如“蛐蛐”“蝈蝈”，本质上也属于对连续出现的同一种声音的模拟；一种是单音词的叠音形式，如“爸爸”“妈妈”。单音词的叠音形式一般仅有某种语体色彩或感情色彩，而没有附加的语法意义，如“爸爸”“妈妈”，在许多地区的口语中都不使用，对许多地区的人来说，“爸爸”“妈妈”是与“爸”“妈”等义而带有书面语色彩的词。再如“狗狗”“猫猫”“包包”之类的叠音词，只在非正式场合使用，带有儿语色彩或亲切、喜爱的感情色彩，而没有附加的语法意义。可见，叠音词的叠音只是单纯的音节重叠，并不是词的重叠。另外还有一种带叠音语素的名词，如“泡泡糖、毛毛雨、洋娃娃”等，这种词并不是整个词的音节重叠，更不能说是名词的重叠。

（2）名词的反复用法

词的反复用法就是将同一个词连续说出两次或两次以上，用来强调这个词所表示的人或事物、动作行为、性质状态等。从理论上说，凡是不需要黏着在其他词语前后就可以独立使用的词都可以有反复用法。词的反复是一种修辞手法，它不使词产生新的语法意义，不属于词的重叠。例如：

① 常听到来自中国的人们感叹，在美国一切就是钱钱钱。有钱就有一切，没钱一切都是白搭。（《读书》vol.182）

这里用“钱钱钱”的重叠表示在美国做什么事情都需要花钱，没有钱什么事情也办不成。

有一种由两个反义方位词并列成的方位短语，如“左右、前后、上下、里外”，这种方位短语反复的时候，不是整体上连说两遍，而是每个词连说两遍，说成“左左右右、前前后后、上上下下、里里外外”等。例如：

② 走进皮革城大厅，左左右右、前前后后全是并排着的厢式店堂。（《市场报》1994 年 B）

这里“左左右右”和“前前后后”是“左右”和“前后”的反复，用来强调左边和右边、前边和后边。

（3）“一 +N”短语重叠的省略形式

“一 +N”短语重叠时，数词“一”习惯性地省略，便形成了“NN”式的短语，而由于“NN”式短语中的名词前没有数词，并且这种短语有一种附加的语法意义，因而看起来更像是名词重叠，如“人人、家家、村村、天天、月月、年年、盆盆罐罐、山山水水、汤汤水水、针针线线、花花草草、祖祖辈辈”等，实际上分别是“一人一人、一家一家、一村一村、一天一天……”的省略形式，是通过一个一个地列举一个范围内的每一个个体来强调一个范围内的每一个个体（每一个 N）、一个范围内的全部个体（各个 N）、事物的数量多（许多 N）等。

例如：

① 在人生的道路上人人都有自己的追求。(《1994 年报刊精选 · 10》)

② 两个人天天在一起。(曹禺《雷雨》)

以上二例中的“人人”“天天”分别是“一人一人”“一天一天”的省略形式，意思分别是“每个人”“每一天”，表示的是一个范围内的每一个个体。

③ 一定得把沟沟坎坎统统填平。(《1994 年报刊精选 · 11》)

④ 人民代表来自方方面面，他们最清楚群众的希望和心声。(新华社 2004 年 3 月新闻报道)

以上两例中的“沟沟坎坎”“方方面面”分别是“一沟一沟，一坎一坎”“一方一方，一面一面”的省略形式，意思分别是“全部的沟和坎”“各个方面”，表示的是一个范围内的全部个体。另外，“方方面面”的说法是临时将并列结构的合成词“方面”当作一个并列短语拆开使用的，而之所以不说成“方面方面”，是因为“方面方面”看起来是“方面”的反复。

⑤ 自从别主来西域，递递迢迢去路遥。水水山山灾不脱，妖妖怪怪命难逃。(《西游记 · 第八十六回》)

⑥ 桌子上的盆盆碗碗、杯杯碟碟、汤汤水水、酒壶酒樽、清酱大酱、辣酱面酱、葱丝姜丝、饺子面片、醋熘白菜、糖醋鲫鱼、红烧狍肉，稀里哗啦的，全打翻了，流满一炕，泼满一地。(周立波《暴风骤雨》)

以上两例中的“水水山山”“妖妖怪怪”“盆盆碗碗”“杯杯碟碟”“汤汤水水”的意思分别是“许多江河，许多山”“许多妖怪”“许多盆，许多碗”“许多杯，许多碟”“许多汤水”，表示的是事物的“数量多”。另外，这里的“妖妖怪怪”和“汤汤水水”是临时将并列结构的合成词“妖怪”和“汤水”当作一个并列短语拆开使用的。

“一 +N”短语重叠的省略形式来自于古代汉语。在古代汉语中，人们对事物数量的表达方式是将数词直接加在名词前，而当事物的数量是“一”或动作行为等的次数是“一”的时候，数词“一”常常习惯性地省略，还有一个数词的系数词是“一”的时候，“一”也常省略。例如：

⑦ 虎求百兽而食之，得狐。(《战国策 · 楚策一》)

这里是说，有一只老虎找野兽来吃，找到了一只狐狸。其中的“虎”和“狐”的前面都省略了数词“一”。

⑧ 是故百战百胜，非善之善也；不战而屈人之兵，善之善者也。(《孙子・谋攻》)

这里“百战百胜”是由“一百战一百胜”（意思是“战斗一百次，胜利一百次”）省略成的。

同样，当“一 +N”短语重叠的时候，“一”也习惯性地省略。例如：

⑨ 人人亲其亲、长其长，而天下平。(《孟子・离娄上》)

这里是说：人人孝敬自己的父母、尊敬自己的兄长，天下就太平了。其中的“人人”就是“一人一人”的省略形式，意思是“每个人”。

⑩ 汤之盘铭曰：“苟日新，日日新，又日新。”(《礼记・大学》)

这里是说：商汤的水盆上的铭文说：“如果一天革新一次，每天都有一个新面貌，然后再一天革新一次。”其中的“日新”是“一日一新”的省略形式，“日日”是“一日一日”的省略形式。

由于表示“每一个个体”等语法意义的“NN”式名词类重叠是由“一 N 一 N”式短语省略成的，因而其中包含着数词性的空语类。如前所述，空语类就是在句法结构中，从逻辑和一般语规则法上看应该存在而不存在的句法成分或句法成分的一部分。空语类是听不见、看不到的，但是它的作用是存在的。

由名词的这种“类重叠”我们想到了量词的重叠问题。以往学术界都认为量词可以重叠，即使不认为名词可以重叠的吕叔湘先生也认为量词可以重叠。其实量词只是表示人或事物的计算单位，离开数词就不能表示数量，也不能脱离数词孤立地重叠，那些“个个”“条条”等被看成量词重叠的说法其实都是“一 +C（量词）”短语重叠的省略形式，如“个个”是“一个一个”的省略形式，“条条”是“一条一条”的省略形式。

（4）“N 与 N”短语的省略形式

这种名词类重叠形式是由一个名词（N）加上一个介宾短语（“与 N”）的省略形式，这个名词与介宾短语中的名词同形（但实际所指不同），由于中间的介词“与”“和”等省略了，使得两个同形的名词挨在一起，形成 NN 的形式，看起来就像是名词重叠。至于“N 与 N”短语中的介词之所以省略，是为了简洁和韵律和谐。例如：

① 枝枝相覆盖，叶叶相交通。(《孔雀东南飞》)

② 在法律面前，人人平等。(《1994年报刊精选·06》)

以上两例中的“枝枝”“叶叶”“人人”分别是“枝与枝”（一个树枝与另一个树枝）、“叶与叶”（一片树叶与另一片树叶）、“人与人”（一个人与另一个人）的省略形式。

由于这种名词类重叠形式是“N与N”短语的省略形式，因而其中包含着介词性的空语类。

以上我们讨论了各种常见的名词类重叠形式。通过对名词类重叠形式的分析可以看出，在研究语言现象的时候，一定要坚持共时研究与历时研究相结合、静态描写与动态分析相结合、描写与解释相结合的原则，这样才能透过现象看本质，从而得出合乎逻辑的、符合语言实际的结论，并有利于学习者理解和掌握。

（三）数词性空语类与汉语动词类重叠[①]

所谓动词的“类重叠”，就是看起来是动词重叠而实际是上“动词+同形借用量词”现象，如“看看”“玩玩”“打听打听”“研究研究”等。“动词+同形借用量词”并非汉语动词的一种形态，而实际上是一种动补短语。为了直观、醒目，我们借用英文字母把这种短语表示为“$A_{动}A_{量}$”和“$AB_{动}AB_{量}$”，前者表示动词及同形借用量词是单音节的，后者表示动词及同形借用量词是双音节的。以往多数学者把这种语言现象看成了动词重叠现象，这样不利于合乎逻辑地分析和解释这种语法现象，也不利于这种语法现象的教学。

1. 以往学术界对动词“类重叠”的看法

以往学术界对动词“类重叠”现象进行了很多讨论，主要讨论了动词“类重叠”的语法结构和语法意义。

（1）对动词“类重叠”的句法结构的看法

关于动词“类重叠”现象，以往学术界有两种观点，一种是把它看成动词

① 本书的这一部分内容曾以“论汉语动词的‘类重叠’”为题，作为笔者的辽宁省科学研究一般项目“汉语空语类语法研究”[项目编号：W2015105]的阶段性成果之一在《现代语文》2016年第3期上发表，在这里感谢《现代语文》编辑部的支持。

重叠，丁声树（1961）[①]、李人鉴（1964）[②]、张静（1979）[③]、华玉明等（2007）[④]等，以及黄廖本《现代汉语》教材等；另一种观点认为它是一种“动·量组合”，如范方莲（1964）。范方莲还解释了这种语法现象的成因：“动词重叠诸形式由动量结构发展而来，后面的重形部分是表量的……所谓动词重叠实际上只是动·量组合的一种形式，不是另外一种语法格式……我们认为‘AA’就是‘A 一 A’，当中的‘一’在一定的语音条件下脱落了……‘AA’和‘A 一 A’‘A 了 A’和‘A 了一 A’的动量组合没有本质区别，后一个‘A’已经变成了量词，‘AA’是‘A 一 A’的省略形式，‘A 了 A’是‘A 了一 A’的省略形式。”[⑤]这种观点与王力（1943）[⑥]一致，本书也赞同这种观点，但对这种语法现象的形成机制的看法有所不同。本文将结合汉语史的实际，具体解释这种语法现象的成因。

（2）对动词重叠的语法意义的看法

由于多数学者不区分动词的重叠与类重叠，而且只把动词的类重叠看成动词重叠，所以他们所归纳出的动词重叠的语法意义实际上只是动词类重叠的语法意义，只有少数学者注意到了真正的动词重叠，并归纳了它的语法意义。我们把学者们所归纳出的动词类重叠与动词重叠的语法意义归纳如下：

第一，表示动量小，也就是表示动作行为持续的时间短或进行的次数少。王力（1943）指出：“动词重叠，表示短时貌。”[⑦]朱德熙（1982）指出：“概括地说，动词重叠式表示动作的量。所谓动作的量可以从动作延续的时间长短来看，也可以从动作反复次数的多少来看。前者叫时量，后者叫动量……动词重叠式也是兼表时量和动量的……动词重叠式除了表示时量短之外，有时表示动量小。”[⑧]

第二，表示尝试。王还（1963）认为：“重叠起来表示一次行动的，除了绝

---

① 见丁声树等《现代汉语语法讲话》，商务印书馆 1999 年重印版，第 226 页。

② 见李人鉴《关于动词重叠》，《中国语文》1964 年第 4 期。

③ 见张静《论汉语动词的重叠式》，《郑州大学学报》1979 年第 3 期。

④ 见华玉明，马庆株《重音式和轻声式动词重叠的功能差异及其理据》，《语文研究》2007 年第 4 期。

⑤ 范方莲：《试论所谓“动词重叠”》，《中国语文》1964 年第 4 期。

⑥ 见王力《中国现代语法》，商务印书馆 1985 年重印版，第 158 页、287 页。

⑦ 同上书，第 287 页。

⑧ 朱德熙：《语法讲义》，商务印书馆 1982 年版，第 66—67 页。

对不能重叠的动词以外，其他绝大多数动词都可以重叠起来表示尝试。”① 赵元任（1979）把动词的重叠称为“动词的尝试态”②，吕叔湘（1980）也把动词的重叠称为“尝试态”③。朱德熙先生（1982）指出：“动词重叠式除了表示时量短之外，有时表示动量小。这种重叠式常表示尝试。例如，这顶帽子太小了，你戴戴看。到美术馆去，十一路比三路快，不信你坐坐试试。”④

第三，表示轻微、委婉、轻松、悠闲。戴耀晶（1997）认为：“尝试性也同轻松、轻微等意义一样，是短时性在具体语句中的引申带来的，并不是动词重叠的基本语义属性。”⑤ 华玉明、马庆株（2007）认为：“轻声式动词重叠是‘减量动词重叠’。‘减量动词重叠’表示动作行为时量短，动量小，由此可引申出尝试、轻微、委婉、轻松、悠闲等意义。”⑥

第四，“重音式动词重叠”（又称“增量动词重叠”）表示动量大。华玉明、马庆株（2007）指出：“‘增量动词重叠’表示动作行为多次反复持续，因而时量长，动量大，因动作多次反复持续而形成状态，从而具有状态描写意义。”⑦

以上是以往学者们所归纳出的动词类重叠与动词重叠所表示的语法意义，其中“动量小（重复的次数少或持续的时间短）、尝试、轻微、委婉、轻松、悠闲”等是对动词类重叠的语法意义的概括，而“动量大”是对动词重叠的语法意义的概括，只是二者都不够全面，也不够准确，并且把动词类重叠的语用功能（尝试、委婉、轻松、悠闲）看成了动词类重叠的语法意义。

下面我们对动词类重叠与动词重叠的形式重新进行说明，对动词类重叠与动词重叠的语法意义重新进行归纳。

2. 动词“类重叠”的形式与语法意义

我们知道，汉语动词确实是可以重叠的，是通过音节数量的加倍来表示动量

---

① 王还：《动词重叠》，《中国语文》1963 年第 1 期。

② 赵元任：《汉语口语语法》，商务印书馆 1979 年版，第 108 页。

③ 吕叔湘：《中国文法要略》，商务印书馆 1982 年重印版，第 232—233 页。

④ 朱德熙：《语法讲义》，商务印书馆 1982 年版，第 67—68 页。

⑤ 戴耀晶：《现代汉语时体系统研究》，浙江教育出版社 1997 年版，第 79 页。

⑥ 华玉明，马庆株：《重音式和轻声式动词重叠的功能差异及其理据》，《语文研究》2007 年第 4 期。

⑦ 同上。

大（持续的时间长、重复的次数多），而所谓动词“类重叠”，就是由一个动词加上同形借用量词而形成的动补短语。动词类重叠的形式单一，但所表示的语法意义却比较多。下面我们分别加以说明。

（1）动词类重叠的形式

动词类重叠的形式只有一种，就是“动词＋同形借用量词”，用字母表示就是“$A_{动}A_{量}$”“$AB_{动}AB_{量}$”，前者的动词是单音节的，后者的动词是双音节的。由于有些学者把“动词＋同形借用量词”短语中的同形借用量词看成了动词，并且没有严格界定词的重叠，就把“动词＋同形借用量词”短语看成了动词重叠形式。又由于“动词＋同形借用量词”短语所表示的语法意义与“动词＋一＋同形借用量词”短语相同，有些学者把“$A_{动}$一$A_{量}$”“$A_{动}$了一$A_{量}$”短语也看了成动词重叠形式，同时由于“$A_{动}A_{量}$”“$AB_{动}AB_{量}$”短语可以扩展为“$A_{动}$了$A_{量}$”“$AB_{动}$了$AB_{量}$”，有些学者把“$A_{动}$了$A_{量}$”“$AB_{动}$了$AB_{量}$”短语也看成了动词重叠形式。

（2）动词类重叠的语法意义

由于动词类重叠形式“$A_{动}A_{量}$”“$AB_{动}AB_{量}$”是由“$A_{动}$一$A_{量}$”“$AB_{动}$一$AB_{量}$”短语省略成的（“$AB_{动}$一$AB_{量}$”短语在现代汉语中已经不使用了），因而它所表示的语法意义与“$A_{动}$一$A_{量}$”“$AB_{动}$一$AB_{量}$”短语是相同的；同时，由于“$A_{动}$了$A_{量}$”“$AB_{动}$了$AB_{量}$”（这种形式在现代汉语中很少使用）、“$A_{动}$了一$A_{量}$”短语又是“$A_{动}A_{量}$”“$AB_{动}AB_{量}$”“$A_{动}$一$A_{量}$”短语的“过去式”，只要弄清“$A_{动}A_{量}$”和“$AB_{动}AB_{量}$”短语的语法意义，“$A_{动}$一$A_{量}$”“$AB_{动}$一$AB_{量}$”“$A_{动}$了$A_{量}$”“$AB_{动}$了$AB_{量}$”“$A_{动}$了一$A_{量}$”短语的语法意义就不言而喻了，因而这里我们这里只谈“$A_{动}A_{量}$”“$AB_{动}AB_{量}$”这种短语所表示的语法意义。

动词类重叠形式所表示的基本语法意义是“将动作行为进行一次”，由此直接或间接发展出其他几种语法意义。下面我们具体加以说明。

1）将动作行为进行一次。由于动词类重叠形式“$A_{动}A_{量}$”“$AB_{动}AB_{量}$”是由“$A_{动}$一$A_{量}$”“$AB_{动}$一$AB_{量}$”短语省略成的，因而和“$A_{动}$一$A_{量}$”“$AB_{动}$一$AB_{量}$”短语一样，它的基本语法意义是表示将动作行为进行一次，相当于“V一次”“V一遍”“V一下”等。这种用法的动词类重叠中的动词所表示的动作行为都是做一次所需要时间比较长的，也就是不是瞬间就能完成的，但它并不强调动作行为的时量大小，只强调一个完整的过程。例如：

① 牛肉面大王隔三差五吃吃还行，大块牛肉大碗喝汤，倒是来得干净实惠，可吃长了它真给你上火呀……（《1994 年报刊精选 · 06》）

这里“吃吃”是“吃一吃”的省略形式，意思是“吃一次”。

② 我问问他还回不回来吃饭！（王海鸰《中国式离婚》）

这里“问问”是“问一问”的省略形式，意思是“问一下”。

③ 好，我劝劝他。（刘震云《故乡天下黄花》）

这里“劝劝”是“劝一劝”的省略形式，意思是“劝一下”。

④ 末了，他借去这本《天涯路》，说是回去好好研究研究。（《人民日报》1994 年第 1 季度）

这里“研究研究”是“研究一研究”的省略形式，意思是“研究一下”。

以上是动词类重叠“$A_{动}A_{量}$”“$AB_{动}AB_{量}$”短语用在陈述句中的例子，所在的句子说的大都是打算做或计划做的事情。“$A_{动}A_{量}$”“$AB_{动}AB_{量}$”短语也常用在祈使句中。例如：

⑤ 古者道：忍忍，三世如来从此尽；饶饶，万祸千殃从此消；默默，无上菩提从此得。（《五灯会元卷第十六 · 东京慧林怀深慈受禅师》）

这里“忍忍”是“忍一忍”的省略形式，意思是“忍一下”，“饶饶”是“饶一饶”的省略形式，意思是“饶（宽恕）一下”，“默默”是“默一默”的省略形式，意思是“默（沉默）一下”。这三句属于建议句，建议句是祈使句的一种。

⑥ 妈，您跟四凤好好谈谈吧。（曹禺《雷雨》）

⑦ 忽听白莉苹在梳洗间里喊她：“小林，过来洗洗脸，打扮打扮！”（杨沫《青春之歌》）

⑧ 赶快洗个澡，刮刮胡子。（孙小芬、刘宝芬、吕玉明译《没有钥匙的房间》）

⑨ 说说你所在地区的网络教育发展趋势。（网页）

⑩ 把玻璃擦擦。

⑪ 你数数吧，五万元一分不少。（《故事会 · 2005》）

以上是动词类重叠“$A_{动}A_{量}$”“$AB_{动}AB_{量}$”短语用在祈使句中的例子，表示的是要求对方做的事情，都是对方没打算做或没计划做的事情。如例 ⑦，“小林”事先本来没打算洗脸、打扮，而“白莉苹”要求她洗脸、打扮，所以说“洗洗脸，打扮打扮”，如果说成：“赶快洗脸、打扮！”那么“洗脸、打扮”就成了“小林”事先打算做的事情了，“白莉苹”只是催促她实施。再如例⑪，表示建议对方数一下钱，如果说成：“你数吧。”则表示对方打算数钱，而自己表示同意或催促。

2）动作行为重复的次数少。动词类重叠形式“$A_{动}A_{量}$”“$AB_{动}AB_{量}$”的最基本语法意义是表示“将动作行为进行一次”，在此基础上，人们又对它的用法进行了扩展，用来表示“动作行为重复的次数少”的语法意义，意思相当于“V几下”，大都用在陈述过去发生的事情的句子中。这种意义上的动词类重叠中的动词所表示的动作行为都是做一次所需时间较短的，一般是瞬间就能完成的，如“拍、敲、点”等。例如：

① 朱老总见他们来了非常高兴，拍拍手上的泥土便来欢迎。（《1994年报刊精选·10》）

② 他敲敲键盘，近期各种商品的销售情况，一目了然。（《人民日报》1995年7月）

③ 小男孩点点头，又摇摇头。（新华社2004年3月新闻报道）

④ 收破烂儿的瞅瞅那些旧物品，挠挠脑袋，笑了。（《人民日报》1998年）

⑤ 他偶尔捡起一块石头，放在手心里掂掂，端详一会儿。（翻译作品《龙枪·兄弟之战》）

上面5个例句中的“$A_{动}A_{量}$”“$AB_{动}AB_{量}$”短语都是用来表示过去发生的动作行为的，其中“$A_{动}$”“$AB_{动}$”的后面都省略了动态助词“了”。我们再看看动态助词“了”不省略的例子：

⑥ 他咧嘴一笑，友好地拍了拍我肩膀。（《读者》合订本）

⑦ “嗯。”他点了点头。（张小娴《情人无泪》）

3）动作行为持续的时间短。动词类重叠形式“$A_{动}A_{量}$”“$AB_{动}AB_{量}$”本来可以表示“将动作行为进行一次”的意义，而很多动作行为进行一次所需的时间都是比较短的，于是人们又根据这一点，对“$A_{动}A_{量}$”“$AB_{动}AB_{量}$”短语的用法进行了扩展，用来表示动作行为持续的时间短的语法意义，意思相当于“V一会儿”“V一段时间”。在这种意义上，动词V所表示的动作行为都是做一次所需时间可长可短的。例如：

① 接下去的日子，邻居们常常来串门，我也偶尔出去走走。(《人民日报》1994 年第 3 季度)

② 走，天气真好，应该出去玩玩。(《读者》合订本)

③ 你在这里等等，我家去给你拿些吃喝去。(孙犁《风云初记》)

④ 对于我们老年人来说，经常出门晒晒太阳，可以说是一种最为经济和有效的养生方法。(闻卓《给老爸老妈的 100 个长寿秘诀》)

⑤ 累的时候泡泡脚，身体会感觉清爽很多。(闻卓《给老爸老妈的 100 个长寿秘诀》)

⑥ 我想出去溜达溜达。

⑦ 有时间他们就看看书、看看电视，或打打球。(新华社 2004 年 4 月新闻报道)

⑧ 树还小咧，叫它再长长。(汪曾祺《故里杂记》)

这里“长长”的意思是“长一段时间”。

4）动作行为的强度小。由于“$A_{动}A_{量}$”“$AB_{动}AB_{量}$”短语能够表示动作行为持续的时间短的意义，而动作行为持续的时间短，动作行为的强度往往也小，于是人们又用“$A_{动}A_{量}$”“$AB_{动}AB_{量}$”短语来表示动作行为强度小的语法意义，也就是需要支配的对象少、需要付出的精力和体力少等，意思相当于“V 一点儿”“V 一下”等。例如：

① 年纪大了，重活干不了，只能洗洗衣服，铡铡草，喂喂牲口。(转引自朱德熙:《语法讲义》，商务印书馆 1982 年版，第 67 页)

② 建起了跨省、跨国公司，会计、出纳再也不是单纯地记记账、数数钱了，还要办理复杂的企业、金融会计业务。(《人民日报》1995 年 11 月)

③ 看大娘这么开心，战士们就在大娘房子旁种了些丝瓜，让大娘有空就浇浇水、施施肥，活动一下筋骨，延年益寿。(《人民日报》1998 年)

④ 她的职业是给穷人们缝补缝补破鞋烂袜子。(老舍《人同此心》)

⑤ 我不过是给一个朋友帮帮忙。(卞庆奎《中国北漂艺人生存实录》)

5）行为主体或客体移动或升降的幅度较小。“$A_{动}A_{量}$”和“$AB_{动}AB_{量}$”短语本来可以用来表示动作行为持续的时间短的意义，而动作行为持续的时间短，行为主体或客体移动或升降的幅度往往也比较小，于是人们又根据这一点，将这种短语的用法进行了扩展，用来表示行为主体或客体移动或升降的幅度较小的语法意义，意思相当于“V一点儿”。例如：

① 再往前走走。

② 把显示器往左挪挪，有点偏。

③ 工资暂时不提高，工会多给我们办点福利也好，生活总要改善改善。（周而复《上海的早晨》）

④ 教育统筹局在支持政府消灭财政赤字之余，会想办法提高教育质量。（新华社2003年11月新闻报道）

⑤ 有关部门应采取措施，给房地产开发热降降温。（《人民日报》1993年8月）

以上五例中的“往前走走、往左挪挪、降降、改善改善、提高提高”的意思分别相当于“往前走一点、往左挪一点儿、降一点、改善一点、提高一点”。

以上我们分析、归纳了动词类重叠和动词重叠的形式及其所表示的各种语法意义。动词重叠和动词类重叠都有一个基本的语法意义，其他语法意义都是由这个基本的语法意义经过语法化而形成的。从这个分析归纳中可以看出，动词重叠与类重叠是两种不同的语法现象，二者的构成方式和所表示的语法意义都是有区别的，不宜将二者混同起来。

3. 动词“类重叠”的语用功能

由于“$A_{动}A_{量}$”“$AB_{动}AB_{量}$”式动词“类重叠”短语能够表示动作行为的次数少、持续的时间短、强度小、幅度小等意义，所以人们常把它用在表示尝试性地做某事、轻松随意地做某事的语气的句子中，也常用来弱化祈使语气。下面我们具体谈谈。

（1）表示动作行为是尝试性的

“$A_{动}A_{量}$”和“$AB_{动}AB_{量}$”式动补短语本来可以表示动作行为的次数少（一次或几次），而体验性的或尝试性的行为通常也是进行的次数少，于是人们根据这一点，将“$A_{动}A_{量}$”和“$AB_{动}AB_{量}$”用在具有“体验”或“尝试”意义的句子中。这种语境下的“$A_{动}A_{量}$”“$AB_{动}AB_{量}$”短语用的还是“将动作行为进行一次"的意义，"体验"或"尝试"的意义是整个句子的意思。例如：

① 叫她生生孩子，就知道做母亲的甘苦了。（转引自王华《动词重叠式的深层语法意义》,《伊犁教育学院学报》2006 年第 2 期）

这里"生生"是"生一下"的意思，本身并没有"体验"的意思，只是根据语境可以清楚地看出，"叫她生生孩子"的目的是叫"她"尝试一下。

② 我打听打听，行的话，我就办。（《人民日报》1996 年 7 月）

这里"打听打听"是"打听一下"的意思，本身也没有"尝试"的意思，只是根据语境可以清楚地看出，"打听打听"的目的是尝试性地了解一下，看有没有办成的可能。

③ 你咳嗽咳嗽，没准儿能咳嗽出来。（转引自刘月华等《实用现代汉语语法》，商务印书馆 2004 年版，第 165 页）

这里"咳嗽咳嗽"是"咳嗽几下"的意思，本身也没有"尝试"的意思，但通过语境可以看出，叫"你""咳嗽咳嗽"的目的是试一下，看看能否把异物咳嗽出来。

（2）表示动作行为是轻松的、悠闲的

"$A_{动}A_{量}$"和"$AB_{动}AB_{量}$"式动补短语本来可以表示动作行为持续的时间短或动作行为的强度小，而动作行为持续的时间短或动作行为的强度小，动作行为就比较容易完成，因而这两种意义上的"$A_{动}A_{量}$""$AB_{动}AB_{量}$"短语常用在表示动作行为轻松、悠闲的句子中。在这种情况下，"$A_{动}A_{量}$"和"$AB_{动}AB_{量}$"短语用的还是"动作行为持续的时间短或动作行为的强度小"的意义，"轻松悠闲"的意义是整个句子显示出来的意义。例如：

① 有什么难的，越是大官越好当，你动动笔，下边人们就得跑断了腿。（梁斌《红旗谱》）

这里"动动笔"是"动几下笔"的意思，相对于具体办事的人"跑断腿"来说，"动动笔"的工作实在是轻松。不过，这种"轻松"的意义是通过整个语境显示出来的，"动动笔"本身没有这个意义，但它可以突出句子的这个意思。试比较：

② 我想一要"三省吾身"；二要多动动笔头。（《人民日报》1995 年 9 月）

这里的"动动笔头"由于没有其他动作行为的对比，没有"轻松"的感觉。

另外，“多动动笔头”是“多动几下笔头”的意思。

③ 人们在紧张的劳作之余，唱唱歌、跳跳舞、听听戏、聊聊天，会给生活平添许多乐趣。(《人民日报》1995 年 3 月）

这里“唱唱歌、跳跳舞、听听戏、聊聊天”的意思是“唱一会儿歌、跳一会儿舞、听一会儿戏、聊一会儿天”，这种说法比“唱歌、跳舞、听戏、聊天”给人的感觉轻松、悠闲得多。

（3）表示动作行为是随意的

由于“$A_{动}A_{量}$”和“$AB_{动}AB_{量}$”短语能够给句子带来一种“体验”或“尝试”的语气，因而人们也常把它用在表示“动作行为是随意性的”句子中，来突出这种语气，但它本身的意义仍然是“V 一会儿”“V 一点儿”“V 一下”的意思。例如：

① 他看书看腻了，就欣赏欣赏这些名画。(《读者》合订本）

这里用“欣赏欣赏这些名画”表示随意地欣赏一会儿“这些名画”，并不是正式地欣赏，欣赏的目的是缓解一下腻烦的心情。

② 流连在故纸堆里的周南，“厚古而不薄今”，闲时也摆弄摆弄电脑，上上网。(《人民日报》2000 年）

这里用“摆弄摆弄电脑”表示随意地摆弄一会儿电脑、上一会儿网，没有什么重要的目的，只是作为一种消遣而已。

③ 你看，你是老一辈的中国人，喝喝酒，吟吟诗。我最喜欢你这样的人！（老舍《四世同堂》)

这里“喝喝酒”带有“随意地喝一点酒”的意思，“吟吟诗”带有“随意地吟一点诗”的意思，没有什么重要的目的。

④ 马海西只是喜欢跳跳舞罢了，倒是那个姓徐的十分危险，他常在一些小型的集会上拉二胡，拉的都是些骂我们的歌。他在台上拉，学生们在台下唱，闹哄哄的。(陆文夫《人之窝》)

这里的“跳跳舞”是“跳一会儿舞”的意思，用来表示跳舞的行为是随意的，等于说“随便跳一会儿舞”。这是长篇小说《人之窝》中的一段话。这里说话人认为“马海西”在集会上跳舞是没有特定目的的，对自己没什么威胁，所以说他“喜欢跳跳舞”，而认为“那个姓徐的”在集会上拉二胡骂他们，对自己威胁大，所以没有说他“拉拉二胡”，而说他“拉二胡”，表示他拉二胡是有特定目的的（“骂我们”），而不是随意的。

（4）用来弱化语气

由于“$A_{动}A_{量}$”“$AB_{动}AB_{量}$”短语能够表示“将动作行为进行一次”“将动作行为进行一会儿”“动作行为的强度小”等语法意义，并且能够给句子带来一种“随意”的语气，因而当把它用在要求对方做某事的祈使句中时，能够弱化祈使语气，使得对方觉得比较容易接受。例如：

① 张保琴紧张地喊道：“快救救我女儿！”（《1994年报刊精选·11》）

这里张保琴的女儿生命处在危机之中，但为了让请求的对象容易接受救她女儿的请求，她使用了“快救救我女儿”的说法，而没有使用“快救我女儿”的说法，因为“快救我女儿”的说法中没有动量的限制，给人以口气硬的感觉，与其说是请求，不如说是命令。

② 子默行了礼，转身就走了。杜世全怒瞪着芊芊，眼中冒着火。芊芊一看情况不妙，只想溜之大吉。才举步上楼，杜世全就吼着说：“你给我站住！”芊芊只好站住，被动地看着杜世全。“你说说，你最近到底在做些什么？”（琼瑶《水云间》）

这里用“你说说”来弱化命令的语气。这是因为，“杜世全”刚听完“子默”说“芊芊”跟他在一起，怒不可遏，而“芊芊”想溜走的时候，“杜世全”大吼一声，见“芊芊”站住了，“杜世全”怒气消了一点，所以用“你说说”的说法命令“芊芊”讲自己最近做的事。

这种意义上的“$A_{动}A_{量}$”“$AB_{动}AB_{量}$”短语用在请求对方允许自己做某事的祈使句中，也具有弱化口气的语用功能。例如：

③ 能不能让我看看你的画？（卞庆奎《中国北漂艺人生存实录》）

④ 欧阳先生这段时间还画画吗？什么时候让我们欣赏欣赏你的新作？（蒋春光《状态》）

以上两例中的“看看”“欣赏欣赏”的语法意义分别是“看一会儿”“欣赏一会儿”，表示自己支配对方的画、对方的“新作”的时间不长，用来打消对方的顾虑，从而弱化了请求的口气。如果把“看看”“欣赏欣赏”换成“看”“欣赏”，“看”和“欣赏”的行为就没有了动量的限制，整个句子的口气就会重很多。

⑤ 我怕累坏了她的身子骨。以后你少出点门，多在家帮帮她。（《人民日报》1994 年第 4 季度）

这里用“帮帮”来弱化劝说的语气。

“$A_{动}A_{量}$”“$AB_{动}AB_{量}$”短语也常在陈述句中弱化语气。例如：

⑥ 胡锦涛诚恳地说：“我今天来，就是要多听听大家的意见。还有谁想发言？”（新华社 2004 年 3 月新闻报道）

这里“多听听”是“多听一点”的意思。“听听”的使用，减弱了听意见的严肃性，从而弱化了口气，具有调节气氛、消除群众的顾虑、鼓励群众发表意见的作用。试比较：

⑦ 但改革要慎重，要多听各方面的意见，先进行试验。（《人民日报》1996 年 12 月）

这里用了动词“听”，而没有用动补短语“听听”，给人的感觉就比较严肃。

⑧ 别人不了解我你还不了解我么？从小就窝囊，受欺负有什么委屈只好忍着。街上的人一个比一个恶，我敢跟谁狠去？也就敢欺负欺负你。（王朔《永失我爱》）

这里用“欺负欺负”来弱化“欺负你”的严重性，从而缓和了口气，增强了安慰对方的效果。

4. 动词“类重叠”与动词重叠的区别

如前所述，动词“类重叠”只是表面上看起来是动词重叠，实际上是“$A_{动}$一$A_{量}$”“$AB_{动}$一$AB_{量}$”短语的省略形式。因为它不是动词重叠，所以所表示的语法意义是“动量小”，而真正的动词重叠则表示“动量大”，主要是用来表示动作行为持续的时间长，包括动作行为持续的时间长和重复的次数多。这是动词“类重叠”与动词重叠的根本区别。例如：

① 翠喜哭哭啼啼地走进门。（曹禺《日出》）

这里“哭哭啼啼”是“不停地哭”的意思（“哭”和“啼”是同义词）。

② 大家围着篝火坐成一圈，剥着花生，嗑着瓜子，说说笑笑，一片欢乐。（《1994 年报刊精选 · 09》）

这里“说说笑笑”是“不停地说笑”的意思。

③ 大人们不好意思站在那里呆看，只是装做有事，或找人，或办事，进进出出。小孩子们挤在门口不眨眼地往里看，比比画画地议论。

（《作家文摘 · 1993A》）

这里“进进出出”是“不停地进出”的意思，“比比画画”是“不停地比画”的意思。

④ 在记者采访其他吸毒者的家长时，她始终站在一边唠唠叨叨。（《1994 年报刊精选 · 10》）

这里“唠唠叨叨”是“不停地唠叨”的意思。其他如“打打闹闹”“摇摇晃晃”“蹦蹦跳跳”“搂搂抱抱”“指指点点”等都是表示某种行为持续的时间长。

动词重叠有时也用来表示动作行为重复的次数多。例如：

⑤ 有一部分大学毕业生择业时不考虑自身能力，挑挑拣拣，常常高不成低不就。（《人民日报》1996 年）

这里“挑挑拣拣”是“反复挑拣”的意思（“挑拣”是“选择”的意思）。

⑥ 夜间搬家更容易造成磕磕碰碰，很容易损坏家具和家电。（新华社 2004 年 8 月新闻报道）

这里“磕磕碰碰”是“反复磕碰”的意思（“磕碰”是“碰撞”“撞击”的意思）。

用来重叠的动词大都是双音节的，单音节动词很少重叠，这也是动词重叠和动词类重叠的区别。在发音上，动词类重叠的借用动量词通常发成轻声，如“看看（kàn kan）”“听听（tīng ting）”“走走（zǒu zou）”。“$AB_{动}AB_{量}$”式动词类重叠中$AB_{量}$的发音不像“$A_{动}A_{量}$”中的$A_{量}$那样轻，但$AB_{量}$还是比$AB_{动}$发音轻，如“研究研究”。而动词重叠的每一个音节都不发成轻声，或者发音不减轻，如“红旗飘飘（piāo piāo）”“挑挑拣拣（tiāo tiāo jiǎn jiǎn）”等，甚至后一音节本来是轻声的双音节动词重叠后后一音节也不发成轻声，如“溜达（līu da）”的重叠形式“溜溜达达”说成“līu līu dā dā”，或者说成“līu liu dā dā”，但轻声 da 都变成了阴平声。

总之，动词“类重叠”与动词重叠是两种不同的语法现象，应该严格区分，不能将二者混为一谈。以往有的学者已经注意到了动词重叠与动词类重叠的不同，但它们仍然坚持把动词类重叠看成动词重叠现象，而把真正的动词重叠称为“重音式动词重叠”或“增量动词重叠”（华玉明、马庆株，2007）。那么，他们为什么不肯将二者真正区分开呢？这主要是受了形式主义语法观的影响。形式主义语法学派偏重于对语言现象进行共时的静态描写，而忽略语言现象的历时演变，因而只能静态地描写动词类重叠现象，把它看成动词的重叠。

（四）数词性空语类与量词“类重叠”

量词是用来表示人、事物或动作行为等的计算单位的词。主要的量词有两种，一种是用来表示人或事物计算单位的词，一般称之为“物量词”或“名量词”；另一种是用来表示动作行为等的计算单位的词，一般称之为“动量词”。在现代汉语中，量词用来配合数词表示人或事物的数量、动作行为等发生的次数、人或事物的排列次序等。由于量词所表示的仅仅是人、事物或动作行为等的计算单位，所以量词不能脱离数词而单独使用，不过，由于人具有完形思维能力，在一定的语境下，人们也常将数词“一”省略（“二”以上的数词一般不省略），从而形成数词性空语类。如“有个人”，量词“个”的前面就存在着数词性空语类（这里是数词“一”）。由于“一＋量词”短语可以重叠，如“一个一个”“一次一次”，而数词“一”又经常省略，于是形成了两个量词连用的短语，如“个个”“次次”。由于学术界在句法分析上，往往不考虑成分的省略因素，因而把“个个”“次次”这种由一个量词反复成的短语看成量词重叠现象。但我们运用空语类原理动态地分析句法结构，认识到由一个量词反复成的短语并非是量词的重叠，只是看起来像是量词的重叠而已，所以我们称之为量词的“类重叠”。

下面我们先谈谈以往学术界对量词“类重叠”现象的看法，然后再分析一下量词“类重叠”所表示的语法意义、量词“类重叠”的生成机制、量词“类重叠”的语用功能、量词“类重叠”中的空语类等。

1. 以往学术界对量词“类重叠”现象的看法

以往学术界基本上都认为现代汉语量词可以重叠，并探讨了“量词重叠”的形式、语法意义、句法功能等，实际上是把量词“类重叠”现象看成了量词重叠现象。吕叔湘先生早在20世纪50年代就谈到了“量词重叠”的问题，指出：“名词重叠表示‘每个’，文言文里通行，现代汉语里只有量词有这个本事。”[①] 认为现代汉语的量词可以重叠。赵元任也认为现代汉语量词可以重叠，他把“量词重叠”称为“遍称重迭式”，指出：“量词重迭表示‘每个’……差不多所有单

---

① 吕叔湘：《关于汉语词类的一些原则性问题》，《中国语文》1954年第9、10期。

音节量词都适用。”[①] 朱德熙也认为现代汉语量词可以重叠，他说：“重叠式量词就是单音节量词的重叠式。例如：‘张张、本本、句句、棵棵’，这类重叠包含‘每’的意思，‘个个’就是‘每一个’，‘张张’就是‘每一张’。”[②] 一些主要的现代汉语教材，如胡裕树主编《现代汉语》（上海教育出版社），张斌主编《现代汉语》（复旦大学出版社），邢福义、汪国胜主编《现代汉语》（华中师大出版社），黄伯荣、廖序东主编《现代汉语》（高等教育出版社），都认为现代汉语量词可以重叠。

关于“量词重叠”的形式，有的学者认为有“AA”式、“一 AA”式和“一 A 一 A”式三种，但大多数学者认为“量词重叠”的形式只有“AA”式，“一 AA”式和“一 A 一 A”式属于数量短语重叠，如黄伯荣、廖序东主编《现代汉语》（增订五版）指出：“由数词和量词组成的数量短语也可重叠，组成‘一 A 一 A’式，或‘一 AA’式。”[③] 关于“量词重叠”的句法功能，由于不同学者对“量词重叠”形式的认定范围不同，所归纳出的“量词重叠”的句法功能有一定差别。由于学者们所说的“AA 式量词重叠”就是我们这里要谈论的量词“类重叠”现象，所以这里我们只归纳一下学术界对“AA 式量词重叠”的句法功能的认识。朱德熙指出：“重叠式量词可以修饰名词（个个学生、张张纸，也可以离开名词单独充任句子的主语（个个都有本事、张张都是好的），但是不能作宾语（‘通知每一个人’不能说成‘通知人人’或‘通知个个’，‘把每间都打扫一遍’不能说成‘把间间都打扫一遍’）。”[④] 黄伯荣、廖序东主编的《现代汉语》（增订五版）指出：“单音量词大都可以重叠，重叠后表示每一、逐一、多，能单独充当定语、状语、主语、谓语，不能作补语、宾语。”[⑤]

由于量词“类重叠”短语的形式与语法意义、语法功能和语用功能是交织在一起的，不便于分开说明，下面我们就以意义为纲，在前人研究成果的基础上，综合谈谈我们对量词“类重叠”的看法。

---

① 赵元任：《汉语口语语法》，吕叔湘译，商务印书馆 1979 年版，第 107 页。

② 朱德熙：《语法讲义》，商务印书馆 2005 年版，第 26 页。

③ 黄伯荣、廖序东：《现代汉语》（增订五版），高等教育出版社 2011 年版，第 17—18 页。

④ 朱德熙：《语法讲义》，商务印书馆 2005 年版，第 26 页。

⑤ 黄伯荣、廖序东：《现代汉语》（增订五版），高等教育出版社 2011 年版，第 17 页。

2. 量词“类重叠”的语法意义与语法功能

为了表述方便，我们借用英文字母把量词“类重叠”短语表示为“MM”[①]。量词“类重叠”短语“MM”是“一＋量词”短语重叠“一M一M”的省略形式。“一＋量词”短语重叠“一M一M”的省略形式还有一种是“一MM”式的，只省略后一个数词“一”，如“一个个”“一次次”。量词“类重叠”短语与“一＋量词”短语重叠（一M一M）及其另一种省略形式“一MM”在语法功能上和语法意义上有相同之处，也有不同之处。这里我们先归纳一下量词“类重叠”短语的语法功能和语法意义，然后我们再将这三者的语法功能和语法意义的异同作一下对比。

（1）表示一个群体中的每一个个体

量词“类重叠”短语最常用的语法意义是表示一个群体中的每一个个体，意思相当于“每一（个、只、条……）”，所在的句子通常用来强调一个群体中的每一个个体在某一方面都相同，没有例外，或者强调对一个群体中的每一个个体都施以相同的处置。这种情况下的量词“类重叠”短语主要有三种用法，一是在主语中作定语；二是在宾语中作定语；三是在主谓谓语句的小主语中作定语。

1）在主语中作定语

这种用法的量词“类重叠”短语所修饰的中心语大都是双音节的，偶尔也修饰单音节词语。例如：

① 他拿着一条藤教鞭，动不动打学生，最爱打脑袋。个个学生都挨打，不过他从不打我，我的两个不懂事的弟弟也从没挨过打，大概我们是特殊的学生。（杨绛《大王庙》）

这里“个个学生”是“每一个学生”的意思。

② 条条大路通罗马，东边不亮西边亮。（《人民日报》1997年）

这里“条条大路”是“每一条大路”的意思。

---

① 这里M是“measure word”（量词）的首字母。另外，有人将汉语的“量词”翻译成英语的“classifier”，但“classifier”的意思是“分类词”，汉语的量词虽然能在一定程度上表现事物的类别，但它的作用毕竟不是用来分类的，所以这样翻译并不确切。也有人把“量词”翻译成英语的“quantifier”，但“quantifier”的意思是“数量词”，指的是能表示数量的词，包括英语的数词和表示数量的形容词或形容词性的短语，如“plenty”（大量的）、“many”（很多）、“a lot”（很多）等。而“measure word”的意思是“度量词”，正适合用来翻译汉语的“量词”。

③ 岷江上空爆竹声声，焰花闪烁，天上水面不时织出美丽的图案；盏盏宫灯、只只彩灯顺江而下，漂向大佛脚下；条条游船彩绸飞舞缓缓而行，把兴致勃勃的游客送到大佛面前。(《1994 年报刊精选·05》)

这里“盏盏宫灯”“只只彩灯”“条条游船”分别是“每一盏宫灯”“每一只彩灯”“每一条游船”的意思。

④ 是伶俐人就不要下车。个个人都得坐定，不许站起来。(许地山《换巢鸾凤》)

这里“个个人”是“每一个人”的意思。

以上是量词“类重叠”短语在主语中作定语的例子。

2）在宾语中作定语

由于量词“类重叠”短语本来是用来表示一个群体中的每一个个体的，当它作定语的时候，它所在的定中短语所表示的信息属于已知信息，而已知信息通常不放在句末，所以当由量词“类重叠”短语作定语的短语需要作谓语动词的宾语时，人们通常用处置介词“把”或对象介词“对”把它提到谓语动词前，或者不借助处置介词“把”或对象介词“对”，直接把它放在动词前，甚至放在句首。例如：

① 权与势的“网”看起来编得严实，似乎可畏，只要我们群起而攻之，勇于戳破它，把条条蛀虫抖落出来，“网”失去抵挡能力，蛀虫也就无计可施了。(《福建日报》1982 年 5 月 7 日)

这里“条条蛀虫”作介词“把”的宾语，意思是“每一条蛀虫”。有一点值得注意。“条条蛀虫”本来是“抖落出……来”的宾语，但为了表示对“条条蛀虫”进行处置，而使用了处置句，用处置介词“把”把“条条蛀虫”提到“抖落出……来”的前边。当然，我们这是从处置句的生成过程说的，实际上自从处置句在唐代产生以后，人们在使用处置句的时候，都是直接套用的，是直接把谓语动词处置的对象用处置介词“把”引出并放在谓语动词前的，并不需要经过将“主—动—宾”句转换成处置句的过程。

② 首先引你注意的是古风犹存的房屋，古朴的雕梁画栋，现今改造的，最引人注目的是地面，一律瓷砖或地板砖，把个个房子外观一律用漆漆上赭红色或黑酱色。(《人民日报》1993 年)

这里“个个房子”作介词“把”的宾语，意思是“每一个房子”。另外，“把个个房子外观一律用漆漆上赭红色或黑酱色”的原型是“一律用漆漆个个房子外观成赭红色或黑酱色”（原句中的“上”属于用词不当，应该用“成”），而这个原型属于“动宾＋补”谓语句，但这种用“成＋宾语”作补语的“动宾＋补”谓语句在现代汉语中已经不使用了（关于“动宾＋补”谓语句，参见本书第三章第十二节）。

③ 每日求医者甚多，他对个个病人，都悉心治疗。（倪匡《四条金龙》）

这里“个个病人”作介词“对”的宾语，意思是“每一个病人”。“他对个个病人，都悉心治疗”的原型是“他悉心治疗个个病人”。

当量词“类重叠”短语在宾语中作定语的时候，人们有时把它所修饰的中心语提到它的前面，使它紧靠谓语动词，看起来像是谓语动词的状语，从而突出对每一个对象都施加谓语动词所表示的处置而没有遗漏的意思。例如：

④ 卵黄抗体的使用应在鸡发病的初期，对发病的鸡只只注射，可收到很好的效果，深受用户欢迎。（BCC 语料库·科技文献）

这里“对发病的鸡只只注射”是由“对只只发病的鸡注射”转换成的，把“只只”所修饰的中心语“发病的鸡”提到了“只只”的前面，从而使“只只”靠近谓语动词“注射”，突出了对每一只鸡都进行注射而没有遗漏的意思。

以上是用介词“把”或“对”将由量词“类重叠”短语作定语的宾语提到动词前的例子。

⑤ 我不专爱哪一个，我个个都爱。（普鲁斯特《追忆似水年华》）

这里“哪一个”是定中短语“哪一个女孩”的省略形式，“个个”是定中短语“个个女孩”的省略形式。“我个个都爱”这一句直接把量词“类重叠”短语放到动词“爱”的前面，而没有说成“我爱个个”，这是因为“个个”所表示的是已知信息，就是前面所说的那些女孩中的每一个女孩，而汉语在语序的安排上，通常不把已知信息放在句末。

⑥ 女方家那边的亲戚，个个他都看不上。（转引自郭艳瑜的硕士论文《现代汉语量词重叠式生成语法研究》，北京大学 2013 年）

这里不仅直接把由量词“类重叠”短语作定语的宾语放到主语“他”的前面，甚至还把它后面的中心语“女方家那边的亲戚”从它后面移到句首（否则应该说成“个个女方家那边的亲戚他都看不上”）。

从上面的例子中我们可以看出，由量词“类重叠”短语作定语的宾语一般要放到动词前，甚至放在句首，石毓智（1996）把这一现象称为“强制性”移位，并指出：“为什么位移的方向性只能是从句尾向句首，尚不清楚。”[1] 其实这种“强制性”移位的原因并不复杂。当量词“类重叠”短语用来强调一个群体中的每一个个体时，前面的句子已经直接或间接地说出了该群体，因而整个宾语所表示的人或事物对于读者或听者来说，是已知信息，而汉语通常不把已知信息放在句末，因而人们通常用处置介词“把”或对象介词“对”把由量词“类重叠”短语作定语的宾语提到动词前，或直接放在动词前，甚至放在句首。因此我们所看到的情况是，由量词“类重叠”短语作定语的宾语通常不出现在句末。

以上是量词“类重叠”短语在宾语中作定语的例子。有一点值得注意，有时当量词“类重叠”短语似乎是在宾语中作中心语，其实它还是作定语的，只是它后面的中心语省略了，看起来像是它单独作中心语。例如：

⑦ 依我看，雅各根本没有什么了不起！只会摆款、装腔，又喜欢讲大道理，把你们个个当傻瓜，修理得你们服服贴贴，我说你们呀！也真可怜。（岑凯伦《白马王子》）

这里“你们个个”作介词“把”的宾语，是“你们个个人”的省略形式，其中的“你们”是“个个（人）”的定语，“你们个个”的意思是“你们中的每一个（人）”。

⑧ 城乡有10位军烈属孤寡老人，宋顺女把她们个个记在心上，帮她们修房扒炕、求医寻药、搬迁新居、济危解困……（《人民日报》1999年）

这里“她们个个”作介词“把”的宾语，是“她们个个（军烈属孤寡老人）”的省略形式，其中的“她们”是“个个（军烈属孤寡老人）”的定语，“她们个个”的意思是“她们中的每一个（军烈属孤寡老人）”。

⑨ 哈耶克把我们个个都当作时装模特来打扮。（《人民日报》2003年）

这里“我们个个”作介词“把”的宾语，是“我们个个（人）”的省略形式，意思是“我们中的每一个（人）”。

---

① 石毓智：《试论汉语的句法重叠》，《语言研究》1996年第2期。

⑩ 长话短说，请珍惜分分秒秒。(《文汇报》2003 年 4 月 15 日)

这里“分分秒秒”是“每一分、每一秒”的意思，同时“分分”和“秒秒”的后面都省略了中心语“时间”。时间量虽然是有一定范围的，但人们对此并没有很强的意识，所以时间量并不是典型的已知信息，所以“分分秒秒”可以放在句末。

以上是量词“类重叠”短语在宾语中作中心语的例子。

3）在主谓谓语句的小主语中作定语

有一种主谓谓语句，它的大主语表示的是一个人或事物的群体，小主语强调的是大主语所代表的群体中的每一个成员，这种小主语通常省略由量词“类重叠”短语所修饰的中心语，看起来像是由量词“类重叠”短语充当小主语。例如：

① 黑岛镇山南头小学 13 名教师个个都是书法高手。(《人民日报》1998 年)

这是一个主谓谓语句，大主语是“黑岛镇山南头小学 13 名教师”，小主语看起来是量词“类重叠”短语“个个”，但“个个”是“每一个”的意思，本身并不能表示人或事物，显然它的后面省略了中心语“教师”。由于“个个”的后面省略了中心语“教师”，看起来就像是“个个”单独作小主语。

② 我果然没看走眼，你们个个都是值得栽培的孩子。(佐思《宿命情人》)

这里“你们”是大主语，“个个（人）”是小主语，是“每一个（人）”的意思，“个个”的后面省略了中心语“人”。

③ 多么简单的人生，通向理想的路条条是平坦的。(林燕妮《红尘结怨》)

这里“通向理想的路”是大主语，“条条（路）”是小主语，是“每一条（路）”的意思，“条条”的后面省略了中心语“路”。

④ 他头脑鬼精灵，高招一个接一个，我的兄弟姊妹、堂兄弟堂姊妹、表兄弟表姊妹个个被他打扮得又水灵又独特，气质各不同，有的俏皮，有的洒脱，有的秀丽，有的端庄，人见人爱。(《人民日报》2003 年)

这里“我的兄弟姊妹、堂兄弟堂姊妹、表兄弟表姊妹”是大主语，“个个（人）”是小主语，是“每一个（人）”的意思，“个个”的后面省略了中心语“人”。另外，这里“个个（人）”是被动主语（受事主语）。

有一种由量词“类重叠”短语作小主语的主谓谓语句，它的大主语承前省略，整个句子看起来像是一个普通的主谓句，量词“类重叠”短语看起来就像是句子的主语。例如：

⑤ 老人们还成立了自己管理自己日常生活的管理委员会，个个都是公寓的主人。(《人民日报》1997 年）

这里“个个都是公寓的主人”是主谓谓语句“他们个个人都是公寓的主人”的省略形式，其中的“个个”是“每一个”的意思，前面承前省略了大主语“他们”（指老人们），后面还省略了中心语“人”，整个句子看起来像是“个个”单独作句子的主语。

⑥ 这 4 只老虎每只重达 600 磅，只只体型彪悍。(《文汇报》2004 年 3 月 23 日）

这里“只只”是“每一只”的意思，前面承前省略了大主语“它们”（指“这 4 只老虎”），“只只”的后面还省略了中心语“老虎”，整个句子看起来像是“只只”单独作句子的主语。

⑦ 就这样，他使二十头耕牛安全过了冬，只只养得胖鼓鼓的，毛色也发亮，得到了大队的奖励。(《福建日报》1960 年 10 月 23 日）

这里“只只”是“每一只”的意思，前面承前省略了大主语“它们”（指“二十头耕牛”），“只只”的后面还省略了中心语“耕牛”，整个句子看起来像是“只只”单独作句子的主语。另外，这里“养”用的是被动意义，所以小主语“只只（耕牛）”是被动主语（受事主语）。

⑧ 总而言之，宪法修正案突出了改革的内容，条条都与改革相关。(《人民日报》1993 年）

这里“条条”是“每一条”的意思，它的前面承前省略了大主语“宪法修正案”。

以上是量词“类重叠”短语在主谓谓语句的小主语中作定语而后面省略中心语的例子。

（2）表示动作行为重复的每一次或每一个时间单位

量词“类重叠”短语本来可以用来表示一个群体中的每一个个体，人们又将这种意义进行了扩展，用来表示动作行为重复的每一次或每一个时间单位，在句子中作状语。这种量词“类重叠”短语中的量词都是动量词和时间量词，如“次”“回”“顿”“趟”“年”“月”“天（日）”等，意思相当于“每一次（回、顿、趟）”“每一年（月、天）”等。例如：

① 回回她总是最招人注意的，这回却遭了冷落。（陈世旭《将军镇》）

② 我好几天找不着他了，回回去他家回回扑空。（王朔《无人喝彩》）

以上两例中的“回回”是“每一回”的意思。

③ 人人动作迅捷，个个精神饱满，次次不超过30秒钟。（《1994年报刊精选·01》）

④ 迄今，畅文秀已做过一百多次表演，次次成功。（《1994年报刊精选·03》）

以上二例中的“次次”是“每一次”的意思。

⑤ 他天天喝、顿顿喝，最多的一天喝了3斤多白酒。（《1994年报刊精选·09》）

这里“天天”是“每一天”的意思，“顿顿”是“每一顿”的意思。

⑥ 家燕与春天一起到来，秋天远走高飞，年年如此。（《中国儿童百科全书》）

这里“年年”是“每一年”的意思。

⑦ 当“文革”风暴席卷而来时，全国顿时变为标语的“海洋”，阶级斗争“年年讲，月月讲，天天讲”。（《1994年报刊精选·01》）

这里“年年”“月月”“天天”分别是“每一年”“每一月”“每一天”的意思。

（3）表示人或事物数量多或种类多

量词“类重叠”短语本来可以用来表示一个群体中的每一个个体，而一个群体所包含的个体数量往往很多，于是人们又根据这一点，将量词“类重叠”短语的用法进行了扩展，用来表示人或事物数量众多或种类多的意思。量词“类重叠”短语在表示这种意义时，都是作定语的。例如：

① 纽约的初春，寒风刺骨，蒙蒙细雨夹着朵朵雪花，大街上的

行人十分稀少。(《哈佛管理培训系列全集·第04单元·哈佛经理的谋略》)

这里“朵朵”是“许多朵”的意思。

② 有时我闲下来回想起以往的宗宗事情，觉得要不是抗日政府、共产党，还有你们，老娘的大仇报不了，我自己还不知落得个什么下场……(冯志《敌后武工队》)

这里“宗宗”是“许多宗”的意思。

③ 娓娓道来的是朴实的语言，是桩桩件件平凡的小事。

这里“桩桩”“件件”是“许多桩”“许多件”的意思(“桩”和“件”是同义量词)。

④ 每当夜晚来临，湖面就时时会泛起点点火光。(《中国儿童百科全书》)

这里“点点”是“许多点”的意思。

⑤ 此后，蒋介石通过种种军事和政治手段，终于执掌了民国大权。(陈廷一《蒋氏家族全传》)

这里“种种”是“多种”“各种”的意思。

(4)表示声音、气味等连续不断地发出

量词“类重叠”短语本来可以用来表示人或事物数量众多的意思，人们根据这一点，对量词“类重叠”短语的用法进行了扩展，用来表示声音、气味等连续不断地发出的意思。量词“类重叠”短语在表示这种意义时，也都是作定语的。例如：

① 即使在冬季，这一带也能听到阵阵雷声。“雷州”因此得名。(《中国儿童百科全书》)

② 宋子文的演说生动形象，不时激起阵阵掌声。(陈廷一《宋氏家族全传》)

以上二例中的“阵阵”是“一阵接着一阵(发出的)”的意思。

③ 微风过处，送来缕缕清香，仿佛远处高楼上渺茫的歌声似的。(朱自清《荷塘月色》)

④ 透过那缕缕青烟，记者分明感受到了老区人民的质朴和那份真情。(《1994年报刊精选·04》)

以上二例中的“缕缕”是“一缕接着一缕（发出的）”的意思。

⑤ 硅谷8月的清晨，空气竟然有丝丝的凉意。（李开复《世界因你而不同》）

这里“丝丝”是“一丝接着一丝（发出的）”的意思。

（5）表示动作行为等连续不断地发出

量词“类重叠”短语本来可以用来表示声音、气味等连续不断地发出的意思，人们根据这一点，对量词“类重叠”短语的用法进行了扩展，用来表示动作行为等连续不断地发出的意思。量词“类重叠”短语在表示这种意义时，都是作状语的。例如：

① 一阵狂风卷过，寒气阵阵袭来。（罗广斌《红岩》）

这里“阵阵”是“一阵接着一阵”的意思。

② 这种创业精神代代相传。（《人民日报》1996年10月）

这里“代代”是“一代接着一代”的意思。

③ 他回国后，官运亨通，步步高升。（《读者》合订本）

这里“步步”是“一步接着一步”的意思。

当人们用量词“类重叠”短语表示动作行为等连续不断发出的意思时，有时省略后面的中心语，看起来像是量词“类重叠”短语单独作谓语。例如：

④ 礼堂里掌声阵阵。（新华社2004年3月新闻报道）

这里“阵阵”是“一阵接着一阵”的意思。这是一个省略句，是动词性谓语中心省略的句子，状语“阵阵”的后面省略了中心语“发出”“传出”等。

3. 量词“类重叠”短语与“一＋量词”短语重叠的异同

如前所述，量词“类重叠”短语是“一＋量词”短语重叠的省略形式。“一＋量词”短语重叠的完整形式是“一M一M”，而“一M一M”短语还有一种省略形式是“一MM”。这三者在语法意义和语法功能乃至语用功能上都有相同之处，也有不同之处。这三者本来是同一种短语，只是形式上完整的程度不同，它们在语法意义和语用功能上的差异都与形式上的差异有关，而语法功能又受语法意义的影响，所以它们在语法意义、语用功能、语法功能上的异同是交织在一起的，难以截然分开地进行对比。不过，毕竟语言单位的意义是语言单位的核心，为了避免交叉重复，我们下面对这三者的语法意义的异同进行纵向对比，在对比语法意义异同的同时，再对这三者的语法功能和语用功能的异同进行横向对比。

（1）“MM”“一 M 一 M”“一 MM”的相同之处

量词“类重叠”短语“MM”与“一＋量词”短语重叠的“一 M 一 M”和“一 MM”有相同的语法功能和语法意义。主要是：

1）都可以用来表示一个群体中的每一个个体。表示一个群体中的每一个个体，这是量词“类重叠”短语“MM”的最基本用法，用得最多，其次是“一MM”式的“一＋量词”短语重叠，用得也比较多，用得最少的是“一 M 一 M”式的“一＋量词”短语重叠。我们前面已经列举了“MM”式的用例，为了避免重复，我们这里只列举“一 MM”式和“一 M 一 M”式的用例。例如：

① 况此天女一个个形如白玉，一个个貌似鲜花。(《敦煌变文集新书·维摩诘经讲经文》)

② 这时村民们才发现，这几人全喝多了“猫尿”，一个个酒气熏人。(陈桂棣、春桃《中国农民调查》)

以上二例中的“一个个”都是“每一个”的意思。

③ 把一个一个部门的编制搞出来，我看半年时间应该够了。(《邓小平文选 2》)

这里“一个一个部门”是“每一个部门”的意思。

在表示一个群体中的每一个个体的意义上，量词“类重叠”短语“MM”更突出“没有例外”的意义，如“个个都是好样的”；而“一 MM”式的“一＋量词”短语重叠更强调用眼睛扫描到的每一个个体。“一 MM”式的“一＋量词”短语重叠出现的年代比量词“类重叠”短语“MM”晚得多，而且是在量词“类重叠”短语“MM”的基础上产生的。“MM”短语的量词前的两个数词“一”全部省略，给人以扫描过程急促而扫描的对象多的感觉，更能突出“没有例外”的意义，而补上一个数词“一”，突出了轮流扫描每一个个体的过程，能够增强所在句子的形象性。

“一 M 一 M”式的“一＋量词”短语重叠是把“MM”短语的量词前的两个数词“一”全部补出，在表示每一个个体的意义上，更适合用来突出没有遗漏的意义。

2）都可以表示人或事物数量多或种类多。在表示人或事物数量多或种类多的意义上，“一 MM”式的“一＋量词”短语重叠用得最多，其次是“一 M 一

M”式的“一+量词”短语重叠，量词“类重叠”短语“MM”用得较少，尤其是最常用的个体量词“个”，基本上没有用“MM”形式表示人或事物数量多的，绝大多数情况下都采用“一MM”的形式。例如：

① 他们说，只要功夫用到家，这一个个棚子就是一个个“万元户”。（《人民日报》2000年）

② 一个个“书画之家”“音乐之家”“珍藏之家”的出现，展示了湖坊乡农民的精神风貌和文化品位。（《人民日报》1997年）

③ 遍布齐鲁大地的一个个“亮点”，让人们看到了希望。（《人民日报》1998年）

④ 一个个“奇迹”不断涌现；一声声赞誉如潮涌来。（《人民日报》2001年）

⑤ 蛋岛的面积更小，只有110平方米，上面分散地摊放着一个个鸟蛋。（《中国儿童百科全书》）

⑥ 林师轩捧出他那颗诚心，那颗爱心，去焐热、感化一个个学生，去带好一个又一个的班级。（《1994年报刊精选·11》）

⑦ 词汇是一个个词的集合体。（《中国儿童百科全书》）

以上各例中的“一个个”都是“许多个”“很多个”的意思，例④中的“一声声”是“许多声”的意思。

⑧ 当学校把一只只羽翼丰满的山鹰放飞的时候，是不能缺少一个隆重仪式的。（《从普通女孩到银行家》）

这里“一只只”是“许多只”的意思。

⑨ 一座座青山紧相连，一朵朵白云绕山间。一片片梯田一层层绿，一阵阵歌声随风传…………”。（电影《红日》插曲）

这里“一座座”“一朵朵”“一片片”“一层层”“一阵阵”分别是“许多座”“许多朵”“许多片”“许多层”“许多阵”的意思。

⑩ 现实不是梦，是一种种残酷冷漠情状的堆积与交织。（梁凤仪《弄雪》）

这里“一种种”是“许多种”的意思。

⑪ 光就像高压水枪喷射出的水柱，是由一个一个光微粒组成的。（《中国儿童百科全书》）

⑫ 刻刀在他手上磨起了一个一个的血泡。(《1994 年报刊精选·11》)

以上二例中的“一个一个”是“许多个”的意思。

⑬ 我让感情奔放煽旺心中的火，推动我这支毫无装饰的笔飞越一张一张的稿纸。(巴金《怀念二叔》)

这里“一张一张”是“许多张”的意思。

为什么在表示人或事物数量多或种类多的意义上，“一MM”式的“一+量词”短语重叠用得最多，而“一M一M”式的“一+量词”短语重叠和量词“类重叠”短语“MM”用得较少？这是因为“一M一M”式的“一+量词”短语重叠是四个音节的，听起来急促感、重复感不如“一MM”式强，因而“一MM”式更适合用来表示“多量”，而“MM”式的虽然音节更少，听起来更急促、重复感更强，但“MM”式的常用来表示“每一……”的意思，用它来表示“多量”，有时会让人觉得是“每一……”的意思，所以用得较少，尤其是常用量词“个”用得更少。

3）都可以表示声音、气味等连续不断地发出。在表示声音、气味等连续不断地发出的意义上，量词“类重叠”短语“MM”与“一MM”式的“一+量词”短语重叠和“一M一M”式的“一+量词”短语重叠是作定语的，在这种意义上，量词“类重叠”短语“MM”与“一MM”式的“一+量词”短语重叠比较常用，而“一M一M”式的“一+量词”短语重叠由于音节较多，作定语的时候不够简洁，所以用得比较少。另外，这三者在这种意义上有细微的差别，但不很明显。我们做个简单的对比：

① 一架架战鹰飞越天安门上空，人们翘首仰望，发出阵阵欢呼声。(《福建日报》1984 年 10 月 2 日)

② 十时二十五分，连战及夫人走出博物馆，馆外阳光灿烂，已守候了一个多小时的老百姓自发鼓掌，发出一阵阵欢呼声。(《福建日报》2006 年 4 月 19 日)

③ 电视里正在实况转播滑稽戏，荧屏上传出一阵一阵哄笑。(《福建日报》1992 年 10 月 2 日)

以上三例中的“阵阵”“一阵阵”“一阵一阵”都是“一阵接着一阵”的意思。细心体会，我们会发现，在表示欢呼声或笑声“一阵接着一阵”发出的意义时，“阵阵”发出的频率最大；其次是“一阵阵”；再次是“一阵一阵”。这三者在意义上的这种细微差别，主要是跟音节多少有关，“阵阵”音节少，重复感强，所以更适合用来表示声音等的频繁反复发出，而随着音节的增多，“一阵阵”和“一阵一阵”适合用来表示频率略低一些的反复。不过，这三者所表示的声音等反复发出的频率大小并不是精确量化的，这只是读者或听者心理上的一种感觉而已。

4）都可以表示动作行为等连续不断地发出。在表示动作行为等连续不断地发出的意义上，量词“类重叠”短语“MM”与“一MM”式的“一+量词”短语重叠和“一M一M”式的“一+量词”短语重叠是作状语的，在这种意义上，这三者使用的频率大体相同，只是在这种意义上有细微的差别，但不很明显。我们做个简单的对比：

① 他感到眼前阵阵发黑，身上不住地冒虚汗。（《人民日报》1995年）

② 她觉得呼吸困难，眼睛一阵阵发黑。（皮皮《比如女人》）

③ 云焕感觉肺里有火在烧，眼前一阵一阵发黑。（沧月《镜·破军》）

以上三例中的“阵阵”“一阵阵”“一阵一阵”都是“一阵接着一阵”的意思，所表示的“眼前发黑”这种感觉发生的频率，随着音节数的增加而降低：“阵阵”最大；“一阵阵”居中；“一阵一阵”最小。不过，这种频率的大小也不是精确量化的，也是读者或听者心理上的一种感觉而已。这是汉语语法注重形式上的像似性的一种表现。再如：

④ 阿琪扫视了旅馆内一流的设备，半躺在床上抽烟，烟圈一个一个上升，然后消失。（司徒慕文《女谍陷阱》）

这里“一个一个”是“一个接着一个”的意思。

以上我们说明了量词“类重叠”短语“MM”与“一MM”式的“一+量词”短语重叠和“一M一M”式的“一+量词”短语重叠的相同之处（不过它们之间同中有异）。下面我们再来谈谈它们之间的不同之处。

（2）“MM”“一M一M”“一MM”的不同之处

前面我们分析了量词“类重叠”短语“MM”与“一MM”式的“一+量词”短语重叠和“一M一M”式的“一+量词”短语重叠的相同之处，发现它们同中有异，下面我们再来谈谈它们之间迥然不同之处。

1）“MM”用来表示动作行为等重复的每一次或每一个时间单位。量词“类重叠”短语“MM”作状语时，用来表示动作行为等重复的每一次或每一个时间单位（年、月、日等），如“回回”（每一回）、“次次”（每一次）、“天天”（每一天）、“年年”（每一年）等，而“一＋量词”短语重叠的“一M一M”“一MM”作状语时一般不表示这种意义。例如：

① 看到它们一天一天长大，比看什么都过瘾。(《1994年报刊精选·06》)

② 大山中的小镇，就这样一天一天在变化着。(《人民日报》1998年）

以上二例中的“一天一天”的意思是“随着时间一天一天地过去”，“逐日”，而不是“每一天”的意思。

③ 东北的困难，说了一遍又一遍，但东北的问题并没有从根本上得到解决，东北的经济实力在一年一年下降。(《人民日报》1994年第1季度）

这里“一年一年”的意思是“随着时间一年又一年地过去”，“逐年”，而不是“每一年”的意思。

④ 要把领导精神文明建设的实绩和本领，作为考核领导班子及主要领导的基本依据。以此来促进各级领导一件事一件事抓下去，一年一年抓下去，一届一届抓下去。(《人民日报》1996年10月）

这里“一年一年”的意思是“一年接着一年”，含有“连续不断”的意思，而不是“每一年”的意思。

⑤ 时间在一分一分地逼近，所有设备，全部显示正常。(《作家文摘·1996A》)

这里“一分一分”的意思是“一分又一分”，含有“连续不断”的意思，而不是“每一分”的意思。

⑥ 时间一分一分地过去了，却听不到指挥员下达“点火”的口令。（新华社2001年10月新闻报道）

这里“一分一分”的意思是“一分又一分”，含有“连续不断”的意思，而不是“每一分”的意思。

⑦ 这成绩可不是她29岁才从天上掉下来的，而是一天天一月月一

年年扎实积累的结果。(《1994年报刊精选·10》)

这里“一天天”“一月月”“一年年”的意思分别是“一天又一天”(许多天)、“一月又一月”(许多月)、“一年又一年”(许多年)的意思,

⑧ 门槛一年年放低,“绣球”一个个抛出,发展也一年年加快。(新华社2001年9月新闻报道)

这里“一年年”的意思是“随着时间一年又一年地过去”,“逐年”。

⑨ 眼看从家里带来的钱一天天变少,我开始着起急来。(卞庆奎《中国北漂艺人生存实录》)

⑩ 发电的日期,一天天逼近了,人们日夜期盼灯火辉煌的那一天已不再遥远了。(《1994年报刊精选·01》)

以上二例中的“一天天”的意思是“随着时间一天一天地过去”,“逐日”,在心理感觉上,比“一天一天”更焦急或更迫切。

人们之所以用量词“类重叠”短语“MM”表示动作行为重复的每一次或每一个时间单位,而一般不用“一+量词”短语重叠的“一M一M”和“一MM”,是因为量词“类重叠”短语只有两个音节,并且是同一个音节的连续重复,更适合用来表示动作行为等重复的每一次或每一个时间单位。

2)“MM”不用来表示轮流行动中每一次轮流到的主体的数量。有时一个群体在做一件事的时候,其中的每一个个体轮流行动,在这种情况下,人们常用“一+量词”短语重叠的“一M一M”来表示每一次轮流到一个主体,偶尔用“一MM”式的“一+量词”短语重叠,而不用量词“类重叠”短语“MM”。这是因为,在这种情况下,需要精确地表示人或事物的数量,所以数词“一”是需要强调的,不宜省略,或不宜全部省略。有时每一次所轮到的主体数量不是一个,而是两个或两个以上,这时两个数词都不能省略。例如:

① 正如一支队伍出门一样,横排是出不去的,只能成纵队,一个一个向外走。(《人民日报》1994年第2季度)

② 一开始,是一个一个地上,到后来,是成群结队地上。(《1994年报刊精选·06》)

以上二例中的“一个一个”是“一次一个”的意思。

③ 而河里的鹅则开始慢慢地游向岸边,然后一只一只地爬到岸上。(余华《河边的错误》)

这里“一只一只”是“一次一只”的意思。

④ 合唱团负责老师在前面弹琴，考生们一个个地上去唱。（徐小斌《我们的红领巾合唱团》）

⑤ 下午的情况更糟，她们集体上厕所，欣然急了：“不行！一个个上。”（郁秀《花季雨季》）

⑥ 门帘拉开了，高士其同志坐在椅子上，双手微微向前移动。我们一个个上前与他握手。（《福建日报》1982 年 8 月 22 日）

以上三例中的“一个个”是“一次一个”的意思，省略了后一个数词“一”。在这种意义上，“一个个”比“一个一个”少了一个数词“一”，读起来或说起来节奏更急促，重复感更强，可以突出行为主体比较多的意思。

有时一个群体在做一件事的时候，其中的每两个或两个以上的个体轮流行动，在这种情况下，用来表示一次所轮到的个体的数量的“数词 + 量词”短语重叠中的两个数词都不能省略。例如：

⑦ 到了晚上，流着汗，疲惫不堪，绿帽子遮在眼睛上，两个两个地在警察的鞭子下，由软梯爬上战船的牢房里去！

这里“两个两个”是“一次两个”的意思。这里的两个数词“两”都不可以省略。

至于之所以数词“一”可以省略，而“二（两）”以上的数词不能省略，主要是因为“一”的数量比较小，在很多情况下是不需要强调的，于是在语言经济性原则的作用下，人们经常把“一”省略，“一”就成了默认省略的数词，其他数词也就不能省略了。

3）“MM”不常用来表示行为每发出一次所支配的对象的数量。有时行为主体要对行为对象群体轮流进行处置，或将行为对象分割成若干部分进行处置，这时人们常用“XAXA”式的数量短语重叠来表示行为每发出一次所支配的对象的数量，如果一次支配的对象的数量是“一”，人们常用“一 M 一 M”式数量短语重叠来表示，偶尔也用“一 AA”式的，很少用量词“类重叠”短语“MM”，因为在这种情况下，需要精确地表示数量，所以数词“一”是需要强调的，不宜省略或不宜全部省略。例如：

① 毛主席一个一个地问他们所学的专业是什么。（《1994 年报刊精选 · 10》）

② 这么多的焊点，要是用手工一个一个地焊，既费时，又容易出错。(《中国儿童百科全书》)

③ 知不知道饺子是奶奶一个一个包出来的？(《1994年报刊精选·12》)

④ 要教育干部服从党的需要，服从全局利益，服从组织安排，顾全大局。要一个一个人地做工作，普遍进行个别谈心。(《人民日报》1998年)

⑤ 这时丽都员工都紧紧地围在大师的周围，我一个一个介绍，大师一个一个握手，并把同样的哈达、钢笔、彩照送给每一个人。(《人民日报》1993年)

以上五例中的“一个一个”都是“一次一个”的意思。

⑥ 她带来的水果被姐姐一只一只地扔到大街上。(苏童《另一种妇女生活》)

这里“一只一只”是“一次一只”的意思。

⑦ 张大姐把荒地上的石头一块一块地搬走，把旧的树根一锄头一锄头地刨掉，把垃圾一筐筐地运到别处。(《人民日报》1995年)

这里“一块一块”是“一次一块”的意思，“一锄头一锄头”是“一次一锄头”的意思（“锄头”是借用量词），“一筐筐”是“一次一筐”的意思。这里“一筐筐”没有采用“一筐一筐”的形式，是为了通过量词“筐”的接连反复突出垃圾多。

⑧ 而大石山区一些贫困农民，还在艰难地用铁丝一滴一滴往家里引水。(《人民日报》1995年8月)

这里“一滴一滴”是“一下一滴”的意思。

⑨ 说着，端起杯子，很沉稳地把三杯酒一杯一杯地喝了下去。(《作家文摘·1996B》)

这里“一杯一杯”是“一次一杯”的意思。

⑩ 冬天生煤炉，要到街上买煤，一车一车地往回拖。(《1994年报刊精选·10》)

这里“一车一车”是“一次一车”的意思。

⑪ 饭馆的服务员以饭碗作量具，给你从盛着啤酒的搪瓷桶里一碗

一碗地舀出来，再倒进你自备的容器。（铁凝《大浴女》）

这里“一碗一碗”是“一次一碗”的意思。

⑫ 我舍不得一气吃掉，就用生了锈的小铁刀，一块一块地割着吃，慢慢地吃。(《读者》合订本)

这里“一块一块”是“一次一块”的意思。

⑬ 饭不能两口两口地吃，要一口一口地吃。（李宇明《论词语重叠的意义》）

这里“一口一口”是“一次一口”的意思，而“两口两口”是“一次两口”的意思，像这种一次支配的对象的数量超过一个的时候，前后两个数词都不可以省略。再如：

⑭ 他冲着怪兽叫出口令，三级三级地跨过螺旋楼梯。（马爱农译《哈利·波特 6》）

这里“三级三级”是“一次三级”的意思。

⑮ 他们三个十分老练地砌好了自己的牌，他还在一个一个地叠。“你要四个四个地摆，排好四排再往上叠。就快。”（南强《幸运》）

这里“一个一个”是“一次一个”的意思，这里的“一”不宜省略。而“四个四个”是“一次四个”的意思，两个数词“四”更不可以省略。

⑯ 有一堆棋子，三个三个地数剩下 2 个，五个五个地数剩下 4 个，七个七个地数剩下 6 个。问：这堆棋子最少有多少个？（数学题）

这里“三个三个”“五个五个”“七个七个”分别是“一次三个”“一次五个”“一次七个”的意思。这里的数词“三”“五”“七”都不可以省略。

值得注意的是，在中古以前的汉语中，人们也经常用量词“类重叠”短语“MM”来表示行为每发出一次所支配的对象的数量，也就是将“一 M 一 M”中的两个数词“一”都省略。例如：

⑰ 夫铢铢而称之，至石必差；寸寸而度之，至丈必过。石称丈量，径而寡失。（东汉·枚乘《上书谏吴王》）

这里“铢铢”“寸寸”是“一铢一铢”“一寸一寸”的省略形式。这几句话的意思是：一铢一铢地称物体的重量，称到一石的时候，一定会出现误差；一寸一寸地量物体的长度，量到一丈的时候，一定会出现差错。用石来称，用丈来量，既便捷又很少出错。“铢”和“石”都是古代度量单位。一铢是一两的二十四分之一（十六两是一斤），一石是一百二十斤。“铢铢而称之”的意思是“一铢一铢（一次一铢）地称”，“寸寸而度之”的意思是“一寸一寸（一次一寸）地量”。

在现代汉语中，通常是在古代遗留下来的说法中用量词“类重叠”短语“MM”表示行为每发出一次所支配的对象的数量。例如：

⑱ 想了想，他决定个个击破。（李凉《公孙小刀》）

这里“个个”是“一个一个”的省略形式，意思是“一次一个”。“个个击破”是来自于古代汉语的说法。

如前所述，在现代汉语中，量词“类重叠”短语“MM”不常用来表示行为每发出一次所支配的对象的数量，不用来表示轮流行动中每一次轮流到的主体的数量，这主要是因为在这种情况下，“一M一M”中的数词“一”是需要强调的，所以一般不省略或只省略后一个。其实，不仅是在这种情况下，在其他情况下，如果数词“一”是需要强调的，一般也是不能省略的。例如：

他没吃什么，只吃了个面包。（转引自陆俭明《现代汉语语法研究教程》142页）

这里量词“个”的前面省略了数词“一”。因为这里强调的是“他”没吃菜，只吃了一点面包，“面包”是需要强调的，数词“一”是不需要强调的，所以就省略了。

他面包吃得不多，只吃了一个面包。（转引自陆俭明《现代汉语语法研究教程》142页）

这里强调“他”面包吃得少，数词“一”是需要强调的，“面包”是不需要强调的，所以数词“一”是不能省略的。

这时，天已经黑了，谁也没注意窗外来了个人。（王朔《看上去很美》）

这里量词“个”的前面省略了数词“一”。因为这里需要强调的是“人”，而不是数词“一”，所以数词“一”就省略了。

等了一会儿，又来了一个人。（李文澄《努尔哈赤》）

这里数词“一”是需要强调的，所以没有省略。

再如，我们常说的“这个”“那个”是“这一个”“那一个”的省略形式。“这个”“那个”强调的是近处或远处的人或事物，而不是数量，所以省略了数词

“一”，如果数量是需要强调的，“一”就不能省略。例如：

如果我们要找到麻江这样的油藏，找到这么一个古油藏，实际上是大功一件呀，因为国家储量也就是 14 亿吨，它这一个就是 10 亿吨，找一个就够了。（百家讲坛·刘光鼎《中国油气资源的二次创业》）

这里强调的是找到一个像麻江油藏这样的油藏就足够了，因为数量是需要强调的，所以这里量词“个”前的数词“一”都没有省略。

逻辑分析和语言事实表明，人们用“一＋量词”短语重叠来表示行为每发出一次所支配的对象的数量，或者是轮流行动中每一次轮流到的主体的数量，而一般不用量词“类重叠”短语，是因为在这两种情况下，数词“一”是需要强调的。

4）“MM”不用来表示动作行为等的次数多。人们常用“一 M 一 M”式和“一 MM”式的数量短语重叠来表示动作行为的次数多，而不用量词“类重叠”短语“MM”，因为量词“类重叠”短语“MM”容易被理解成“每一次”的意思。例如：

① 春喜也磨洋工，装闹肚子，一回一回往河滩上跑着去拉屎。（严歌苓《第九个寡妇》）

这里“一回一回”是“一回又一回”的意思，表示“跑”的次数多。如果说成“回回往河滩上跑着去拉屎”，就容易被理解为“每回都往河滩上跑着去拉屎”。

② 这些事件一次一次发生，说明我们应对加入 WTO 各种情况的工作还没做好。（梁小民《黑板上的经济学》）

这里“一次一次”是“一次又一次”的意思，表示次数多。如果说成“这些事件次次发生”，就容易被理解为“这些事每次都发生”。

③ 赵新，以满腔的热忱，无私的情谊，真挚的友爱，一次次一回回温暖着他人的心。（《1994 年报刊精选·10》）

这里“一次次”“一回回”是“一次又一次”“一回又一回”的意思，表示次数多。

以上是“一 M 一 M”式和“一 MM”式的数量短语重叠作状语表示行为次数多的例子。

④ 一次一次的交流，一次一次的帮助，民警们与村民们的心也一

点点贴近……(《人民日报》2000 年)

这里“一次一次”是“一次又一次”的意思。

⑤ 一次次失败的打击,一次次的反弹的痛苦,凝结成了我的减肥摸索之路。(赵奕然《懒人瘦身法》)

这里“一次次”是“一次又一次”的意思。

以上是“一 M 一 M”式和“一 MM”式的数量短语重叠作定语表示动作行为等重复的次数多的例子。

以上我们对比了量词“类重叠”短语与“一 + 量词”短语重叠的异同。通过对比我们发现,虽然量词“类重叠”短语与“一 + 量词”短语重叠的两种形式在所表达的语法意义上有相同之处,但也是同中有异,同时还有不少不相同的地方。

4. 量词“类重叠”短语的形式与意义的关系

正如我们上面分析归纳的那样,量词“类重叠”短语可以用来表示一个群体中的每一个个体、动作行为重复的每一次或每一个时间单位、人或事物数量多或种类多、声音气味等连续不断地发出、动作行为等连续不断地发出等语法意义。在这些语法意义中,表示一个群体中的每一个个体(以下简称“每一……”)是它的最基本语法意义,别的语法意义都是由这种意义直接或间接引申出来的。那么,量词“类重叠”短语为什么可以表示“每一……”的意义呢?难道一个量词重叠,就可以表示“每一……”的意义?量词只是表示人或事物等的计算单位,本身并不能表示数量,显然量词重叠和“每一……”的意义之间不存在逻辑上的联系。再说,量词也不能脱离数词单独使用,所以量词重叠的现象并不存在。因此学术界所谓的量词重叠仅仅是看起来像是量词的重叠而已,因此我们称之为量词“类重叠”。那么,量词“类重叠”究竟是一种什么现象呢?我们知道,“一 M 一 M”式的“一 + 量词”短语重叠也能表示“每一……”的意义,而“一 M 一 M”之所以能表示“每一……”的意义,显然是因为“一 M 一 M”相当于对一个群体中的每一个个体进行列举,而“MM”和“一 MM”也能表示“每一……”的意义,显然是因为这二者都是“一 M 一 M”的省略形式,所以也能表示“每一……”的意义,“MM”的两个量词前和“一 MM”的后一个量词前虽然是空的,但实际上隐含着数词“一”,是数词“一”在暗中起作用。也就是说,“MM”和“一 MM”一样,都是“一 M 一 M”的省略形式。

值得注意的是，虽然“MM”和“一 MM”一样，都是“一 M 一 M”的省略形式，但是“MM”形式却是最先出现的，据麻爱民（2014）统计，量词“类重叠”（MM）是从东汉末期开始出现的[①]，同时据笔者所指导的大连外国语大学语言学及应用语言学专业 2010 级硕士研究生宋思佳统计，“一 M 一 M”式的“一 + 量词”短语重叠是中唐时期开始出现的[②]。另外，据麻爱民（2014）统计和宋思佳统计，“一 MM”式的“一 + 量词”短语重叠是晚唐时期开始出现的。例如：

① 珊瑚席，一声一声鸣锡锡。罗绮屏，一弦一弦如撼铃。急弹好，迟亦好。（顾况《李供奉弹箜篌歌》）

这一例转引自宋思佳的硕士学位论文，出自唐代诗人顾况的诗。顾况的生卒年不详，但根据学者们的研究，顾况与白居易是同时代人，但比白居易年长，所以他属于中唐时期的人。这里“一声一声”是“一声接着一声”的意思，“一弦一弦”是“一弦接着一弦”的意思（“一弦”指的是弹琴弹的一下，是借用量词）。

② 五趣四生，天上人间，是贵是贱，是高是下，师僧尼众，善女善男，一个个交出离苦源，人人尽登常乐了。（《敦煌变文集新书 · 父母恩重经讲经文》）

这一例转引自宋思佳的硕士学位论文，出自敦煌变文。敦煌变文属于晚唐至五代的作品。这里“一个个”是“一个又一个”的意思，表示“师僧尼众”和“善女善男”的数量多。

③ 自此改名为折柳，任他离恨一条条。（雍陶《题情尽桥》）

这一例转引自麻爱民（2014），出自唐代诗人雍陶的诗。雍陶是晚唐诗人。这里“一条条”是“一条又一条”的意思，表示“离恨”的数量多。

汉语史的语料表明，量词“类重叠”短语“MM”早在东汉时期就已经出现了，而“一 M 一 M”式的“一 + 量词”短语重叠是中唐以后出现的，“一 MM”

---

① 见麻爱民《汉语量词重叠式历时发展研究》，《语言研究》2014 年第 4 期。

② 麻爱民（2014）认为“一 M 一 M”式的“一 + 量词”短语重叠是元代才出现的，而事实表明，这个结论是不准确的。另外，宋思佳的论文没有被作为优秀论文录入知网，所以是检索不到的。

式的“一＋量词”短语重叠是晚唐时期出现的，从产生的时代上看，我们可以肯定，“一MM”是“一M一M”的省略形式，但我们不能否认“MM”也是“一M一M”的省略形式。那么，为什么“一＋量词”短语重叠的省略形式先出现而完整形式反而后出现呢？这是因为，在上古汉语中，数词“一”在很多情况下都是省略的，量词前的数词“一”通常也是省略的。例如：

④ 虎求百兽而食之，得狐。(《战国策·楚策一》)

这两句话是说：一只老虎找野兽来吃，找到了一只狐狸。其中的名词“虎”和“狐”的前面都省略了数词“一”。

⑤ 奉束帛，匹马卓上，九马随之。(《仪礼·觐礼》)

这几句话的意思是：献上一束帛（捆成一束的五匹丝绸），一匹马独自走在前面，九匹马跟在后面。这里“束帛”是“一束帛”的省略说法，“匹马”是“一匹马”的省略说法。

由于上古汉语中数词“一”习惯上经常省略，所以最初的“一＋量词”短语重叠的时候，数词“一”也就按照习惯省略了，从而形成量词“类重叠”现象。到了唐代，人们为了表示不太适合用量词“类重叠”表示的语法意义，就在量词“类重叠”的量词前补上数词“一”，于是有了“一＋量词”短语重叠“一M一M”；又为了表示“一＋量词”短语重叠不能很好地表示的语法意义，又省略了后一个数词“一”，于是又有了“一MM”式的“一＋量词”短语重叠。晚唐时期又出现了“一M又一M”式的“一＋量词”短语重叠，用来强化“一M一M”式的“一＋量词”短语重叠所表示的事物数量多的意义。例如：

⑥ 一朵又一朵，并开寒食时。谁家不禁火，总在此花枝。(曹松《寒食日题杜鹃花》)

⑦ 一片又一片，等闲苔面红。不能延数日，开亦是春风。(修睦《落花》)

以上二例都是晚唐时期的诗歌，其中的“一朵又一朵”“一片又一片”是“一朵一朵”“一片一片”的强化形式。

5. 量词“类重叠”短语中的空语类

我们知道，量词是用来表示人、事物或动作行为等的计算单位的词。量词要和数词一起来表示人、事物或动作行为等的数量或次数，量词不能脱离数词独立使用，量词“类重叠”短语只是看起来像是量词脱离了数词而单独重叠，实际上前面隐含着数词“一”，或者确切地说，是省略了数词“一”，量词“类重叠”短语其实是“一＋量词”短语重叠的省略形式，所以量词“类重叠”短语的量词前存在着数词性空语类。例如：

① 陶渊明的5个儿子$_e$个 $_e$个低能、平庸。（《1994年报刊精选·01》）

这里两个量词“个”的前面都存在着数词性空语类“一”。

② $_e$条 $_e$条公路盘山转，$_e$只 $_e$只电灯亮闪闪……（《1994年报刊精选·01》）

这里两个量词“条”和两个量词“只”的前面都存在着数词性空语类“一”。

总之，量词“类重叠”短语的量词前存在着数词性空语类。另外，量词“类重叠”短语“MM”和它的完整形式“一M一M”和半完整形式“一MM”都已经成了固定格式，同时并存，而由于数词“一”的有无，这三者有时适合出现的场合不同，有时适合表达的语法意义不同，有时可以体现语法意义上的细微的差别，它们是为服务于不同的表达目的而并存的。

第二节　空语类的句法成分类别

前面我们举例说明了空语类的词性类别，这是根据句子中的空语类所属的词性划分出的类别，主要有名词性、动词性、介词性和数词性的四种。我们知道，句子中的词语在句子中不是孤立地存在的，那些能够以空语类的状态在句子中存在的词语或词语组合，本来是属于某种句法成分的，这些词语在句子中以隐形的状态存在，就导致了某些句法成分或句法成分的一部分也以隐形的状态存在，因而句子中存在着属于某种句法成分的空语类，而句法成分是句子的结构成分，从句法成分的角度观察空语类，能够使我们深入地了解句子的结构和生成方式，而这对于深入地认识汉语的语法特征和高效率地学习汉语语法，都是十分重要的。

对于句子来说，句法成分是句子的组成部分，通常情况下，缺少了必要的句法成分，句子的结构就不完整，不能表达完整的意思。但是，人具有完形思维能力，在语境充分的情况下，某些句法成分或句法成分的一部分对于听者或读者来说，是不言而喻的，在这种情况下，人们就把这样的句法成分或句法成分的一部分省略，于是形成了空句法成分性的空语类。常见的空句法成分性的空语类主要有空主语、空谓语或空谓语中心、空宾语或空宾语中心、空定语、空状语等。下面我们分别加以说明。

一、空主语

空主语就是在一个句子中，从一般句法规则上看或从逻辑上看，应该存在而没有出现的主语。在句子中，主语是用来表示需要陈述的人或事物的句法成分。一个句子有主语就有谓语，而谓语是对主语进行陈述的句法成分，二者是密不可分的，因而句子的主语通常是不可以不出现的，否则谓语就没有了着落，句子也不能表达完整的意思。但是，在语境充分的情况下，人们常将主语省略，从而形成空主语；或者为了获得某种表达效果，将主语移动位置，使主语离开通常所在的位置，在原位置上形成空主语。例如：

① 甲：这首歌怎么样？　乙：$_{e}$好听。

② 甲：你走不走？　乙：$_{e}$走。

以上二例的乙方答话中都存在着空主语。这是由主语承前省略而形成的空主语。

③ 他什么困难$_{e}$都能克服。

这里“都能克服”的前面存在着空主语，这是主语“他”省略了的结果，属于省略型空主语。不过，这里还有一个问题，“他什么困难”不能构成一个短语，也不能构成一个句子，那“什么困难”是不是“克服”的宾语，而被移到前边来了？也不是，因为它不能移到“克服”的后面，因为“他都能克服什么困难”是一个疑问句，与原句的意思不同，显然“他什么困难”只是一个句子的局部。从意义上看，这个句子是一个紧缩了的条件关系复句，谓语动词等被省略了，它的原型是：

④ 他无论遇到什么困难，$_{e}$都能克服。

这个原型的两个分句的主语相同，后一分句的主语承前省略。这种条件关系复句也有蒙后省略前一分句的主语的，说成：

⑤ $_e$无论遇到什么困难，他都能克服。

与这个复句相应的紧缩复句是：

⑥ 什么困难他都能克服。

以上我们举例说明的是省略型空主语。

⑦ $_e$叫他进来。

这里句首存在着空主语“你”，这是祈使句中习惯上省略的句子的主语，这种主语即使加上也不违反句法规则，只是省略主语更符合习惯，这种空主语属于借助情景语境省略的主语，是省略型空主语的一种。另外，“进来”的前面实际上也存在着空主语，该空主语显然与“叫”的宾语“他”同指。这种主语人们从来都是省略不说的，这种省略不属于临时性的省略，所省略的成分也不可以补出，否则不符合表达习惯，而且这种省略一般人也是意识不到的，同时所省略的成分也不仅仅是一个主语，还有其他不容易确切地说出的成分，所以学术界把这样的空主语称为“隐含型”空主语（参见第三节的“三、隐含型空语类”部分）。

二、空谓语或空谓语中心

谓语是对主语进行陈述的句法成分。有主语就有谓语，谓语或谓语中心（一般是谓语动词）通常是不可以不出现的。但是，在一定的语境下，谓语或谓语中心也可以不出现，从而形成空谓语或空谓语中心。例如：

① “谁让你来的？”“部队首长 $_e$。”（《1994 年报刊精选·11》）

这里答话中存在着空谓语“让我来的”。

② 头伏 $_e$萝卜，二伏 $_e$菜。

这是北方农谚，其中的“萝卜”和“菜”的前面都省略了谓语中心（动词）“种”。

③ 接风饺子送行面。

这句俗话说的是中国北方人接送亲人或客人时的习惯，其中的“饺子”和“面”的前面都省略了动词“吃”。

④ 于是你 $_e$一句，我 $_e$一句，打开了嘴仗。（王安忆《长恨歌》）

这里前两个句子中的“一句”的前边存在着空谓语中心（动词）“说”。

⑤ 你 $_e$这话说得有道理。

这里“这话”的前边存在着空谓语中心（动词）“说”。

熟语中省略的动词有时不容易确定是什么，所以有些研究者把熟语中省略的动词称为“隐含”，把它与省略区分开来，这实际上是没有必要的（参见第三节“一、省略型空语类”部分的“熟语中的空语类”部分）。

三、空宾语或空宾语中心

在句子中，表示动作行为支配或涉及的对象的句法成分就是宾语。宾语是及物动词后面的必有成分，但在一定的语境下，宾语也可以不出现，或移动位置，从而在及物动词的后面形成空宾语。例如：

① 甲：你吃不吃苹果？ 乙：不吃 $_{e}$。

这里乙方答话中的“不吃”后面存在着空宾语“苹果”。这是省略型空宾语。当然，“不吃”的前面也存在着省略型空主语“我”。这种省略型空宾语在汉语口语中非常常见。

② 这事你知道 $_{e}$ 吗？

③ “窝边草”到底吃不吃 $_{e}$？（网页）

④ 谁的小说你最爱看 $_{e}$？

以上三例中“知道”“吃不吃”“爱看”的后面分别存在着空宾语“这事”“窝边草”“谁的小说”，这是由宾语“这事”“窝边草”“谁的小说”向前移位形成的，属于移位型空宾语。

有时宾语是个定中短语，人们不是将它整体向前移位，而是将它的中心语向前移位，从而形成空宾语中心。这种空语类实际上也是空中心语的一种。

⑤ 蔬菜最好吃新鲜的 $_{e}$。

这里存在着空宾语中心“蔬菜”，是由宾语中心“蔬菜”向前移位形成的。这句话的原型是：

⑥ 最好吃新鲜的蔬菜。

为了让宾语“新鲜的蔬菜”中的“蔬菜”做话题，而把它移动到句首，就形成了“蔬菜最好吃新鲜的”这个句子。

顺便提一下，关于汉语及物动词的宾语移位问题，本书第三章第七节的“二、宾语中心语话题句中的空语类”部分进行了专门探讨，请参阅。

四、空中心语

空中心语有两种，分别是空定语中心语、空状语中心语，其中空定语中心语比较常见。

定语中心语是定中短语的中心成分，定中短语的主要意义是由中心语决定的，定语中心语通常是不可以不出现的，但在语境充分的情况下，定语中心语也可以不出现。另外，汉语的定语要加在中心语的前边，但有时为了将定中短语的中心语作为话题而将它移到句首，结果在定语的后面形成空中心语。例如：

① 昨天晚上给宝宝吃南国梨，我拿了一个大的$_e$，一个小的$_e$。我问他哪个$_e$大哪个$_e$小。（微博）

这里四个下标 e 的地方都存在着空定语中心语“南国梨”。这是省略型空定语中心语。

② 关于这一点有些要补充的地方：第一，毡巴白皮肤，大眼睛；第二，他$_e$是双眼皮。最后，他$_e$是凹眼窝。（王小波《革命时期的爱情》）

这里两个下标 e 的地方分别存在着空定语中心语“眼皮”“眼窝”，所在的句子的原型是：

他的眼皮是双眼皮。最后，他的眼窝是凹眼窝。

③ 我有办法叫他来$_e$。（转引自吕叔湘《汉语语法分析问题》，商务印书馆 1979 年版，第 85 页）

这里“叫他来”的后面存在着空中心语“办法”。这个句子的原型是：

我有叫他来的办法。

④ 你完全有理由拒绝$_e$。（转引自吕叔湘《汉语语法分析问题》，商务印书馆 1979 年版，第 85 页）

这里“拒绝”的后面存在着空中心语“理由”。这个句子的原型是：

你完全有拒绝的理由。

以上是空定语中心语的例子。状语中心语有时也可以不出现，从而形成空状语中心语。例如：

⑤ 狗凶猛地叫起来，四爪挺直，尾巴竖起，随时准备冲过盐湖带。“慢慢地$_e$，慢慢地$_e$！”尼科尔边说边把狗拢在身边。（法·凡尔纳著，

叶丽文等译《大海入侵》）

这里两个“慢慢地”后面都存在着状语中心语“走”。

⑥ 你们把《三字经》《百家姓》收起来，拿出《国文》，快$_{e}$！（老舍《老张的哲学》）

这里“快”实际上是由两个句子合并成的，后面存在着空状语中心语“把《三字经》《百家姓》收起来”“拿出《国文》”。这句子的原型是：

你们快把《三字经》《百家姓》收起来，快拿出《国文》！

五、空状语

状语是对动词性词语和形容词性词语进行修饰限制的句法成分。在句子中，状语不是动词性词语或形容词性词语前的必有成分，如果句子中的动词性词语或形容词性词语前没有状语，我们不能一概认为它的前面存在着空状语，只有当动词性词语或形容词性词语前承前省略了状语时，或借助情景语境省略了状语时，我们才能说，动词性词语和形容词性词语前存在着空状语。例如：

① 甲：你明天去不去？ 乙：$_{e}$去。

这里答话中存在着空主语“我”和空状语“明天”。

② 甲：你用这把刀干什么？ 乙：切肉。

这里答话中存在着空主语“我”和空状语“用这把刀”。

③ 甲：小张$_{e}$在家吗？ 乙：$_{e}$在家。

这里答话中存在着空状语“现在”。由于乙方来找小张，甲方自然知道乙方问的是小张“现在”在不在家，不可能问的是“昨天晚上”或其他什么时间，所以乙方就不必说“现在”。但从逻辑上看，乙方问话“在家”的前面确实存在着空状语“现在”。

第三节　空语类的形成机制类别

如前所述，空语类就是从逻辑上和一般语规则法上看，在语句中的某个位置上，应该出现而不出现的句法成分或句法成分的一部分。我们知道，英语等印欧语系的语言注重句法结构的完整性，因而空语类出现的句法环境也就比较少。相比之下，汉语十分注重语言经济性原则，讲究意会，凡是不言而喻的句法成分或句法成分的一部分，尽可能不在句法结构中出现，或者出于不同的语用目的，将某些句法成分或句法成分的一部分移动位置，使之出现在非常规位置上，这都会引起空语类的产生，因此，汉语中的空语类的种类比英语多得多。

从形成的机制上看，汉语的空语类有省略型、移位型、隐含型三种，这是学者沈阳先生（1994）所归纳出的汉语空语类类别，我们认为这是符合汉语语法实际的。学术界一般按照乔姆斯基的做法，用英文字母把省略型空语类表示为e（“ellipsis”的缩写，意思是“省略”），把移位型空语类表示为t（“trace”的缩写，意思是“痕迹”，一般译作“语迹”），把隐含型空语类表示为p（“proform”的缩写，意思是“绝对空形式”）。下面我们也采用这样简洁的符号。

一、省略型空语类

在一个句子中，按照通常的句法规则本应该出现的句法成分或句法成分的一部分不出现，这是语言的省略现象。一个句法成分或句法成分的一部分省略之后，在其原来所在的位置上形成空语类，这种空语类就是省略型空语类。省略型空语类是可以填补出来的，只是一般没有填补出来的必要，因为人具有完形思维能力，如果将被省略掉的句法成分或句法成分的一部分填补出来，听者或读者通常会感到啰唆累赘，这不符合语言经济性原则。

有些研究者认为，省略的句法成分或句法成分的一部分不属于空语类。但实际上，除了移位型空语类以外，其他类型的空语类都是由句法成分或句法成分的一部分省略而形成的，只不过有的省略是无意识的，是人们最初在造句的时候借助人的逻辑思维能力将那些不出现也不影响理解的句法成分或句法成分的一部分直接省略，如“叫他$_{他}$进来。”这样所形成的空语类属于隐含型空语类，人们通常意识不到这种空语类的存在。更多的省略是有意识的，是人们在语言使用的过程中借助情景语境或上下文语境，将那些不出现也不影响理解的句法成分或句法成分的一部分临时省略，如“(你)起来！”这样所形成的空语类属于省略型空语类，这种空语类一般人是可以意识到的。

句法成分或句法成分一部分的省略是有条件的，这种条件主要有两个：一是有明确的情景语境或上下文语境，二是一个句法成分的一部分即使省略，剩下的部分与它前面或后面的句法成分之间的逻辑关系仍然明确。这两种不同条件所造成的省略型空语类分别属于语境省略型空语类和语义关系省略型空语类。

（一）语境省略型空语类

如前所述，人具有完形思维能力，在语境充分的情况下，在一个句子中，某个或某些必备的句法成分或句法成分的一部分即使不出现，听者或读者也会借助相关的语境，在头脑中把它们自动填补出来，从而顺利理解说话者或作者所要表达的意思。语境省略型空语类在对话中最常见。从所属的句法成分上讲，最常见的语境省略型空语类是空主语。这是因为，主语是陈述的对象，通常是听者或读者的已知信息，而谓语通常是听者或读者的未知信息，当主语出现过一次之后，再对它进行陈述的时候，通常只需说出谓语，听者或读者就可以理解句子的意思，因而人们常将主语省略。如果主语是对话中的听者或读者，主语不出现，听者或读者也会知道主语就是他们自己，因而这种所指为听者或读者的主语也常省略。

我们知道，语境主要有两种，一种是上下文语境；另一种是情景语境，相应地，语境省略型空语类也有两种：上下文语境省略型空语类和情景语境省略型空语类。下面我们分别加以说明。

1. 上下文语境省略型空语类

当一个句法成分在上文中出现过之后，在紧接着的下文中需要再出现的时候，说话者或作者通常会把它省略；当一个句法成分在紧接着的下文中将要出现的时候，说话者或作者有时在上文中把它省略。这种由承上或蒙下省略而成的空语类就是上下文语境省略型空语类。

（1）承前省略型空语类

如果一个句法成分或句法成分的一部分在前面的句子中或在一个句子的前部出现了，在后面的句子中或在句子的后部还需要出现的时候，人们通常把它省略，而只说出对对方或读者来说属于未知信息的句法成分或句法成分的一部分，从而形成承前省略型空语类。从省略的动机上看，承前省略现象有两种：一种是追求言简意赅的表达效果，一种是为了加强语气，突出某种情感。从句法结构上看，句法成分或句法成分的一部分承前省略的结果是形成了空主语、空谓语、空宾语、空介词等空语类。

1）追求言简意赅的承前省略型空语类。一个句法成分或句法成分的一部分在上文中出现过之后，如果在下文中作为已知信息还要出现，这个句法成分或句法成分的一部分就可以省略，听者或读者也完全可以理解，这是因为人有完形思维能力，可以在心中把承前省略的成分或成分的一部分自动补上，也正因为如此，如果不省略这个在上文中已经出现过的成分或成分的一部分，会给人以啰嗦累赘的感觉。

能够承前省略的句法成分或句法成分的一部分有主语、谓语或谓语动词、宾语（包括介词的宾语）、中心语等，这样就形成了承前省略型空主语、空谓语、空宾语、空中心语等。下面我们分别举例加以说明。

第一，承前省略型空主语。主语是谓语所陈述的对象，如果在下句中还要对上句的主语进行陈述，由于下句的主语与上句的主语所指相同，下句的主语就可以省略。例如：

① 甲：小张在家吗？ 乙：$_e$在家。 甲：$_e$干什么呢？ 乙：$_e$吃饭呢。

这里答话人的两次答话中和问话人的第二次问话中都省略了主语“他”（她）。

② 蒋介石在梦中听到枪声后，以为红军来了，$_e$顾不上戴假牙，$_e$穿着睡衣、拖鞋就往外跑。$_e$在翻墙时，由于过度紧张，跌进一个荆棘坑里，$_e$摔伤了腰部，$_e$掉了一只鞋。（沈永兴、朱贵生《二战全景纪实》）

这里是两个多重复句，陈述的是蒋介石在梦中听到枪声以后的一系列行为和结果，每个下标 e 的地方都承前省略了主语“他”。

值得注意的是，有时一个复句的后一分句承前省略的主语所指的人或事物与前一分句的主语所指的人或事物不同，而与前一分句中的宾语所指的人或事物相同，这是因为有时后一分句要接着对前一分句的宾语所指的人或事物进行陈述，人们通常是直接说出陈述的内容，也就是直接将谓语说出，而不说出代表该陈述对象的主语，从而形成后一分句的空主语所指与前一分句的主语所指不一致的情况。例如：

③ 我有个弟弟，$_e$在部队当兵。

这里第二分句的主语承前省略了，但省略的不是“我”，而是“他”（指“我”的这个弟弟）。第二分句的主语与第一分句的主语并不相同，而之所以能够省略，是因为这个主语所指的人（“我”的这个弟弟）在第一分句中出现了，而且是出现在第一分句的句尾，而句尾的位置是听者或读者注意的焦点，听者或读者自然会将后续分句的陈述看成是对该焦点的陈述。也正因为如此，如果后一分句的陈述对象是前一分句的主语，而不是宾语，往往需要重复一遍主语，而不能省略。例如：

④ 我有个弟弟，我感到很自豪。

这个复句的第二分句的主语虽然与第一分句相同，都是“我”，但不宜承前省略，否则人们不清楚“感到很自豪”是对“我”的陈述还是对“我”的这个弟弟的陈述。

第二，承前省略型空谓语或空谓语动词。谓语是用来陈述主语的，如果省略谓语，句子的意思就不明确，所以谓语很少省略，通常只在回答以主语或宾语为疑问焦点的疑问句时省略，因为这时只需说出句子的主语或宾语即可。例如：

① A：谁给你们上现代汉语课？ B：王老师 $_e$。

这里答话中承前省略了整个谓语部分（“给我们上现代汉语课”），从而形成了空谓语。

② “那秘密是：有一个人想吃掉你！”“谁 $_e$？”“我 $_e$。”（琼瑶《菟丝花》）

这里问话中承前省略了整个谓语部分“想吃掉我”，答话中承前省略了整个谓语部分“想吃掉你”，从而分别形成了空谓语。

如果疑问句的疑问焦点不是句子的主语，而是谓语的一部分，回答的时候不能省略整个谓语部分，但也不必说出整个谓语部分，而只需说出能够回答疑问焦点的部分，其他部分省略，同时主语也省略。例如：

③ A：你早晨几点起床？ B：$_{e}$六点 $_{e}$。

这里答话中省略了主语“我”和谓语中的时间状语“早晨”、谓语动词“起床”，从而形成了空主语、空状语和空谓语动词。

④ A：你中午在哪吃饭？ B：$_{e}$食堂 $_{e}$。

这里答话中省略了主语“我”和谓语中的时间状语“中午”、处所状语中的介词“在”和谓语动词“吃饭”，从而形成了空主语、空状语、空介词和空谓语动词。

如果疑问句的疑问焦点是谓语中的宾语或宾语的一部分，回答的时候只需说出宾语或宾语的一部分，主语和谓语动词都省略。例如：

⑤ A：你喜欢吃什么水果？ B：$_{e}$香蕉。

这里答话中省略了主语“我”和谓语动词“喜欢吃”。

⑥ A：你一天吃几顿饭？ B：$_{e}$三顿 $_{e}$。

这里答话中省略了主语“我”和谓语中的状语“一天”、谓语动词“吃”，还省略了宾语“饭”。另外，这里的“三顿”是谓语动词“吃”的补语，不是“饭”的定语。

第三，承前省略型空宾语。宾语是及物动词和介词后面的连带成分，及物动词和介词必须与特定的宾语搭配才能明确地表达意义，所以宾语是不可缺少的，但由于人有完形思维能力，宾语同样可以承前省略，尤其是在回答宾语为疑问焦点的疑问句时，宾语通常省略。例如：

①“卞紫霞，你认识他吗？”“$_{e}$认识 $_{e}$。”（杜文和《聊斋先生》）

这里答话中“认识”的前边省略了主语“我”，后边省略了宾语“他”。

② 甲：你吃不吃臭豆腐？ 乙：$_{e}$不吃 $_{e}$。

这里答话中“不吃”的前边省略了主语“我”，后边省略了宾语“臭豆腐”。

③“去拿两杯冰淇淋进来！”“我不吃 $_{e}$。”（岑凯伦《白马王子》）

“可以放开我了吗？我好去替你准备早饭。”“我不吃 $_{e}$。”（陈美琳《小勾问情》）

以上二例中“不吃”的后面分别蒙上省略了宾语“冰淇淋”和“早饭”。这两个空宾语句都是独立的陈述句，而不是对疑问句的回答。

有时下句要用整个上句作宾语，而不是用它的一部分作宾语，这种宾语同样可以承前省略。例如：

④“那个孩子叫什么名字？现在住什么地方？”“我不知道 $_e$。”（亦舒《他比烟花寂寞》）

这里“不知道”的后面承前省略了宾语“那个孩子叫什么名字，现在住什么地方”。另外，“现在住什么地方”的前面承前省略了主语“他”。

⑤卢九道：“我有个儿子，叫卢小云。”段玉道：“我听说过 $_e$。”（古龙《碧玉刀》）

这里“听说过”的后面承前省略了宾语“你有个儿子，叫卢小云”。

第四，承前省略型空中心语。定中短语、状中短语和中补短语的中心语是整个短语的意义主体，但如果这几种短语的中心语在上句中出现过，或在同一句中的前边出现过，在下句中或在句子的后边也可以省略。例如：

①众所周知，蒋介石有两个儿子，一个 $_e$是蒋经国、一个 $_e$是蒋纬国，没有亲生女儿。（陈廷一《蒋氏家族全传》）

这里两个“一个”的后面都省略了中心语“儿子”。有些学者说，数量短语具有“指称性”，其实数量短语只能表示人或事物的数量，并不能表示人或事物本身，而数量短语有时似乎能表示人或事物，实际上是“数—量—名”短语的省略形式在表示人或事物，并不是数量短语本身具有“指称性”。

②三个犯人跑了两个 $_e$。

这里“两个”的后面承前省略了“犯人”。另外，“跑”是不及物动词，后面的“两个（犯人）”不是它的宾语，“跑了两个（犯人）”是“两个（犯人）跑了”的倒装形式，也就是说，“两个（犯人）”的后面还存在着一个空谓语“跑了”，这是谓语向前移位的结果。另外，从意义上看，“跑了”是对“两个（犯人）”的陈述，而不是对“三个犯人”的陈述，“三个犯人”显然不是句子的主语，而是范围状语，“两个（犯人）”才是句子的主语，只是主语中心“犯人”承前省略了。目前的汉语语法学界只根据一个词语在句中所处的位置判定它所属的句法成分，而这里的“三个犯人”在谓语动词“跑了”的前边，按照目前流行的语法理论，“三个犯人”是句子的主语，“跑了”是谓语动词，“两个”是宾语，属于“施事宾语”。

③他的七个孩子只存活了一个 $_e$。（《作家文摘·1997B》）

④菲利浦说六个犹太人中已死了一个 $_e$。（严歌苓《寄居者》）

以上二例中“一个”的后面分别承前省略了中心语“孩子”和“犹太人”。

⑤邢捕头：别怕别怕，还有个好消息和坏消息，先听哪个？李大嘴：坏的 e！（宁财神《武林外传》）

这里“坏的”后面承前省略了中心语“消息”（当然，前面还承前省略了主语“我”和谓语动词“先听”）。

另外还有一种特殊的承前省略定语中心语现象，就是所省略的中心语在上文中没有直接出现，而是以隐性的形式出现的。例如：

⑥ 老两口死了一个 e。（《1994 年报刊精选·12》）

这里“一个”的后面省略了中心语“人”。“一个”是一个数量短语，如上所述，数量短语是用来表示数量的，并不代表具体的人或事物，而这里之所以能代表夫妻中的一个人，显然是因为后面省略了名词“人”，但是这个“人”在前面没有出现过，为什么能省略呢？这是因为，前面的“老两口”是“老夫妻两个人”的意思，“人”实际上暗含在“两口”里边，所以后面“一个”的中心语“人”可以借助“两口”的实际意义而承前省略。

以上是承前省略定语中心语的例子。状语中心语有时也承前省略。例如：

⑦“你经常这么干吗？”“不经常 e。”（皮皮《比如女人》）

这里答话中“不经常”的后面承前省略了中心语“这么干”。

⑧“主任，这位徐先生什么时候把花送来的？”金枝故意找话题。“刚刚 e。”（皇城根《陈建功》）

这里答话中“刚刚”的后面承前省略了中心语“把花送来”。

⑨ 你知道我爸有个啥毛病不 e？告诉你吧，他啥也不会干，就会看电视。（《人民日报》1998 年）

这里第一句句尾的否定副词“不”的后面承前省略了中心语“知道（我爸有个啥毛病）”。这是一种带有方言性质的肯定否定叠加式的选择问句，普通话的说法是：“你知不知道我爸有个啥毛病？”

以上是状语中心语承前省略的例子。补语中心语有时也可以省略，只是省略得比较少。例如：

⑩“你说什么？你是说那个男人打了她的妻子？”“是的，他打了她，不是 e 一次，也不是 e 两次，而是经常 e。”（蔡骏《猫眼》）

这里“一次”“两次”是“打了一次”“打了两次”的省略说法，前面都承前省略了补语中心语“打了”，“经常”的后面省略了状语中心语“打”。

2）加强语气式的承前省略型空语类。在口语中，人们有时只说出与前一句相同的主语或谓语动词，而不说出谓语或主语、宾语等成分，表示由于内心情感强烈，以至于无法完整地说出一个句子，从而加强疑问、反问、祈使、感叹等语气，同时也形成了加强语气式的承前省略型空语类。这种承前省略型空语类有空谓语和空中心语两种。

第一，承前省略型空谓语。加强语气式的承前省略型空谓语出现在加强语气式的承前省略句中。加强语气式的承前省略句实际上是一种不完全的反复句，就是在反复句的第二句中，只说出与第一句相同的主语，而省略与第一句相同的谓语。这种加强语气式的承前省略句主要用来加强疑问语气、感叹语气、祈使语气，从而强化惊疑的心情、迫切的心情、愤怒与憎恶的心情等。例如：

① 刘秀芬儿，你，你想干什么，你$_e$？啊？（电影剧本《编辑部的故事》）

这里第一个“你”的后面没有谓语，但这不属于省略谓语，而是由于过度惊讶，谓语没说出来，只说出了主语，接着重复了一次才把谓语说出来，这属于主语的重复。第三个“你”是对“你想干什么”的不完整的反复，表示由于过度惊讶，没能把谓语说出，但由于谓语在前面已经出现过了，听者或读者可以感觉到它后面所隐含的谓语，所以这是一种“无意识”的承前省略谓语的现象。正由于在说话者和听者的心目中，这个“你”的后面都隐含着谓语“想干什么”，所以说话人并没有随后把它补出来（和第一个“你”不同），接着又说出了疑问语气词“啊”，表示追问。

② 你说什么呀，你$_e$？（谌容《梦中的河》）

③ 你怎么了，你$_e$？（电影剧本《编辑部的故事》）

④ 你怎么出来了，你$_e$？（王小波《万寿寺》）

以上三例都是第二句承前省略谓语的反复式疑问句，表现出了强烈的惊讶兼疑惑的心情。

⑤ 你走吧，你$_e$！（路翎《财主的儿女们·2》）

这里第二句是承前省略谓语的反复式祈使句，表现出了一种愤怒与憎恶的心情。

⑥ 你太不自量力了，你$_e$！（《毕淑敏散文集》）

这里是第二句承前省略谓语的反复式感叹句，同样表现出了一种愤怒与憎恶的心情。

⑦ 你是一个男子汉，你$_e$！你有一切讨好女人的条件。（福楼拜《包法利夫人》）

这里是第二句承前省略谓语的判断形式的反复式感叹句，表现的是一种敬佩的心情。

还有一种承前省略型反复句，它的首句借情景语境省略主语，而第二句只说出主语而蒙上省略谓语。这种省略型反复句的表达功能与首句不省略主语的省略型反复句相同，只是语气似乎更重一些。从句子的语气上看，这种首句省略主语、第二句省略谓语的省略型反复句大都是反复式祈使句，其次是反复式疑问句和反复式感叹句。例如：

⑧ $_e$算啦吧，你 $_e$！（老舍《四世同堂》）

⑨ "$_e$死去吧，你 $_e$！"（老舍《四世同堂》）

以上二例都是首句省略主语、第二句省略谓语的省略型反复式祈使句，表现出了一种厌烦、迫切的心情。

⑩ $_e$等一下，你 $_e$！（奈须蘑菇《空之境界》）

⑪ $_e$下来吧，你 $_e$！（乔雪竹《城与夜》）

⑫ $_e$醒醒吧，你 $_e$！（麦可等《富贵旅情》）

⑬ $_e$告诉我，你 $_e$！你爱我吗？（琼瑶《窗外》）

⑭ 哪样好，$_e$说呀，你 $_e$！（《作家文摘·1996A》）

⑮ "$_e$叫荷西出来，你 $_e$！"（三毛《温柔的夜》）

以上六例也是首句省略主语、第二句省略谓语的省略型反复式祈使句，表现出了一种迫切的心情。

⑯ 好卑鄙，你 $_e$！（温瑞安《凄惨的刀口》）

⑰ 可恶，你 $_e$！（云中岳《蛟索缚龙》）

以上二例是首句省略主语、第二句省略谓语的省略型反复式感叹句，表现出了一种愤怒与厌恶的心情。

⑱ 好可爱呀，你 $_e$！（温瑞安《朝天一棍》）

这一例也是首句省略主语、第二句省略谓语的省略型反复式感叹句，表现出了一种喜爱的心情。

⑲ $_e$怎么啦，你 $_e$？（乔雪竹《城与夜》）

⑳“$_e$看什么呢，你$_e$？”（谌容《梦中的河》）

以上两例是首句省略主语、第二句省略谓语的省略型反复式疑问句，表现出了一种很强的疑惑的心情。

这种首句省略主语、第二句省略谓语的反复句看起来很像是追加主语式的主谓倒置的句子，但是对比一下首句不省略主语的省略型反复句，我们就会发现，它实际上也是一种省略型反复句。这种句式通常用在一对一的对话中，主语本来可以借情景语境省略，但为了突出对对方的憎恶、赞叹、希望、疑惑等心情，在第二句中出现了代表对方的主语，但同时省略谓语，表示由于心情过于迫切、惊讶、愤怒等，下一句没能完整地说出。当然，这只是就这种句式最初生成的过程而言的，实际上，一种具有特定表达功能的句式形成之后，人们可以直接仿照它的格式进行造句，而无需重复它的生成过程，所以说话者在使用这种句式的时候，可能并没有达到不能完整反复的程度，只是要借助这种句式的表情功能而直接套用而已。

第二，承前省略型空中心语。有一种由形容词“快”或形容词短语“快点”加上感叹语气构成的催促句，它实际上是一种加强语气式的承前省略中心语句，也是对前一句的省略式的反复，它只说出与前一句相同的状语“快”，而省略与前一句相同的谓语中心，或者前一句的谓语中心前没有使用“快”，而第二句单独说“快”或“快点”，后面省略谓语中心，从而形成加强语气式的承前省略型空中心语。例如：

① 快叫大夫来，快$_e$！（兰京《地狱新娘》）

这是一个反复句，是同一个催促句的反复，但重复句只保留了原句的状语“快”，从语法上看，这属于承前省略，而从语用上看，这是为了表示由于内心焦急，以至于不能把原句再完整地重复一遍，从而加强催促的语气。再如：

② 快进去，快$_e$呀！发什么愣？（常欢《巧戏情缘》）

③ 格里高利，快拉住她，快$_e$！（高尔基《童年》）

以上三例都是“快 V，快（呀）”式的承前省略型反复式催促句，它的原型就是“快 V，快 V”。例如：

④ 她迅速回头一瞥。“快走，快走！”拉着他火速出了校门。（靳絮《被青春撞到了腰》）

这里反复式催促句“快走，快走”的重复句是完整地重复了原句，没有省略谓语中心。

⑤ 去，拿药包来。快点$_{e}$！（严歌苓《金陵十三钗》）

这里“快点”的后面承前省略了中心语“去拿药包来”，前面用的是句号，表示这是间隔时间较长的反复，是前面发出命令之后，又追加了一个重复句，所追加的重复句中又加入了用来表示催促的形容词短语“快点”，从而加重了催促的语气。另外，以上四例除了省略了状语中心语之外，还借助语境省略了主语“你”。还有，例③的“格里高利”不是句子的主语，而是呼唤语，是独立语的一种（独立语是独立于句法成分之外、不与句法成分发生句法结构关系，但又是表达上所必需的特殊句子成分）。

⑥ 你听到我说的话了吗？回答我，快$_{e}$！（淡霞《偷情狂徒》）

⑦ 我不知你在说些什么，带我去见嘉辉，快$_{e}$！（亦舒《天若有情》）

上面这两例都是在重复句中加入了表示催促的形容词“快”，同时省略了与原句相同的谓语中心。

⑧ 三哥，你也来，快$_{e}$，快$_{e}$呀！（柳残阳《如来八法》）

这里催促句“快”承前省略了主语“你”和谓语中心“来”，重复句“快呀”也是承前省略了主语“你”和谓语中心“来”。

⑨ 薛宝珠，还有那个周二姐，造些什么谣言？你说！快点$_{e}$！（矛盾《子夜》）

这里命令句“你说”的后面承前省略了宾语“她们造些什么谣言”，催促句“快点”承前省略了主语“你”和谓语中心“说”及其宾语。

另外还有一种用在句首的“快”，后面是语音停顿，这通常是由于说话者焦急紧张，没有说出中心语的结果，从而形成“焦急紧张”型空中心语，与我们上面所说的“反复型”空中心语不同。例如：

⑩ 快$_{e}$，快给我打一针！（《1994 年报刊精选 · 12》）

这里由于焦急，前一个“快”的后面没有说出中心语，接着又重新完整地说了一遍。

⑪ 快$_{e}$，给维修队打电话！（《人民日报》1996 年 5 月）

这里由于焦急，“快”的后面没有说出中心语，停了一下才补出中心语。

⑫ 王艳春焦急地喊道：“快$_{e}$，别让那个小子跑了！”（《人民日报》

1995 年 3 月）

这里由于焦急，“快”的后面没有说出中心语，但紧接着说的“别让那个小子跑了”能够使听者知道“快”的后面没说出的中心语是“追”。

以上三例中状语“快”的后面没有出现的中心语都属于“焦急紧张”型空中心语。

第三，承前省略型空补语。有一种“V 什么？”格式的动补结构的反问句，如“哭什么？”人们在将这种反问句进行反复的时候，经常省略补语“什么”，结果形成“V 什么 V”格式的反复句，如：“哭什么哭？”在这种反复句中，第二个 V 的后面存在着空补语。例如：

① 妈的！我又不是骂你，你哭什么哭 $_e$！（简璎《怒汉勇出击》）

这里后一个“哭”相对于前一个“哭”而言，后面是空的，它实际上是“哭什么”的省略形式，是对前面的“哭什么”的不完整的反复。另外，“哭什么”中的“什么”是用来询问原因的，意思是“为什么”，是“哭”的原因补语。

② 这孩子，莫名其妙的，哭什么哭 $_e$！（谭竹《少女日记》）

这里前后一个“哭”的前面存在着空主语“你”，后一个“哭”的后面存在着空补语“什么”。

③ 就算出事你也别跑呀，你有本事你就拿出本事来顶着，跑什么跑 $_e$？（《文汇报》2000 年 6 月 3 日）

这里前后一个“跑”的前面存在着空主语“你”，后一个“哭”的后面存在着空补语“什么”。

这种“V 什么 V”句式在口语中很常用，具有特殊的语法意义和语用功能，我们将在本书第三章第十四节中进行更详细的探讨。

（2）蒙后省略型空语类

在对话或文章中，如果一个句法成分或句法成分的一部分在后面的句子中或一个句子的后部还要出现的时候，人们为了获得某种表达效果，而把它省略，从而形成蒙后省略型空语类。

1）蒙后省略型空主语。当前后两个句子的主语相同时，有时为了突出后一个句子的内容，而将前一个句子的主语省略，从而形成蒙后省略型空主语。例如：

① $_e$讲完以后呢，他很激动，他就把这个都写下来。（《1982 年北京话调查资料》）

这里将前一个句子的主语蒙后省略，这不仅是因为前一句具有后一句的状语的性质，也是为了突出后一个句子“他很激动”。

② 由于$_e$过度紧张和劳累，$_e$孙广才跪在地上呕吐不止。（余华《在细雨中呼喊》）

这里将前一个句子的主语“孙广才”蒙后省略，目的是突出“孙广才跪在地上呕吐不止”。

③ 跟我们一样，他们也是好几代人了。（《1982 年北京话调查资料》）

这里将前一个句子的主语“他们”蒙后省略，目的是突出“他们”的特征：“也是好几代人了”。

④ 回顾中国 14—19 世纪的历史，我们不难看出，中国的明代时期，是地球上“区域史”开始走向“世界史”的关键时期。（陈支平《从世界发展史的视野重新认识明代历史》，《学术月刊》2010 年 6 月号）

这里将前一个句子的主语“我们”蒙后省略，目的是突出“我们不难看出……”。

⑤ 听了一阵音乐，她想休息。（严沁《风里人》）

这里将前一个句子的主语“她”蒙后省略，目的是突出“她想休息”。

2）蒙后省略型空谓语或谓语中心。有一种动补短语，它的中心语是一个动宾短语，它的补语是由该动宾短语的动词加上一个形容词性补语，也就是重复一下该动宾短语的动词，然后加上一个形容词性的补语，从而形成“VOV 得 A”结构的特殊动补短语（这里的两个 V 代表同一个动词，O 代表宾语，A 代表形容词）。例如：

① 看书看得多，信息量大一些，处理问题符合规律。（新华社 2003 年 1 月新闻报道》）

② 他看书看得太多，把脑子看糊涂了。（俄·陀思妥耶夫斯基《罪与罚》）

这种“VOV 得 A”结构的动补短语是仿照“V 得 A”结构的动补短语构成的。“V 得 A”结构的动补短语中的动词 V 是单音节的，后面加上结构助词“得”，再加上一个形容词 A，如“走得快”，而如果动宾短语也这样带补语的话，语义关系就不明确，如“走路得快”“说英语得好”，而如果重复一下动宾短语中的动词，再加上结构助词“得”和形容词性补语，语义关系就明确了，如“走路走得快”“说英语说得好”（常省略为“英语说得好”）。

由于“VOV 得 A”结构中结构助词“得”是结果补语的标志，而动态语气“了”表示事情已经发生，而事情已经发生就是事情已经有了结果，因此，如果句末出现动态语气“了”，前面的结构助词“得”就可以省略，于是就有了“VOVA”的格式。例如：

③ 人的眼睛是为观察远距设计的，看书看多了就会近视。（朱邦复《宇宙浪子》）

④ 我那天喝酒喝多了，就随口乱答应了。（谈歌《大厂》）

有时“VOV 得 A”的中心语 VO 中的宾语 O 与补语 A 之间在语义上能建立起联系，而为了突出这种联系，人们有时将 VO 中的动词 V 省略，从而形成“OV 得 A”这种结构不完整的句子。例如：

⑤ 这种能力，我相信到了高三，$_{e}$书看得多了，$_{e}$买得多了，每个同学都是可以具备的。（转引自互联网网页）

这里“书看得多”是“看书看得多”的省略形式，“买得多”是“书买得多”的省略形式，“买”的前面省略了“书”，而“书买得多”又是“买书买得多”的省略形式。因为看书看得多，显然是已经看过的书多，而买书买得多，显然是已经买过的书多，两句中的“书”所指虽然不相同，但都可与“多”建立起联系，这时人们将中心语中的动词“看”省略，“书”就与句末的补语“多”在语义上前后呼应起来，可以突出已经看过的书“多”、已经买过的书“多”的特征，整个句子看起来像是一个主谓句，因而尽管句首的宾语前没有出现动词，人们也不觉得句子的结构不完整。再如：

⑥ $_{e}$钱花得不多，$_{e}$东西却买得不少。

这里“钱”的前面省略了动词“花”，“东西”的前面省略了动词“买”，从而使“钱”和“不多”“东西”和“不少”前后呼应，突出了花出去的钱“不多”的特征和买来的东西“不少”的特征。

⑦ 他$_{e}$英语说得非常流利。

这个句子的原型是“他说英语说得非常流利”，基本意义是“他”能以非常流利的方式说英语，而将“英语”前面的动词“说”省略，能够使“英语”和

“流利”前后呼应，突出了“他”说出的英语听起来“非常流利”的特征，给人以意义具体的感觉。

⑧ 他 $_e$呼噜打得很响。

这个句子的原型是“他打呼噜打得很响”，基本意义是“他”以“很响”（发出的声音很大）的方式打呼噜，而将“呼噜”前面的动词“打”省略，能够使“呼噜”和“很响”前后呼应，突出了“他”发出的“呼噜”声听起来“很响”的特征，同样给人以意义具体的感觉。

值得注意的是，由于在“S（主语）OV 得 A”这种结构的句子中，O 的前面没有动词，同时，在有些情况下，S 与 O 在语义上能构成一种领属关系，因而有人在 S 与 O 的中间加上了表示领属关系的结构助词“的”，结果形成“S（主语）的 OV 得 A”这种结构错误的句子。例如：

⑨ 墨索里尼能操四种语言……他的英语讲得十分吃力，法语讲得像意大利语，德语是否能让人听懂还是个问题。（约翰·托兰著、郭伟强译《从乞丐到元首》）

这里“法语”和“德语”的前边都承前省略了“他的”，而“他的英语讲得十分吃力”这种句式是由“他英语讲得十分吃力”这种句式不恰当地变换成的。这种“S 的 OV 得 A”句式更多的是用来赞扬别人在某一方面做得出色，而不是说他做得差，如“他的英语讲得非常流利”“他的老师当得好”等。这种不恰当地变换成的句式是不符合语法规则的，因为“他的英语”“他的老师”等与后面的“讲得非常流利”“当得好”等看起来像是主谓关系，但在逻辑上却不能构成主谓关系，同时也不能构成其他句法结构关系，显然“他的英语讲得非常流利”“他的老师当得好”等是由“他英语讲得非常流利”“他老师当得好”等误增结构助词“的”的结果。实际上，从逻辑上看，“讲得非常流利”是对“他”“讲”的方式的评价，“当得好”是对“他”“当”的方式的评价，属于评价性结果补语，前面一定要有一个表示讲什么、当什么的动宾短语，作“讲得非常流利”“当得好”的评价对象，从语法上讲是作“讲得非常流利”“当得好”的中心语，如“讲英语”“当老师”等，整个句子的完整结构就是“他讲英语讲得非常流利”“他当老师当得好”等，而定中短语“他的英语”“他的老师”是不能充当作“讲得非常流利”“当得好”的中心语的。而由于“他讲英语讲得非常流利”“他当老师当得好”等说法中，同一个动词在一个句子中出现两次，有重复的感觉，于是人们就将前一个动词“讲”“当”省略，就形成了“他英语讲得非常流利”“他老师当得好”等说法，这样的说法当然是有理据可言的，而“他的英语讲得非常流利”“他的老师当得好”等说法在语法上和语义上都是没有理据的，因而是不能成立的。笔者从北京大学语料库、北京语言大学语料库、国家语委会语料库以及中国期刊网（知网）中检索了一下，发现这种说法并不是人民大众语言中实际存在的句子，而是出自学者的论文，是学者自拟的不规范的也不存在的例句。有个学者把“他的老师当得好”的说法解释为“他的传授文化、技术的身份担任得好”，而这个解释用的还是“他的 OV 得 A”的说法，仍然不是规范的说法，也不能说明这种句子的生成机制。另外还有一些学者写论文论证这种句子的生成机制，但都没有指出这是一种不能成立的错误的句子。

为了简洁起见，人们也常将“VOVA 了”这种结构的前一个动词 V 省略，从而形成“OVA 了”结构。例如：

① $_e$盐吃多了为什么容易长皱纹呢？（微博）

这里“盐”的前面省略了主语“人”和动词“吃”。试比较：

② 女性吃盐吃多了容易长皱纹。（微博）

这里“盐”的前面主语“女性”和动词“吃”都没有省略。

③ $_e$书看多了容易患近视，就得戴眼镜。（《文汇报》2004 年 3 月 29 日）

这里“看”的后面省略了结构助词“得”。当然，前面还省略了主语“人”和谓语动词“看”。

值得注意的是，尽管“VOVA 了”结构能够省略为“OVA 了”，但如果 O 与 A 在语义上不能建立起联系，前一个 V 通常不宜省略。例如：

④ 晚上九点多钟，我看书看累了，到院子里散步。（《读书》vol-069）

这里“看书看累了”不宜省略为“书看累了”，因为“书”和“累”在语义上不能建立起联系。不过，这个规则并不严格。

“VOV 得 A”结构还可以省略补语中的动词 V 和结构助词“得”，说成“VOA”，形成简洁的“动宾—补”结构。例如：

⑤ 识字少的人看电视 $_e$多，学问高的人看书 $_e$多。（《人民日报》1993 年 11 月）

这里两个“多”的前面都省略了“看得”。

⑥ 他说话$_e$快。

这里“快”的前面省略了“说得”。再如：

⑦ 她说话$_e$好听。

⑧ 他唱歌$_e$好听。

以上二例中“好听”的前边分别省略了“说得”“唱得”。

3）蒙后省略型空中心语。在一个句子中，如果定中短语或状中短语的中心语在后面还要出现，为了避免重复的感觉，就把定中短语或状中短语的中心语省略，从而形成蒙后省略型空中心语。不过，这种空中心语比较少见。

第一，蒙后省略型空定语中心语。有一种蒙后省略型空定语中心语出现在判断句的主语中。有的判断句的主语是定中短语，而它的宾语中还要出现与主语中心相同的词语，为了避免重复的感觉，有时省略主语中心语，结果在主语中形成蒙后省略型空中心语。例如：

① 关于这一点有些要补充的地方：第一，毡巴白皮肤，大眼睛；第二，他$_e$是双眼皮。最后，他$_e$是凹眼窝。（王小波《革命时期的爱情》）

这里“他是双眼皮”和“他是凹眼窝”都是判断句，但主语位置上的“他”与宾语“双眼皮”和“凹眼窝”都构不成同一关系，显然“他”并不是一个完整的主语，而能够与“双眼皮”和“凹眼窝”构成同一关系的是“他的眼皮”和“他的眼窝”，可见，这两个判断句的主语中省略了中心语“眼皮”和“眼窝”。

② 这一年，人家$_e$是丰年，我$_e$是歉年。（转引自黄伯荣、廖序东：《现代汉语》（增订五版），高等教育出版社 2011 年版，第 11 页）

这里两个判断句主语位置上的“人家”和“我”与宾语“丰年”和“歉年”都构不成同一关系，而能够与“丰年”和“歉年”构成同一关系的是“人家的年”和“我的年”，显然这两个判断句的主语中都省略了中心语“年”。

有时一个定中短语的定语也是一个定中短语，并且定语中心语与整个定中短语的中心语相同，为了避免重复的感觉，而省略定语中心语，结果在定语中形成空中心语。例如：

③ 她家养了一$_e$黑$_e$一$_e$白$_e$两只鸡。（转引自吕叔湘《汉语语法分析问题》，商务印书馆 1979 年版，第 91 页）

这个句子的原型是：

④ 她家养了一只黑鸡一只白鸡两只鸡。

而这个原型的原型是：

⑤ 她家养了两只鸡——一只黑鸡，一只白鸡。

为了使句子结构紧凑，同时也为了使“两只鸡”落在句末焦点位置上，而将“两只鸡”的同位语“一只黑鸡，一只白鸡”移到“两只鸡”的前面，仍然充当“两只鸡”的同位语，而为了避免重复的感觉，又将“一只黑鸡，一只白鸡”中的量词“只”和名词“鸡”省略，便形成了“她家养了一黑一白两只鸡”这个句子。当然，这只是就这种句子的整个生成过程而言的，其实，“她家养了两只鸡——一只黑鸡，一只白鸡”应该是先省略为“她家养了两只鸡——一黑一白”，然后再调整为“她家养了一黑一白两只鸡”，而在这里“一黑一白”看起来像是“两只鸡”的定语。

我们再来看看“两只鸡，一黑一白”这种格式的实际用例：

⑥ 月色不能让长街的景象清晰入目，但至少可以看到两个影子：一黑一白。（温瑞安《杀楚》）

这里“一黑一白”是“一个黑影子一个白影子”的省略形式，用来补充说明“两个影子”各自的外部特征。如果所强调的重点不是“一黑一白”，而是“两个影子”，就可以把“一黑一白”移到“两个影子”的前边，说成“一黑一白两个影子”。再如：

⑦ 只见大门开处，来了一男一女两个人。（秋梦痕《七雄劫》）

这个句子后半部分的原型是：来了两个人——一（个）男（人），一（个）女（人）。

⑧ 郑涨钱打开包裹一看，是一大一小两双鞋子，一件平波的花布衣服，一些糕点。（蔡康《花烛泪诉人间情》）

这里“是一大一小两双鞋子”的原型是：是两双鞋子——一（双）大（鞋），一（双）小（鞋）。

⑨ 人们目送这一大一小、一黑一白两只船渐渐地远去，长长地舒了一口气。（《1994 年报刊精选》）

这里“这一大一小、一黑一白两只船”的原型是：这两只船——一（只）大

（船）、一（只）小（船），一（只）黑（船），一（只）白（船）。

第二，蒙后省略型空补语中心语。有一种动补短语，它的补语也是一个动补短语，而整个动补短语的中心语与它的补语中的中心语由同一个动词充当，为了避免重复的感觉，人们通常把整个动补短语的中心语省略，从而形成蒙后省略型空补语中心语。例如：

① 史屯离火车站十来里，她拉架子车 $_e$不到一个钟头就走到了。（严歌苓《第九个寡妇》）

这里第二句是说，“她”拉架子车拉了不到一个钟头就走到了。这里“不到一个钟头”的前面蒙后省略了动词“拉（了）”。由于在“她拉架子车拉了不到一个钟头就走到了”这个句子中，“拉”出现两次，听起来有重复的感觉，并且后一个“拉”不出现，人们也能理解句子的意思，而且感觉句子简洁，于是这里就说成了“她拉架子车不到一个钟头就走到了”。

② 临别时战友给小张留下的干粮 $_e$两天就吃完了。（《人民日报》1998 年）

这里“两天就吃完了”是“吃了两天就吃完了”的省略说法，“两天”的前面蒙后省略了动词“吃了”。

③ 市交警支队车管科在办理车牌时，把与此有关的交通、保险、旧车交易等部门请到一起，使过去 $_e$7—8 天才能办完的事 $_e$1 天就办完了。（《人民日报》1993 年 10 月）

这里“7—8 天才能办完的事”是“办 7—8 天才能办完的事”的省略说法，“1 天就办完了”是“办 1 天就办完了”的说法，“7—8 天”和“1 天”的前面都蒙后省略了动词“办”。

④ 我接过白纸，$_e$三下两下就叠出一只小白鸽。（《人民日报》1996 年）

这里“三下两下就叠出一只小白鸽”是“叠了三下两下就叠出一只小白鸽”的省略说法，“三下两下”的前面蒙后省略了动词“叠（了）”。

⑤ 黑熊身高近两米，没 $_e$几下就把我打晕了。（新华社 2002 年 11 月份新闻报道）

这里“没几下就把我打晕了”是“没打几下就把我打晕了”的省略说法，“几下”的前面蒙后省略了动词“打”。

以上我们举例说明了汉语蒙后省略型空语类，包括空主语、空谓语或空谓语中心、空中心语，至于空宾语，我们没有提到，这是因为一般情况下宾语都是承前省略，只是在诗歌等文学作品中宾语才有时蒙后省略。例如：

⑥ 横看 $_e$ 成岭侧成峰，远近高低各不同。不识庐山真面目，只缘身在此山中。（北宋苏轼《题西林壁》）

这里“横看”的后面存在着空宾语，这个空宾语显然就是第三句中的“庐山”。当然，前两句中还有其他省略的成分，是两个高度浓缩了的句子。我们试着把省略的成分都补出来：

⑦ 横看庐山，庐山成岭；侧看庐山，庐山成峰；远看庐山，近看庐山，高看庐山，低看庐山，庐山面目各不同。

由于现代汉语语法学界在汉语句法分析上，很少考虑句法成分的省略，而把第二句中的“远近高低”看成了第二句的主语[①]，这样分析，严重影响了对诗句意义的理解。

2. 情景语境省略型空语类

由于人具有完形思维能力，如果一个句法成分或句法成分的一部分所指的人或事物存在于说话时的情景下，并且是听话人所知道的，说话人就可以把它省去不说，从而形成以情景语境为基础的情景语境省略型空语类。例如，一个人手里拿着一个苹果，问另一个人“吃不吃”，虽然前面省略了主语“你”、后面省略了宾语“苹果”，他仍然会明白这是在问他吃不吃苹果。这种借助情景语境省略某些句法成分或句法成分的一部分所形成的空语类，就是情景语境省略型空语类。

可以形成省略型空语类的情景语境是非常多的，可以说是不胜枚举的，但有几种情景语境与汉语中的几种特殊句式的形成有直接关系，这是值得一提的，主要有：要求别人做某事、向别人道歉、向别人告别、赞叹别人的言行、说明风俗习惯、阐述客观规律等情景。在这些情景下，主语、宾语甚至谓语动词都是不言而喻的，因而人们通常将主语、宾语、谓语动词省略不说，从而形成情景语境省略型空语类。从句式上看，存在情景语境省略型空语类的句式主要有祈使句、道歉句、告别句、憎恶句、赞叹句。下面我们把这几种句式与说明风俗习惯、阐述

---

① 如黄伯荣、廖序东主编《现代汉语》（增订五版）把“远近高低各不同”中的“远近高低”分析为非施事也非受事的“中性主语”。见该教材第 62 页。

客观规律等的熟语放在一起来说明常见的情景语境省略型空语类。

（1）祈使句中的空语类

所谓祈使句，就是专门用来表示要求对方做或不做某事的句式。在一方要求另一方做或不做某事的时候，由于要求者与被要求者互相知晓，句子中代表被要求者的词语可以省略，而代表被要求者的词语是句子的主语，这样就形成了祈使句中的省略型空主语。祈使句中有时有宾语，而宾语在特定的情景下如果是不言而喻的，通常也省略，这又形成了祈使句中的省略型空宾语。

要求对方做或不做某事的方式有很多种，如请求、命令、号召、建议、嘱咐、商量、劝说、允许、催促、禁止等，相应地，祈使句就有请求句、命令句、号召句、建议句、嘱咐句、劝说句、允许句、催促句、禁止句等，其中请求句、命令句、号召句、催促句、禁止句等常省略主语，有的甚至是固定省略主语。

1）请求句中的空主语。请求句是用来请求对方做某事或请求对方允许自己做某事的句子。由于请求的对象是不言而喻的，因而经常省略，而请求的对象又是句子的主语，这样就形成了请求句中的空主语。例如：

① $_e$再给我一次机会吧。

② 我要回去，$_e$让我回去吧。

以上二例中的祈使句都是请求句，都存在着空主语“你”。

2）命令句中的空主语与空中心语。命令句是用来命令对方做某事或命令对方允许自己做某事的句子。由于命令的对象通常是不言而喻的，因而经常省略，而命令的对象又是句子的主语，这样就形成了空主语。例如：

③ $_e$站住！

④ $_e$别动！把手举起来！

以上二例都是命令句，是命令对方做某事或停止做某事，都存在着空主语“你”。

⑤ $_e$下课！

这一例也是命令句，存在着空主语“你们”。

⑥ 我命令他：“闪开，$_e$让我出去！”（从维熙《落红》）

⑦ 育辰脸色苍白，眼眸里充满惊恐的大吼着，几近疯狂的试图挣脱警察人员的钳制。“$_e$放开我！ $_e$让我进去！”（维珍妮《复活爱人》）

以上两例中的命令句“让我出去”“让我进去”用来命令对方允许自己出去、

进去，而“放开我”用来命令对方放开自己，都存在着空主语“你”。

有时一方正在做某事，而另一方要求他改变做事的方式，通常只说出要求他所采取的新的做事方式（方式状语），而不说他正在做的事情（动词），这样就形成了空状语中心语。例如：

⑧ 汽车像一只钢铁做成的猎狗，开始在公路上疾驰。风声呼啸着，像是嗜血的野兽的吼声。“慢点$_e$！慢点$_e$！”路子喊道，恭平装作没听见。（森村诚一著、丁国祯等译《人性的证明》）

这里“慢点”的后面存在着空中心语“开”。

⑨ 他忍不住用力蹬车，回头招手：“同志们，快点$_e$！”朱益的同志们都是些老头和小老头，都已经跑得气喘吁吁：“朱益，不能再快$_e$了，再快是会送老命的。”（陆文夫《人之窝》）

这里“快点”的后面存在着空中心语“跑”，“不能再快了”是陈述句，“快”的后面也存在着空中心语“跑”。

⑩ 小声点$_e$！你嚷嚷什么呀。这事又不是我做主。（王小波《变形记》）

这里“小声点”的后面存在着空中心语“说话”。

3）口号句中的空主语。口号句是用来号召人们做某事或不做某事的句子。当号召的对象明确的时候，或者为了无限扩大号召对象的范围，号召句就省略主语，从而形成空主语。例如：

① $_e$拥护毛主席！ $_e$拥护共产党！ $_e$打倒反动派！ $_e$建立新中国！

这一例是四个号召句，通常用作呼喊的口号或张贴的口号（标语），都存在着空主语，这也是纲领性的口号的一贯做法。这四个口号所号召的对象是除了敌人以外的所有听到或看到口号的人，甚至也包括可以争取过来的敌人，而这四个口号所说的行为的参与者又包括发出口号的人，所以这四个口号中的空主语应该是“我们”。

口号除了在游行示威中使用以外，有时也在演讲、谈话、文章中使用，演讲者、说话者、作者为了增强亲和力、感染力，把主语“我们”加上，但加上主语以后，号召句与陈述句在形式上就没有了区别，为了解决这个问题，演讲者、说话者、作者又在主语“我们”的前边加上动词“让”，说成“让我们……”，句末还加上祈使语气词“吧”，这样就把“我”号召“你们”变成了“我们”号召

"我们自己"。也就是说，在这种情况下，"让"的前边也存在着一个空主语，而这个空主语仍然是"我们"。例如：

② $_e$让我们万众一心，团结奋斗，争取新长征的胜利吧！（《人民日报》1996年10月）

③ $_e$让我们爱身边的每一个人，为身边的每一个人传播快乐吧！（闻卓《给老爸老妈的100个长寿秘诀》）

以上二例实际上是号召句的变体，前者是号召句"万众一心，团结奋斗，争取新长征的胜利"的变体，后者是号召句"爱身边的每一个人，为身边的每一个人传播快乐"的变体，是为了增强这两个号召句的亲和力、感染力，在前面加上"让我们"，在后面加上祈使语气词"吧"。而由于"让我们"的加入，整个句子又变成了空主语句，它们的空主语就是"让"的宾语"我们"。

有些号召句只是采用了号召句的形式，但并不用来发号召，而是用来表达一种期待的心情，或者用作开始一个新话题的过渡语。例如：

④ 4个月的实习马上就会过去。$_e$让我们温哥华见！（土一族《从普通女孩到银行家》）

这是一封信的结尾，后一句是一个号召句，句首存在着空主语"我们"。这个号召句实际上是用来表达期待见面的心情的。

⑤ $_e$让我们看看古人是怎么运动健身的。（王昕《黄帝内经中的女人养生养颜经》）

这个号召句其实是作为开始谈论一个新话题（古人是怎么运动健身的）前的过渡语的。

4）允许句中的空主语。允许句是用来表示允许对方做某事的句子。这种句子既可以用来回应对方的请求，也可以用在招待客人的场合。例如：

①（有人敲门）$_e$进来！

这是一个允许句，表示允许对方进来。

②（有人敲门）$_e$请进！

这是一个礼貌性的允许句，在"进"的前边加上了语气副词"请"。这种语气副词"请"是由动词"请"转变来的，它不再有"请求"的意思，只表示一种恭敬的语气。

③ $_e$坐，$_e$坐！

④ $_e$请坐！

⑤ $_e$喝茶，$_e$喝茶。

⑥ $_e$吃，$_e$吃，$_e$别客气。

以上四例也属于允许句，用在招待客人的场合，句首都存在着空主语“你”或“你们”。从使用的语境上看，这种允许句也可以称为“招待句”。

5）催促句中的空主语和空中心语。催促句是用来催促对方抓紧时间做某事的句子。由于催促句用在催促对象明确的场合，因而催促句通常省略代表催促对象的主语，从而形成空主语。例如：

① $_e$快走！

这是一个催促句，存在着空主语“你”。

② $_e$快走，$_e$快走！

这里连续说两遍“快走”，这是反复手法，用来加强催促语气。

催促句的谓语动词前通常都有方式状语“快”“快点”等，而有时说话者由于心急，不能将整个句子完整地说出来，只说出方式状语“快”“快点”等，这样的催促句中存在着空中心语。例如：

③“我成功了，$_e$快走，$_e$快 $_e$！”他拉住了黛娜的手，便向外奔去，当他奔进了那条甬道之际，听到一连串的爆炸声自身后传来。（倪匡《妖偶》）

这里将催促句“快走”进行反复的时候，重复句中只说出了方式状语“快”，于是形成了空中心语。

④ 这个时候，天佑提着手提袋冲进急诊室。“快 $_e$，快 $_e$，快 $_e$，我太太要生了！快 $_e$，快 $_e$，快 $_e$！”“产妇在哪儿？”“$_e$在车上，快点儿 $_e$，快点 $_e$！”（叶小岚《三个奶妈一个爸》）

这里两个“快，快，快”反复句和一个“快点，快点”反复句中，“快”和“快点”的后面都没有出现中心语“走”，这是因为说话者心情焦急，一时想不起该说的中心语，但由于交代了“我太太要生了”和“（产妇）在车上”的情景，医院的大夫也能听得懂。

6）禁止句中的空主语。禁止句是专门用来表示禁止人们做某事的句子。从结构上看，禁止句有两种，一种采取动宾结构，一种采取状中结构，这两种禁止句都不出现主语。

动宾结构的禁止句的谓语动词是“禁止”或带有“禁止”意义的动词性词语，而宾语是表示所禁止的行为的动词性词语，二者前面都不出现主语，从而形成双重空主语。例如：

① $_e$禁止 $_e$吸烟。

② $_e$禁止 $_e$随地吐痰。

③ $_e$不准 $_e$随地吐痰。

④ $_e$严禁 $_e$携带易燃易爆等危险品进站上车。

以上四例都是禁止句。禁止句从形成的时候开始就不出现主语，因而所省略的主语是什么，不容易确定。不过，从逻辑上讲，禁止或不准“吸烟”“随地吐痰”“携带易燃易爆等危险品进站上车”的都是有关部门的“规定”，所以说，这四个禁止句都省略了主语“规定”。至于“吸烟”“随地吐痰”“携带易燃易爆等危险品进站上车”等，都是“禁止”或“不准”的宾语，而这种宾语都是动词性的，其前边也省略了主语，而这种主语也是从来不出现的，因而也是不容易确定的，前三例宾语中的主语大致上说是“来到这里的人”，第四例宾语中的主语大致上说是“旅客”。

状中结构的禁止句由表示劝阻的否定副词“不要”“勿”等与动词性词语构成，全句的主语也借助情景语境省略。例如：

⑤ $_e$勿随地吐痰

这里的空主语大致上说是“来到这里的人”。

禁止句的空主语前经常加上语气副词“请”，用来缓和语气。例如：

⑥ $_e$请勿触摸展品

这里的空主语可以说是“参观者”。

⑦ $_e$请勿打扰

如果这个句子写在一个牌子上，挂在宾馆房间的门外，它的空主语就是“服务员”，意思让服务员此时不要进来打扫房间等。

⑧ $_e$请勿一稿两投。

这里的空主语是“投稿者”。

（2）道歉句中的空主语

道歉句是一种变相的请求句，是通过表达自己抱歉的心情来请求对方原谅自己的冒犯或伤害等。在道歉句中，习惯上省略主语，如果谓语中心是及物动词性的，后面的宾语也省略，而省略的目的是要与陈述句相区别。例如：

① $_e$对不起 $_e$！

这里存在着空主语“我”和空宾语“你”。

② $_e$不好意思！

③ $_e$抱歉！

以上二例中存在着空主语“我”。

有时候人们还在道歉句的后面加上一个请求对方原谅的请求句，这样显得更有礼貌。例如：

彭晓说：“马民，我们不要说这些好不？”“$_e$对不起 $_e$，请 $_e$原谅 $_e$。”马民感到自己的话来得太猛了，这当然叫她一时接受不了。（何顿《荒原上的阳光》）

在这里的请求句“请原谅”中，“原谅”的前面存在着省略型空主语“你”，“原谅”的后面存在着省略型空主语“我”。

（3）告别句中的空主语

告别句是在与对方分别的时候所习惯使用的句子，主要是“再见”，或者说出在什么时间或什么地点见面等，主语通常省略。例如：

① $_e$再见！

② $_e$明天见！

③ $_e$下次见！

④ 符先生保重，$_e$北平见！

以上四例告别句存在着空主语“咱们”或“我们”。

（4）憎恶句中的空谓语

憎恶句是用来表示对对方的憎恶心情的省略式的感叹句，只说出主语“你”，而省略谓语，是“你真烦人！”“你太讨厌了！”“你太可恶了！”等感叹句的省略形式。由于憎恶句的谓语是借助语境省略的，而不是借助上下文，而用来表示憎恶心情的词语又不是固定的，所以憎恶句的谓语有时不容易确切地补出。例如：

①“啊，你这个淘气鬼，你 $_e$！”（埃萨·德·克罗兹《阿马罗神父的罪恶》）

这里的空谓语可以说是“真烦人”。

② 你这个狗东西，你$_e$！（亨利 · 米勒《北回归线》）

这里的空谓语可以说是“太可恶”。

③ 我努力伪装的自尊，我努力伪装的正常，都没有了！你把我的皮全剥掉了！你$_e$，你$_e$，你$_e$！”（琼瑶《昨夜之灯》）

这一例是反复式的憎恶句，三个反复句都借情景语境省略了“太残忍”之类的谓语。

（5）赞叹句中的空语类

赞叹句是对别人的言行表示赞叹的句子，常用于观看表演、比赛等场合。赞叹句通常非常简略，只有一个词或短语。由于赞叹句通常只有一个词语，它的完整形式有时不容易确定。目前的汉语语法学界只是把赞叹句归到非主谓句中，不分析它的原型。例如：

① $_e$好！

这是看演出、听演讲等的场合下常用的赞叹句，等于说：“你（们）表演得好！”“你（们）唱得好！”“你（们）说得好！”主语和谓语中心都省略了，只留下了谓语中心的补语“好”。

②掌声骤然响起，持续不断。“$_e$太好了！”“$_e$太精彩了！”纽约卡内基音乐厅回响着一片赞叹声。这是当地时间18日晚，中国残疾人艺术团在卡内基音乐厅进行演出时的一幕场景。（《人民日报》2000年）

这里的两个赞叹句等于说：“你们表演得太好了！”“你们表演得太精彩了！”主语“你们”、谓语中心都省略了，只留下了谓语中的补语“太好”“太精彩”。

③ $_e$好球！

这是观看球类比赛的时候常用的赞叹语，只有一个名词性词语，而名词性词语能充当的句法成分类型比较多，所以这种赞叹句所省略的成分更不易确定，不过我们可以根据汉语陈述句的结构和情景语境把所省略的成分补上，结果就是：“你踢（打、扣、投）了一个好球！”主语、谓语动词以及宾语中的定语都省略了，也就是这个句子中包含着空主语、空谓语、空定语等空语类。

（6）熟语中的空语类

前面我们举例说明了祈使句、道歉句、告别句、憎恶句、赞叹句中的空语类，这些用来表达某种特殊语法意义的句式，在结构上都采取不完整的形式，都是借助说话时的情景语境，省略主语或谓语或更多的句法成分以及句法成分的一部分，而俗语、谚语等用来揭示客观规律的熟语，阐述的是从人类或某些特定人群的经常性的生产生活情景中总结出来的规律，为了使句子简洁精辟，易说易记，常借助这种特定的情景语境，省略主语和其他一些不言而喻的句法成分或句法成分的一部分，从而形成多种空语类。

熟语中省略最多的是主语，很多阐述人的生产生活规律的熟语以及阐述人的生活习惯、信念等的俗语，适用于某个范围内的全部的人或某一类人，句子的主语可以根据所陈述的生活情景来推知，因而这类熟语中通常省略主语。其他句法成分或句法成分的一部分也经常借助情景语境省略。例如：

① $_e$久病成医。

这句古代谚语的前面存在着空主语“人”。

② $_e$饭后百步走，$_e$活到九十九。

这句俗语是一个假设关系的复句，两个分句中都存在着空主语“人”。另外，“百步走”是“走百步”的倒装说法，是为了与“九十九”押韵，以便于给人们留下更深刻的印象。这里还压缩掉了连词“若”“便”和助动词“可”，“九十九”的后面还根据人们表达年龄的习惯省略了“岁”。如果把省略的主要成分补上，这个复句的完整形式就是：

③ 人若饭后百步走，便可活到九十九。

④ $_e$小时偷针，$_e$大时偷金。

这也是一个假设关系复句，第一分句中存在着空主语“一个人”（指任意的一个人），第二分句承前省略了主语“他”，同时这里还压缩掉了连词“若”和助动词“一定”等。如果把省略的主要成分补上，这个复句的完整形式就是：

如果一个人小时偷针，那么他大时一定会偷金。

⑤ $_e$有缘千里来相会，$_e$无缘对面不相逢。

这是一个并列关系的复句，前一分句中存在着空主语“两个人”（指任意的两个人），另外还存在着其他一些空语类。如果把省略的主要成分补上，这个并列关系复句的原型就是：

如果两个人有缘，即使远隔千里，也会来到一起相会；如果两个人无缘，即使走到对面也会不相逢。

有时，一个熟语只是针对某类人而言的，并不是针对所有的人，这时所省略的主语具体是什么，不太容易说清，但也是可以补出来的。例如：

⑥ $_{e}$千里送 $_{e}$鹅毛，礼轻情意重。

这里“千里”的前面存在着空主语“客人”，“送”的后面存在着空间接宾语“亲友”，当然，还存在着其他一些空语类。如果把省略的主要成分补上，这个复句的完整形式就是：

一个客人从千里外的远方来到亲友家，他即使只送给他的亲友鹅毛般轻的礼，我们也可以说，他的礼虽然轻，但他的情意重。

⑦ $_{e}$官 $_{e}$大一级压死人。

这是一个假设关系的紧缩复句，所省略的成分也比较多。如果把省略的主要成分补上，这个紧缩复句的原型就是：

如果一个官员的官比人大一级，他便能压死人。

⑧ $_{e}$放下屠刀，$_{e}$立地成佛。

这也是一个假设关系的复句，两个分句中都存在着空主语。这个熟语是有出处的，主语是特定的：

⑨ 广额正是个杀人不眨眼底汉，放下屠刀，立地成佛。（宋·释普济《五灯会元》卷五十三）

从这个出处可以看出，“放下屠刀”承前省略的主语是“广额”。但后人引用它的时候，去掉了主语，从而扩大了它的适用范围。如果不看出处，“放下屠刀”前的空主语可以说是“好杀人者”。如果把省略的主要成分补上，这个熟语的原型就是：

好杀人者若肯放下屠刀，他便可立地成佛。

有些熟语意在言外，即使把它所省略的成分补上，在理解的时候，也还要在心中补上属于言外的成分。例如：

⑩ $_{e}$美不美，$_{e}$故乡水；$_{e}$亲不亲，$_{e}$故乡人。

如果把省略的成分补上，同时加上所省略的言外成分，这个熟语的原型就是：

故乡水无论美不美，它也是故乡水（，是它养育了我们，所以我们应该热爱它）；一个故乡人无论跟自己亲不亲，他也是故乡人（，他是跟我们喝同一条河水长大的，他跟我们就像亲人一样，所以我们应该把他当作亲人来对待）。

⑪ $_e$酸 $_e$儿 $_e$辣 $_e$女。

“酸儿辣女”是一句流传很广的判断孕妇怀的是男孩还是女孩的俗语，是根据孕妇饮食口味的偏好来判断她怀的是男孩还是女孩。这里存在着不少省略型空语类，如果把省略的主要成分补上，这句俗语的原型就是：

如果孕妇喜欢吃酸味食品，她所怀的可能是儿子；如果孕妇喜欢吃辣味食品，她所怀的可能是女儿。

从上述的例子中可以看出，很多熟语都是高度浓缩了的句子，凡是可以靠人的完形思维能力补出的句法成分或句法成分的一部分都省略掉，因而里面存在着大量的空语类。

另外，有些看起来结构比较完整的俗语或谚语其实也存在着空语类。例如：

⑫ $_e$祸从口出，$_e$病从口入。

这两个句子都是主谓句，结构相对完整，但两个主语“祸”和“病”的前边都存在着空定语“人”，而两个状语中的“口”的前边也都存在着空定语“人”，如果把这几个定语补上，这两个句子的完整形式就是：

人之祸从人之口出，人之病从人之口入。

以上我们举例说明了情景语境省略型空语类。由于这种空语类不容易确切地补出，有些学者便把这种空语类看成隐含型空语类，把它与省略型空语类区分开。这种看法是不合理的。因为这种不能确切地补出的省略型空语类与能够确切地补出的省略型空语类没有本质不同，这两种省略型空语类的存在都使句子的结构不完整或不够完整，而隐含型空语类只是从逻辑上看应该存在而又不可以补出的空语类，只能以隐含的状态存在，并不是不能确切地说出的空语类（参见本章第四节“隐含型空语类与省略型空语类的区别”部分）。

（三）语义关系省略型空语类

为了达到言简意赅和避免重复的表达效果，如果将一个句法成分的一部分省略，这个句法成分与它前面或后面的句法成分之间的语义关系仍然明确，人们常将这个句法成分的一部分省略，从而形成另一种省略型空语类，这就是语义关系省略型空语类。

常见的语义关系省略型空语类是补语、状语中的空介词和谓语中的空动词。

1. 补语、状语中的空介词

在汉语中，时间补语和处所补语、时间状语、处所状语、范围状语、对象状语通常由处所和时间介词“于”“从”“在”等加上表示时间、处所、范围、对象等的词语构成，但当表示时间、处所、范围、对象等的词语与中心语的语义关系明确时，处所和时间介词经常省略。

（1）时间补语中的空介词

时间补语一般由名词性词语充当，一般要用时间介词“于”或“在”引出，而且时间介词很少省略，否则名词性词语与前面的动词性词语之间的语义关系不明确。例如：

① 聂耳出生〈于 1912 年〉。（新华社 2004 年 5 月新闻报道）

② 九星联珠最近的一次发生〈在 1982 年〉，上一次发生〈在 1803 年〉。（《中国儿童百科全书》）

不过，有些来自近代汉语的惯用语中习惯省略时间补语中的介词“于”。例如：

③ 他起$_{e}$五更，睡$_{e}$半夜，与主母梳头、缠脚、洗面、穿衣、端茶、掇饭，再也没些怨声。（《醒世姻缘传》第五十六回）

④ 许多干警起$_{e}$五更、睡$_{e}$半夜。（《人民日报》1995 年 12 月）

以上二例中的“起五更，睡半夜”的意思是“五更起来，半夜睡”。“起五更”和“睡半夜”是“起于五更”和“睡于半夜”的省略形式，“五更”和“半夜”的前面都存在着空介词“于”。

⑤ 后生家熬$_{e}$夜有精神，老人家熬了打盹睡。（《清平山堂话本 · 快嘴李翠莲记》）

⑥ 我每天熬$_{e}$夜看书，总是黑着个眼圈上课。（卞庆奎《中国北漂艺人生存实录》）

以上二例中的“熬夜”的意思是“在夜里熬（长时间忍受着困倦而不睡觉）”，是“熬于夜”的省略形式，“夜”的前面存在着空介词“于”。当然，“熬夜”已经被人们当作一个合成词看待了，如果不是为了说明它的深层结构，没有必要分析里面所包含的空语类。

（2）处所补语中的空介词

处所补语一般是由名词性词语充当，通常要用处所介词“于”或“在”引出。例如：

① 由于陈肖霞等一批名将的涌现，中国的跳水运动开始领先〈于世界〉。(《中国儿童百科全书》)

② 发展局主办的“香港国际时尚荟萃”及“香港时装节”，13 日同时亮相〈于香港会议展览中心〉。(新华社 2004 年 1 月新闻报道)

但是，当处所名词性词语与前面的动词性词语语义关系明确的时候，也有将处所介词省略的，从而形成介词性空语类。例如：

③ 中国地震预报继续领先〈$_e$世界〉。(转引自邢公畹《一种似乎要流行开来的句式》，《语文建设》1997 年第 4 期)

④ 津版图书亮相〈$_e$国际书展〉。(同上)

⑤ 最强台风即将登陆〈$_e$我国〉！天津多趟高铁现正紧急停售(《今晚网》2017 年 9 月 15 日)

⑥ 温家宝邀请中小学教师做客〈$_e$中南海〉。(《人民网》2008 年 12 月 10 日)

⑦ 县委书记遇难〈$_e$高尔夫球场〉长沙确认因公殉职。(《新华网》2003 年 11 月 07 日)

以上五例的补语中都省略了处所介词“于”。这五例中的谓语动词也都有一个共同特点：都是动宾结构，而目前的汉语语法学界通常根据“主—动—宾”的语序确定动词性词语与前面或后面的名词性词语的语法关系，通常把动词性词语前面的名词性词语都看成主语，把动词性词语后面的名词性词语都看成宾语，因而把动宾结构的动词后面的处所名词性词语也看成它的宾语，并把这种动宾结构的动词带处所名词性补语的结构看成“动宾式动词加宾语”结构①。

有些动词表示的是使身体或物体处于某个处所的行为，当它带处所补语时，通常需要用介词“在”引出，但当它与处所补语之间的语义关系明确时，处所介词“在”也经常省略。例如：

⑧ 孩子仰卧〈$_e$床上〉或救护者平坐〈$_e$地上〉，让孩子叉开双腿躺在救护者的双腿上。(《读者》合订本)

---

① “动宾式动词加宾语”问题曾经是《语文建设》杂志讨论的一个热点问题，可以从中国知网上以“动宾式动词”为关键词，搜索到一些相关的论文。

这里“仰卧床上”“平坐地上”是“仰卧在床上”“平坐在地上”的省略说法，省略了用来引出处所补语的介词“在”。

⑨ 孩子回来没见上您，躺〈$_e$地上〉就打滚，哭晕过去了。(《读者》合订本)

⑩ 当是什么宝贝呢，放〈$_e$地上〉有什么关系。(《作家文摘·1997年》)

⑪ 掏出电话看了看，不接，把它放〈$_e$桌子上〉，任它在桌子上振动着，直到停止。(王海鸰《中国式离婚》)

以上三例中的“躺地上”“放地上”“放桌子上”分别是“躺在地上”“放在地上”“放在桌子上”的省略说法，省略了用来引出处所补语的介词“在”。

⑫ 圆勺子挖一大一小两个圆球，大的放〈$_e$下面〉，小的放〈$_e$上面〉，做成鸟形。(《菜谱·土豆的三十七种吃法》)

⑬ “挂〈$_e$墙上”〉不如“放〈$_e$心上〉”(《台州日报》2015年5月15日)

以上二例中的“放下面”“放上面”“挂墙上”“放心上”分别是“放在下面”“放在上面”“挂在墙上”“放在心上”的省略说法，省略了用来引出处所补语的介词“在”。

以上六例的补语中都存在着空介词“在”，这些说法在口语中很常见。如前所述，现代汉语语法学界在分析句法结构时，通常不考虑句法成分或句法成分的一部分省略的因素，单纯根据“主—动—宾”的语序确定动词性词语与前面或后面的名词性词语的语法关系，通常把动词性词语后面的名词性词语都看成动词性词语的宾语，所以把这种动词性词语后面的不带处所介词的处所补语看成动词性词语的宾语，并称之为“处所宾语”，黄伯荣、廖序东主编的《现代汉语》就是这样处理的[1]。

（3）时间状语中的空介词

当时间名词性词语充当时间状语的时候，由于它与后面所陈述的事件之间的语义关系明确，因而可以省略时间介词，直接由时间名词性词语充当状语，从而形成时间状语中的空介词。例如：

①［$_e$1976年1月8日9时57分］，我们最敬爱的周恩来总理，心

① 黄伯荣、廖序东:《现代汉语》(增订五版)，高等教育出版社2011年版，下册第64页。

脏停止了跳动。(《读者》合订本)

②[$_e$今天上午]，基金会在宋庆龄故居举行了《宋庆龄选集》出版座谈会。(《人民日报》1993年1月)

③[$_e$昨天下午5时许]，孩子们挤上面包车离开湖天宾馆去火车站。(《1994年报刊精选·12》)

④ 赠书仪式[$_e$今天上午]在人民大会堂举行。(《人民日报》1993年1月)

以上四例的时间状语中都省略了处所介词“在”。由于时间名词性词语作状语时，很少用时间介词引出，一般人意识不到这种时间介词的省略，但只要对比一下时间介词不省略的情况，就可以发现到这一点：

⑤ 早在1917年，美国军队就开始设计制造无人机。(《中国儿童百科全书》)

⑥ 就在1933年，一位女大学生闯进了曹禺的生活。(《作家文摘·1993A》)

⑦ 就在23日上午，又有两名伊拉克警察遇袭身亡。(新华社2004年6月新闻报道)

以上三例中，作时间状语的时间名词性词语前都没有省略介词“在”，这是因为，时间状语的前面需要出现语气副词“早”“就”，如果没有介词“在”，说成“*早1917年”“就1933年”“就23日上午”，语气副词与时间状语之间的语义关系不明确。另外，有时虽然时间介词不出现也不会影响理解，但人们也不省略时间介词，目的是为了突出一种正式的文体风格。例如：

⑧[在2001年]，戴尔一举超过康柏，成为IT界最大的PC供应商。(张剑《世界100位富豪发迹史》)

⑨[在20世纪80年代]，一些经济学家开始持有截然相反的观点。(林毅夫《新结构经济学》)

以上二例中，时间介词“在”都没有省略，不省略的目的显然是要突出文体风格的严肃性。

另外还有一种时间状语，所表示的不是具体的时间，而是一个有起点和终点的时间范围，在这种时间状语中，表示起点和终点的词语分别要用介词“从”和“到”引出，但由于表示起点的词语与表示终点的词语在句中的语义关系明确，用来引出起点的介词“从”有时省略，从而形成介词性空语类。例如：

⑩［$_e$2003 年到 2005 年］，在美国学习期间，作者把这个计划付诸实施。(《卓越媒体的成功之道：对话美国顶尖杂志总编》)

⑪［$_e$1997 年 1 月到 8 月间］，史玉柱在美国四处奔走，找钱未果。(《史玉柱传奇》)

⑫ 金合欢是一种豆科小乔木，［每年 $_e$8 月到 10 月］开花。(《中国儿童百科全书》)

以上三例中的时间状语的前面都省略了表示时间起点的介词“从”。

（4）处所状语中的空介词

当处所名词性词语充当处所状语的时候，由于它与谓语动词的语义关系明确，因而可以省略处所介词，直接由处所名词性词语充当状语，从而形成介词性空语类。例如：

①［$_e$1927 年 5 月 21 日］，［$_e$长沙］发生了“马日事变”。(《作家文摘・1997A》)

②［$_e$那一年］［$_e$我的屋前］死了一棵丁香树。(《作家文摘・1993》)

以上二例中，不但在时间状语前省略了时间介词“在”，还在处所状语前省略了处所介词“在”。对比一下处所介词“在”不省略的情况，就可以清楚地发现这一点：

③ 当晚 8 点 20 分左右，［在首都德黑兰］又发生了一起炸弹爆炸事件。(《文汇报》2005 年 6 年 14 日)

④［在毛泽东的房前］，挺立着一棵枝叶繁茂的桂树。(《1994 年报刊精选・05》)

以上二例中处所介词“在”没有省略，也是为了突出文体风格的严肃性。

（5）范围状语中的空介词

在书面语中，范围状语一般由范围介词“在”与方位短语“……上”“……方面”等构成，形成“在……上”“在……方面”等格式，而在口语中，通常省略范围介词“在”和方位词“上”“方面”等，只说出“上”“方面”等的定语，来表示一个论断所适用的范围。例如：

①［$_e$这件事 $_e$］，我胜了，但是我并不是以你的失败为前提。(《梁冬对话曲黎美》)

② 恐怕 [e这件事 e] 我不能帮你。(《哈佛管理培训系列全集 · 第01单元》)

③ 这时，周围围了一群人，有个小伙子上前拽住司机，让我向司机要求赔偿损失，我说："[e这件事 e] 不能全怨司机，放他走吧。"(《人民日报》1995年10月)

以上三例中的"这件事"是"在这件事上"的省略形式，表示的是"我胜了""我不能帮你""不能全怨司机"这些论断所适用的范围。

④ 坐在帐帷里定计划，算得准千里以外的胜利，[e这一点 e] 我不如张良。(墨人《中华上下五千年》)

这里"这一点"是"在这一点上"的省略形式，表示的是"我不如张良"这个论断所适用的范围。

⑤ [e运筹帷幄 e] 我不如张良，[e决胜于千里之外 e] 我不如韩信，[e筹集粮草辎重 e] 我不如萧何。(《1994年报刊精选 · 10》)

这里"运筹帷幄""决胜于千里之外""筹集粮草辎重"分别是"在运筹帷幄上""在决胜于千里之外上""在筹集粮草辎重上"的省略形式，表示的是"我不如张良""我不如韩信""我不如萧何"这些论断所适用的范围。

值得注意的是，现代汉语语法学界在分析句法成分时，通常不考虑充当句法成分的词语在语句中所表示的语法意义，而单纯根据它在句中所处的位置来判断它所属的句法成分，因而把这种出现在谓语中心前或主语前的不带范围介词的范围状语看成句子的主语，并称之为"中性主语""非施受主语"[①]。

有时候，在书面语中，人们也只省略"在……上""在……方面"的介词"在"，说成"……上""……方面"。例如：

⑥ 第二，[e学习上] 不懒惰。(《文汇报》2003年9月10日)

这里"学习上"是"在学习上"的省略形式。

⑦ [e学习上] 好强是在学习上取得成就的一个重要的条件。(《儿童心理》)

这里"学习上"是"在学习上"的省略形式，而后面的"在学习上"采取了

① 参见黄伯荣、廖序东《现代汉语》(增订五版)，高等教育出版社2011年版，下册第61—62页。

完整形式，两相对照，更能说明“学习上”是“在学习上”的省略形式。

⑧ 要千方百计满足和适应广大用户的需求，[$_e$这方面] 我们的潜力还很大。(《1994 年报刊精选 · 01》)

⑨ 社会对个人的回报行为要有机制保障，[$_e$这方面] 我们似乎做得还不够。(《1994 年报刊精选 · 04》)

以上二例中的“这方面”是“在这方面”的省略形式。

(6) 对象状语中的空介词

对象状语是用来说明动作行为涉及的对象的状语，一般由介宾短语充当。动作行为涉及的对象有处置的对象、替代的对象、服务的对象、针对的对象、指向的对象、对待的对象、看待的对象、合作的对象、争斗的对象、比较的对象等，通常需要由对象介词“对”引出。在口语中，有时省略对象状语中的对象介词“对”，从而形成介词性空语类。例如：

①[$_e$老向这个人] 我不是很熟，也就是每天见个面点点头。(《冬至》)

② 赵南公死后，连原稿也找不到了。[$_e$这件事] 我感到很痛心。(《读书》Vol.7)

③ 我唯一能帮你做的好像只有这件事，[$_e$这种事] 我最内行。

④[$_e$这件事] 我来谈一下个人看法。我觉得你是很讲义气的。(《1994 年报刊精选 · 07》)

⑤[$_e$这件事] 我要求你们绝对保密。(《读者》合订本)

以上五例的对象状语中都省略了对象介词“对”。

值得注意的是，这种省略对象介词的句子也是状语移位的句子，按照汉语的一般语序，前三例句首的状语其实本应在主语“我”的后面，第四例句首的状语其实本应在“看法”前，第五例句首的状语本应该在“绝对保密”的前面。也就是说，这五例的原型分别是：

我 [对老向这个人] 不是很熟。

我 [对这件事] 感到很痛心。

我 [对这种事] 最内行。

我来谈一下个人 [对这件事] 的看法。

我要求你们 [对这件事] 绝对保密。

为了让对待的对象或指向的对象做句子的话题，同时让听者或读者注意后面对话题的说明，而分别将这五个原型中的对象状语从谓语中心的前面移到句首，同时省略对象介词“对”。而对象介词“对”之所以能省略，是因为话题在句法结构上具有一定的独立性，虽然没有介词引导，也不影响人们对它与谓语中心的关系的理解。

另外，目前的汉语语法学界主要根据名词性成分在句中所处的位置判断它所属的句法成分，把句首的名词性成分一般都看成句子的主语，上面这五个句子，按照目前通行的语法体系，句首的名词性成分“老向这个人”“这件事”“这种事”都是句子的主语，而不是状语，整个句子属于主谓谓语句[①]。

2. 谓语中的空动词

谓语动词是谓语的核心，如果没有上下文语境，谓语动词通常是不能省略的，但在以下几种情况下，谓语动词经常省略：第一，如果一个谓语动词与宾语的搭配是固定的，并且谓语动词前有助动词，这个谓语动词经常省略；第二，当一个谓语动词所表示的不是一种动作，而是一种关系，如等同关系、领有关系等，主语与宾语的这种关系是不言而喻的，这种关系动词经常省略；第三，当一个谓语动词表示的是一种阶段性的变化时，这个谓语动词是不言而喻的，经常省略。上述三种情况出现在四种功能句式中，分别是“技能句”“判断句”“阶段句”和“特征句”。下面我们分别加以说明。

（1）“技能句”谓语中的空动词

所谓“技能句”，是用来说明人或动物是否具有某种技能的句子，这种句子通常是在谓语动词前加上助动词“会”，而当谓语动词是“说”“唱”等，同时所搭配的对象是语言、歌曲的时候，“说”“唱”等经常省略。这是因为，跟语言、歌曲等所搭配的动词是固定的，就是“说”“唱”等，当需要说明人是否具有说某种语言或方言的技能、是否具有唱某支歌曲的技能等时，只需说出助动词“会”，后面直接加上某种语言或方言以及歌曲的名字等，而无须说出动词“说”“唱”等，人们就可以理解。例如：

① 他会 $_{e}$英语。

---

① 参见黄伯荣、廖序东《现代汉语》（增订五版），高等教育出版社2011年版，下册第61—62页、90页。

② 他会 $_e$上海话。

③ 你会 $_e$这首歌吗?

以上三例中助动词“会”的后面省略了谓语动词“说”“唱”。由于所修饰的动词省略，助动词“会”看起来像是一个及物动词，但它实际上仍然是助动词，后面还可以补上“说”“唱”等动词，也就是实际上后面存在着动词性空语类。

另外，当说明或询问一个人是否具有演奏某种乐器的技能时，也有将表示演奏行为的动词省略的，如把“会拉小提琴”“会弹钢琴”“会拉二胡”等说成“会小提琴”“会钢琴”“会二胡”等，不过这种说法容易给人以不严谨的感觉，所以很少这么说，因为汉语中对不同类型的乐器用不同的动词表示演奏它的行为，对吹奏乐器使用“吹”，对拉弦乐器使用“拉”，对弹拨乐器使用“弹”，所以在说明或询问是否具有演奏某种乐器的技能时，在助动词“会”的后面说出相应的表示演奏方式的动词，就显得比较正式。

值得注意的是，如果能与某个名词搭配的动词不止一个，“会”后面的及物动词一般不可以省略，如能跟“树”搭配的动词有“栽”“种”“砍”“上”“爬”等，能跟“饭”搭配的动词有“做”“吃”等，能跟“车”搭配的动词有“开”“坐”“修”等，能跟“眼色”搭配的动词有“使”“看”等，“会爬树、会做饭、会修车、会看眼色”等中的“爬”“做”“修”“看”等就不可以省略。

由于有影响的语法书和词典都认为用来表示具有某种技能的“会”是动词，汉语教师在对外汉语教学上，通常也就不告诉汉语学习者这种用法的“会”的后面省略了谓语动词，这样往往会引起汉语学习者的疑惑。在我任教的学校举行的一次毕业论文答辩会上，一个韩国研究生指出“会英语”“会这首歌”之类的说法是错误的，因为她发现一般情况下，“会”只能作助动词，辅助动词来表示具有某种技能的意义，当时有的参加答辩的老师告诉她“这种说法不是错误的，我们中国人经常这么说”，她还是疑惑，而当笔者告诉她这种用法的“会”后面省略了“说”“唱”之类的动词，并且能省略的动词是有限的，她才明白。

（2）“判断句”谓语中的空动词

判断句是对事物的属性、事物之间的关系等进行判断的句子。现代汉语的判断句一般需要用判断动词“是”（在书面语中有时用“为”）将主语和宾语连接起来，但当判断句的主语与宾语之间的关系明确的时候，判断动词经常省略，从而形成空判断动词。最常见的空判断动词判断句是提问和说明某一天所属的日期（日或星期）的判断句（包括疑问形式的判断句），这是因为，在某种历法体系下，每一天都是一个月内或一个星期内的一个时间点（几日或星期几），二者一一对应，因而在提问或说明某一天所属的日期时，中间不用判断词，二者之间的等同关系也是不言而喻的。例如：

① A：今天（明天，后天）$_{e}$几号？　　B：$_{ee}$8 号。

② A：今天（明天，后天）$_{e}$多少号？　　B：$_{ee}$18 号。

③ A：今天（明天，后天）$_{e}$初几？　　B：$_{ee}$初五。

④ A：今天（明天，后天）$_{e}$星期几？　　B：$_{ee}$星期三。

以上四例中，问话和答话中都省略了判断词“是”，答话中还承前省略了主语。这种询问和说明日期的判断句的完整形式主要在书面语中使用。对于这类句子，语法学界往往不考虑成分省略的因素，把它看成名词性谓语句。

（3）“阶段句”谓语中的空动词

“阶段句”是用来动态地陈述或询问人或动物的生命成长阶段或人的年龄的句子。这种句子的谓语中本来要用“长到”“长成”等表示生长结果的动词短语，但人或动物的生命阶段或年龄是生长的结果，这是人所共知的，因而谓语中只需说出人或动物所生长到的生命阶段或年龄，再加上动态语气词“了”，而无须说出“长到”“长成”等动词短语，别人就可以理解，因而“长到”“长成”等经常省略，从而形成空动词句（所在的句子表面上看起来是名词性谓语句）。例如：

① 你今年 $_{e}$多大了？

这里省略了谓语动词“长到”。

② 温泉，别太孩子气了。$_{ee}$二十一岁的大姑娘了。（池莉《一去永不回》）

这里省略了主语“你”和谓语动词“长成”。

③ $_{e}$不小了，$_{e}$都 $_{e}$十七岁的大姑娘了，还说小？（尹晨伊《亲爱的逃妻》）

这里前两句都省略了主语“我”，第二句“十七岁的大姑娘”的前面省略了谓语动词“长成”。

④ 他已经$_e$三十八岁了！（柳文扬《断章：漫游杀手》）

这里省略了谓语动词“长到”。

（4）“特征句”谓语中的空动词

“特征句”是用来说明人或事物外部特征的句子，通常说的是人或事物外部拥有什么样的组成部分，而由于人或事物与它的组成部分之间的关系是不言而喻的，因而这种句子有时省略表示人或事物与它的组成分布之间的领有关系的动词语，从而形成空谓语动词句。例如：

① 他$_e$黄头发。

② 她$_e$双眼皮。

以上二例中省略了谓语动词“长着”。

③ 那孩子$_e$短头发，$_e$蓝上衣，肘口有个洞眼。（屠格涅夫《父与子》）

这里省略了谓语动词“留着”和“穿着”。

④ 老师的讲桌$_e$三条腿，学生的课桌也是$_e$三条腿，怎么办？只好两张桌子靠在一起用。（《人民日报》1995 年 9 月）

这里两处都省略了谓语动词“（只）有”。

有一种作定语的“特征短语”，其中也省略了动词。例如：

⑤ $_e$三条腿的蛤蟆找不到，$_e$两条腿的女人有的是。（李文澄《努尔哈赤》）

这里的两处都省略了动词“长着”。

⑥ $_e$三条腿的椅子坐不稳。（新华社 2004 年 8 月新闻报道）

⑦ 这把椅子是$_e$三条腿的。（《读者》合订本）

以上二例都省略了动词“（只）有”。

以上我们说明了汉语中常见的省略型空语类。

二、移位型空语类

移位型空语类是由某个句法成分或句法成分的一部分移动位置所形成的空语类，含有移位型空语类的句式属于非常规句式，也就是特殊句式。但自从 20 世纪 50 年代中期以来，现代汉语语法学界对汉语中的各种非常规句式都根据汉语常规句式的结构来分析，基本上不考虑句法成分或句法成分的一部分的移位，这就等于不承认句法成分或句法成分的一部分移位现象的存在。那么，我们是根据什么来确定一个句法成分或句法成分的一部分是否移位了？那就是根据汉语的常规语序。我们知道，汉语的句型有主谓句和非主谓句两种，而主谓句占绝大多数，汉语主谓句的常规语序是“主语＋谓语”。同时，汉语句子的谓语一般由动词性词语和形容词性词语充当（在现代汉语中，名词性词语作谓语的句子其实是省略了谓语动词）。如果句子的谓语中心是及物动词，后面还要出现宾语，从而形成“主语＋动词＋宾语”（SVO）结构。有的及物动词要带两个宾语，一个是间接宾语（O_1），一个是直接宾语（O_2），间接宾语在前，直接宾语在后，这种双宾谓语动词句的结构就是“主语＋动词＋宾语$_1$＋宾语$_2$”（SVO_1O_2）。这样，汉语主谓句的原型结构有三种：

1. 主语＋谓语：主语＋不及物动词（SVi）；主语＋形容词（SA）
2. 主语＋及物动词＋宾语（SVtO）
3. 主语＋及物动词＋宾语$_1$＋宾语$_2$（$SVtO_1O_2$）

如果在一个主谓句中，本来应该出现在原型结构中某个位置上的句法成分或句法成分的一部分离开了原来的位置而出现在别的位置上，如谓语出现在了主语的前边，宾语出现在了动词的前边，我们可以肯定地说，该句法成分或句法成分的一部分移位了。不过，这里还涉及句法成分或句法成分的一部分移位的方向问题。本来应该出现在某种句法成分后面的句法成分或句法成分的一部分，如果出现在了它的前面，或者本应该出现在句末的句法成分或句法成分的一部分出现在了句首，这是该句法成分或句法成分的一部分向前移位的结果。我们知道，句法成分都是线性排列的，句法成分或句法成分的一部分可以移动的方向只有前边和后边。不过，最初人们在安排语序的时候，都是按照一定理据，把需要先说的词语排在前边来说，而当人们改变语序的时候，是把本来要后说的词语提到前边来说，所以汉语句法成分只向前移位，而不向后移位。不过，一个句法成分或句法成分的一部分向前移位了，会导致本来在它前面的句法成分或句法成分的一部分向后移位，这种移位是被动移位，而我们所讨论的句法成分或句法成分一部分的移位指的是主动移位。常见的句法成分或句法成分的一部分移位的现象有：谓语前移、宾语前移、中心语前移，相应地，由句法成分或句法成分的一部分移位所造成的空语类有空主语、空宾语、空中心语等。下面我们分别加以说明。

（一）移位型空主语

移位型空主语是由谓语前移所形成的谓语前的空主语。我们知道，汉语绝大多数句子都是由主语和谓语两部分构成的，这种句子属于主谓句。汉语主谓句的常规语序是“主语＋谓语”，但汉语是一种利用语序的不同表示不同语法意义的语言，为了表示特定的语法意义，人们有时将谓语移到主语的前边，从而形成“谓语＋主语”式的主谓句，也就是主谓倒置的主谓句，如“墙上挂着‖一幅画”“村里死了‖一个人”等。另外还有一种由主谓短语充当谓语的主谓句，也就是主谓谓语句，它的谓语部分通常采取“主语＋谓语”的语序，如“他‖眼睛大”。学术界习惯上把主谓谓语句的谓语中的主语称为“小主语”，把谓语中的谓语称为“小谓语”。为了表示特定的语法意义，人们有时将主谓谓语句的谓语部分进行主谓倒置，从而形成“主语＋谓语（小谓语＋小主语）”结构的句式，如“他‖掉了一颗牙”。

“谓语＋主语”式的主谓倒置句主要用来表示两种意义：人或事物以某种状态在某处存在、某处发生了某个事件，我们把表示前一种语法意义的句子称为“存在句”，而把表示后一种语法意义的句子称为“事件句”①。而“主语＋谓语（小谓语＋小主语）”结构的主谓句主要是通过小主语的变化来表示大主语的变化，所以我们称之为“变化句”②。在存在句、事件句和变化句中，由于句子的谓语或句子谓语中的谓语即小谓语向前移位，结果在句子的谓语前或句子小谓语前形成了空主语。关于“存在句”“事件句”和“变化句”，本书第三章将详尽地进行讨论，这里先举几个例子来说明这三种特殊句式中的移位型空主语。

1.“存在句”中的移位型空主语

“存在句”是一种采取主谓倒置语序、专门用来表示人或事物以某种状态在某处存在的句子。在汉语中，要表示人或事物以某种状态在某处存在，可以采

---

① 以往现代汉语语法学界所归纳出的汉语特殊句式中没有“事件句”这一类。本书将对汉语的“事件句”进行详细的分析。参见本书第三章第三节“空语类与汉语的事件句”部分。

② 以往现代汉语语法学界所归纳出的汉语特殊句式中也没有“变化句”这一类。本书也将对汉语的“变化句”进行详细的分析。参见本书第三章第二节“空语类与汉语的变化句”部分。

取“主语＋谓语”的形式，主语表示存在主体，如“一幅画”，谓语表示在何处以何种状态存在，如“在墙上挂着”，合起来就是“一幅画在墙上挂着”。但是，由于这种主谓句的句末是表示人或事物存在状态的词语，而句末又是听者或读者注意的焦点，因而用这种结构的句子来表示人或事物以某种状态在某处存在的事实，人们更容易注意到人或事物的存在状态，而不是某处所存在的人或事物。同时，某处所存在的人或事物对于听者或读者来说，属于未知信息，而汉语在语序的安排上，有一种让未知信息处于句末的强烈倾向，因此，为了更有效地表示人或事物以某种状态在某处存在的事实，最好让表示所存在的人或事物的词语位于句末。为了达到这个目的，人们便先说出人或事物存在的处所（如“台上”“墙上”），然后再说出存在的状态（如“坐着”“挂着”），最后说出所存在的人或事物（如“主席团”“一幅画”），从而形成一种特殊的存在句（如“台上坐着主席团”“墙上挂着一幅画”）。这种特殊存在句的语义结构是“处所＋存在状态＋存在主体”，而一般存在句的语义结构是“处所＋有＋存在主体”（如“桌子上有一本书”），而语序都是“名词$_1$＋动词＋名词$_2$”，这样两种存在句在语序上就统一起来了，形成了一个完整的存在句系统。

我们知道，“处所＋有＋存在主体”式的普通存在句是由“领有者＋有＋领属物”式的陈述句（如“我有一本书”）引申来的，而“领有者＋有＋领属物”式的陈述句可以分析为“主—动—宾”（SVO）结构，“处所＋有＋存在主体”式的普通存在句也可以分析为“主—动—宾”（SVO）结构，但我们不能由此类推，把“处所＋存在状态＋存在主体”式的特殊存在句也分析为“主—动—宾”（SVO）结构，因为“处所＋存在状态＋存在主体”式的存在句与“处所＋有＋存在主体”式的存在句来历不同，“处所＋存在状态＋存在主体”式的存在句是由“存在主体＋处所＋存在状态”式的主谓句变换成的，尽管语序变了，但句法成分间的逻辑关系没变，因而我们应该把它分析为“谓（状＋动）＋主”结构，也就是把它分析为一种主谓倒置句。至于“处所＋有＋存在主体”式的普通存在句，其中的动词“有”用的不是“拥有”的意义，而是“存在”的意义，而句首的处所表示的是存在主体存在的处所，属于处所状语，所以这种普通存在句本质上也属于“谓（状＋动）＋主”结构。

下面我们通过两个具体的例子来说明“处所＋存在状态＋存在主体”式存在句中最初的生成过程和其中的空主语：

① 床上 $_e$躺着一个人。

这个句子是说，床上有一个人，这个人处于躺着的状态。这个句子是一种主谓倒置句，它的原型是“一个人在床上躺着”，而“一个人在床上躺着”是一个普通陈述句，它强调的是“一个人”所处的状态，而为了能够充分表示“床上有一个躺着的人”的事实，人们便采用了“处所 + 存在状态 + 存在主体”的句式，将“一个人在床上躺着”这个句子中的处所状语“在床上”移到句首，将谓语动词也随之移走，这样就使存在主体“一个人”落在了句末焦点位置上。而由于处所状语被移到了句首，“床上”与后面的谓语动词“躺着”之间的语义关系明确，处所介词“在”就可以省略了。同时，由于谓语动词“躺着”随着处所状语被移到了主语前，在谓语动词“躺着”的前面就形成了空主语。这种主语属于移位型空主语，属于被动移位型空主语。又如：

② 天上 $_e$飞着一只鹰。

这个句子是说，天上有一只鹰，这只鹰处于飞着的状态。这也是一种主谓倒置句，它的原型是“一只鹰在天上飞着”，整个生成过程与“床上躺着一个人”相同，这里不再赘述。由于谓语动词“飞着”随着处所状语被移到了主语前，在谓语动词“飞着”的前面就形成了空主语。

前面我们举例说明了“处所 + 存在状态 + 存在主体”式的存在句的生成过程和其中所包含的空主语。有一点值得注意，我们说“处所 + 存在状态 + 存在主体”式的存在句是由“存在主体 + 处所 + 存在状态”式的主谓句转换成的，这只是就这种存在句最初的生成过程来讲的，事实上，一种句式形成之后，人们便可以直接仿照它的格式进行类推造句，而无须临时转换，所以我们现代人在使用这种存在句的时候，是直接套用了这种存在句的格式，而没有经过临时转换阶段，我们甚至感觉不到这种存在句句首的处所状语前省略了处所介词“在”，甚至也感觉不到它的主体部分采取的是主谓倒置语序，这是习以为常的结果。

2.“事件句”中的移位型空主语

所谓“事件句”，是专门用来表示某处发生了某个事件的句子。这种句子的谓语所表示的大都是人或事物的出现或消失、变化等，为了将人或事物的出现或消失、变化等当作一个事件来陈述，而不是单纯陈述人或事物的出现或消失、变化等，将谓语提到主语的前边，从而形成另一种特殊的谓语前置句——事件句。由于事件句的谓语被移到了主语的前边，在谓语的前边便形成了空主语。例如：

① 这年秋天，全公社 8000 多人，$_{e}$搬走了 2000 多人。（《人民日报》1995 年 8 月）

这里“搬走了”本来是“2000 多人”的谓语，是“2000 多人”“搬走了”，由于谓语“搬走了”向前移位，在它的前边形成了空主语。这是一个事件句，它的意思是：这年秋天，发生了全公社 8000 多人中 2000 多人搬走了的事件。

② 不久，$_{e}$从湖中长出了美丽的并蒂莲 。（《1994 年报刊精选・12》）

这里“从湖中长出了”是“美丽的并蒂莲”的谓语，是“美丽的并蒂莲”“从湖中长出了”，由于谓语“从湖中长出了”向前移位，在它的前边形成了空主语。这也是一个事件句，它的意思是：不久，发生了美丽的并蒂莲从湖中长出的事件。再如：

③ “在一个地窖里，好像$_{e}$死了一个妇女和孩子 。”一位老乡提供了这样一个线索。（《读者》合订本）

这里“一位老乡”讲的是自己听说的一件事：在一个地窖里，好像发生了一个妇女和孩子死了的事件。

④ 这时，门口$_{e}$出现了一位年轻漂亮的女子。（张清平《林徽因》）

这里“出现了”是谓语中心，“门口”是处所状语。这是一个事件句，是由“一位年轻漂亮的女子在门口出现了”转换成的，转换的方式是将谓语“在门口出现了”移到主语“一位年轻漂亮的女子”的前边，而由于处所名词“门口”在句首可以独立表示处所，不需要用介词“在”引出，因而就省略了，从这个角度说，“门口”的前边存在着空介词“在”。另外，句首的时间状语“这时”的前边也存在着空介词“在”。这个句子的意思是：正在这个时候，门口发生了一位年轻漂亮的女子出现的事件。

⑤ 16 日，热那亚警察局$_{e}$发生了一起邮件炸弹事件。（新华社 2001 年 7 月新闻报道）

这个句子与前一个句子的结构相同，时间状语“16 日”和处所状语“热那亚警察局”的前面都存在着空介词“在”，只是谓语中心是动词“发生”，主语中心又是名词“事件”，整个句子的“事件”意义是明显的。这种谓语中心是动词“发生”、主语中心是名词“事件”的事件句是显性的事件句，而前面所列举的那几个事件句都属于隐性事件句。

⑥ 12 日晚，在印尼旅游胜地巴厘岛$_{e}$发生了多起炸弹爆炸事件。

（新华社 2002 年 10 月新闻报道）

这也是一个显性事件句，处所状语中没有省略处所介词“在”。

⑦ 在张宁 20 岁时，中国大地上 $_e$曾发生了“9・13”事件。(《作家文摘・1993B》)

这也是一个显性事件句，时间状语中没有省略时间介词“在”，但处所状语中省略了处所介词“在”。

⑧ 山上 $_e$滚下来一块大石头。

这是一个隐性事件句，“山上”的前面省略了处所介词“从”，事件的发生地点也省略了。它的原型是“一块大石头从山上滚下来”，意思是“（某地）发生了一块大石头从山上滚下来的事件”。

由于很多事件句说的是人或事物出现或消失的事件，学术界就把事件句称为“隐现句”，并把它与“存在句”合称为“存现句”，这种看法并不能说明事件句的实质。关于事件句，参见本书第三章第三节“空语类与汉语的事件句”部分。

3.“变化句”中的移位型空主语

“变化句”是一种用主谓倒置的主谓短语作谓语的句子，这种句子专门用来表示人或事物发生了某种变化，而且是通过小主语的变化来表示大主语的变化。变化句的总体语序是“主语 + 谓语”，但充当谓语的主谓短语的语序却是“（小）谓语 +（小）主语”，是主谓倒置语序，这是小谓语向前移位的结果。由于小谓语向前移位，在小谓语的前面形成了空主语（空小主语）。例如：

① 他 $_e$哑了嗓子 。

这里“哑了嗓子”是由“嗓子哑了”转换成的。由于小谓语“哑了”向前移位，结果在“哑了”的前面形成了空主语（注意：句子的主语“他”不是“哑了”的主语，而是整个句子的主语，“嗓子”才是“哑了”的主语）。这个句子的意思是：他成了嗓子哑了的人，强调的是“他”的变化。如果小谓语不采取主谓倒置语序，说成“他嗓子哑了”，也可以表示这个意思，但容易与“他的嗓子哑了”混淆，而“他的嗓子哑了”强调的是“他”嗓子的变化，而不是“他”的变化。再如：

② 而你眼下看到的是—个火神——一个道地的铁匠，褐色的皮肤，宽阔的肩膀，$_e$瞎了眼睛，又 $_e$瘸了腿 。(《简・爱》)

这里强调的是一个铁匠成了眼睛瞎的人和腿瘸的人，强调的是这个铁匠的变化，用来描写这个铁匠的外貌。如果小谓语不前移，说成“眼睛瞎了”，“腿又瘸了”，容易被理解成强调的是他的眼睛和腿的变化。

③ 孔子3岁上就 $_e$死了父亲。（墨人《中华上下五千年》）

这里是说，孔子三岁的时候就由于父亲死了而成了没有父亲的人（孤儿）。如果小谓语不前移，说成“孔子3岁上父亲就死了”，容易被理解成强调的是“父亲”的变化，强调父亲死得早。

值得注意的是，学术界普遍把“变化句”看成“主—动—宾”（SVO）句，认为这是一种不及物动词带宾语的句子，还有不少学者写文章论证不及物动词为什么能带宾语。实际上，“变化句”和“事件句”一样，都是汉语中的一种特殊的功能句式，所不同的是，“变化句”的谓语部分采取的是主谓倒置语序，而“事件句”整体上采取主谓倒置语序。以往学术界对“变化句”的认识同样有所不足，因而需要我们更深入地进行研究（参见本书第三章第二节“空语类与汉语的变化句”部分）。

以上我们分析了三种特殊句式中的移位型空主语，也顺便分析了其中包含的空介词。从分析中我们可以看出，移位型空主语并不是由主语主动移位形成的，而是由谓语向前移位形成的，由于谓语向前移位，导致主语落在了谓语的后面，相对于主语原来所在的位置而言，主语也发生了移位，但这种移位毕竟是被动的，所以这种移位型空主语属于一种被动移位型空语类。

（二）移位型空宾语

移位型空宾语主要存在于宾语话题句中。现代汉语语法学术界经研究发现，汉语是一种话题突出型的语言，汉语句子的主语往往就是谈话的话题，如果句子的主语不是话题，而其他成分是话题，人们便把它提到句首。话题通常是已知信息，让已知信息位于句首，可以使未知信息落在句末焦点位置上，引起听者或读者的充分注意，从而使它得到强调。宾语话题句就是这样形成的。按照汉语的常规语序，如果谓语中心是及物动词性词语，它的宾语一般要放在它的后面，但为了使宾语成为话题，并使谓语中心落在句末焦点位置上，从而得到强调，人们有时就把宾语从谓语中心的后面移到句首，从而在谓语中心的后面形成空宾语。例如：

① 老人说着，从兜里掏出一面红旗，上面有五角星和镰刀，说：

“这上面的两样东西你喜欢$_{e}$吗？”（《作家文摘·1996A》）

这里的问话是一个宾语话题句，“喜欢”的宾语“这上面的两样东西”被移到了主语“你”和谓语中心“喜欢”的前边，结果在“喜欢”的后面形成空宾语，这种空宾语就是移位型空宾语。

宾语话题句是一种宾语前置句。如上所述，按照汉语的常规语序，宾语应该出现在及物动词的后面，如果宾语出现在了及物动词的前边，甚至还出现在了主语的前边，可以肯定地说，宾语移位了，而由于宾语移位，在及物动词的后面出现了空宾语。但目前汉语语法学界往往把宾语前置句看成一种主谓谓语句，把前置宾语看成句子的主语。例如：

② 这件事$_{i}$大家都赞成$_{ti}$。⇔大家都赞成这件事。

③ 一口水$_{i}$他都不喝$_{ti}$。⇔他都不喝一口水。

④ 这包肉丸子$_{i}$，你拿回去$_{ti}$喂狗吧。⇔你拿回去这包肉丸子喂狗吧。

⑤ 大家的事情$_{i}$大家办$_{ti}$。⇔大家办大家的事情。

以上四例转引自黄伯荣、廖序东主编的《现代汉语》（增订五版，89页）。该教材虽然把这四个宾语前置句变换成了“主—动—宾”句，却把它们看成“主谓谓语句”的一种，是“大主语是受事，小主语是施事”的“主谓谓语句”。但实际上，学者们所认定的主语（这件事、一口水、这包肉丸子、大家的事情）都不是后面的部分所陈述的对象，也就是说，后面的部分并没有对它们进行陈述，没有说“这件事”“一口水”“这包肉丸子”“大家的事情”怎么样，而说的是“大家”“他”“你”“大家”怎样处理“这件事”“一口水”“这包肉丸子”“大家的事情”，所以后面的部分并不是“这件事”“一口水”“这包肉丸子”“大家的事情”的主语。从另一方面讲，谓语动词“赞成”“喝”“拿”“办”都是及物动词，而及物动词是必须带宾语的，否则意义不完整，而如果一个句子中及物动词不带宾语，有两种可能，一种可能是宾语省略了，另一种是宾语移位了。省略了的宾语是可以补上的，而在以上四例中，如果在谓语动词“赞成”“喝”“拿（回去）”“办”的后面补上宾语“这件事”“一口水”“这包肉丸子”“大家的事情”，句子就会严重重复累赘，是不符合语法的，唯一的可能是宾语移位了，移位的宾语就是学者们所认定的受事主语“这件事”“一口水”“这包肉丸子”“大家的事情”。

另外，以上四例中的宾语之所以要移到句首，是为了让宾语“这件事”“一口水”“这包肉丸子”“大家的事情”作句子的话题，然后让听者或读者注意后面就这个话题所作的说明：“大家都赞成（这件事）”“他都不喝（一口水）”“你拿回（这包肉丸子）去喂狗”“大家办（大家的事情）”。如果不想把宾语话题化，只是为了强调宾语和谓语中心，就不把宾语移到句首，而是放在主语的后边。如：

⑥ 他都不喝一口水。⟹ 他一口水$_i$都不喝t_i。

这样转换，可以使宾语“一口水”和谓语中心“不喝”得到强调。

黄伯荣、廖序东主编的《现代汉语》（增订五版，89页）所认定的主谓谓语句中还有这一例：

⑦ 任何困难他都能克服。⇔ 他任何困难都能克服。

按照作者的意思，“任何困难他都能克服”可以变换成“他任何困难都能克服”，而且都属于主谓谓语句。按照这种看法，“任何困难他都能克服”的大主语是“任何困难”，而“他任何困难都能克服”的大主语是“他”。但说“他”是“他任何困难都能克服”的主语还可以，说“任何困难”是“任何困难他都能克服”的主语，就说不通了，因为“他都能克服”不是对“任何困难”的陈述。这种单凭词语在句中的位置确定它是什么句法成分，而不考虑词语之间的意义关系的分析方法是没有意义的，所得出的结论也是不科学的。

实际上，“任何困难”的意思是“无论什么困难”。“任何”的说法是清末到民国时期产生的，是“无论什么”的文言说法，所以“任何困难他都能克服”和“他任何困难都能克服”的句法结构可以参照“无论什么困难他都能克服”和“他无论什么困难都能克服”来分析。

“无论什么困难他都能克服”和“他无论什么困难都能克服”中，“什么困难”的前面明显缺少动词“遇到”，在“困难”的前面把这个动词加上，再在“困难”的后面加上语音停顿，这两个句子都可以还原为任意条件关系复句：

无论什么困难他都能克服。→ 无论遇到什么困难，他都能克服。

他无论什么困难都能克服。→ 他无论遇到什么困难，都能克服。

但是，用“任何”代替“无论什么”之后，所形成的“任何困难他都能克服”和“他任何困难都能克服”中，“任”“何”在现代汉语中都不能独立使用，动词“遇到”就不能插到“任何”的中间，只能放在“任何”的前边，“任何困难他都能克服”和“他任何困难都能克服”就只能这样还原：

任何困难他都能克服。→遇到任何困难他都能克服。

他任何困难都能克服。→他遇到任何困难都能克服。

由于“任何”在现代汉语中不可以分解，把“任何困难他都能克服”和“他任何困难都能克服”仍然还原成紧缩复句才觉得自然。尽管如此，可以肯定，“任何困难他都能克服”中“任何”的前面存在着空动词“遇到”（“遇到”的前面可以蒙后省略主语“他”），“他任何困难都能克服”中“任何”的前面存在着空动词“遇到”（“都能克服”的前面可以承前省略主语“他”）。

以上我们举例说明了汉语中的移位型空宾语。移位型空宾语与移位型空主语不同。移位型空宾语是由宾语向前移位而形成的，因而移位型空宾语属于主动移位型空语类。

（三）移位型空中心语

如果一个定中短语位于句末，而该定中短语的定语又是需要强调的成分，人们便把中心语向前移位，移到定语的前边，从而使定语落在句末焦点的位置上，使它得到强调。例如：

① 周桂生在小五井与敌激战3昼夜，坚守阵地，击毙敌人20多名。（《新华网》2006年3月28日）

这里“击毙敌人20多名”是由“击毙20多名敌人”转换成的，为了强调定中短语“20多名敌人”中的定语“20多名”，而将中心语“敌人”向前移位，使得定语“20多名”落在句末焦点位置上，从而得到强调。

② 该军校是宁波市委、宁波市教委与海军东海舰队共同创办的，自1988年建校以来已办班$_i$227期$_{ti}$，培训学员$_i$3万余名$_{ti}$。（《人民日报》2003年）

这里“办班227期”是由“办227期班”转换成的，“培训学员3万余名”是由“培训3万余名学员”转换成的。这样转换的目的是为了强调办班和培训学员的数量（227期、3万余名）。试比较：

③ 基辅第一寄宿学校是乌克兰一所教授汉语的中等学校。自1956年建校以来，该校先后培养了1000多名汉语人才。（《人民日报》1994年第3季度）

这里需要强调的是基辅第一寄宿学校所培养的是汉语人才，所以没有将句末的定中短语“1000 多名汉语人才”的定语“汉语人才”移到定语“1000 多名”的前边。

④ 该钢厂每年可生产钢锭$_{i}$1800 至 2000 吨$_{ti}$。(《人民日报》1993 年 10 月）

这里“生产钢锭 1800 至 2000 吨”是由“生产 1800 至 2000 吨钢锭”转换成的。

⑤ 他的课$_{i}$我只上过一节$_{ti}$。（网页）

这个句子是由“我只上过一节他的课”转换成的。

⑥ 这瓶水$_{i}$我只喝了一口$_{ti}$。

这个句子是由“我只喝了一口这瓶水”转换成的。

⑦ 鱼虾$_{i}$我只吃新鲜的$_{ti}$。

这个句子是由“我只吃新鲜的鱼虾”转换成的。

⑧ 姜$_{i}$还是老的$_{ti}$辣。

这是一句中国俗语，是由“还是老的姜辣”转换成的。

⑨ 桌子上的苹果$_{i}$我吃了一个$_{ti}$。

这个句子是由“我吃了一个桌子上的苹果”转换成的。

以上我们举例说明了汉语中的移位型空中心语。移位型空中心语与移位型空宾语一样，都属于主动移位型空语类。

三、隐含型空语类

前面我们举例说明了省略型空语类和移位型空语类，前者可以在相应的位置上补出来，后者可以移回原来所在的位置。另外还有一种隐含型空语类。隐含型空语类是人们最初在造句的时候直接省略掉的句法成分或句法成分的一部分，它只存在于逻辑分析中，在实际应用的句式中并不存在，因而这种空语类是不可以补出来的，否则不符合人们的表达习惯。

带有隐含型空语类的句式主要有两种：一种是“兼语句”；另一种是“连谓句”。下面我们分别加以说明。

（一）兼语句中的空语类

“兼语句”是由“兼语短语”作谓语的句子。所谓“兼语短语”，是一种由动宾短语加上动词性的目的补语构成的短语，补语所表示的动作行为要由宾语所指的人或事物来完成。如“让他进来”就是一个兼语短语，补语“进来”所表示的行为要由“让”的宾语“他”所指的人来完成。由于兼语短语中的补语所表示的行为的发出者是不言而喻的，因而人们最初在造句的时候就不将它说出，只是从逻辑上看，兼语短语中的补语前存在着空主语。

从使用的场合上看，兼语句通常是是用来表示甲方要求乙方做某事或协助乙方做某事。而从句子的语气上看，兼语句有两种，一种是祈使句，如“你叫他进来”“你送他去”；另一种是陈述句，如“他叫我进来”“我送你去”。无论是祈使句还是陈述句，乙方都是要求或协助的对象，补语所表示的行为当然要由乙方来完成，这是不言而喻的，因而补语的前边不需要再出现代表乙方的主语，只是从逻辑上看，补语的前边存在着空主语。

1. 祈使兼语句补语中的空主语

祈使语气的兼语句实际上是甲方（我）对乙方（你）提出的要求，要求乙方传达自己对丙方（他）的要求，或要求乙方协助丙方做某事，乙方作为句子的主语，经常借助情景语境省略，所形成的是省略型空主语，而补语中的代表丙方的逻辑主语从来都是不出现的，这种空主语不属于省略型空主语，而属于隐含型空主语。例如：

① 你叫他$_{p}$到我这儿来一下。

这里“到我这儿来一下”是“你叫他”的补语，补充说明“你叫他”的目的（使他到我这儿来一下）。这里补语“到我这儿来一下”是一个动词性短语，虽然里边没有出现主语，但听者或读者自然知道这里隐含着主语“他”，因为“到我这儿来一下”是“你”对“他”发出的指令，当然要由“他”来执行。这种含而不露的主语就是隐含型空主语。

② $_{e}$叫他$_{p}$进来。

这里借助情景语境省略了句子的主语“你”，而“进来”的前边隐含着主语“他”。

③ 明天你送他$_{p}$上车。

这里“上车”补充说明“你送他”的目的——使他能够顺利地上车，前边隐含着主语“他”。

2. 陈述兼语句补语中的空主语

陈述兼语句是用兼语短语作谓语的陈述句。这种陈述句主要有三个用途：甲方（我）陈述丙方（他）对甲方或乙方（你）的指令、甲方陈述自己对乙方或丙方的指令，甲方陈述自己协助乙方或丙方的打算。例如：

① 他叫我$_{p}$到他那去一下。

这是“我”（甲方）陈述“他”（丙方）对“我”的指令，“到他那去一下”的前边隐含着主语“我”。

② 他叫你$_{p}$到他那去一下。

这是“我”（甲方）陈述“他”（丙方）对“你”（乙方）的指令（“我”在句子中没有出现），“到他那去一下”的前边隐含着主语“你”。

③ 我叫你$_{p}$来，你就得来，我叫你$_{p}$走开，你就得走开。（《作家文摘·1997A》）

这是“我”（甲方）陈述自己对“你”（乙方）的指令，“来”和“走开”的前边隐含着主语“你”。

④ 我叫他$_{p}$来见你。（亦舒《香雪海》）

这是“我”（甲方）向“你”（乙方）陈述自己对“他”（丙方）的指令，“来见你”的前边隐含着主语“他”。

⑤ 党和政府派我$_{p}$来看望您。（《1994年报刊精选·08》）

这里“我”（甲方）对“您”（乙方）陈述“党和政府”（丙方）给“我”委派的任务，“来看望你”的前边隐含着主语“我”。

⑥ 明天我送你$_{p}$上车。

这是“我”（甲方）陈述“我”自己协助“你”（乙方）上车的打算，“上车”补充说明“我送你”的目的——使你能够顺利地上车，前边隐含着主语“你”。

⑦ 明天我送他$_{p}$上车。

这是“我”（甲方）陈述“我”自己协助“他”（丙方）上车的打算，“上车”的前边隐含着主语“他”。

⑧ 明天他送我$_{p}$上车。

这是“我”（甲方）陈述“他”（丙方）协助“我”上车的打算，“上车”的前边隐含着主语“我”。

⑨ 你先躺下，我去找人$_p$帮忙。（连清《寻爱，穿梭一千年》）

这里“我”陈述“我”去找一个人并请“他”帮助“我们”的打算。“帮忙”的前边隐含着主语“他”。

⑩ 每天早晨我都送我爱人$_p$上班。

这是“我”陈述“我”自己每天护送“我爱人”上班的做法，“上班”的前边隐含着主语“我爱人”。

⑪ 明天我带我儿子去医院$_p$看病。

这里“看病”的前面隐含着主语“我儿子”。

以上是陈述兼语句补语中的空主语的例子。值得注意的是，有些学者误把双宾语句当作兼语句，这样就影响了对句子意义的理解。例如：

⑫ 王老师教我们唱歌。

这里“我们”和“唱歌”都是“教”的宾语，其中“唱歌”是“教”的直接宾语，“我们”是“教”的间接宾语，而有的学者认为“唱歌”的前边隐含着主语“我们”，这是对双宾语句的误解。

顺便说一下。哪些动词能够带双宾语呢？能够带双宾语的动词是双对象动词。双对象动词是用来表示同时支配、涉及两个对象的行为的动词。从意义上看，这类动词可以分为给予类、告知类、教授类、问询类、亏欠类等。给予类动词主要有“给”“送”“借”“卖”“还”“赔”等，告知类主要有“告”“告诉”“报告”“转告”等，教授类主要有“教”“教授”等，问询类主要有“问”“询问”“请教”等，亏欠类主要有“欠”“该”等。这种动词因为同时支配、涉及两个对象，所以在造句的时候要带双宾语。“王老师教我们唱歌”中的“教”就是一个双对象动词。

“兼语句”是一种句法结构不容易分析的特殊句式，我们将在本书第三章第十节“空语类与兼语句”中详尽探讨“兼语句”的结构问题。

（二）连谓句中的空主语

“连谓句”就是用“连谓短语”作谓语的句子。而所谓“连谓短语”，就是连续使用了两个或两个以上的谓词性词语的短语，如“上山采药”“起来开门”等。在连谓句中，作谓语的连谓短语中的两个或两个以上的动词性词语所表示的动作行为都是由同一个主语发出的，因而人们只在连谓短语的第一个动词性词语前说出一次主语，结果在后面的动词性词语前形成隐含型空主语。例如：

① “我上山 $_p$采药去了。”“ $_e$路上可得小心点！”郭淑君叮咛道。（凯琍《蛇吻新娘》）

这里“采药”是“上山”的目的，而上山的是“我”，采药的当然也是“我”，这是不言而喻的，因而这种“连谓”谓语句中，第二个及以后的谓语动词前的主语是含而不说的。另外，这里母亲郭淑君对“我”的嘱咐中借助语境省略了主语“你”。

② 不过他太可恶了，姊姊带你 $_p$去 $_p$找他 $_p$报仇。（蓝玫《怒火情狼》）

这是一个兼语短语与连谓短语套用作谓语的句式，“带你・去找他报仇”是一个兼语短语，“去”的前边隐含着空主语“你”，而“去・找他・报仇”是一个连谓短语，“找他”和“报仇”的前边也都隐含着主语“你”。

需要指出的是，虽然“连谓短语”连续使用了两个或两个以上的动词性的词语，表示的是两个或两个以上的动作行为，而且这两个或两个以上的动作行为之间通常还有时间先后的关系，但从逻辑上看，第一个动作行为是前提性的动作行为，后面的部分是目的性的动作行为，整个“连谓短语”其实是一个动补短语。如“去找他报仇”就是一个由“去”和“找他报仇”构成的动补短语，“找他报仇”补充说明“去”的目的（“去”的后面省略了去的地点）。另外，“找他报仇”本身也是一个动补短语，“报仇”补充说明“找他”的目的。

（三）控制动词的宾语中的隐含型空主语

控制动词是用来表示对另一种行为的发生起前提性作用的行为的动词。控制动词以动词性词语为宾语。我们把控制动词的宾语称为“受控动词”（受控动词有时是动词性短语，这里是笼统的说法）。控制动词所表示的行为（以下简称“控制行为”）是受控动词所表示的行为（以下简称“受控行为”）发出前的准备、酝酿的过程。根据控制动词的意义，可以把控制动词分为如下四类：

（1）“决定”类：决定、决心、想、打算、企图、妄图、试图、力图

（2）“准备”类：准备、计划、设法

（3）“承诺”类：承诺、同意、保证、拒绝

（4）“希望”类：希望、盼望、渴望

控制动词所表示的行为即控制行为的发出者与受控动词所表示的行为即受控行为的预期发出者是相同的，这是不言而喻的，所以受控行为前不需要出现主语，它的主语要空着，从而形成一种空主语。下面我们具体加以说明。

1.“决定”类、“准备”类控制动词宾语中的空主语

一般说来，当控制动词是“决定”类、“准备”类的动词时，受控动词所表示的行为与控制动词所表示的行为都是由句子的主语发出，这是不言而喻的，所以受控动词前不再另加主语，而是以隐含的状态存在。例如：

① 每个车站都淤满了等车的人。我决定 $_p$走回家去。（刘心武《白牙》）

这里“走回家去”是“我”决定“我”要做的事，“走回家去”的前边隐含着主语“我”。因为“决定”类动词表示的是决定者自己要做的事情，所以“决定”的执行者是不言而喻的，表示执行者的主语没有必要出现，只需隐含着。

② 当我长到五岁时，我决定 $_p$不再抱怨了，这是我从来没做过的最困难的决定。（郝宁《幸福达人养成计划》）

这里“不再抱怨”是“我”决定“我”不再做的事，前边隐含着主语“我”。

③ 他决心 $_p$把大山深处的元宝村与山外的、海外的世界联结起来。（《1994 年报刊精选 · 09》）

这里“把大山深处的元宝村……”的前边隐含着主语“他”。

④ 我想 $_p$写你们的故事。（张小娴《蝴蝶过期居留》）

这里“写你们的故事”的前边隐含着主语“我”。

⑤ 现在他打算 $_p$写一部中篇小说，以他 10 年打工为蓝本，今年里写成。（《作家文摘 · 1996B》）

这里“写一部中篇小说”的前边隐含着主语“他”。

⑥ 他们在美帝国主义支持下，负隅顽抗，妄图 $_p$东山再起，卷土重来。（军事科学院军事历史研究所编《中华人民共和国军事史要》）

这里“东山再起，卷土重来”的前边隐含着主语“他们”。另外，“负隅顽抗”和“妄图”的前边承前省略了主语“他们”。

⑦ 我准备 $_p$写一部有关沂蒙人民支援解放战争的书。（《1994 年报刊精选 · 06》）

这里“写一部有关……”的前边隐含着主语“我”。因为“准备”类动词表示的是准备者自己要做的事情，所以准备做的事情的执行者是不言而喻的，表示准备者的主语也没有必要出现，只需隐含着。再如：

⑧ 为了证明这一设想，他计划 $_p$在下雨打雷时，将风筝放到空中，这样闪电就会沿着湿风筝线传下来。(《中国儿童百科全书》)

“计划”也是做事情前的准备性工作，比“打算”更近了一步。这里“在下雨打雷时，将风筝放到空中”的前边隐含着主语“他”。

⑨ 他设法 $_p$让一位著名歌星在电视镜头前抽这种香烟。事实证明，这一想法果然出奇制胜！（张剑《世界100位富豪发迹史》）

“设法”（想办法）也是做事情前的准备性工作。这里“让一位著名歌星在电视镜头前抽这种香烟”的前边隐含着主语“他”。

2.“承诺”类、“希望”类控制动词宾语中的空主语

“承诺”类动词，包括“承诺”“答应”“同意”“保证”“拒绝”等，“希望”类动词包括“希望”“盼望”“渴望”等。这两类动词有时是控制动词，带动词性宾语，动词性宾语的主语不出现，要隐含着；有时是一般及物动词，虽然也带动词性宾语，但动词性宾语的主语必须出现。如果“承诺”类、“希望”类行为的发出者与所承诺的行为、所希望的行为的发出者相同，“承诺”类动词就是控制动词，动词性宾语前不出现主语。例如：

① 我承诺 $_p$在两个小时内一定会帮你找到解决方案。(侯继勇《打工皇帝唐骏》)

这里“在两个小时内一定会帮你找到解决方案”的前边隐含着主语“我”。

② 他承诺 $_p$尽快公布改正后的报告。(新华社2004年6月新闻报道)

“尽快公布改正后的报告”的前边隐含着主语“他”。

③ 我同意 $_p$免费教她汉语。(《人民日报》1994年第2季度)

这里“免费教她汉语”的前边隐含着主语“我”。

④ 他同意 $_p$今后将选择适当的时机访问英国。(《人民日报》1995年10月)

“今后将选择适当的时机访问英国”的前边隐含着主语“他”。

⑤ 后来一家国字号的歌舞团头头，叫我给他们写点歌词，我答应 $_p$

试一试。(《人民日报》1998 年)

这里“试一试”的前边隐含着主语“我”。

⑥ 他答应 $_p$明天抽空去帮助他处理这事。(《作家文摘 ·1996A》)

这里“明天抽空去帮助他处理这事”的前边隐含着主语“他”。

⑦ 我保证 $_p$把你的一切研究成果都变成产品。(吴晓波《激荡三十年——中国企业史 1978—2008》)

这里“把你的一切研究成果都变成产品”的前边隐含着主语“我”。

⑧ 他拒绝 $_p$回答任何问题，以沉默表示抗议。(新华社 2004 年 7 月新闻报道)

这里“回答任何问题”的前边隐含着主语“他”。另外，“以沉默表示抗议”的前边承前省略了主语“他”。

以上是“承诺”类动词的动词性宾语中的空主语的例子。下面我们再看看“希望”类动词的动词性宾语中的空主语的例子：

⑨ 我希望 $_p$买下这里，因为这里是你娘最喜欢的地方。(慕容雪《娘子问情》)

⑩ 我希望 $_p$交你这个朋友。(琼瑶《问斜阳》)

以上二例中“希望”的前边隐含着主语“我”。

⑪ 她盼望 $_p$再见到他。(亦舒《忽尔今夏》)

⑫ 由于家中没有电脑，她盼望 $_p$双休日能到学校用电脑。(《文汇报》2004.3.17)

以上二例中“盼望”的前边隐含着主语“她”。

⑬ 他渴望 $_p$创新，渴望谋求进取。(张聂尔《叶氏父女》)

⑭ 他渴望 $_p$像孩子那样哭，像孩子那样笑，但生活却强迫他长大。(余杰《火与冰》)

以上二例中“渴望”的前边隐含着主语“他”。

如前所述，如果“承诺”类和“希望”类行为的发出者与所承诺的行为、所希望的行为的发出者不同，“承诺”类动词和“希望”类动词就是普通及物动词，而不是控制动词，动词性宾语前要出现主语。例如：

⑮ 其实，我同意她出去打工，并不是为了让她赚钱，因为家里根本就不缺她赚的这点钱。(土一族《从普通女孩到银行家》)

这里“同意”与“出去打工”的发出者不同，前者是“我”，后者是“她”，“同意”就是普通及物动词，所以“出去打工”前面要出现主语“她”。

⑯ 我想和他一起去看何叔叔，他不同意，说医院不许见。他答应我和他走一段路，到汽车站就分手。（戴厚英《人啊人》）

这里“答应”与“和他走一段路”的发出者不同，前者是“他”，后者是“我”，“答应”就是普通及物动词，所以“和他走一段路”前面要出现主语“我”。

⑰ 凭你的本事，我保证你每月能挣四五千港元，不几年就变成个富翁！（《人民日报》1993 年 4 月）

这里“保证”与“每月能挣四五千港元”的发出者不同，前者是“我”，后者是“你”，“保证”就是普通及物动词，所以“每月能挣四五千港元”前面要出现主语“你”。

⑱ 他拒绝别人为他拍摄新闻短片。（《读者》合订本）

这里“拒绝”与“为他拍摄新闻短片”的发出者不同，前者是“他”，后者是“别人”，“拒绝”就是普通及物动词，所以“为他拍摄新闻短片”前面要出现主语“别人”。

⑲ 我希望你以后回家来陪我吃饭。（亦舒《淘气夫妇》）

这里“希望”与“以后回家来陪我吃饭”的发出者不同，前者是“我”，后者是“你”，“希望”就是普通及物动词，所以“以后回家来陪我吃饭”前面要出现主语“你”。

⑳ 我盼望你回到我的身边来。（路遥《你怎么也想不到》）

这里“盼望”与“回到我的身边来”的发出者不同，前者是“我”，后者是“你”，“盼望”就是普通及物动词，所以“回到我的身边来”前面要出现主语“你”。

值得注意的是，虽然“同意”的发出者与所同意的行为的发出者不同，但有时所同意的行为的发出者是不言而喻的，所同意的行为的发出者也可以省略不说，从而形成省略型空主语（宾语中的空主语）。例如：

㉑“我同意 $_p$开除胡适。”蔡元培第一个表态。（陈廷一《宋氏家族全传》）

这里“开除胡适”的发出者显然不是“我”，而是组织（民保盟中央），这在当时召开的那次民保盟中央执行委员会上是不言而喻的，所以“组织”可以借助语境省略。

（四）“要求”类动词补语中的空主语

“要求”类动词是用来表示要求对方做或不做某事的动词。由于要求对方做某事的方式有很多，所以“要求”类动词的数量也很多，如“要求、请求、求、恳求、请、命令、叫、建议、劝、嘱咐、号召、催、催促、托、委托、发动、派、派遣、逼、逼迫”等，其中“要求”泛指要求对方做或不做某事，不表示具体的要求方式，而其他“要求”类动词表示的都是通过一定的方式要求对方做或不做某事，如“请求”，表示通过请求的方式要求对方做或不做某事，“建议”表示通过建议的方式要求对方做或不做某事，“命令”表示通过命令的方式要求对方做或不做某事，“发动”表示通过动员的方式要求对方做或不做某事，“逼”表示通过强迫的方式要求对方做或不做某事，等等。这类动词要带表示要求的对象宾语，宾语后面加上表示要求对象做或不做的事情的补语，形成“动宾补”（VOC）格式，如“叫他进来”。表示要求对象做或不做的事情的补语是动词性的，但它的主语是不言而喻的，就是要求的对象，所以这种主语是不需要出现的，也是从来不出现的，这种主语是一种典型的隐含型空主语。

由“要求”类动词作谓语动词的句子就是一般所说的“兼语句”。“兼语句”的谓语是“兼语短语”，而“兼语短语”实际上是一种动宾补短语[①]，所以“兼语句”可以称为“动宾补谓语句”。动宾补谓语句的补语中的主语处于隐含的状态。例如：

① 他要求我们 $_{P}$抓住机遇，加快发展。(《人民日报》1993 年 7 月）

这里补语“抓住机遇”的前边隐含着主语“我们”。

② 他请求我 $_{P}$把这本致使他妻死子丧、坐牢八年的书送给他。（冯骥才《拾纸救夫》）

这里补语“把这本致使他妻死子丧、坐牢八年的书”的前边隐含着主语

---

① 动宾补短语就是由动宾短语加补语构成的短语，有兼语式的，如“叫他［进来］”，还有非兼语式的，如“看书［多］”等。我们把用动宾补短语作谓语的句子称为动宾补谓语句。关于动宾补谓语句，详见本书第四章第十一节“空语类与动补宾谓语句”部分。

“我”。

③ 我求他$_p$放我回去。（金庸《白马啸西风》）

这里补语“放我回去”的前边隐含着主语“他”。

④ 指挥部命令他们$_p$迅速赶到另一条火线增援。（《1994年报刊精选・05》）

这里补语“迅速赶到另一条火线增援”的前边隐含着主语“他们”。

⑤ 晚饭后，他建议我$_p$弹《故乡的秋天》。（《人民日报》1998年）

这里补语“弹《故乡的秋天》”的前边隐含着主语“我”。

⑥ 我劝他$_p$改行。（老舍《龙须沟》）

这里补语“改行”的前边隐含着主语“他”。

⑦ 那天早上我听到飞机响，赶紧跑到毛主席那里，催他$_p$快走。（叶永烈《1982年：陈伯达看望周扬》）

这里补语“快走”的前边隐含着主语“他”。

⑧ 我有个共产党朋友，现在已经牺牲了，生前他托我$_p$照料他的两个孩子。（《作家文摘・1993B》）

这里补语“照料他的两个孩子”的前边隐含着主语“我”。

⑨ 1984年深秋，组织派我$_p$来山阴工作。（《1994年报刊精选・01》）

这里补语“来山阴工作”的前边隐含着主语“我”。

⑩ 1991年12月，医生与法院领导联系，逼他$_p$住院治疗，按疗程打针，他才不得不住院。（《1994年报刊精选・08》）

这里补语“住院治疗，按疗程打针”的前边隐含着主语“他”。

⑪ 程潜好心劝他：“南京方面来了两三次电话，催你$_p$到襄阳去，那里没有部队，怎么能去？”（《福建日报》1994年7月29日）

这里补语“到襄阳去”的前边隐含着主语“你”。

⑫ 你对古董字玩都是内行，我想托你$_p$到琉璃厂走一趟。（高阳《红顶商人胡雪岩》）

这里补语“到琉璃厂走一趟”的前边隐含着主语“你”。

⑬ 有一次在饭桌上，客户逼他$_p$喝酒，说：“你不喝就是看不起咱！喝了酒再谈买卖！”（《人民日报》1993年11月）

这里补语“喝酒”的前边隐含着主语“他”。

值得注意的是，有时人们将“要求”类动词的宾语省略，整个句子看起来像是一个动宾谓语句（用动宾短语作谓语的句子）。例如：

⑭ 他要求 $_e$放他走。（转引自吕叔湘《汉语语法分析问题》，商务印书馆 1979 年版，第 68 页。）

这个句子的谓语看起来像是由动词“要求”和宾语“放他走”构成的动宾短语，而它实际上是一个结构不完整的动宾补短语（兼语短语），动词“要求”的后面省略了宾语“歹徒”（假如“他”被歹徒绑架了）或“原单位”（假如他要调换工作单位）等，而“放他走”是“要求歹徒”“要求原单位”等的补语，“放他走”的前边存在着空主语“歹徒”“原单位”等。

有的由“要求”类动词作谓语动词的句子不仅省略谓语动词的宾语，还省略补语中的一些成分，对于这种句子，必须把它省略的成分全部补上才能准确地分析它的句法结构。例如：

⑮ 领导考虑到其特殊情况，劝其在队待命，他却一再请战，坚决要求 $_e$参加一线安保工作。（《文汇报》2003 年 7 月 9 日）

这里“坚决要求参加一线安保工作”也是一个由成分省略造成的语义结构不完整的动宾补谓语句，“要求”的后面省略了要求的对象，这个对象显然是“领导”，但“参加一线安保工作”的又不可能是领导，因为前面说的是“他却一再请战”，“参加一线安保工作”的是“他”，可是“要求领导”和“他参加一线安保工作”在语法和语义上都不能搭配。从语境上看，“他”对领导的要求显然是同意“他”“参加一线安保工作”。可见，这实际上也是一个结构不完整的动宾补谓语句，只是它所省略的成分更多，它的完整形式应该是：

他要求领导同意他参加一线安保工作。

在“坚决要求参加一线安保工作”这个句子中，动词“要求”的宾语“领导”借助情景语境省略了，而“要求领导”的补语“同意他参加一线安保工作”中的动词“同意”和“参加一线安保工作”的主语“他”也借助情景语境省略了（“同意他参加一线安保工作”是动宾短语，不是兼语短语）。

以上我们举例说明了汉语中的隐含型空语类。隐含型空语类主要是空主语。“决定”类、“准备”类控制动词宾语中的空主语和“承诺”类、“希望”类控制动词宾语中的空主语是不典型的隐含型空语类，因为这两类空主语不是绝对不可以补出的，有时是可以补出的，只是不如把宾语中的主语空着更符合表达习惯。

例如：

⑯ 我同意免费教她汉语。→ 我同意我免费教她汉语。

⑰ 我决定明天早点起床。→ 我决定我明天早点起床。

⑱ 我盼望能再见到你。→ 我盼望我能再见到你。

“要求”类动词宾语后的补语中的空主语是典型的空主语，这种主语几乎是在任何情况下都不可以补出的。例如：

⑲ 他要求我们抓住机遇，加快发展。→ * 他要求我们我们抓住机遇，加快发展。

⑳ 我劝他改行。→ * 我劝他他改行。

㉑ 组织派我来山阴工作。→ * 组织派我我来山阴工作。

㉒ 我求他原谅我。→ * 我求他他原谅我。

㉓ 我命令他快点缴枪。→ * 我命令他他快点缴枪！

总之，隐含型空语类是不可以补出来的空语类，如果把隐含型空语类补出来，不仅不符合表达习惯，而且还不符合语法规则，这一点是和省略型空语类不同的，所以乔姆斯基称之为“绝对空形式”。省略型空语类是可以补出来的空语类，只是如果不补出，更符合表达习惯，而如果补出，也不违反语法规则。下面我们具体谈谈隐含型空语类与省略型空语类的区别。

第四节　隐含型空语类与省略型空语类的区别

前面我们说明了汉语中的三种空语类的形成机制类别：省略型、移位型、隐含型。其实隐含型空语类本质上也是一种省略型空语类，只是由于隐含型空语类与省略型空语类形成的机制不同，因而二者之间还是有差别的。为了充分地认识这两种不同类型的空语类的本质，我们有必要对它们加以区别。

隐含型空语类与省略型空语类是由隐含和省略这两种同中有异的语法现象形成的。关于隐含和省略的区别，前人很早就注意到了。关于什么是省略，吕叔湘先生在《汉语语法分析问题》[1]中曾经指出：

第一，如果一句话离开上下文或者说话的环境意思就不清楚，必须添补一定的词语意思才清楚；第二，经过添补的话是实际上可以有的，并且添补的词语只有一种可能。这样才能说是省略了这个词语……你一言，我一语，可以在一言和一语前边添补说或者来，但不能限定是说或者是来，并且实际上都不这样说，我们就只能说这里隐含着一个“说”或“来”，不能说省略了一个说或来，至多只能说省略了一个动词。同样，在他要求参加和他要求放他走里边，可以说参加前边隐含着“他”，放前边隐含着“别人”，但是不能说省略了他和别人，因为实际上这两个词不可能出现。“隐含”这个概念很有用，“隐含”不同于“省略”，必须可以添补才能叫作省略。

吕叔湘先生对省略的界定是准确的，但对“隐含”的界定与我们所说的“隐含”可能不是同一种现象。他把“你一言，我一语”这种省略了谓语动词的句子看成隐含了谓语动词的句子，原因是我们不能确定“你一言，我一语”这两个句子中“一言”和“一语”的前面所省略的动词是什么，不能确定是“说”“讲”还是“来”，因为跟“言语”搭配的动词可以是“说”“讲”，还可以是泛义动词“来”等。其实这是由上下文语境缺失所造成的不能毫无疑问地补出所省略的成分的现象，如果语境不缺失的话，就不存在这个问题，如“大家你一言我一语地说开了”，在这种情况下，“一言”和“一语”的前面蒙后省略了动词“说”。可见“你一言，我一语”这个类似于俗语的并列句中包含的是省略型空语类而不是隐含型空语类[2]。至于“他要求参加”和“他要求放他走”，这是两个借助情景语境省略了一些句法成分的兼语句。“他要求参加”中“要求”的后面省略了要求的对象（例如某个组织）、对象的行为（如“同意”）、“参加”的主体“他”，“参加”的对象（如活动）也省略了，它的完整形式就是“他要求组织上同意他参加活动”，“参加”的主语“他”是省略了，而不是隐含了（参见本章第三节“三、隐含型空语类”的第四部分“‘要求’类动词补语中的空主语”）。“他要求放他

① 吕叔湘：《汉语语法分析问题》，商务印书馆1979年版，第68页。

② 实际上，“你一言，我一语”中的“言”和“语”都是动词，意思都是“说”，“一言”和“一语”都是“说一下”的意思，这是文言句法的遗留，我们这里是就现在一般人的理解而言的。

走”中“要求”的后面省略了要求的宾语（可以是某个组织，也可以是某个或某些人），而“放他走”的前面则隐含着主语（与要求的宾语所指相同）。显然，这里吕叔湘先生把离开了一定的语境就不能确切地补出的省略了的句法成分（或句法成分的一部分）看成了隐含的成分，跟我们所说的隐含型空语类不是同一种东西。另外，有的学者把“初一饺子，初二面”这类句子也看成包含着隐含型空语类的句子，而实际上“初一饺子，初二面”这个俗语是借助年俗的语境省略了“饺子”和“面”前面的动词“吃”，即“初一吃饺子，初二吃面”。类似的还有“接风饺子，送行面”“头伏萝卜，二伏菜”，这些概括习俗和生产规律的句子都是借助特定的语境（习俗、生产生活等）省略了谓语动词（前一个省略了“吃”，后一个省略了“种”），所形成的是情景语境省略型空语类，而不是隐含型空语类。

从上面的分析中我们可以看出，有些学者对省略和隐含的区别的认识与我们的看法有所不同。下面我们在前人认识的基础上，归纳一下省略型空语类与隐含型空语类的区别。

一、形成的条件不同

隐含型空语类主要是兼语句和连谓句中的目的补语中的空主语，以及控制动词带宾语句的宾语中的空主语，这种空语类是兼语句、连谓句和控制动词带宾语句最初形成的时候，人们无意识地省略了的成分，它的形成条件主要是人的逻辑思维能力。例如：

①我送孩子 $_{p}$上幼儿园。

这里“上幼儿园”的前边存在着空主语“孩子”。上幼儿园的当然是孩子，因而只需说出“送”的宾语“孩子”，而无须另外说出“上幼儿园”的主语“孩子”，听者或读者自然就可以理解。这实际上是将“上幼儿园”的主语省略了，不过这不是借助情景语境或上下文语境临时省略的，而是人们最初在造句的时候直接省略的，是固定省略的，并且这种省略是无意识的。而一种句型或句式形成之后，人们可以仿造它的格式进行类推造句，而无须重复这种句型或句式的生成过程，因而兼语句和连谓句中的这种隐含性的省略更是无意识的。再如：

②我叫他 $_{p}$来，他不来。

这里“他”是“叫”的对象，所以需要来的无疑是“他”，这不需要借助上下文语境或情景语境就可以判断出来，所以只需隐含，而无须说出。

至于省略型空语类，是借助情景语境或上下文语境临时省略的句法成分或句法成分的一部分，离开了相应的语境就不能确定句法结构中所存在的空语类是什么，如“站住！”离开了相应的语境，我们虽然能确定“站住”的前面省略了主语“你”，但“你”指的是谁，不能确定。再如“你吃不吃苹果？”“不吃。”离开了相应的语境，我们不能确定“不吃”的前面省略的主语和后面省略的宾语是什么。这就是省略型空语类。

总之，隐含型空语类是人们借助逻辑思维能力无意识省略的句法成分或句法成分的一部分，是在任何语境下都不需要补出的，而省略型空语类是人们借助情景语境或上下文语境临时省略的句法成分或句法成分的一部分，在不具备相应的语境的情况下，这些句法成分或句法成分的一部分是不能省略的。例如，某人习惯上不吃苹果，而不是别人给他吃的时候他不吃，当他告诉别人这个事实的时候，要说“我不吃苹果”，而不能像回答“你吃不吃苹果”的问题那样，只说“不吃”。

二、省略型空语类可以补出，隐含型不可以

隐含型空语类种类少，比较常见的是空主语，而省略型空语类种类较多，不仅有空主语，还有空谓语、空宾语、空中心语、空补语、空介词等。隐含型空语类是在逻辑上存在而在实际的句法结构中不存在的句法成分，它是人们最初造句的时候直接省略的句法成分，它没有在句子中出现过，是不可以补出来的，否则合格的句子就成了不合格的句子。更重要的是，正如范开泰（2000：257）所说：“隐含是由句法格式的紧缩而形成的一种隐略现象。”[①]隐含型空语类本质上属于被压缩掉了的句法成分的一部分，还有其他一些连带成分也同时被压缩掉了，是人们在最初造句的时候直接将它们压缩掉的，所以带有隐含型空语类的句子的原型几乎没有出现过或极少使用，所以这种句子几乎没有完整的原型，我们只能从逻辑上设想它的完整形式是什么。带有隐含型空语类的兼语句和连谓句实际上起

① 范开泰，张亚军：《现代汉语语法分析》，华东师范大学出版社2000年版。

的是一个复句的作用，它所省略的成分不仅仅是补语中的主语，还有其他一些成分，只是补语中的主语省略比较容易感觉到而已。如“我叫他来”，它所表达的意思与下面这个复句相当：

我叫他，从而使他来（实现他来的结果）。

由于人具有完形思维能力，人们只需说出这个目的关系复句的目的分句中的谓语动词“来”，加在行为分句的后面，浓缩成一个句子，就成了“我叫他来”。再如“我送孩子上幼儿园”这一句，它所表达的意思与下面这个复句相当：

我送孩子到幼儿园，从而使他上幼儿园。

又如“我去找人帮忙”这一句，它所表达的意思与下面这个复句相当：

我去找一个人，让他来帮忙。

我们再来看一个连谓句的例子：

我上山采药去。

这个句子所表达的意思与下面这个复句相当：

我上山去，我采药去。

由于带有隐含型空语类的兼语句和连谓句实际上起的是一个复句的作用，所以我们能够通过把里面隐含的成分补出，而将它转换成复句，但这样一来，不但不符合语言经济性原则，原来的简洁的兼语句和连谓句也就不复存在了。这就说明，隐含型空语类是不可以补出的。省略型空语类和隐含型空语类不同，省略型空语类是人们在使用定型的句子时，出于语言经济性原则，借助上下文语境或情景语境所临时省略的句法成分或句法成分的一部分。存在省略型空语类的句子是语法结构不完整的句子，要把省略型空语类补出来，句子的语法结构才完整，只是由于人具有完形思维能力，在特定的语境下没有必要补出而已。例如：

A：你想不想我？ B：（我）想（你）。

至于那些概括习俗及生产生活规律的熟语，由于是从全民的生产生活中总结出的习俗和规律，对全民都适用，因而主语和谓语动词都省略了，属于结构成分不齐全的句子，所缺少的成分也是可以补出的，只是补出之后，就失去了原句的简洁性和新颖性，如“（人们）初一（吃）饺子，初二（吃）面条”“（人们）接风（吃）饺子，送行（吃）面”“（人们）头伏（种）萝卜，二伏（种）菜”。

以上我们从形成机制的角度说明了汉语中空语类的三种类型：省略型、移位型、隐含型。这三种空语类之所以能够形成，归根到底是因为人具有完形思维能力，因而在语境充分的情况下，一个句子特定的位置上应该具备的句法成分或句法成分的一部分省略或移动位置，人仍然能理解句子的意思。完形思维是人类认识事物的一种方式，主要体现在两个方面，一是对于一个接近整体而不完整的事物，总是在心目中不自觉地把缺少的部分补上，从而把它看成一个整体。例如，一个平面上或一个空间里有一些相互接近的点状物，人们往往不自觉地把它看成一个整体，如看成一条线（虚线）、一个几何图形（三角形、四边形、四方体等）、一个物体（如天空中的三星、北斗星、西方人所说的十二星座），等等，这就是人的完形思维的体现。二是忽视一个事物与自己所熟悉的事物之间的细微差异，从而把二者在主观上等同起来。例如，人们常常在自然界中发现“奇石”，认为“奇石”或“奇石”上的纹路有的像人，有的像动物，有的像动物的肉，有的像山川河流，等等，这实际上是人们忽视了“奇石”或“奇石”上的纹路与人、动物、动物的肉、山川河流等在形态上的细微区别。

人的完形思维是以自己已有的知识、经验为基础的，一个人必须先熟悉那些完整的事物或那些真实的事物，然后才能根据完整事物或真实事物的特征去认识那些接近整体而并不完整的事物，或者识别那些与真实的事物相似的事物。人类在使用语言的时候也是如此。当一个人熟悉了一个句型或句式的完整形式之后，在相应的语境下，即使别人用不完整的形式把它说出来，他仍然能够按照完整的形式去理解它，正因为如此，人总是力图用尽可能少的词语来表达相对完整的意思，如果不是为了刻意强调，尽量省略那些对别人来说是不言而喻的句法成分或句法成分的一部分，而这样的句法成分或句法成分的一部分如果不省略，别人会觉得他的话太啰唆。

完形思维倾向有时有消极作用，这在20世纪50年代中期以来的汉语语法研究中有很明显的体现。例如，在汉语中，及物动词的宾语要放在及物动词后面，形成动宾结构。及物动词的宾语是及物动词所表示的动作行为支配或涉及的对象，主要由名词性词语充当，而有时及物动词后面所出现的名词性词语与及物动词在语义上不能构成动宾关系，如“晒太阳”“领先世界”等，但学者们往往也把它们看成动宾关系，并声称“语义关系不等于语法关系”，这实际上是忽略了动宾结构与动补结构在语义上的区别（参见本书第二章第一节的“三、介词性空语类”部分），是将语义关系与语法关系割裂开研究汉语语法的结果，把语义结构不同的句子或短语看成了句法结构相同的句子或短语。再如，汉语中以及物动词为谓语动词的句子的典型结构是“主—动—宾”，而还有几种类似于“主—动—宾”结构的句式，它们的谓语动词与后面出现的名词性成分在语义上不能构成动宾关系，如“王冕死了父亲”“村里死了一个老太太”“天上飞着一只鹰”等，而许多汉语语法学家忽视了这些句式中的谓语动词与后面的名词性成分在语义上不能构成动宾关系的事实，而把这些句式看成“主—动—宾”结构（参见第二章第三节“二、移位型空语类”部分），把谓语动词后面的名词性成分说成“施事宾语”，从而解决语义关系与语法关系不一致的矛盾。这种将语义关系与语法关系脱离开来分析汉语句法结构的方式，也是人的完形思维倾向的消极作用的一种体现。

第三章　空语类与汉语的特殊句式

所谓特殊句式，指的是一些专门用来表达某种特定的语法意义而结构不同于普通句式的句式，以及一些结构不同于普通句式而没有特别语法意义的句式，前者包括存在句、变化句、事件句、被动句、处置句、宾语话题句、话题中心语句、主语话题句、省略式反复反问句等，后者包括连谓谓语句、兼语谓语句、动补宾谓语句、动宾补谓语句等。以往学术界在分析这些特殊句式的结构时，往往把它们与普通陈述句看成相同的句式，这样影响了对这些特殊句式结构的准确认识，也影响了对其中的一些功能句式的语法意义、表达功能、生成方式的准确认识，进而影响了这些功能句式的教学效率。事实表明，这些特殊句式都与空语类有密切的关系，要正确地认识这些句式的结构、语法意义、表达功能及生成方式等，都离不开对其中所包含的空语类的认识。

第一节　空语类与汉语的存在句

所谓“存在句”，就是专门用来表示某处存在着什么人或事物的句子。从所用的谓语动词来看，存在句主要有两种，一种是用存在动词“有”作谓语动词的；一种是用能够表示人或事物存在状态的动词作谓语动词的。前者的基本格式是“处所 + 有 + 存在主体”，如“桌子上 + 有 + 一本书”，可以借用英文字母表示为“L 有 N”，后者的基本格式是“处所 + 动词 + 着 + 存在主体”，如“桌子上 + 放着 + 一本书”，可以借用英文字母表示为“LV 着 N”。这两种存在句在表示人或事物在某处存在的功能上是相同的，但前者只是说出某处存在着人或事物的事实，而后者同时还说出人或事物的存在状态，相比之下，前者比较抽象，后者比较具体，为了简便起见，我们把前者称为“抽象存在句”，把后者称为“具体存在句”。

另外，在目前通行的现代汉语语法学说中还有一个“隐现句”的概念。所谓“隐现”，就是出现或消失，所谓“隐现句”，就是“出现句”和“消失句”，是一种格式与存在句相似而意义与人或事物的出现或消失有一定关系的句子，如“烟囱里冒出一阵阵浓浓的黑烟”“她的脸上透出一丝笑意”（出现句）、“小溪边顿时没有了女人的踪迹”“昨天村里死了两头牛”（消失句）等[①]，学者们把“隐现句”与存在句一起合称为“存现句”。实际上，“隐现句”并不是用来表示人或事物出现或消失的句子，而是用来表示由人或事物的出现或消失等所构成的事件，应该称之为“事件句”，“事件句”与存在句的语法意义很不相同，不宜合在一起来说明（关于“事件句”，参见本书第三章第三节“空语类与汉语的事件句”部分）。

一、存在句的结构

关于存在句的结构，我们先谈谈学术界的看法，然后再谈谈我们自己的看法。

（一）以往学术界的观点

关于存在句的结构，20 世纪 50 年代举行的一场汉语主语宾语问题的大讨论中专门讨论过，当时学者们是把存在句与“出现句”“消失句”放在一起讨论的，将这三种句式统称为“存现句”，举的例子有“台上坐着主席团”（存在句）、“丛林里跳出了一只老虎”（出现句）、“隔壁店里走了一帮客”（消失句）等。当时主要讨论的是“存现句”的谓语动词前的表示处所的名词性词语与谓语动词后的表示存现主体的名词性词语所属的句法成分。当时有两种观点，一种认为应该把谓语动词前的表示处所的名词性词语看成主语，把谓语动词后的表示存现主体的名词性词语看成宾语，整个句子的结构就是“主—动—宾”（SVO）。如邢公畹

① 这两个句子转引自黄伯荣、廖序东主编《现代汉语》（增订五版），高等教育出版社 2011 年版，第 96 页。

（1955）认为，在“村子里死了人”这个句子中，“村子里”是主语，“死了”是动谓词，“人”是宾语[①]。另一种观点认为在“台上坐着主席团”“隔壁店里走了一帮客”这样的句子中，“主席团”“一帮客”是句子的主语。如王力（1956）明确地指出：“必须否定‘台上’和‘店里’的主语资格，因为‘坐’和‘走’的行为并不是属于‘台上’和‘店里’的……‘主席团’和‘一帮客’在这里是主语，因为‘坐’和‘走’的行为是属于它们的。”[②]因此，王力先生主张把存现句的结构分析为“状—动—主”。前一种观点主要根据的是汉语“主—动—宾”（SVO）的常规语序，持这种观点的学者被称为“形式派”；后一种观点主要根据的是句法成分间的逻辑关系，持这种观点的学者被称为“意义派”。最后“形式派”的观点占了上风。“形式派”的观点为什么能占上风呢？是因为用“意义派”的观点分析“存现句”和其他非常规语序句，比较麻烦，难度较大，有些句子的结构很难用“意义派”的观点分析。“形式派”反对“意义派”的观点集中体现在吕冀平《主语和宾语的问题》（《语文学习》1955 年 7 月号）一文中。下面我们根据这篇文章评述一下“形式派”的观点。

第一，“形式派”认为用“意义派”的观点分析“存现句”会得出自相矛盾的结论。“意义派”要根据存现句的谓语动词前后的名词性成分与谓语动词之间的逻辑关系确定它所属的句法成分，因此把存现句谓语动词后的名词性词语分析为主语，如把“台上坐着主席团”中的“主席团”分析为主语，但“形式派”认为，存现句的谓语动词有时是及物动词，它后面的名词性词语应该是它的宾语，分析为主语就不合适。例如：

① 屋里站着一个人。

② 墙上挂着一幅画儿。

“形式派”认为，按照“意义派”的观点，“屋里站着一个人”中的“一个人”是施事，应该分析为主语，而“墙上挂着一幅画儿”中的“一幅画儿”是受事，应该分析为宾语，这就自相矛盾了，因为这两个句子无论是结构还是给人的语感都是相同的。而如果把“人”和“画儿”都分析为“后移”（倒装）的主语，那么就得把“画儿”分析为一个倒装的、被动的主语，这样“绕的弯子未免太

① 邢公畹：《论汉语造句法上的主语和宾语》，《语文学习》1955 年第 9 期。

② 王力：《主语的定义及其在汉语中的应用》，《语文学习》1956 年第 1 期。

多了”。

其实，这里“形式派”犯了一个错误，就是把“墙上挂着一幅画儿”中的“挂”按照本义理解为表示“悬挂”的行为，因此把“墙上挂着一幅画儿”看成动宾结构，而不是倒置的主谓结构。实际上，这种存在句中的及物动词用的并非是动作行为的意义，而是动作行为作用于对象后使对象所处的状态，“墙上挂着一幅画儿”中的“挂着”表示的就是画儿被挂在墙上之后所处的状态——以悬垂的形式在墙上固定着的状态，并非是有人正在挂画儿。关于这一点，日本学者荒川清秀先生（1986）作过深入的研究，他探讨了汉语动词词义的阶段性问题，他把同一个动词的意义分为两种，一种是表示动作过程，另一种是表示动作结束之后所形成的状态的持续[①]。以动词“穿”为例，可以分为“穿$_1$”和“穿$_2$”，“穿$_1$”和“穿$_2$”分别代表同一行为的不同阶段：“穿$_1$”——到穿上衣服为止的阶段（变化），如“她在穿和服”；“穿$_2$”——维持穿上衣服以后那种状态的阶段（静态），如“她穿着和服”。同样，动词“挂”所表示的意义也有两种，一种是表示悬挂物体的行为，这种行为从开始悬挂到使物体以悬垂的状态固定在墙上为止；另一种意义则是悬挂物体的行为结束之后，物体所处的悬垂的状态。“具体存在句”中的及物性谓语动词表示的就是物体所处的状态，如“挂着”的状态、“贴着”（如“墙上贴着一幅画”）的状态、“放着”的状态（如“桌子上放着一本书”），而不是对物体进行处置的动作行为，如“挂”“贴”“放”等，而“形式派”的学者在理解“具体存在句”中的及物性谓语动词的意义时，恰恰出现了这样的偏差，把表示状态的“及物动词＋着”看成了表示动作行为的及物动词，并凭借这种只看形式不看意义的做法来反驳“意义派”的观点。

“形式派”的代表人物吕冀平（1955）还用“脸上挂着一条条的眼泪”这个句子来反驳“意义派”对“具体存在句”的结构的认识，说这个句子中无法确定“眼泪”是主语还是宾语，“因为我们不能明确地判断出它是施事还是受事——眼泪显然不是哪个人把它‘挂’在脸上的，可是‘眼泪’自己又怎么能‘挂’呢？”其实，这个质疑犯了同样的错误——把“动词＋着”的“状态”义理解成了“动作行为”义。很明显，这里“挂”表示的是“眼泪”处于“挂着”的

① 见张麟声《关于汉语动词的分类——介绍日本荒川清秀先生对汉语动词的研究》，《山西大学师范学院学报》1991 年第 4 期。

状态，也就是附着兼悬垂的状态，并不是悬挂的动作，“眼泪”就是施事。我们再举一个更容易理解的例子：“这幅画在墙上挂了十多年了。”这是说，“这幅画”在墙上以“挂着”的状态存在十多年了，而不是说，有人用了十多年的时间来挂“这幅画”。由此可见，“形式派”对“具体存在句”的谓语动词的意义的错误认识导致了对“具体存在句”的结构的错误认识，也说明了只看形式不看意义的做法对研究汉语语法是非常不利的。

第二，“形式派”认为省略了句法成分的存在句的原型难以确定。“形式派”认为，“意义派”说存在句是倒装句，但有时用“倒装”说不能圆满地解释某些省略了成分的存在句的结构，因为不同的人对省略的成分是什么，有不同的看法。例如：

③ 里屋住人，外屋放东西。

“形式派”的代表人物吕冀平（1955）说，在“里屋住人”这个句子中，“人”是施事，按照“意义派”的观点，“人”就是主语，这个句子就可以还原为“人里屋住”，“而‘人里屋住’不成话，于是就得说省略了一个‘在’，‘里屋住人’就是‘人在里屋住’。”同时，“形式派”还认为，这两个句子到底省略了什么成分，也是不一定的。实际上，“形式派”对这两个句子的施受关系的理解是不正确的。不用看说话时的情景，只看这两个句子本身，我们就可以看出这两个句子明显是在说“里屋”和“外屋”的在用场上的分工，而不是说人在哪里住，东西在哪里放，这和“这把刀切肉，那把刀切菜”是同样的说法，说的是两个房间的用处，其中的“住”是“供……住”的意思，“人”不是施事，是受事，是宾语，也就是说，“住人”和“放东西”一样，是动宾短语，这两个句子不是存在句，而是普通陈述句。不过，从句法成分间的逻辑关系上看，虽然“里屋住人，外屋放东西”中的“人”“东西”不是主语，而“里屋”和“外屋”也不是句子的主语，因为“里屋”和“外屋”是住人和放东西所利用的房间，属于工具一类的东西，应该用介词“用”引出，显然“里屋”和“外屋”的前面还省略了介词“用”，而“用里屋住人，用外屋放东西”的是人，所以句子真正的主语是屋子的主人，这里假定是“我们”，这两个句子的原型就是：

我们用里屋住人，用外屋放东西。

同理，“这把刀切肉，那把刀切菜”的原型是：

我用这把刀切肉，用那把刀切菜。

经过对句法成分间的逻辑关系的分析，我们弄清了“里屋住人，外屋放东西”这两个句子的原型，从而弄清了“里屋”与“住人”“外屋”与“放东西”所属的句法成分——状语与中心语。而按照“形式派”的观点，“里屋”与“住人”所属的句法成分是主语，“外屋”与“放东西”所属的句法成分是谓语动词和宾语。显然“形式派”的分析方法简便、易操作，但不符合逻辑，而“意义派”的分析方法复杂，但符合逻辑。语法就是逻辑思维的产物，根据句法成分间的逻辑关系分析句法结构，才能得出符合事实的结论。“形式派”单纯根据汉语“主—动—宾”的常规语序分析句法成分省略或移位了的句子的结构，而不考虑句法成分间的逻辑关系，这种做法也是不可取的。同时，“形式派”在分析汉语的句法结构上担心“绕的弯子未免太多了”的怕麻烦的心理也是不可取的。

汉语的句子，尤其是口语中的句子，非常讲究意会性，往往省略一些不言而喻的句法成分或句法成分的一部分，导致很多句子的语义结构不完整，如果仅根据汉语句子的一般语序和句法成分在句中所处的位置来判定句子的结构，肯定会得出不符合逻辑的结论。例如：

④ 他拔了一颗牙。

按照“形式派”的观点，这个句子的结构是“主－动－宾”。但从逻辑上看，“拔牙”的行为通常是由牙医来进行的，“他”是不能拔自己的牙的，显然这是一个语义结构不完整的句子，它的完整形式应该是：

他让大夫给他拔了一颗牙。

经逻辑分析发现，原来“他拔了一颗牙”是一个兼语句（动宾补谓语句）的省略形式，其中的“拔了一颗牙”只是谓语中的补语的一部分（整个补语是“给他拔了一颗牙”），并不是句子的整个谓语。再如：

⑤ 他到医院去看病。

我们知道，“看病”（诊断疾病）是由大夫来看的，不是由病人自己看，所以这个句子的完整形式应该是：

他到医院去请大夫给他看病。

经逻辑分析发现，原来“他到医院去看病”也是一个兼语句（动宾补谓语句）的省略形式，其中的“看病”只是谓语中的补语的一部分（整个补语是“给他看病），并不是句子的整个谓语。由于人具有完形思维能力，只需说“他拔了一颗牙”“他到医院去看病”，听者或读者就可以理解。

在汉语中，还存在着一些由常规语序句转换成的非常规语序句，如由“一个人死了”转换成的“死了一个人”，由“他腿瘸了”转换成的“他瘸了腿”等，转换的方式是改变语序，转换的目的是为了表达或更好地表达不同于常规语序句所表示的语法意义，如“一个人死了”表示的是一个人的变化，而“死了一个人”表示的是一个人死了的事件，意思是“发生了一个人死了的事件”，但比“发生了一个人死了的事件”简洁；“他（的）腿瘸了”表示的是他的腿的变化，而“他瘸了腿”表示的是他的变化（成了腿有残疾的人）。通过改变语序来表达不同的语法意义、获得不同的表达效果，这是汉语把语序作为一种重要的语法手段的特点的生动体现。

在汉语中，由成分省略造成的语义结构不完整的句子比较多，但也没达到不胜枚举的程度，语义结构不完整的句子只是某种句式的省略形式而已，而成分移位的句子也只是某种常规语序句的变体，要根据句法成分间的逻辑关系分析汉语的句法结构，并不是一件困难的事，而吕冀平（1955）却夸大了这种分析的难度：“这种从意义出发，根据施受关系的析句标准，缺点是很多的。在实际应用上，它驾驭不了现代汉语中复杂的动词谓语句，分析起来困难重重；在原则上说，它依据的是意义，是概念的逻辑关系，如果一线地发展下去，就会走上‘理性主义’语法的道路。我们采取这一标准来分析汉语的动词谓语句，科学的句法体系是不容易建立起来的。”从这段话中我们可以清楚地看到当年“形式派”战胜“意义派”的原因，不过这段话明显夸大了根据句法成分间的逻辑关系分析句子结构的难度，也低估了根据句法成分间的逻辑关系分析句子结构所得出的结论的科学性。事实上，根据句法成分间的逻辑关系分析汉语句子的结构，所得出的结论是符合逻辑的，也是符合汉语语法事实的，我们把这样分析的结果运用到了对外汉语教学中去，不但使中国学生和外国汉语学习者深入地认识了汉语的句法结构，还使外国汉语学习者弄清了那些特殊句式的生成方式，学会了自己造句，做到了举一反三。因此，目前在“形式派”的语法观点仍然占据统治地位的形式下，我们还是主张根据句法成分间的逻辑关系分析汉语特殊句式（存在句、变化句、事件句、被动句、处置句、宾语话题句、话题中心语句、主语话题句等、省略式反复反问句）的结构，进而弄清那些特殊句式的生成方式，并根据尽可能多的语料分析那些特殊句式与它们的原型句式在表达功能上的不同，并将研究的成果运用到汉语语法教学上，从而提高教学效率。

（二）我们的观点

前面我们谈了以往学术界对汉语存在句的句法结构的认识。这里谈谈我们自己的观点。

如前所述，汉语中存在着两种类型的存在句，一种是抽象存在句；一种是具体存在句。这两种存在句的生成方式不同，而我们就是要根据汉语特殊句式的生成方式来分析汉语特殊句式的深层结构，所以我们要分别谈谈这两种句式的句法结构。

1.“抽象存在句”的结构

如前所述，“抽象存在句”就是用“有”作谓语动词的存在句，如“桌子上有一本书”。为了便于记忆，我们可以把“抽象存在句”称为“有”字存在句。这种存在句在汉语中很早就产生了，现在所能见到的最早的汉语言材料是三千多年前的甲骨文，里面就有这种存在句。那么，抽象存在句是怎样形成的呢？

从人类认识客观事物的规律来看，人先认识自己的身体组成部分，然后借助类比思维，认识周围的事物，如“山顶”（“顶”的本义是人的头顶）、“山脚”“山腰”之类的，都是用人的身体组成部分来类比物体的不同部分的结果，由此可以推知，动词“有”最初本来指的是人拥有各个身体组成部分，而这些组成部分都处在特定的位置上，于是在汉民族的意识中，人体的这些组成部分就与特定的位置产生了联系，如我们常问婴幼儿说：“你的耳朵在哪儿？”婴幼儿就摸摸自己的耳朵，结果在汉民族的心目中“拥有”和“存在”这两个概念密切地联系了起来，有时难解难分，如《左传·隐公元年》说：“宋武公生仲子，仲子生而有文在其手，曰：‘为鲁夫人。’”这是说，仲子（宋武公的二女儿）从一生下来手上就有“为鲁夫人”（做鲁国国君的夫人）的字，这四个字为仲子所有，又在仲子的手上，所以说“有文在其手”，使用了兼语式，“文”是“有”的宾语，又是“在其手”的逻辑上的主语，这充分体现了在汉民族的心目中，“拥有”和“存在”这两个概念之间的密切联系。这也是汉民族的祖先将“有”由“拥有”引申为“存在”的原因。正因为表示“存在”的“有”是由表示“拥有”的“有”引申来的，古代汉语中的“有”字存在句与“拥有句”的外部结构（词序结构）完全相同，都是“名—动—名”。如“我有嘉宾。”（《诗经·小雅·鹿鸣》）这是“拥有句”；“山有木。”（《左传·隐公十一年》）这是存在句。另外，

“山有木”的句首是普通名词，而不是处所名词，但实际上是用来表示处所的，只是没有处所的标识（如方位词“上”、处所介词“在”等）。如果不考虑句法成分间的逻辑关系，而根据“拥有句”的“主—动—宾”结构来分析“有”字存在句的结构，就可以将“有”字存在句的结构分析为“主—动—宾”，“形式派”的观点正是如此。但是，“有”字存在句的构成成分间的逻辑关系与“拥有句”是不同的，我们主张根据构成成分间的逻辑关系来分析句法结构，因为“主语”“谓语”“宾语”等句法成分的名称就是根据句法成分间的逻辑关系归纳出的，“有”字存在句的句法成分间的逻辑关系与“拥有句”中的句法成分间的逻辑关系是不同的，因而“有”字存在句的句法结构与“拥有句”的句法结构是不同的。

由于句子中的词语只能按照前后顺序排列，而人们所能说出和理解的句子的长度也是有限的，因而由不同的词序构成的不同形式的句子的数量也是非常有限的，意义不同的句子也就难免使用相同的形式，如人们用“名—动—名”的形式表示某人拥有某人或物，如“我有嘉宾”，也用“名—动—名”的形式表示某处存在某物，如“山有木”。“名—动—名”的形式在表示“拥有”的语法意义时，句法结构是“主—动—宾”，在表示“存在”的意义时，显然不是“主—动—宾”，而是“状—动—主”（详见下文）。再如，在汉语中，当名词在动词前时，二者的逻辑关系通常是主谓关系，但有时却是状中关系，如“人立而啼”（《左传·庄公八年》）的意思是“像人一样站着叫”，其中的“人立”是个状中短语，意思是“像人一样站着”，而按照“形式派”的观点，不考虑句法成分间的逻辑关系，一概把“名—动”结构看成主谓结构，就等于把“人立而啼”理解成了“人站着叫”。又如“草行露宿”，是两个并列的状中短语，意思是“在草上行走，在露天地住宿”，而按照“形式派”的观点，应该把它看成两个并列的主谓短语，意思就变成了“草行走，露天地住宿”，这显然不符合原意。同样，如果不考虑句法成分间的逻辑关系来分析“山有木”这个句子的句法结构，而单纯根据汉语“主—动—宾”的常规语序来分析，把它分析为“主—动—宾”句，这就等于把句子的意思理解为“山拥有树木”，这样存在句就变成了普通陈述句。正确的做法是，根据句法成分间的逻辑关系，把“有”字存在句中“有”前面的名词性成分与“有”理解为处所与存在物之间的关系，也就是状中关系，而把“有”与后面的名词性成分理解为存在（占据时间或空间）与存在主体的关系，也就是一种倒置的主动关系，而不是动宾关系。这样，“有”字存在句的结构就是“谓（状—动）—主”，属于一种主谓倒置的主谓句。同样，“具体存在句”也是这种结构。从句法成分间的逻辑关系上看，“具体存在句”的前段表示的是处所（如“桌子上”），中段表示的是以某种状态存在（如“放着”），后段表示的是存在主体（如“一本书”）。也就是说，无论是“抽象存在句”还是“具体存在句”，句首表示处所的成分都应该分析为处所状语，而实际上人们在使用存在句时，有时也用处所介词“在”引出表示处所的成分，这就更清楚地表明，存在句的存在动词（“有”或“V着”）前表示处所的名词性成分是处所状语。例如：

① 在中国，有佛教、道教、伊斯兰、天主教、基督教等多种宗教。（中国政府白皮书《中国的人权状况》）

② 在国外有很多“鸡蛋替代品”，相关的专利技术也不少。（云无心《吃的真相2》）

③ 在峨眉山上，没有烟头、纸屑。（新华社2004年6月新闻报道）

④ 在一个打破了的玻璃瓶子里，插着寒儿要回的那枝山茶花，旁边一支小蜡烛。（夏衍《憩园》）

上面的四个存在句都是用处所介词“在”引出事物存在的处所，所形成的“在＋名词性词语”短语属于处所状语，如果把“在”去掉，就成了直接用名词性词语表示处所，这些名词性词语的句法成分属性并没有因此发生变化，仍然是处所状语。由此可见，存在句句首的表示处所的名词性词语确实属于处所状语，如果把存在句的结构分析为“主—动—宾”，就没法将处所状语中有处所介词“在”和没有处所介词“在”的存在句统一起来。从逻辑上讲，“具体存在句”也不适合分析为“主—动—宾”结构，因为“具体存在句”的存在动词，如“放着”，只表示物体以某种状态存在，而不是表示某种及物性的行为，况且有些存在动词，如“飞着”，本来就不是由及物动词充当的，与它后面的名词性成分明显不是动宾关系。因此，如果硬要仿照“拥有句”将“抽象存在句”分析为“主—动—宾”结构，就没法将“抽象存在句”与“具体存在句”统一起来，这样做显然是不合理的，因为“抽象存在句”的存在动词“有”通常可以替换为表示具体存在状态的动词，如“桌子上有一本书”，“有”可以替换为“放着”；当然，“桌子上放着一本书”也可以转换成“桌子上有一本书”。“抽象存在句”与

“具体存在句”能够互相转换，说明二者的句法结构是相同的，都是“谓（状—动）—主”。

下面我们再谈谈“具体存在句”的结构问题。

2.“具体存在句”的结构

“具体存在句”就是专门用来表示存在主体以某种状态在某处存在的句子。在20世纪50年代的那场汉语主语宾语问题的大讨论中，“具体存在句”也被看成了“主—动—宾”结构。我们先来看看当时的学者们所列举的“具体存在句”：

① 台上坐着主席团。

② 屋里站着一个人。

③ 墙上挂着一幅画儿。

④ 脸上挂着一条条眼泪。

⑤ 这个小门横着一条铁丝，挂着“游人止步”的牌子。

⑥ 篱笆的栅门上横着一个制作得很精巧的门闩。

⑦ 她脸上横叠着皱纹，两鬓已经苍白，嘴也有些瘪了。

⑧ 这里到处挺立着高大的白杨树。

⑨ 阳光铺满了岸，江水和草上闪着金子似的光。

以上各例中的存在句都是用来表示人或事物以某种状态在某处存在的，存在的状态依次有站着、挂着、闪着、横着、挂着、横叠着、挺立着、闪着，这些状态有的是静态的，有的是动态的（闪着），前人把存在动词表示静态的“具体存在句”称为“静态存在句”，把存在动词表示动态的“具体存在句”称为“动态存在句”。正如当年的“意义派”的学者们所指出的那样，“具体存在句”的存在动词与它后面的名词性成分无法构成动宾关系，只能构成主谓关系，所以“具体存在句”的结构无疑是“谓（状—动）—主”。从空语类理论的角度看也是如此。“具体存在句”的存在动词都是用来表示存在主体存在状态的动词，而前面的名词性成分表示的是处所，并不是存在主体，与存在动词不能构成主谓关系，可见存在动词前存在着空主语，而后面表示的却是存在主体，能够与存在动词构成主谓关系，显然存在动词前存在空主语的原因是主动倒置。

总之，在分析存在句的句法结构方面，“形式派”学者的最大不足就是不考虑句法成分间的逻辑关系，这样不但导致他们不能准确地认识“具体存在句”的结构，也导致他们不能合理地认识存在句与非存在句的区别。如叶蜚声、徐通锵《语言学纲要》（1997）说[①]：

（1）台上坐着主席团。

（2）台上唱着戏。

这两个句子都是“名$_1$+动+着+名$_2$”，语法结构的格式完全相同。用变换来进一步分析：（1）可以变换成“主席团坐在台上”，把（2）相应地变换成“戏唱在台上”，句子就不能成立。另外：（2）可以变换成“台上正在唱戏”，（1）就不能相应地变换成“台上正在坐主席团”。变换不同，说明（1）和（2）的结构意义有区别。经过比较分析，它们的区别是：（1）表示“存在”，说明事物的位置，着眼点是空间；（2）表示动作和行为的“持续”，着眼点是时间。

这段话是有问题的。其实，（1）的着眼点不是“空间”，而是存在的“事物”（主席团），（2）的着眼点也不是“时间”，而是“动作和行为”（唱着戏），二者都处在句末焦点位置上，正是强调的对象。（1）强调的是存在物，所以是存在句，（2）强调的是动作行为，所以是动作行为句。2010年出版的叶蜚声、徐通锵《语言学纲要》（修订版）将上面这段话作了修改，把“变换不同……是时间”修改为[②]：

变换不同，说明（1）和（2）虽然语法形式上相同，但语法意义上有区别。经过比较分析，它们的区别是，句中的“V着”有两种语法意义：（1）表示静止状态的持续；（2）表示动态的动作或行为的持续。

叶蜚声、徐通锵《语言学纲要》（修订版）虽然对这段话进行了修改，但修改的结果更不合理了。上一版说“表示‘存在’”，这是对的，但说“着眼点是空间”是不对的；而修订版说“（1）表示静止状态的持续；（2）表示动态的动作或行为的持续”，显然是错的，很明显，（1）表示（台上）存在的事物；（2）表示（台上）发生的事情。也就是说，“台上坐着主席团”是一个存在句，“台上唱着戏”是一个普通陈述句，这两个句子语法意义上的差异不是由“变换不同”造成的，而是由二者的语法结构不同造成的，而语法结构的不同归根到底是由所要表示的语法意义不同造成的。“台上坐着主席团”说的是台上存在的事物——“主

① 见叶蜚声、徐通锵《语言学纲要》，北京大学出版社1997年版，第（ ）页。

② 见叶蜚声、徐通锵《语言学纲要》，北京大学出版社2010年版，第112—113页。

席团”，是由“主席团在台上坐着”转换成的，之所以要这样转换，是因为“主席团在台上坐着”不适合用来说明“台上存在主席团”的意义，而适合说明“主席团”在台上所做的事情（坐着），而将“主席团在台上坐着”的谓语“在台上坐着”移到句首（同时句首的处所介词“在”根据习惯省略），而使主语“主席团”落在句末焦点的位置上，就强调了主席台上所存在的事物——“主席团”。而“台上唱着戏”中，“唱着戏”处在句末焦点的位置上，是强调的对象，所以“台上唱着戏”正适合用来说明台上正在发生的事情——“唱着戏”（正在唱戏）。另外，“台上唱着戏”是一个结构不完整的句子，“唱着戏”的前面存在着空主语，由于没有上下文语境，我们假定这个空主语是“演员们”，那么“台上唱着戏”是由“台上演员们唱着戏”省略成的，而不是由别的句式转换成的。“唱着戏”的主语“演员们”之类的之所以省略，是因为句子所要强调的是台上正在发生的事情——“唱着戏”，而不是演员们正在做的事情，所以把主语“演员们”省略了，只突出台上所发生的事情。可见，“台上坐着主席团”与“台上唱着戏”所要表达的意义不同，所以语法结构也不同。

叶蜚声、徐通锵《语言学纲要》（修订版）的这一段修订还有一个不合理的地方。它说“（1）和（2）虽然语法形式上相同，但语法意义上有区别”，而实际上，这两个句子只是动词前后都有一个名词性词语，但语法形式并不真正相同（当然“语法结构的格式”也不相同），“台上坐着主席团”是个结构完整的句子，而“台上唱着戏”是一个结构不完整的句子，“唱着”的前面省略了主语（如“演员们”），“台上唱着戏”的语法结构是“状—（主）—动—宾”，而“台上坐着主席团”的语法结构是“状—动（表存在）—主”。

叶蜚声、徐通锵《语言学纲要》所使用的“变换分析法”是汉语语法学界上比较流行的一种句法分析方法，学者们在使用这种方法将一种句式变换为另一种句式的时候，比较随意，根本不考虑两个句式之间是否存在原型与变式的关系。实际上，“主席团坐在台上”与“台上坐着主席团”不存在原型与变式的关系，二者不能互相变换，“主席团坐在台上”与“主席团在台上坐”存在变换关系，区别是表示处所的介宾短语“在台上”是放在谓语动词后作补语，还是放在谓语动词前作状语。“主席团坐在台上”强调的是主席团坐的位置，适合于用来说明“主席团”所处的位置，而“主席团在台上坐”适合于用来说明给“主席团”安排位置。而“台上唱着戏”要变换的话，可以变换为“演员们在台上唱着戏”，“台上唱着戏”适合用来说明台上正在发生的事情，所以主语“演员们”之类的可以省略，而“演员们在台上唱着戏”适合用来说明演员们在台上所做的事情，所以如果没有上文（如“演员们在干什么”）的话，主语“演员们”之类的不可以省略。至于“戏唱在台上”，这是一句无意义的话，是一句没有使用价值的话，没有人会将一个具有使用价值的句子变换成一个没有使用价值的句子（至于它为什么没有意义、没有价值，道理很简单，这里就不赘述了）。还有，“台上正在唱戏”也不是“台上唱着戏”的变式，“台上正在唱戏”只是将口语中的“唱着”换成了书面语中的“正在唱”，属于词语的替换，而不是句式的转换，二者仍然是同一种句式，而“台上坐着主席团”中的“坐着”之所以不能换成“正在坐”，是因为这里的“坐着”表示的是人坐下之后所处的状态——坐着的状态，而“正在坐”表示的是正在做“坐”的行为，二者意义不相等，所以“坐着”不能替换成“正在坐”。况且“台上正在坐主席团”也是一句没有意义的话，因为不存在有人“坐主席团”的事情，这种句子既然没有意义，实际上也就不存在，因此没有哪个句子可以转换为“台上正在坐主席团”，这种转换的假设本身就是不科学的。

在使用“变换分析法”的时候，有的学者甚至还将存在句转换成“把”字句。如张琢石（2003）说：“‘窗台上放着一盆花’可转换‘把一盆花放在窗台上’”[①]。实际上，“窗台上放着一盆花”是不能转换成“把一盆花放在窗台上”的，因为“把一盆花放在窗台上”说的是某人的动作行为，是某人“把一盆花放在窗台上”，而“窗台上放着一盆花”并不是说某人正在往窗台上放一盆花，所以二者之间并不存在转换关系。从另一个角度讲，存在句并不是由“把”字句转换成的，所以存在句也不能转换为“把”字句。将存在句转换成“把”字句，其实是把表示物体存在状态的“V着”（如“放着”）中的V（如“放”）看成了动作行为动词，这是一种误解。

另外，如前所述，关于主宾语问题的“形式派”认为“墙上挂着一幅画”这种句式是“主—动—宾”结构的陈述句，这就等于认为“墙上挂着一幅画”这种句式与“某人往墙上挂着一幅画”是同样的句式，这就等于否认了“墙上挂着一幅画”这种句式是存在句，等于认为它也是动作行为句，这显然是不符合实际

① 张琢石：《现代汉语的主语和宾语问题》，《社会科学辑刊》2003年第4期。

的。由此可见，在分析汉语句式的语法结构时，如果忽视句法成分间的逻辑关系，就会得出错误的结论，至少是没有价值的结论。

二、“具体存在句”的谓语动词

具体存在句的谓语动词都是用来表示物体的存在状态的，但汉语中并不存在专用的表示物体存在状态的动词，都是由表示具体动作行为的动词充当。这种用来表示物体存在状态的动词有三种：第一种是由表示对物体进行某种处置的行为的动词充当，这种动词所表示的行为结束之后，可以使物体以行为结束时所处的状态固定在某处，如“挂、摆、放、堆、贴、写、绣、画、印、刻、插、钉（dìng）”等。由这类动词作谓语中心的存在句属于静态存在句，用来表示物体以静止的状态在某处存在。例如：

① 书房里摆着两张普通的书桌，墙上挂着一幅卢梭的画像。（《百度文库·论康德的哲学》）

这里“摆着”表示两张普通的书桌在书房里以摆放完了之后的状态存在，而“挂着”表示一幅卢梭的画像在墙上以悬挂完了以后的状态存在。以下依此类推。

② 池里游着五颜六色的金鱼，岸边有高大的树，树下摆放着一些石桌石凳。（陈廷一《宋氏家族全传》）

这里“游”属于下面将要提到的第三种具体存在句的动词，所在的存在句属于动态存在句。

③ 这时候，在努尔哈赤前面的桌案上，放着一支弓箭，还有那顶被射穿一个孔的黑貂皮帽子。（李文澄《努尔哈赤》）

这里用两个存在句描写努尔哈赤前面的桌案上存在的物体，前一个“（桌案上）放着一支弓箭”是具体存在句，后一个“（桌案上）还有那顶被射穿一个孔的黑貂皮帽子”是抽象存在句。

④ 就在这座寺院的大门两侧，堆着许多落满尘土的窝煤和其他杂物，门洞内的物件也是杂乱无章。（《1994年报刊精选·05》）

⑤ 走投无路的时候，他偶然看见在一家时装店的橱窗上，贴着招募学徒的广告，于是他就走进去应试。（张剑《世界100位富豪发迹史》）

这里存在句“在一家时装店的橱窗上，贴着招募学徒的广告”作“看见”的宾语。

⑥ 欧洲有位考古学家发现了一份公元前 1100 年左右的古埃及的草纸书，上面写着一位父亲劝儿子读书的话：“要用心学习书写，这会使你摆脱一切艰苦劳动，成为一位有名望的官员。”（朱德全主编《教育学概论》）

⑦ 牛身上披着一块被子，上面画着大红大绿、稀奇古怪的花样。（《中华上下五千年》）

第二种具体存在句的谓语动词是表示由物体自身发出的能够使物体自身以某种状态在某处静止存在的动词，如“坐、躺、站、跪、趴、蹲”等。由这类动词作谓语中心的存在句也属于静态存在句。例如：

⑧ 丈夫驾车，双臂之间坐着一个孩子，妻子坐其后，怀里抱着另一个孩子。（《人民日报》1995 年 12 月）

这里“坐着”表示一个孩子以坐下的状态在“双臂之间”存在。后一个存在句中的谓语动词“抱着”属于具体存在句的第一种谓语动词。

⑨ 斜对面靠墙长条椅上，坐着空军司令周至柔，旁边站着四五个警卫。（陈廷一《蒋氏家族全传》）

这里“站着”表示四五个警卫以站立的状态在“旁边”存在。

⑩ 两个工人把棺盖挪开，棺木里静静地躺着徐志摩。（张清平《林徽因》）

⑪ 起来一看，门外跪着一个中年汉子。（《人民日报》1995 年 5 月）

⑫ 河堤上一字排开地趴着一排光屁股孩子，从头到脚晒得焦黑似炭。（张承志《黑骏马》）

⑬ 在他脚下，蹲着两条狼狗。（《中国儿童百科全书》）

第三种具体存在句的谓语动词是由表示物体在某个空间里运动的动词充当，整个句子表示物体在某个空间里以运动的状态存在，如“走、跑、飞、滚、闪、浮、漂、飘”等。由这类动词作谓语中心的存在句属于动态存在句。例如：

⑭ 居然在太子前面走着一个挑柴的人，太子就跟在后面。（明旸《佛法概要》）

⑮ 看着这个蒸蒸日上的石花镇——宽畅的水泥路上，跑着自制的

洒水车，整齐的路灯下花木簇拥……（《1994年报刊精选·01》）

⑯ 住院楼前的花池里，扑楞楞飞着三五只麻雀，孩子们欢笑着追逐。(《1994年报刊精选·07》)

⑰ 几百米长的山道上，人有时得爬着走、跪着行，头上滚着豆大的汗珠，脚下滚着碎石流沙，挪小小的一步都要付出巨大的代价。(《1994年报刊精选·11》)

⑱ 这时，在临县车赶山一带的山坡上，忽隐忽现地闪着一个女人的身影。(《1994年报刊精选·04》)

⑲ 附近的海面上漂着好几座小冰山，大的与我们乘坐的排水量1500吨的船差不多，小的也比摩托艇大。(《人民日报》1996年8月)

值得注意的是，有些动词表示的是使物体固定在身体上或身体的某个部位上的动作行为，如“穿、戴、拿、握、托、背、抱、扛、拎、提、含、叼”等[①]，这种动词不仅可以用来表示相应的动作行为，还可以与持续体助词“着”配合，用在“N_1+V着+N_2”的格式中，表示保持将物体固定在身体上或身体上的特定部位的状态，这种“N_1+V着+N_2”格式的句子很像是存在句，但实际上它是“主—动—宾”结构的普通陈述句。例如：

⑳ 金岳霖戴着一顶老头帽，$_e$夹着两本书，$_e$眯着眼走进了中山公园营造学社的平房。(张清平《林徽因》)

这里有三个由“N_1+V着+N_2”的格式所构成的句式，后两个承前省略了主语“金岳霖”，其中“戴着一顶老头帽”的意思是让“一顶老头帽”在头上持续地扣着，“夹着两本书”的意思是用力把“两本书”持续地固定在胳膊和身体之间，“眯着眼”的意思是持续地半睁着眼睛，“戴”“夹”“眯”表示的都是“金岳霖”的行为，因此这三个句子都是“主—动—宾”结构的一般陈述句，不属于存在句。

---

① 日本学者荒川清秀先生把这类动词所表示的动作行为称为“自归性”的动作行为，指出了这类动作的实质。荒川清秀先生指出，“自归性”的行为结束之后，所影响到的是行为主体自身——将物体固定在了自己的身上或身体的某一部位上或某一部位里，而“挂、放、摆、堆、贴、写、绣、画、印、刻、插、钉（dìng）”类的动词所表示的动作行为结束之后，影响到的是行为对象——固定在了某种状态上，所以荒川清秀先生把这类动词所表示的行为称为“非自归性”行为。

㉑ 何伟头上戴着一顶瓜壳毡帽，$_e$身穿蓝灰色带大襟长棉袍，$_e$腰里束着一根红布带，$_e$别着双把盒子手枪，一身的土皇帝威武相。（《1994 年报刊精选 · 02》）

这里前四个句子都是“N_1+V 着 +N_2”的格式，后三个句子都承前省略了主语“何伟”，其中第一句和第三句在“戴着”“束着”的前边加上了处所状语“头上”“腰里”，第二句的“身穿”是古代汉语的说法，等于“身上穿着”，“身”是处所状语，第四句还承前省略了处所状语“红布带下”。这四个句子也是“主—动—宾”结构的一般陈述句，不属于存在句。另外，这里第五句除了省略了主语“何伟”以外，还省略了谓语动词“显示出”。

这种用“自归性”动词作谓语中心的“N_1+V 着 +N_2”格式的陈述句只是外表上（用词和词序上）与“具体存在句”相同，但内在的语法结构上与“具体存在句”不同，主要表现在“具体存在句”的“V 着”的前面存在着移位型空主语，如“墙上挂着一幅画”，“墙上”是处所状语，不是主语，“挂着”的前边就存在着移位型空主语，就是后面的“一幅画”；而“N_1+V 着 +N_2”格式的普通陈述句（非存在句）中的“V 着”前面的 N_1 也是处所状语，不是“V 着”的主语，但句子的主语是“V 着”的主语，而“V 着”后面的 N_2 是“V 着”的宾语，所以“V 着”的前面不存在着移位型空主语，如“他身上穿着一件黑上衣”，句子的主语“他”就是“穿着”的主语，“身上”是“穿着”处所状语，“一件黑上衣”是“穿着”的宾语。不过，在这种用“自归性”动词作谓语中心的“N_1+V 着 +N_2”句式中，“V 着”的主语有时承前省略，如上面这个例子中的“身穿蓝灰色带大襟长棉袍，腰里束着一根红布带，别着双把盒子手枪”都承前省略了主语“何伟”。另外，这种用“自归性”动词作谓语中心的“N_1+V 着 +N_2”句式中，“V 着”前面的表示处所的 N_1 有时省略，如“他身上穿着一件黑上衣”可以省略为“他穿着一件黑上衣”，“他手里拎着一个袋子”可以省略为“他拎着一个袋子”，由此我们可以更清楚地看出，这种用“自归性”动词作谓语中心的“N_1+V 着 +N_2”句式属于动作行为句，而不是存在句，而有些研究者把这种句式也看成了存在句，这是不对的。

三、存在句的生成方式

我们知道，汉语的存在句有两种，一种是用“有”作谓语动词的“抽象存在句”；另一种是用表示人或事物的存在状态的动词作谓语动词的“具体存在句”，这两种存在句的生成方式是不同的。下面我们分别加以说明。

（一）“抽象存在句”的生成方式

“抽象存在句”就是“有”字存在句。表示“存在”意义的“有”是由表示“拥有”意义的“有”引申来的，因此，用“有”作谓语动词的“抽象存在句”最初是仿照“N_1有N_2”的普通陈述句造出的，是通过将“N_1有N_2”的N_1换成表示处所的词语的方式生成的。这种存在句早在上古汉语中就已经出现了，不过，当时的“抽象存在句”不像现代汉语“抽象存在句”那样，“有”的前边一定是方位名词或方位名词短语，普通名词性词语也可以用来表示物体存在的处所，这时的“抽象存在句”还没有脱离“拥有”句的状态。例如：

① 南山有桑，北山有杨。（《诗经·小雅·南山有台》）

② 山有乔松，隰有游龙。（《诗经·郑风·山有扶苏》）

③ 庖有肥肉，厩有肥马，民有饥色，野有饿莩。（《孟子·梁惠王上》）

以上三例中，前两例都是直接用普通名词表示物体存在的处所，而例③的四个排比句中，第一、第二句是用处所名词表示处所（“庖”是厨房，“厩”是马棚），第四句是用普通名词表示处所（“野”的后面要加上方位词“外”，说成“野外”才是处所短语），而第三句“民有饥色”不是存在句，而是一个“拥有句”，由此可以清楚地看到“抽象存在句”与“拥有句”的关系。古代汉语的“抽象存在句”可以直接用普通名词表示物体存在的处所，这种做法一直延续到西汉时期。例如：

④ 天有五星，地有五行。天则有列宿，地则有州域。（《史记·天官书》）

这里西汉的司马迁仍然直接用普通名词“天”和“地”表示处所。

到了东汉时期，人们开始重视存在句谓语动词前的词语的处所性，逐渐改变了直接用普通名词性词语表示事物存在处所的习惯。例如：

⑤ 天上有甘露之种，地下有醴泉之类。（东汉·王充《论衡·讲瑞篇》）

这里不再像西汉时期那样说“天有……”“地有……”，而代之以“天上有……”“地下有……”，在普通名词的后面加上方位词性后缀“上”“下”来表示处所。再如：

⑥ 度朔山上有桃树，二人于树下简阅百鬼。（东汉·应劭《风俗通义·雨师》）

这里在“度朔山”的后面加上方位词性后缀“上”，用来表示处所，而不是像上古汉语那样直接用山名表示处所。

⑦ 越地深山中有鸟，大如鸠，青色，名曰“冶鸟”。（东晋·干宝《搜神记》）

这里在“深山”的后面加上方位词性后缀“中”，用来表示处所。

⑧ 吾所见一禽，如麋，羊头，头上有角。（《搜神记》）

⑨ 行路人见石人头上有饼，怪而问之。（东晋·葛洪《抱朴子》）

以上二例都用“头上”表示处所，而不是用“头”表示。试比较：

居丧之礼，头有创则沐，身有疡则浴。（《礼记·曲礼》）

这里是说，守丧时的礼节是：头上有了疮（生疮）可以洗头，身上有了疮可以洗澡。《礼记》的语言属于战国时期的语言，当时直接用“头”“身”表示“头上”“身上”的意思。

⑩ 村中有好美水，王敕村人，常使日日送其美水。（南朝·齐·求那毗地译《百喻经》）

⑪ 时有人被盗黑牛，背上有白毛。（唐·李延寿《北史》）

以上二例分别用方位短语“村中”“背上”表示处所。

由上面所举的例子中我们可以看出，东汉以后，“有”字存在句与“拥有句”在形式上有了明显的区别，它是通过由处所词语加上存在动词“有”，再加上存在主体的方式构成的。到了现代汉语中，为了使语体更加正式，人们有时用处所介词“在”引出人或事物存在的处所，这种“有”字存在句与“拥有句”在形式上的区别更加明显，当然也更能说明“抽象存在句”句首的处所词语属于处所状语，而非主语。例如：

⑫ 在我桌子上，有一个笔筒，里面放满了蘸水钢笔，笔尖朝上。

（王小波《万寿寺》）

⑬ 在前厅的桌子上，有一个巨大的剪贴簿。（邢延国《心灵鸡汤》）

⑭ 在这条街上，有一家世界最贵商店之一的 BIJAM 商店。（《读者》订本）

⑮ 在班长台上，有一本"下机台登记本"。（《人民日报》1996 年 9 月）

⑯ 在迎窗的墙壁上，有两张地图。（《作家文摘·1993B》）

⑰ 在这座山的西坡上，有一排平房，住着我们景慕的碧野先生和诗人吴烟痕先生。（《作家文摘·1995A》）

以上六例"有"字存在句都是用存在介词"在"引出事物存在的处所，如果把"在"去掉，就成了常见的直接用处所词语表示人或事物存在处所的存在句。

另外还有一种"有"字存在句，它的存在主体的后面有补充说明性的成分，补充说明存在主体的性质状态、动作行为等有关信息。例如：

⑱ 村里有个姑娘叫小芳。（歌曲《小芳》）

这里在存在主体"（一）个姑娘"的后面加上"叫小芳"来补充说明她的名字。

⑲ 在前面的绿草地上，有许多男人和女人在跳舞。（张建平，裘因，吴岩译《绿野仙踪》）

这里在存在主体"许多男人和女人"的后面加上"在跳舞"来补充说明他们正在做的事情。

⑳ 在非洲加纳的沃尔特河岸，有 1000 余名儿童被当地渔民压榨。他们基本上是男孩，年龄在 5 到 14 岁之间，因为失去亲人而被贩卖或拐骗到这里。（《都市快讯》2003 年 6 月 13 日）

这里在存在主体"1000 余名儿童"的后面加上"被当地渔民压榨"来补充说明他们的状态。

㉑ 全球每年有 2600 万公顷森林在消亡，有 600 多亿吨表土在流失；四分之一土地荒漠化，100 个国家的 12 亿人受到荒漠化威胁；一半以上的主要河流变干涸或受污染，100 个国家缺水，约 17 亿人缺乏清洁水。（《文汇报》2002 年 6 月 5 日）

这一例中一共有七个存在句，后五个都承前省略了处所状语"全球"和存在动词“有”。这七个存在句的存在主体后的补充说明性成分都是用来说明存在主体的状态的。

这种存在主体后带有补充说明性成分的“有”字存在句的主体部分似乎是一个兼语短语，而且从表面上看，这种存在句是在存在主体的后面加上补充说明存在主体的性质状态、动作行为、名称等的成分。如果这种存在句真的是这样形成的话，它应该能分解成各自独立的两个分句，而有的似乎确实可以这样分解，如例⑲似乎可以分解为“在前面的绿草地上，有许多男人和女人”和“他们在跳舞”两个分句。但实际上，只有当存在主体是一个范围内所存在的全部个体时，这样分解才不至于引起误解，例⑲就是如此，“许多男人和女人”就是“前面的绿草地上”所存在的全部的男人和女人，“前面的绿草地上”只有这些男人和女人，只有这些在跳舞的男人和女人。但还有很多这种存在句的存在主体不是某个范围内所存在的全部个体，这时就不可以这样分解，否则会引起误解，如将例⑱分解为“村里有个姑娘”和“(她)叫小芳”两个分句，给人的感觉是“村里”只有一个姑娘，而这显然是不符合实际的，一个村里通常不可能只有一个姑娘，如果真的只有一个姑娘，作者或说话者会在“有”的前面加上限定性成分“只”之类的。再如，将例⑳分解为“在非洲加纳的沃尔特河岸，有1000余名儿童”和“他们被当地渔民压榨”两个分句，就等于说“非洲加纳的沃尔特河岸”全部儿童的数量是1000余名。不用看上下文，也不用根据常识进行推理，只需根据我们的语感就可以知道，这句话实际上说的是“被当地渔民压榨”的儿童有1000余名，而不是只有1000余名儿童，另外还有不“被当地渔民压榨”的儿童。又如，将例㉑的第一句分解为“全球每年有2600万公顷森林”和“这些森林在消亡”两句，也是不符合原意的，而且句子也变得不通顺了。显然，这种类似于兼语式的“有”字存在句并不是通过在“有”字存在句的后面加上补充说明存在主体的性质状态、动作行为等成分的方式生成的。那么，这种存在主体的后面有补充说明性成分的“有”字存在句是怎样生成的呢？对于这个问题，我们可以根据空语类理论和这种存在句的具体意义弄清楚。下面我们就结合具体例句来说明。

例⑱“村里有个姑娘叫小芳”是说，“村里有个叫小芳的姑娘”；例㉑的“全球每年有2600万公顷森林在消亡”是说，“全球每年有2600万公顷在消亡的森林”；例⑳的“在非洲加纳的沃尔特河岸，有1000余名儿童被当地渔民压榨”

是说，“在非洲加纳的沃尔特河岸的儿童中，有1000余名被当地渔民压榨”。显然这种存在句末的补充说明性成分对表示存在主体的部分来说，起的是定语的作用，是后置定语，而一般情况下，现代汉语中定语要放在中心语的前边，显然这种“有”字存在句是通过将存在主体部分的中心语向前移位的方式形成的，由于存在主体部分的中心语向前移位，使存在主体部分的定语落在了中心语的后面。例如，将“村里有个叫小芳的姑娘”中的表示存在主体部分的中心语“姑娘”向前移位，移到定语“叫小芳”的前面，结果使定语“叫小芳”落在了“姑娘”的后面，原来的结构助词“的”也因为没有使用的必要而去掉了，于是便形成了“村里有个姑娘叫小芳”这个“有”字存在句。我们将这个转换过程更简明地显示如下：

村里有个叫小芳的姑娘。→ 村里有个姑娘叫小芳。

将这个存在句与相应的英语句子相对照，我们可以更清楚地看出这一点：

In the village there is a girl named Xiao fang.

这个英语句子中的“named Xiao fang”相当于汉语“村里有个姑娘叫小芳”中的“叫小芳”，属于后置定语，而汉语相应句子中的“叫小芳”也属于后置定语，但汉语的定语一般是不放在中心语后面的，除非中心语向前移位，由此可见，“村里有个姑娘叫小芳”这个句子正是由“村里有个叫小芳的姑娘”这个句子中的中心语“姑娘”向前移位造成的。

再如，将“全球每年有2600万公顷在消亡的森林”中的表示存在主体部分的中心语“森林”向前移位，移到定语“在消亡”的前面，便形成了“全球每年有2600万公顷森林在消亡”这个“有”字存在句。我们也将这个转换过程更简明地显示如下：

全球每年有2600万公顷在消亡的森林。→ 全球每年有2600万公顷森林在消亡。

这种“有”字存在句的补充说明性成分的前边似乎存在着空主语，如“村里有个姑娘叫小芳”中，“叫小芳”的前边似乎存在着空主语“姑娘”，但通过分析它的生成方式，我们发现，这种存在句实际上是它的补充说明性成分的后面存在着空中心语，如“村里有个姑娘叫小芳”中，“叫小芳”的后面存在着空中心语“姑娘”，这是由中心语向前移位而形成的空中心语。由此看来，有的学者把这种“有”字存在句的主体部分（如“村里有个姑娘叫小芳”中的“有个姑娘叫小芳”）看成一个兼语短语，这种看法是不对的。不过，由于这种存在句的存在主体采用的是定中倒置语序，后置定语的作用由对中心语的限定变成了对中心语的补充说明。为了称说便利，我们将这种“有”字存在句称为“补充说明式”的“有”字存在句。

明确了“补充说明式”的“有”字存在句的生成方式，关于它的生成机制也就不言而喻了。这种存在句是将表示存在主体部分的中心语向前移位，使得它的定语落在句末焦点位置上，从而使它得到了强调。有一篇由储泽祥等（1997）撰写的论文也提到了这种存在句的生成机制，文中说道：“‘有 + 宾’这种存在句，有起话头或转换话题的作用……因为‘有’对宾语的存在性有显示作用，所以它能起话头，后续的话都是在它的基础上往下延续的。‘有 + 宾’表示‘有某个事物存在’，这个事物怎么样呢？那是后续的话所要表达的内容。”[①] 实际上，这种说法并不能说明“补充说明式”的“有”字存在句的生成机制，它没有指出这种存在句是通过将存在主体部分进行定中倒置的方式生成的。

以上我们说明了“抽象存在句”的生成方式。

（二）“具体存在句”的生成方式

“具体存在句”是与“抽象存在句”相对而言的，它能够具体地表示物体的存在方式。如前所述，“抽象存在句”最初是仿照“拥有句”的格式生成的，早期的“抽象存在句”的处所状语大都由普通名词充当，从东汉时期开始，处所状语逐渐统一由处所词语充当，这样，“抽象存在句”才明显地表现出了与“拥有句”不同的句法结构。至于“具体存在句”，它的句法结构与“抽象存在句”相同，都是“处所状语 + 存在词语 + 存在主体”，但“具体存在句”的存在词语不是存在动词“有”，当然不可能是仿照“拥有句”的格式生成的，那它会不会是仿照“抽象存在句”的格式生成的呢？是不是通过用表示人或事物存在状态的词语，如“坐着”“挂着”等，替换存在动词“有”的方式生成的呢？这也不太可能，因为那种“V 着”式的词语本身并没有“存在”的意义，人们不会想到用它来替换存在动词“有”的。从意义和形式上的联系来看，“具体存在句”有可能是由陈述某人或事物在某处以某种动作或状态活动着或静止着的普通陈述句转换

---

① 见储泽祥等《汉语存在句的历时性考察》，《古汉语研究》1997 年第 4 期。

成的，转换的方式是将这种陈述句的谓语移到主语前。例如：

一只鹰在天上飞着。→ 天上飞着一只鹰。

一个人在门外站着。→ 门外站着一个人。

“具体存在句”的谓语中心是“动词＋着”（V着），这种存在句显然是在动态助词“着”产生之后才产生的。从现有的语料看，动态助词“着”是唐代产生的[①]，但最初很少使用。例如：

① 余时把着手子，忍心不得。（张鷟《游仙窟》）

这里“着”是动态助词，表示“把”（握）的动作的持续。

② 莫埋丞相印，留着付玄成。（岑参《故仆射裴公挽歌》）

这里“着”也是动态助词，表示“留”的状态的持续。“留着”的意思是“使……保持被存放起来的状态”。

③ 雨来风静绿芜藓，凭着朱阑思浩然。（褚载《题宛陵北楼》）

随着动态助词“着”的产生，“具体存在句”在唐代也产生了，但从现有的语料来看，使用得很少，元代时期才开始大量使用。例如：

④ 兴罢归来还对酌，茅檐挂着紫荷巾。（唐·韩翃《又题张逸人园林》）

⑤ 至来日，关公去辞曹丞相，至相府，门前挂着“酉”字牌。（元代话本《三国志评话》）

⑥ 前日我在学中回来，打从双门巷里经过，一家门前写着“为善最乐”，你晓得是那一家？（元·无名氏《荆钗记》）

⑦ 白纸上写着黑字儿哩。（元·无名氏《看钱奴买冤家债主》二折）

以上我们说明了与存在句有关的空语类问题。

⑧ 我入城时，曾问人来，那人家门首吊着个龟盖。（元·孟汉卿《张孔目智勘魔合罗》）

---

① 北魏·贾思勰《齐民要术·杂说》中有“着”作动态助词用的例子：“看干湿，随时盖磨着，切见世人耕了，仰着土地，并待孟春。”这里的两个“着”都是动态助词，但柳士镇《从语言角度看齐民要术卷前“杂说”非贾氏所作》（《中国语文》，1989年第2期）一文证明了《齐民要术》中的这篇《杂说》是后人（可能是唐代人）加进去的，并非贾思勰所作。

四、存在句中的空语类

前面我们举例说明了汉语存在的类型、结构、生成方式等问题。下面我们简单说说存在句中的空语类问题。

如前所述，存在句有两种，一种是“抽象存在句”，一种是“具体存在句”，这两种存在句虽然都属于主谓句，但汉语主谓句的常规语序是“主语＋谓语”，而存在句的语序却是“谓语＋主语”，属于主谓倒置的主谓句。相对于一般的主谓句而言，汉语存在句中都存在着空主语，都属于移位型空主语。

在很多情况下，句子中的移位型空语类是由某种语类离开了通常所在的位置造成的，该语类可以移回通常所在的位置，例如：

这本书我看过。→ 我看过这本书。

但是“具体存在句”却不能这样简单地把主语移到谓语前，如不能把“天上飞着一只鹰”中的“一只鹰”简单地移到“天上飞着”的前面，说成“* 一只鹰天上飞着”。如前所述，“具体存在句”是由表示人或事物在某处以某种动作或状态活动着或静止着的普通主谓句（以下简称为“动态或静态持续句”）转换成的，转换的方式是将整个谓语移到主语前。例如：

一只鹰在天上飞着。→ 天上飞着一只鹰。

人们在将“动态或静态持续句”转换成“具体存在句”的时候，实际上是将谓语移到了主语前，所以将“具体存在句”转换成“动态或静态持续句”的时候，实际上要把前置谓语移到主语的后面，而由于人们在将“动态或静态持续句”的谓语移到主语前的时候，省略了谓语中心前的处所状语中的处所介词，所以将“具体存在句”的谓语移到主语的后面时，还要把省略了的处所介词加上，否则名词性的处所状语与名词性的主语连在一起，使整个句子的结构不明确，影响理解。例如：

天上飞着一只鹰。→ 一只鹰在天上飞着。

既然人们将“动态或静态持续句”转换成“具体存在句”的时候，省略了处所状语中的处所介词，那么，是否可以说“具体存在句”的处所状语前存在着空介词呢？我们认为没有必要这样理解。因为我们所说的“空”，是相对于“不空”而言的，而自古以来，如果不是为了获得某种表达效果，汉语句首的名词性处所状语一概不用处所介词引出，虽然相对于“动态或静态持续句”而言，“具体存在句”的句首省略了处所介词，但相对于其他名词性状语句而言，这个位置不算是空的。

至于“抽象存在句”，最初是由“拥有句”原封不动地演变成的，当然这只是表面现象。其实“拥有句”演变成“抽象存在句”后，只是句子的表层结构没有发生变化，仍然是“N_1有N_2”，但是“有”的词义变了，由“拥有”变成了“存在”，N_1与“有N_2”之间的语义关系也随之改变了，N_1不再是“有N_2”的主语，而是“有N_2”的状语，“有”与N_2也不再是动宾关系，而是主谓关系，整个句子的主语由N_1变成了N_2。可见，“拥有句”演变成“抽象存在句”后，表层结构虽然没有改变，但整个句子的深层结构发生了变化，由“主—动—宾”结构变成了“状—动—主”结构，这样，“抽象存在句”的谓语动词“有”的前面就出现了空主语。

相对于汉语主谓句的一般语序而言，“抽象存在句”的谓语动词“有”前边的空主语属于移位型空主语，这种移位型空主语也是由谓语向前移位造成的，但我们不能通过把“抽象存在句”的谓语移到主语的后边，将它转换成普通主谓句，因为在汉语中不存在相应的说法，如我们不能把“地上有一个人”转换成“* 一个人在地上有”，因为汉语中没有“* 一个人在地上有”的说法。如果非要把“抽象存在句”转换成普通主谓句，就只能把存在动词“有”换成表示物体存在状态的动词，如把“地上有一个人”转换成“一个人在地上躺着”。那么，汉语中为什么没有“* 一个人在地上有”的说法呢？这是因为，汉语通常把未知信息放在句末，而当告诉别人某处存在着什么人或事物的时候，如地上存在一个人，这存在的人或事物是未知信息，所以要放在句末，因而通常只说“地上有一个人”，而不说“* 一个人在地上有”。那么，“一个人在地上躺着”为什么可以说呢？因为当告诉别人一个人在某处做某件事情的时候，他所做的事情是未知信息，如果这一个人也是未知信息的话，他所做的事情是更重要的未知信息，所以要放在句末，因而可以说“一个人在地上躺着”。

需要指出的是，我们分析句子中的空语类的目的是为了弄清句子的深层结构，而不是为了将含有空语类的句子还原成没有空语类的句子，而由于受语用因素的影响，也并非所有含有空语类的句子都可以还原成没有空语类的句子；同时含有空语类的句子有其特定的语用功能，有的还有特定的语法意义，如果将含有空语类的句子还原成没有空语类的句子，将会使其失去特有的语用功能，甚至失去其特有的语法意义。

第二节　空语类与汉语的变化句[①]

汉语中有一种特殊的主谓谓语句，如“王冕死了父亲”“王冕瘸了腿”“王冕红了脸”等，它的突出特点是由主谓倒置的主谓短语充当谓语，而谓语中的谓语（俗称为“小谓语”）一般由变化动词或变化形容词[②]加动态助词“了”充当，同时与一般的领属关系主谓谓语句一样，全句的主语（俗称为“大主语”）与谓语中的主语（俗称为“小主语”）具有广义上的领属关系。为了表述方便，我们借用英文字母把这种句式表示为“$N_{领}$V 了 $N_{属}$”和“$N_{领}$A 了 $N_{属}$”，前者的小谓语是“变化动词 + 了”，后者的小谓语是“变化形容词 + 了”，合起来表示就是“$N_{领}$V/A 了 $N_{属}$”。“$N_{领}$V/A 了 $N_{属}$”句式是专门用来表示“变化”意义的句式，所以我们称之为“变化句”。

变化句是汉语中的一种特殊的功能句式，以往学术界虽然早就注意到了这种句式，也有很多著名学者对这种句式进行探讨，但对它的性质、结构、语法意义、生成方式等问题的认识还是不够深刻，有些学者甚至把它看成存现句中的一种，而有的学者虽然已经意识到它与存现句属于不同的句式，但对它的句式意义的认识不够准确，对它的语法结构的认识也没能超过前人，因而我们有必要在前人研究成果的基础上进一步探讨这种句式。

一、以往学术界的观点

关于变化句，以往学术界关注最多的就是它的结构、语法意义和生成方式等

---

① 本书的这一部分内容以《论汉语的“变化句”》为题，作为笔者的辽宁省科学研究一般项目“汉语空语类语法研究”［项目编号：W2015105］的阶段性成果之一，于 2016 年 10 月投到《辽宁师范大学学报》，已被录用，发表时间待定。

② 变化动词就是马庆株《自主动词和非自主动词》（《中国语言学报》1998 年第 3 期第 157—180 页）一文所说的离开“了”不能单说、不能作谓语述语的非自主动同，如“死、断、裂、塌”等。“变化形容词”是能够带动态助词“了、着、过”，用来表示人或事物性质状态变化的形容词，如“他脸红了”中的“红”“他现在聪明了”中的“聪明”，等等。参见张国宪《现代汉语形容词的体及形态化历程》，《中国语文》1998 年第 6 期。

问题，而这几个问题也是变化句研究上的关键性问题。下面我们简单评介一下以往常见的观点。

（一）关于变化句的结构

在变化句中，以往学者们引用最多的是“王冕死了父亲”这个句子。在20世纪50年代发生的那场汉语主语宾语问题的大讨论中，曹伯韩（1956）[①]认为，在“王冕死了父亲”这个句子中，“死了父亲”是描写有关“王冕”的情况的，“王冕”不是“死”的施动者，“父亲”才是“死”的施动者，所以该句的结构是“大主—谓—小主”。这是根据施受关系确定主语和宾语而得出的结论。但当时的“形式派”主张根据汉语“主—动—宾”（SVO）的常规语序判定主语和宾语，因而主张把“王冕死了父亲”这种句子看成“主—动—宾”结构，后来有学者更进一步把这种句子称为“领主属宾句”（郭继懋，1990）[②]，这也是目前学术界的主流看法。

（二）关于变化句的句式意义

在20世纪50年代的那场汉语主语宾语问题的大讨论中，有的学者也谈到了变化句的语法意义，如傅子东（1956）[③]指出，“王冕死了父亲”和“王冕父亲死了”外形虽异，但它们的内容或意义绝对相同。这种看法显然有点简单化。20世纪90年代以后，随着学术界对汉语语法研究的加深，学者们更加深入地探讨了变化句的语法意义。归纳起来，主要有如下几种观点：

1.“丧失”说

这种观点认为，“王冕死了父亲”这种句式的语法意义是“丧失”。沈家煊（2006）指出：“‘王冕死了父亲’所属的句式，整体意义有‘丧失’的成分，‘死了父亲’是“王冕”遭受的损失。”[④]对于这种看法，很多学者都表示不赞同，因

---

① 见曹伯韩《主语宾语问题随感》，《语文学习》1956年第1期。

② 见郭继懋《领主属宾句》，《中国语文》1990年第1期。

③ 见傅子东《主词和宾词》，中国语文杂志社编《汉语的主语宾语问题》，中华书局1956年版。

④ 见沈家煊《“王冕死了父亲”的生成方式——兼说汉语“糅合”造句》，《中国语文》2006年第4期。

为用“丧失”来概括“王冕死了父亲”的句式意义，过于具体，不能囊括所有这类句子的语法意义，如“王冕瘸了腿”，腿虽然瘸了，但腿并没有丧失；“王冕伤了腰”，腰虽然伤了，但腰还在。

2.“存现”说

刘晓林（2007）认为，“王冕死了父亲”是广义的存现句，它的句式意义是“存现”①。孤立地看，“王冕死了父亲”的句式意义似乎可以概括为王冕的父亲消失，但与之属于相同句式的“王冕瘸了腿”“王冕伤了腰”等的句式意义都与“存现”无关。可见，“存现”说也是不全面的。当然，“死”也并不等于消失，把“王冕死了父亲”的句式意义概括为“消失”也是不合逻辑的。

3.“发生”说

李杰（2009）认为：“传统所说的‘领主属宾句’和‘隐现句’在结构特点上并无本质区别……其基本的句式意义也是表示‘发生了某事’，与隐现句稍有不同的是，它一般表示某人或某物发生了某事。”② 李杰认为变化句与隐现句结构相同，而句式意义都是“发生了某事”。

实际上，变化句（小谓语由变化动词充当的）与隐现句只是外部结构相同，也就是词序相同，而不是语序相同，都是“N_1V 了 N_2”，但它们的内在语法结构并不相同，变化句的语法结构是“主—谓（小谓—小主）”（详见下文），而隐现句的语法结构是“状（时间状语、处所状语）—谓—主”（时间状语或处所状语有时省略。参见这一章的第三节“空语类与汉语的事件句”部分）。二者的句式意义也不同。李杰（2009）把隐现句的句式意义概括为“发生了某事”，这是正确的。隐现句（如“村里死了一个老太太”）的 N_1 是“V 了 N_2”所陈述的事件发生的处所，句式意义就是某处发生了人或事物出现、消失等的事件（“村里死了一个老太太”的意思是“村里发生了一个老太太死了的事件”），而变化句的 N_1 是“V 了 N_2”所陈述的事件的当事者，同时也是“V 了 N_2”所陈述的对象，显然变化句所要强调的并不是事件，而是事件的发生对当事者的影响。进一步分析我们会发现，变化句所强调的是事件的发生所引起的当事者的变化，如“王冕

① 见刘晓林《也谈“王冕死了父亲”的生成方式》，《中国语文》2007 年第 5 期。

② 见李杰《试论发生句——对隐现句和领主属宾句的句式意义的重新审视》，《世界汉语教学》2009 第 1 期。

死了父亲”，强调的是父亲的死所引起的王冕的变化——成了没父亲的人；“王冕瘸了腿”，强调的是腿瘸所引起的王冕的变化——成了腿有残疾的人。有的变化句强调的是当事者的心理变化所引起的当事者的情态变化，如“王冕变了脸色”，强调的是王冕由于愤怒、惊恐等引起脸色变化；“王冕红了脸”，强调的是王冕由于害羞等引起脸色变红（详见这一节的第三部分）。可见，把变化句与隐现句的句式意义都笼统地概括为“发生”，这是不准确的。

（三）关于变化句的生成方式

关于变化句的生成方式，以往学术界主要有以下几种观点：

1. 移位说

“移位说”主要有两种，一种是“领有名词移位说”；另一种是“核心动词移位说”。

徐杰（1999，2001）、韩景泉（2000）、温宾利、陈宗利（2001）等学者认为，“王冕死了父亲”这种句式是通过领有名词的移位生成的[①]。他们认为，“王冕死了父亲”的基础形式（原型）是“死了王冕的父亲”，“王冕”由宾语中的领属格位置移到了主语的位置，便生成了“王冕死了父亲”这样的句式。对于这种说法，朱行帆（2005）、沈家煊（2006）、石毓智（2007）等学者分别从理论上指出了它的不合理性[②]。

这种“领有名词移位说”有点太随意。事实上，人们用来转换的句式都是常用的、惯用的句式，而“死了王冕的父亲”并非汉语中的一种常用的、惯用的句式，只是“王冕的父亲死了”的临时变体，只有在极个别的情况下才会这样说，如对比的情况下：“死了王冕的父亲，来了王冕的叔父。”所以“死了王冕的父亲”不会成为用来进行句式转换的基础形式（原型），这种“领有名词移位说”

---

① 见徐杰《两种保留宾语句式及相关句法理论问题》，《当代语言学》1999 年第 1 期；韩景泉:《领有名词提升移位与格理论》，《现代外语》2000 年第 3 期；温宾利、陈宗利:《领有名词移位：基于 MP 的分析》，《现代外语》2001 年第 4 期。

② 见朱行帆《轻动词和汉语不及物动词带宾语现象》，《现代外语》2005 年第 3 期；沈家煊:《“王冕死了父亲”的生成方式——兼说汉语“糅合”造句》，《中国语文》2006 年第 4 期；石毓智:《语言学假设中的证据问题——论“王冕死了父亲”之类句子产生的历史条件》，《语言科学》2007 年第 4 期。

显然是站不住脚的，不能用来说明“王冕死了父亲”这种句式的生成方式。同时，“死了王冕的父亲”也不能转换成“王冕死了父亲”，因为定语“王冕”是依附于中心语“父亲”的，它不能脱离中心语“父亲”向前移位。

有的学者，如朱行帆（2005）认为，“王冕死了父亲”的基础形式是“王冕父亲死了”，在“王冕父亲死了”这个句子中，主语“王冕”的后面隐含着一个没有语音形式的轻动词EXPERIENCE（经历），核心动词“死”向上移位，并跟EXPERIENCE合并，就形成了“王冕死了父亲”这样的句子。沈家煊（2006）、石毓智（2007）等从理论上指出了这种说法的不合理性。沈家煊（2006）还从事实上指出：“更重要的是，设定EXP这样的轻动词会生成许多不合语法的句子，例如，‘王冕经历了父亲生病这件事’并不能说成‘王冕病了父亲’，‘王冕经历了母亲改嫁这件事’也不能说成‘王冕改嫁了母亲’。”李杰（2007）的观点与朱行帆大体相同，只是认为“王冕父亲死了”的主语“王冕”后面隐含的轻动词是“OCCUR”（发生）。这种说法同样是难以成立的。

不过，朱行帆（2005）认为“王冕父亲死了”这个句子的主语“王冕”的后面隐含着一个轻动词“EXPERIENCE”（经历），“死”向上移位，并跟EXPERIENCE合并，便形成了“王冕死了父亲”这种句式，这等于认为“王冕父亲死了”的语法意义是“王冕经历了父亲死了的事件”，而转换成“王冕死了父亲”这种句式之后，表达的仍然是这种语法意义。这种对“王冕父亲死了”和“王冕死了父亲”这两种句式的语法意义的认识是有道理的。“王冕死了父亲”明显是由“王冕父亲死了”转换成的，而“王冕父亲死了”是一个用主谓短语“父亲死了”作谓语的主谓谓语句，用来表示“王冕经历了父亲死了的变故”的意义，只是“王冕父亲死了”的说法容易被理解成“王冕的父亲死了”，表示王冕的变化就成了表示王冕父亲的变化，为了避免这种理解，人们便将主谓短语“父亲死了”的谓语“死了”移到主语“父亲”的前面，也就是将其进行主谓倒置，说成“死了父亲”，于是就有了“王冕死了父亲”这种句式。

我们常说，汉语通过语序和虚词表示语法意义，通过改变常规语序，表达常规语序句所不具备的语法意义，或者区别于常规语序句的故有意义，这是汉语语法手段之一。汉语语法中本来就有主谓倒置的做法，如“来人了”就是主谓倒置，同样，“死了父亲”就是“父亲死了”的主谓倒置说法，所以不必假设“王冕父亲死了”中的“父亲死了”的前面隐含着一个轻动词“EXPERIENCE”（经历）或者“OCCUR”。

2. 基础生成说

有的学者，如潘海华、韩景泉（2005）认为，“王冕死了父亲”的基础形式是“[$_{CP}$ 王冕 [$_{TP}$ e [VP 死了父亲]]]”，“王冕”不是结构的主语，而是话题，“这类话题不是靠移位得来，而是在原位基础生成的”[①]。对于这种“基础生成”说，沈家煊（2006）详尽地分析了它的不能“自洽”性，石毓智（2007）也用语言事实证明了它的随意性。

这种说法的主要问题是，“死了父亲”的语序并不是汉语的常规语序，这种“基础生成”说不能说明“死了父亲”的说法是怎么形成的，实际上也就没有说明“王冕死了父亲”这种句式是怎样生成的。不过，潘海华、韩景泉（2005）说“王冕死了父亲”中的“王冕”不是结构的主语，而是话题，这种说法是有道理的，但不准确，应该说“王冕”是带有话题性质的主语，因为如果“王冕”不是主语而是话题的话，那么话题是独立语，后面能加上语音停顿，整个句子可以说成“王冕，死了父亲”，但实际上是不可以的，如果这样说，“王冕”和“死了父亲”就失去了联系，“王冕，死了父亲”不能成为一个句子。

3. 套用说

由于有些学者认定“王冕死了父亲”这个句子是“主—动—宾”结构，而它的谓语动词又是不及物动词，因而认为它是套用了某个谓语动词是及物动词或不及物动词的及物用法的“主—动—宾”句而来。学者们认定的“王冕死了父亲”这个句子所套用的原型主要有三个：

第一，“N_1丧了N_2”。这种看法是袁毓林（2004）提出的。他认为“死”是一价不及物动词，而“丧”在古代汉语中有及物和不及物两种用法，当“丧”作二价及物动词使用的时候，有“N_1丧了N_2”的说法，将其中的“丧”换成“死”，便形成了“王冕死了父亲”这种句式。下面是袁毓林所引用的例证[②]：

① 这虞博士三岁上丧了母亲，太翁在人家教书。(《儒林外史》第三十六回)

---

① 见潘海华、韩景泉《显性非宾格结构的句法研究》，《语言研究》2005年第3期。

② 袁毓林：《论元结构和句式结构互动的动因、机制和条件——表达精细化对动词配价和句式构造的影响》，《语言研究》2004年第4期。

俞理明、吕建军（2011）也持有相同的观点，只是他们所认定的套用原型比袁毓林提出得更早，是战国时期的“子夏丧其子”[①]。就“王冕死了父亲”这一个句子的形成过程来看，这种说法似乎是有道理的，但是很多像“王冕死了父亲”这种“一价不及物动词”带“宾语”的句子，如“王冕瘸了腿”“王冕伤了腰”等，其中的N_1并没有失去N_2，不可能是套用“N_1丧了N_2”的说法而成的。显然这种“套用说”很难成立。

第二，“王冕丢了某物”。这是沈家煊（2006）提出的。他说：“从糅合的角度看，‘王冕死了父亲’这句话是‘王冕的父亲死了’和‘王冕丢了某物’两个小句的糅合。”这种“糅合说”实际上也是一种“套用说”，实际上是认为“王冕死了父亲”的说法是套用了“王冕丢了某物”的说法而成的，认为把“丢”换成“死”，把“某物”换成“父亲”，就成了“王冕死了父亲”。但是，很多像“王冕死了父亲”这种句子，如“王冕瘸了腿”“王冕伤了腰”等，其中的N_1并没有丢掉N_2，不可能是套用“王冕丢了某物”的说法而成的，所以这种说法也是不能成立的。

第三，“死”的使动用法句。刘晓林（2007）说“王冕死了父亲”是古汉语中“死”的使动用法形式的残留。石毓智（2007）也提出了同样的看法，并作了具体的解释。他引用了元刊杂剧中的“上天生我，上天死我，君王呵不可！”的句子，说：“‘上天’至于采取什么样的行为致‘我’死，则不清楚，因此就缺少了主要动词。这种动宾结构的出现，‘死’就有可能用于新兴存现句，结果就有了‘万秀娘死了夫婿’、‘王冕死了父亲’之类的说法。”这是说，“王冕死了父亲”这种句子是套用了“上天死我”的说法而成的。这种“套用说”也是不能成立的，因为“上天死我”的意思是“上天让我死”，其中的“死”是使动用法，这种句子和“王冕死了父亲”这种句子的结构和意义都是不同的，不可能成为“王冕死了父亲”这种句式的原型。

以上我们简单评述了以往学术界在变化句的结构、语法意义及其生成方式等方面的观点。应该说，这些观点都有很强的理论性，都很有深度，但也都有进一步完善的必要。下面我们就在前人研究成果的基础上，运用空语类等理论，谈谈我们自己对变化句的结构、变化句的语法意义、变化句的生成方式和变化句的表达功能等的看法。

---

① 俞理明、吕建军：《“王冕死了父亲”句的历史考察》，《中国语文》2011 年第 1 期。

二、变化句的结构

在20世纪50年代的那场汉语主语宾语问题的大讨论中，“意义派”根据句法成分间的逻辑关系，把以“王冕死了父亲”为代表的变化句看成“大主—谓—小主”结构，而“形式派”根据汉语的一般语序把它分析成“主—动—宾”结构。我们认为，“形式派”的处理方式可操作性强，但“意义派”的看法可能更符合这种句式的实际。因为：第一，正如当年学者们指出的那样，从成分间的逻辑关系上看，“王冕死了父亲”中的“死了”是对“父亲”的陈述，而不是对“王冕”的陈述，也就是说，“死了”是“父亲”的谓语，而不是“王冕”的谓语，“死了父亲”才是“王冕”的谓语，从这个角度看，“王冕死了父亲”的结构确实是“大主—谓—小主”，更确切地说是“主—谓（小谓—小主）”（谓语部分是一个倒置的主谓短语）。第二，从句式转换的角度看，“主—动—宾”结构的句子一般可以通过宾语前移，转换成“宾—主—动”结构的句子，而基本语义关系不变（郭继懋 1990），如“他吃了那个桔子——那个桔子他吃了”（徐杰 1999）。而如果将“王冕死了父亲”转换成“父亲王冕死了”，则语义关系错乱。另外，“主—动—宾”结构的句子一般也可以转换成处置句（“把”字句），如“他吃了那个桔子”可以转换成“他把那个桔子吃了”，而“王冕死了父亲”不能转换成“王冕把父亲死了”。从这一点也可以看出，以“王冕死了父亲”为代表的变化句不是“主—动—宾”结构。

“空语类”理论也可以证明变化句不是“主—动—宾”结构，而是“主—谓（小谓—小主）”结构。我们还以“王冕死了父亲”这个句子为例。在“王冕死了父亲”这个句子中，“死”是一价不及物动词，按照汉语的常规语序，“死了”的前面应该有一个施事主语，而这里“死了”的前面却是空的，显然“死了”的前面存在着一个空主语，同时“死了”的施事“父亲”出现在了“死了”的后面，显然这个空主语是由主语“父亲”向后移位所形成的，而由于主语“父亲”向后移位，“死了”与“父亲”便构成了倒置的主谓短语，而整个句子就成了用倒置的主谓短语作谓语的主谓谓语句。

顺便说一下，古今汉语的语法事实表明，汉语句法成分移位的时候，都是向前移动，而不是向后移动，因为汉语多词句的每个词语都是按照先后顺序线性排列的，排在前边的词语是按照一定理据需要先说的词语，所以当人们改变语序的时候，实际上是把本来要后说的词语提到前边来说。例如，古汉语中常见的宾语前置现象，如“一言以蔽之”(《论语·为政》，即“以一言蔽之”)，感叹句谓语前置现象，如“贤哉，回也！”(《论语·雍也》，即“回也，贤哉！”)都是句法成分向前移位。再如，现代汉语的某些动补短语带宾语的结构是由补语向前移位所形成的，如“斗不过他”是由“斗他不过”(《西游记·第四十九回》)转换成的。还有某些类似动宾短语带宾语的结构是由宾语中心向前移位所形成的，如“自 1988 年建校以来已办班 227 期，培训学员 3 万余名。”(《人民日报》2003 年)其中的“办班 227 期”是由“办 227 期班”转换成的，“培训学员 3 万余名”是由“培训 3 万余名学员”转换成的。事实证明，句法成分都是向前移位的，某个句法成分向前移位，就导致了本来在它前面的成分移动到了它的后面，这就好比排队的时候，本来排在后面的人来到了前面，导致本来在他前面的人向后移动，我们前面所说的主语向后移位，就是这种移位，这是从直觉的角度而言的移位，并不是从事实的角度而言的移位。

在“王冕死了父亲”这个句子中，“王冕父亲死了”中的小主语“父亲”并不是主动向后移位，而是由于小谓语“死了”向前移位，“父亲”只能被动向后移位，结果在“死了”的前面形成空主语。这种由主语被动移位所形成的空主语，属于“被动移位型”空主语[①]。

我们还有一些理由可以证明以“王冕死了父亲”为代表的变化句是“主—谓(小谓—小主)”结构，只是由于篇幅所限，在此不能讨论，同时，我们并不要求学术界改变经过 50 年代的那场汉语主语宾语问题大讨论所形成的定论，因为这

① 由于句法成分是线性排列的，所以有主动移位型空语类，就有被动移位型空语类。为了简洁起见，本书只从主动移位的角度分析移位型空语类。另外，我们这里说，“王冕死了父亲”是由“王冕父亲死了”转换成的，转换的方式是：将“王冕父亲死了”中的小谓语“死了”移到小主语“父亲”前，也就是将主谓谓语“父亲死了”进行主谓倒置。不过，这只是从共时的角度而言的。实际上，从历时的角度看，变化句有两类：一类是通过人或事物局部的变化来表示人或事物的变化，如“王冕白了头发”，通过王冕头发变白来表示王冕的变化(衰老)。这类“变化句”属于“自变句”。另一类是通过与某人关系亲近的人的变化来表示某人的变化，如“王冕死了父亲”，通过王冕父亲死去来表示王冕的变化(成了孤儿)。这类“变化句”属于“他变句”。“自变句”早在上古汉语中就已经产生了，是由一般的领属关系主谓谓语句转换成的，而“他变句”是在近代汉语中产生的，是由“自变句”类推成的。详见本节第四部分的“变化句的生成方式”。

个定论与我们的看法服务于不同的目的，我们是从实际应用出发，认为如果把以“王冕死了父亲”为代表的变化句的结构看成“主—谓（小谓—小主）”，更有利于说明这种句式的语法意义和生成方式，从而提高语法教学的效率，而学术界把这种句式看成“主—动—宾”结构，具有简洁、易操作的优点，可以用在非实用性（理论性）的语法研究中。

三、变化句的语法意义

如前所述，以往有的学者认为变化句的语法意义是“存现”或“隐现”，有的认为是“得失”，有的认为是“发生了某事”。我们认为，这些看法都是不够全面的。经过分析这种句式的表意方式和表达功能，我们发现，这种句式的语法意义是人或事物发生了某种变化。下面我们具体加以说明。

（一）变化句的表意方式表明它的语法意义是“变化”

常见的变化句的谓语中心所用的词有两类，一类是变化动词，一类是变化形容词，二者都是在动态助词“了”的配合下表示小主语所发生的变化，而由于小主语与大主语具有领属关系，因而小主语的变化或者能引起大主语的变化，或者由大主语的变化所引起，而变化句正是根据这种因果关系，通过小主语的变化来表明大主语的变化。从小主语与大主语间的具体领属关系上看，变化句有两类：一类是通过人或事物局部的变化来表明人或事物的变化；另一类是通过与某人关系亲近的人的变化来表明某人的变化。例如：

① 1992 年秋天，张德珍不幸遇车祸，折断了一根肋骨。(《人民日报》1995 年 3 月）

② 在后来攻打遵义城时，他断了一条腿。(《读者》合订本）

③ 一个道地的铁匠，褐色的皮肤，宽阔的肩膀，瞎了眼睛，又瘸了腿。(《简·爱》)

④ 他坏了嗓子，恐怕以后也很难赚大钱。(《作家文摘·1996A》)

以上四例通过人的肢体或器官的伤残来表明人的变化——成了伤员或残疾人。

⑤ 在大家的精心照料下，她又恢复了健康。(《当代世界文学名著

鉴赏词典》)

这里通过健康的恢复表明“她”又成了健康的人。

⑥ 这时，顾城也恢复了理智，不由又回忆起他们热恋的情景，顿时他后悔不该打自己的爱妻。(1994 年《报刊精选》)

这里通过理智的恢复表明“顾城”又成了有理智的人。

⑦ 米卢又犯了倔脾气。(新华社 2001 年 9 月新闻报道)

这里通过倔脾气再次发作来表明“米卢”又成了脾气倔的人。

⑧ 最后一曲演到一半时，她的琵琶忽然断了一根弦。(《人民日报》1995 年 8 月)

这里通过琵琶的一根弦断了的变化来表明琵琶的变化——坏了。

例 ① 到例 ⑧ 的变化句中，小主语的变化引起了大主语的变化。

⑨ 儿子白了头发，在妈妈面前，也是孩子嘛！(李英儒《野火春风斗古城》)

这里通过头发变白来表明“儿子”的变化——身体衰老了。

⑩ 她一边说，一边就忍不住红了眼圈。(李可《杜拉拉升职记》)

这里通过“她”眼圈变红来表明“她”的变化——伤心了。

⑪ 杜竹斋立刻变了脸色。(茅盾《子夜》)

⑫ 肖俊当场严肃批评了这种浮夸作风，那位干部红了脸。(《1994 年报刊精选》)

以上二例通过人的脸色变化来表明人的心理变化——忧愁了、羞愧了。

⑬ 铁路两旁的柳树黄了叶子，随着铁轨伸展到远远的北方。(孙犁《嘱咐》)

⑭ 路边底梓树都已掉了叶子。(许地山《上景山》)

以上二例通过树木的叶子变黄、掉落来表明树木的状态变化——凋谢了。

例 ⑨ 到例 ⑭ 的变化句中，小主语的变化是由大主语的变化所引起的。

以上是通过人或事物局部的变化来表示人或事物状态变化的变化句。这种变化句所表示的人或事物的变化是由人或事物自身发生的另一变化所引起的，所以我们称之为“自变句”。另一类变化句是通过与某人关系亲近的人的变化来表明某人的处境变化，其中最常见的是通过与某人关系亲近的人的死亡来表示某人的处境变化，如“王冕死了父亲”[①]。这类变化句所表示的人的变化是由他人的变化所引起的，而不是由自身的变化所引起的，所以我们称之为“他变句”。“他变句”通常用来动态地说明人物的身世或人物的婚姻家庭状况，有时也单纯用来说明人物的处境变化。例如：

⑮ 他在五岁时死了母亲，十六岁时死了姐姐，二十七岁时又死了父亲。（《读书》Vol.131）

这里是说，“他”五岁时由于母亲死亡而成了没有母亲的人，十六岁时由于姐姐死亡而成了没有姐姐的人，二十七岁时又由于父亲死亡而成了没有父亲的人。再如：

⑯ 她年纪轻轻就死了丈夫。（《梁冬对话王东岳》文字版）

以上二例的变化句用来说明人物的身世。

⑰ 后来又有给介绍对象的，男方死了妻子，有个孩子。（《读者》合订本）

这一例中的变化句用来说明人物的婚姻家庭状况。

⑱ 沈小妹走了哥哥，可还有舅舅。（方方《桃花灿烂》）

⑲ 我来了两个朋友。我先走了。（电视剧本《编辑部的故事》）

以上二例中的变化句单纯用来说明人物的处境变化（成了没有哥哥的人、成了需要陪同朋友的忙碌的人），谓语动词也由“死”扩展到“走”“来”（“走”和“来”表示人的出现或消失，属于广义上的变化动词）。

例 ⑮到例 ⑲的变化句属于“他变句”，是通过与某人关系亲近的人的变化来表明某人的变化。

事实证明，“自变句”和“他变句”都是通过小主语的变化来表明大主语的变化，从中我们可以清楚地看到，变化句的语法意义就是“变化”。

---

① 刘探宙（2009）自拟了一个“非典时小李也病了一个妹妹”的例句，但在几种大型语料库中我们都没有检索到“$N_{领}$病了$N_{属}$”这种句子。不过，我们也不排除“$N_{领}$V了$N_{属}$”句式的应用范围有扩大的可能，尤其是在追求语言新颖别致的当代文学作品中。见刘探宙《一元非作格动词带宾语现象》，《中国语文》2009年第2期。

（二）变化句的表达功能表明它的语法意义是“变化”

变化句是一种特殊的主谓句，它的语法意义是“变化”，它只用来表示人或事物的变化，不用来陈述事件，而普通主谓句常用来陈述事件。例如：

① 这一年娘虽然正是26岁的俊媳妇，但娘死了丈夫，我死了爹。（谭易《母亲的红瓔珞》）

这里是说，在“我娘”26岁的这一年，“我娘”成了没有丈夫的人，“我”成了没有父亲的人，强调的是一个人去世造成两个人的身世变化。如果是单纯陈述作者的父亲去世的事件，作者只需从自己的角度说：“我爹死了。”而不必说：“娘死了丈夫，我死了爹。”

② 然而福贵头上天灾人祸一再降临，先是父母死了，接着儿子死了，再后来妻子和女儿也死了，连一个他十分疼爱的小外孙也死了。（《作家文摘·1993B》）

这里陈述的是降临到“福贵”头上的“天灾人祸”，也就是他接连遇到的几个“天灾人祸”，也就是几个不幸事件，使用的都是普通主谓句，而不是“死了父母”“死了儿子”“死了妻子和女儿”“死了小外孙”等变化句。从这里我们也可以清楚地看出变化句与普通主谓句在表达功能上的差异。

通过对比可知，变化句是专门用来表示人或事物的变化的，它是通过隶属者的变化来表示领有者的变化，它的语法意义就是“变化”。另外，需要指出的是，普通陈述句也可以用来表示人或事物的变化，如“他的脸色变了”，表示“他”的脸色的变化；“他的父亲死了”，表示“他”的父亲的变化，但普通陈述句还可以用来表示人或事物的动作行为等，并不是专门用来表示“变化”的意义的，所以我们不称之为“变化句”，这就像并不是所有能够表示人或事物存现的句子都叫“存现句”一样，如“嘌呤在食物中广泛存在，并非只存在于海鲜中”（云无心《吃的真相2》），陈述的是嘌呤在何处存在的事实，但这不属于存在句，而是普通陈述句；“奇迹出现了”，陈述的是奇迹的出现，但这不属于出现句，而是普通陈述句。我们所说的“变化句”是专门用来表示“变化”意义的句式，有专门的形式和专门的意义，所以不同于普通的陈述句。

四、变化句的生成方式

如前所述，变化句是一种特殊的领属关系主谓谓语句，它的谓语由主谓倒置的主谓短语充当。从小主语与大主语之间的具体领属关系上看，变化句有两类：一类是通过人或事物局部的变化来表示人或事物的变化，一类是通过与某人关系亲近的人的变化来表示某人的变化，前者是“自变句”，后者是“他变句”。“自变句”产生得早，最初的“自变句”是由一般的领属关系主谓谓语句转换成的，而“他变句”产生得晚，是由“自变句”类推成的。下面我们具体加以说明。

（一）“自变句”的生成方式

从来源上讲，“自变句”是由小谓语为变化动词或变化形容词的一般领属关系主谓谓语句转换成的，转换的方式就是将小谓语移到小主语的前面，如“他变了脸色”是由“他脸色变了”转换成的，“他红了脸”是由“他脸红了”转换成的。至于小谓语之所以要前移，主要是为了避免人们将变化句看成普通主谓句，如避免将“他·脸色变了”看成“他脸色·变了”（他的脸色变了），从而更有效地表现大主语的变化。由于小谓语前移，小谓语紧跟在大主语后，看起来很像是句子的谓语中心，整个句子的语序看起来很像是“主—动—宾”的常规语序，因而很容易被人们接受。

汉语自古以来就是一种借助语序的不同来表示不同语法意义的语言，早在先秦时期就有了变化句（自变句），并且明显是由一般的领属关系主谓谓语句转换成的。例如：

①少间，公出，晏子不起，公入，不起，交举则先饮。公怒，色变。（《晏子春秋·内篇·谏上》）

这里“（公）色变”（齐景公脸色变了）是一般的领属关系主谓谓语句。

②齐侯与蔡姬乘舟于囿，荡公。公惧，变色。（《左传·庄公八年》）

这里“（公）变色”（齐桓公变了脸色）是主谓倒置的主谓谓语句，对比例①可知，它是通过将小谓语“变”移动到小主语“色”的前面而形成的，目的是通过齐桓公的脸色变化来表示齐桓公的心理变化——变得十分恐惧。再如：

③栾书从之，大败楚师，王亲面伤，则雍子之为也。（《国语·楚

语上》)

这里“王亲面伤”(楚恭王本人面部受了伤)是一般的领属关系主谓谓语句，主谓短语“面伤”的前面还加上了副词“亲”，更能表明“王亲面伤”是一个主谓谓语句。

④ 射之，豕人立而啼。公惧，坠于车，伤足，丧屦。(《左传·庄公八年》)

这里“(公)伤足”(齐襄公伤了脚)是主谓倒置的主谓谓语句，对比例③可知，它是通过将小谓语“伤”移动到小主语“足”的前面而形成的，目的是通过齐襄公的足部受伤来说明齐襄公成了伤员。

从上古汉语语料中可以看出，“自变句”是由一般的领属关系主谓谓语句转换成的。这里还涉及另一个问题，那就是一般的领属关系主谓谓语句最初又是怎么形成的？通过考察上古汉语语料，我们发现，一般的领属关系主谓谓语句是由“主语前话题句”(主语前有话题的句子)转换成的。上古汉语比现代汉语更注重突出话题，常把本来可以在句子的主语中作定语的成分放到句子的主语前作话题，从而形成主语前话题句。例如：

⑤ 仁人之言，其利博哉！(《左传·昭公三年》)

这个句子直译就是：仁义的人的话，它的好处真大呀！这个句子本来可以说成“仁人之言之利博哉”，让“仁人之言”在主语中作定语，而说话者为了让“仁人之言”作话题，让它作独立成分，而不让它在主语中作定语，从而形成了这个“主语前话题句”(但这不属于定语移位)。为了下面表述方便，我们把由“主语前话题句”转换成的句子称为“话题主语定语句”(意思是话题转换成了主语中的定语)。仔细体会，我们就会发现，“主语前话题句”与相应的“话题主语定语句”的表达功能有所不同。“话题主语定语句”专门用来陈述话题的附属物的属性，而“主语前话题句”的是通过陈述话题的附属物来对话题加以说明，说明话题的属性，也就是说，“主语前话题句”中的话题后的主谓句不仅对主语具有陈述作用，对话题也有陈述作用，如“仁人之言，其利博哉”中的“其利博哉”对“仁人之言”也有陈述作用(意思是“仁人之言”具有“利博”的特征)。再如：

⑥ 臧文仲，其不仁者三，不知者三。(《左传·文公二年》)

这也是一个“主语前话题句”，直译就是：臧文仲，他不仁义的做法有三个，不明智的做法有三个。这里话题“臧文仲”后面的主谓句“其不仁者三，(其)不知者三”是用来陈述“其不仁”和“其不知”的，但对话题“臧文仲”也有陈述作用，表明臧文仲是一个有“三不仁”和“三不知”的人。

由于这种主语前话题句对话题起了说明作用，话题看起来就像是句子的主语，后面的主谓句看起来就像是句子的谓语，整个句子看起来像是一个主谓谓语句。在这种现象的启发下，人们直接用主谓短语作谓语来造句，就形成了话题与主语合一的主谓谓语句（关于主谓谓语句的生成过程，本章第八节“三、主语话题句的生成”部分将作更详细的说明）。例如：

⑦ 薛征于人，宋征于鬼，宋罪大矣。(《左传·定公元年》)

这里是说：薛国用人证明历史，宋国用鬼神证明历史，宋国罪大呀。值得注意的是，这里的“宋罪大矣”不等于“宋之罪大矣”，否则按照古汉语语法，“宋”在前面刚出现，如果接着用“宋”作定语的话，要用指示代词“其”来代替，说成“其罪大矣”，显然“宋罪大矣”是一个用“宋”作主语、用主谓短语“罪大”作谓语的主谓谓语句。试比较：

⑧ 夏征舒弑其君，其罪大矣，讨而戮之，君之义也。(《左传·宣公十一年》)

这里“其罪大矣”是一个普通的主谓句，主语是“其罪”，“其”是承前替代“夏征舒”作定语的。这里的“其罪大矣”与例⑦中的“宋罪大矣”形成了鲜明对比，由此我们可以清楚地看出“宋罪大矣”是一个主谓谓语句。“宋罪大矣”与“其罪大矣”在意义上也是有区别的：前者强调宋国是一个罪过大的国家，后者强调夏征舒（春秋时期陈国人）“弑其君”的罪过大。这种区别就和“他眼睛大”与“他的眼睛大”一样，前者强调的是“他”的特征，后者强调的是“他”的眼睛的特征，“宋罪大矣”强调的是宋国的性质，“其罪大矣”强调的是夏征舒“弑其君”的行为的性质。我们再通过两个例子对比一下：

⑨ 宋罪重，齐怒深。(《战国策·赵策一》)

这是两个主谓谓语句，是说：宋国罪大，齐国愤怒深重。

⑩ 宋之罪重，齐之怒深。(《战国策·赵策四》)

这是两个普通的主谓句，是说：宋国的罪大，齐国的愤怒深重。

通过对比可知，谓语中心为形容词的主谓谓语句是通过主语在某一方面的特征对主语进行陈述，而主谓句只是陈述主语某一方面的特征。另外，最初的主谓谓语句的谓语中心都是形容词性的，谓语中心为变化动词和变化形容词的主谓谓语句是后出现的。

总之，汉语史的语料表明，作为“自变句”生成基础的一般领属关系主谓谓语句是由“主语前话题句”演变成的，话题成了句子的主语，因而一般领属关系主谓谓语句的主语具有话题的性质，我们在本章第八节中把它称为“主语话题句”。另外，我们说“自变句”是由一般的领属关系主谓谓语句转换成的，这只是从“自变句”的最初来源上讲的，事实上，一种新的句式形成之后，人们可以直接仿照它的构成方式类推造句，而无须临时转换，因而并不是每个“自变句”都经过了由一般的主谓谓语句到谓语部分采取主谓倒置语序的主谓谓语句的转换过程。另外，并不是每一个领属关系主谓谓语句都可以转换成“自变句”，能够转换成“自变句”的主谓谓语句必须是小主语的变化能够引起大主语的状态发生较重大变化的，或者大主语的状态发生了较重大的变化而引起小主语的状态发生了较重大的变化的，否则领属关系主谓谓语句不适宜转换成“自变句”，如“他手凉了”就不适宜转换成“* 他凉了手”，因为人的手变凉通常不足以引起人的身体状态发生较重大的变化，而“他手伤了”就可以转换成“他伤了手”，因为人的手受伤足以引起人的身体状态发生较重大的变化，人的手受伤，人就成了伤员。再如，“他头发长（cháng）了”，也不适宜转换成“他长（cháng）了头发”，因为人的头发变长不足以引起人的身体状态发生较重大的变化，人的头发变长也不是由人的身体状态发生较重大的变化所引起的，而“他头发白了”就可以转换成“他白了头发”，因为人的头发变白，是由人的衰老或过度忧郁、生病等重大变化所引起的变化。

（二）“他变句”的生成方式

如前所述，变化句有“自变句”和“他变句”两类。最初的“自变句”是由一般的领属关系主谓谓语句转换成的，而“自变句”形成之后出现的“自变句”则是由固有的“自变句”类推成的。至于“他变句”，则是由“自变句”类推成的。“自变句”早在上古汉语中就已经产生了，而“他变句”出现得很晚，从现有的近代汉语语料来看，是明代时期才出现的，最早见于明末冯梦龙编纂的白话短篇小说集《警世通言》，石毓智（2007）所引用的“万秀娘死了夫婿”就是其中的一例。“他变句”与“自变句”的语法结构和语义结构相同，所表示的语法意义也相同，因为“他变句”是由“自变句”类推成的，具体说来，它是通过直接用主谓倒置的主谓短语（如“死了夫婿”“死了父亲”等）作谓语的方式生成的，而不是像有些学者所说的那样，是通过用“死”替换“N_1丧 / 亡 / 丢了 N_2”中的“丧”“亡”“丢”的方式生成的，因为“N_1丧 / 亡 / 丢了 N_2”不具备类推出“王冕死了父亲”这种“N_1死了 N_2”句式的表达功能。“N_1丧 / 亡 / 丢了 N_2”只是单纯用来表示 N_1失去了 N_2的事实，而“N_1死了 N_2”这种“他变句”表示的是由于 N_2死亡，N_1成了失去 N_2的人，强调的是 N_2的死亡所引起的 N_1的处境变化，这与“自变句”通过 N_2的变化间接表示 N_1的变化的表意方式一致，很明显“他变句”是由“自变句”类推成的。

综上所述，变化句是一种特殊的领属关系主谓谓语句，它是由主谓倒置的主谓短语充当谓语，它的结构是“主—谓（小谓—小主）”，它的句式意义是“变化”，是通过小主语的变化来表示大主语的变化。从来源上讲，变化句最初是由一般的领属关系主谓谓语句转换成的，早在上古汉语中就已经产生了。由一般的领属关系主谓谓语句转换成的变化句是“自变句”，在近代汉语中，“自变句”又类推出了“他变句”。

形式决定功能，而意义决定形式。变化句的谓语部分采取主谓倒置语序，比一般的领属关系主谓谓语句更适合于通过隶属者的变化来表示领有者的变化，因而具有不可替代的作用。

第三节　空语类与汉语的事件句①

事件句是汉语陈述句中的一种特殊句式，它的完整形式是“时间词语—处所词语—不及物动词 + 了—名词语”，语法结构是“时间状语—处所状语—谓语

① 本书的这一部分曾以《论汉语的“事件句”》为题，作为笔者的辽宁省科学研究一般项目“汉语空语类语法研究”［项目编号：W2015105］的阶段性成果之一在《语言教育》杂志 2018 年第 2 期上发表。在此对《语言教育》编辑部表示诚挚的谢意！

动词—主语”，这种句式专门用来陈述某时某地所发生的事件，所以我们称之为“事件句”。以往汉语语法学界对事件句的认识有所不足，在汉语语法专著和汉语教材的句式系统中甚至还没有“事件句”这一类，这在一定程度上降低了汉语事件句的教学效率。

在汉语语法学界，较早提出“事件句”名称的是沈家煊，但他所说的“事件句”与我们所说的“事件句”有所不同。沈家煊（1995，2004）运用事件语义学（Event Semantics）的理论，根据谓语动词（包括动词短语）的“有界”和“无界”的属性，“把有内在终止点的有界动作称作‘事件’（event），把没有内在终止点的无界动作称作‘活动’（activity）”，并据此把陈述句分为“事件句”和“非事件句”两类，指出：“所谓事件句就是叙述一个独立的、完整的事件的句子。”所举的“事件句”的例子有：①“打破一块玻璃”，②“吃了一个苹果”，③“飞了一只鸽子”，④“飞进来一只苍蝇”等。显然沈先生所说的“事件句”不是根据句式意义归纳出的句式，而是根据谓语动词的意义归纳出的句式，所以沈先生所说的“事件句”中有一部分属于普通陈述句（如例①、②），陈述的是人所做的事情（affair; something done）；有一部分属于以往学者们所说的“隐现句”（如例③、④），而“隐现句”陈述的是客观世界中所发生的事件（event; something that takes place），就是客观事物的变化、各种现象的产生与消亡等，这是真正的“事件”，而不是事件语义学理论所说的“事件”。真正“事件句”的形式、意义和功能与普通陈述句都有所不同。

下面我们先谈谈以往学术界对事件句的研究情况，然后在三个平面理论的指导下，结合转换生成语法的空语类理论、认知语法等有关原理，谈谈我们对事件句的语法结构、语法意义、语用功能及生成方式的看法。

一、以往学术界的观点

如前所述，事件句是一种专门用来陈述某时某地所发生的事件的句式。以往学术界在事件句问题上，研究最多的是事件句的语法结构、语法意义和生成方式。

由于事件句所陈述的大都是人或事物出现或消失的事件，因而以往学术界把它称为“隐现句”，以往学术界对隐现句的看法就是对事件句的看法。另外，以往学术界一般认为隐现句与存在句的语法结构相同，认为它们是同一种句式下的意义不同的两种类型，因而把它们统称为“存现句”，所以以往学术界对事件句的看法其实也是对存现句的看法。我们下面在归纳以往学术界在事件句问题上的观点时，就是归纳他们在存现句或隐现句问题上的观点。

（一）关于事件句的结构

如前所述，以往学术界把事件句称为“隐现句”，把它与存在句看成结构相同而意义不同的两种句式，并合称为“存现句”，所以从以往学术界的角度看，关于事件句的结构问题就是关于存现句的结构问题，这个问题是 20 世纪 50 年代汉语语法研究领域的一个热点问题，当时展开的一场长达一年的汉语主语宾语问题的大讨论，其实质就是对存现句结构问题的讨论。在这场大讨论中，主要有三种不同的观点，其中的一种观点最后占了上风，基本上成了学术界在存现句结构问题上的定论，以后很少有人提出异议。下面我们分别加以说明。

1.“主 – 动 – 宾”结构

这种观点认为，应该根据汉语“主—动—宾”（SVO）的一般语序来分析存现句的语法结构，认为存现句的语法结构是“主—动—宾”。丁声树等在《语法讲话》（《中国语文》1952 年 7 月至 1953 年 11 月连载）中指出：“表示事物存在、出现、消失的句子常常拿地位词做主语”，主张把存现句中谓语动词前的处所词语看作主语，把谓语动词后的名词性词语看作宾语。在之后发生的关于汉语主语宾语问题的大讨论中，邢公婉（1955）、徐仲华（1955）、洪心衡（1956）等都赞同这种观点[①]。如邢公婉（1955）认为，在“村子里死了人”这个句子中，“村子里”是主语，“死了”是动谓词，“人”是宾语。

那些把存现句看成“主—动—宾”结构的学者被称为“形式派”。

2.“附 – 述（谓）– 主”结构

这种观点认为，存现句句首的时间词语或处所词语属于述语（或谓语）的附加语（也就是状语），而谓语中心采取的是主语与述语（或谓语）倒置语序，整

---

① 见邢公婉《论汉语造句法上的主语和宾语》，《语文学习》1955 年第 9 期；徐仲华：《分析句子应该从语法标志出发》，《语文学习》1955 年第 9 期；洪心衡：《空间词作主语的问题》，《语文学习》1956 年第 1 期。

个句子的结构是“附—述（谓）—主”。早期的汉语语法学家大都持这种观点，如黎锦熙《新著国语文法》(1924)、吕叔湘《中国文法要略》(1942)等[①]。在20世纪50年代进行的那场汉语主语宾语问题的大讨论中，王力（1956）认为，在“台上坐着主席团”“隔壁店里走了一帮客”这样的句子中，“主席团”“一帮客”是句子的主语，并且明确地指出：“必须否定‘台上’和‘店里’的主语资格，因为‘坐’和‘走’的行为并不是属于‘台上’和‘店里’的……‘主席团’和‘一帮客’在这里是主语，因为‘坐’和‘走’的行为是属于它们的。”[②] 曹伯韩（1956）认为存现句的结构是“附—谓—主”，指出：“只管结构不管意义是不行的，因为一切语法形式的作用就在于表达意义……‘台上坐着主席团’这样的句子，‘主席团’该是‘存现主语’，因为存在或出现的主体正是‘主席团’。”[③] 祝孔嘉（1955）也明确地指出：“表示出现、存在和消失的句子，主语往往在谓语的后面，这类句子是：某时（或某处）出现了（或存在着、消失了）什么。这类句子也叫它‘主语后出现’。”[④]

那些把存现句看成主谓倒置结构的学者被称为“意义派”。

在那场汉语主语宾语问题的大讨论中，“形式派”的观点最后占了上风，几乎成为定论，之后只有少数学者还坚持“意义派”的观点，如廖雅章（2001）认为，以往学术界把“村子里死了一个人”“丛林里跳出了一只老虎”等存现句分析成“SVO”结构的句子，这是“非科学”的，因为“‘死了一个人’有主谓关系，由‘静态（动）’赋予‘一个人’抽象主格。倒装是存现句的句型（固定的），汉语的特征之一。理由是‘村子里’为已知信息，‘死了一个人’为未知信息，因此发生倒装。”并且明确地指出：按照汉语抽象格赋予者规则，上述两个句子中的“一个人”和“一只老虎”是句子的主语[⑤]。应该说，廖雅章的观点更加有理有据，在50年代“意义派”观点的基础上又进了一步。

---

① 见黎锦熙《新著国语文法》，商务印书馆1998年重印本，第50—51页；吕叔湘：《中国文法要略》，商务印书馆1982年重印本，第40页。

② 王力：《主语的定义及其在汉语中的应用》，《语文学习》1956年第1期。

③ 曹伯韩：《主语宾语问题随感》，《语文学习》1956年第1期。

④ 祝孔嘉：《从教学经验来谈主语宾语问题》，《语文学习》1955年第12期。

⑤ 廖雅章：《TG格理论应用于汉语句子的主宾语和主题的分析》，2001年《全国第六届计算语言学联合学术会议》论文集。

3. 无主句

这种观点认为，存现句是“根本上没有或不需要主语的”句子。高名凯在《汉语语法论》（1946：402—404）中以“客厅里来了一个生人”为例，说：“‘客厅’并不是‘来’的主语，只是在客厅这个地方来了一个生人罢了。这个句子也并不是‘一个人到客厅里来了’的倒装句，因为这两个句子的意义并不相同。”[①] 孙毓平（1958）也认为这种句子是无主句[②]。

以上我们归纳了以往学术界在事件句的语法结构上的三种观点，其中第二种观点，也就是“意义派”的观点，是本文所赞同的（详见本文的第二部分），本书将在此基础上，进一步探讨事件句的语法结构、语法意义、表达功能、生成方式等问题。

（二）关于事件句的句式意义

事件句的句式意义，就是这种句式的语法意义。以往学术界把事件句称为“隐现句”，把它看成与存在句结构相同但句式意义不同的一种句式，因而以往学术界对事件句的句式意义的认识就是对隐现句的句式意义的认识。以往学术界在对隐现句的句式意义的认识上，主要有如下三种观点：

1. 隐现

以往学术界把事件句叫作“隐现句”，“隐现”就是对事件句的语法意义的概括。这种观点认为，隐现句表示的是人或事物的出现（现）或消失（隐）。常见的汉语语法专著和语法教材都持这种观点，这也是人们最熟悉的观点。如黄伯荣、廖序东主编的《现代汉语》教材说[③]：

隐现句表示何处出现或消失何人何物，例如：

① 烟囱里冒出一阵阵浓浓的黑烟。

② 她的脸上透出一丝笑意。（以上表出现）

③ 小溪边顿时没有了女人的踪迹。

① 高名凯：《汉语语法论》，商务印书馆 1980 年重印本。

② 孙毓平：《句首的方位词》，《语文知识》1958 年第 6 期。

③ 见黄伯荣，廖序东《现代汉语》（增订五版），高等教育出版社 2011 年版，下册第 96 页。

④ 昨天村里死了两头牛。(以上表消失)

从实际用例来看，有些事件句的意义确实与人或事物的出现或消失有关，但也有很多事件句的意义与人或事物的出现或消失没有关系，或者没有直接关系，如上面的例④，牛死了不等于牛消失，当然牛消失也不一定是死了，还可能是丢了，所以把表示牛死亡事件的句子的意义概括为“消失”，这是不确切的。再如下文将要提到的“路边翻了一辆车”这个句子，既不能把它的意义概括为“出现”，也不能概括为“消失”。由此可见，事件句的语法意义不是“隐现”，把事件句称为“隐现句”也是不合适的。关于这一点，有些学者已经注意到了，如李杰(2009)、周燕(2011)(详见下文)。

2.“发生”说

这是一种新的观点，认为隐现句的句式意义是“发生”。李杰(2009)说：“前人对于隐现句的句式意义的概括有一定的道理，的确有些具体的隐现句可以表示‘出现或消失’的意思。但是我们在考察中发现，表示‘消失’的句子是非常少的，大约只占隐现句的5%左右。更值得注意的是，有些句子所表示的意义很难用‘隐现’来概括……据我们考察，当发话人使用诸如‘地上碎了一个碗’、‘路边翻了一辆车’这类句子时，上下文语境表明他的表达意图不是要表示某处出现或消失了某人或某物，而是表示某处发生了某事。”[①] 李杰(2009)认为隐现句的句式意义是“某处发生了某事”，概括得非常精辟，这是本文所赞同的，但李杰过于注重句式间的共同性，强调句式的“连续统”，把传统所说的隐现句与“领主属宾句”看成相同的句式，并把它们的句式意义笼统地概括为“发生”。这种看法是不准确的，实际上，“领主属宾句”与隐现句所表示的语法意义并不相同。隐现句表示某时、某处发生了某事，所陈述的是一个事件，如“村里死了一个人”，表示“村里发生了一个人死了的事件”，而“领主属宾句”并不是用来陈述事件的，而是用来表示人或事物发生了某种变化的，它是通过隶属者的变化来表示领有者的变化，如“王冕死了父亲”，表示由于父亲去世，王冕成了失去父亲的人(孤儿)；“王冕瘸了腿”，表示由于腿瘸了，王冕成了残疾人；“王冕红了脸”，用脸色变红来表示王冕的心理变化(害羞了)。可见，隐现句属于事件句，

① 李杰：《试论发生句——对隐现句和领主属宾句的句式意义的重新审视》，《世界汉语教学》2009年第1期。

而“领主属宾句”属于“变化句”，二者并不属于同一种句式（关于“变化句”，参见本章第二节“空语类与汉语的变化句”部分），二者的语法意义也不相同。

李杰（2009）虽然注意到了隐现句的句式意义是“某处发生了某事”，却非要把它的句式意义概括为“发生”，除了要把它与变化句统一起来之外，还有一个原因，就是在句法分析上，没能做到形式与意义相结合。其实，如果人们要表示“发生”的意义，是不需要采取主谓倒置语序的，只需采取常规语序即可，如只需说“一起严重的汽车爆炸事件发生了”，就可以表示“发生”的意义，而无须说“发生了一起严重的汽车爆炸事件”；只需说“西安事变发生了”，就可以表示“发生”的意义，而无须说“发生了西安事变”。

3. 变化说

周燕（2011）在李杰（2009）研究成果的基础上认为，隐现句的句式义是“变化”。她说：“我们把隐现句式的句式义概括为‘变化’……隐现句式本身表达的是一个变化事件……出现、消失类动词本身就是典型的变化动词，由它们所代表的事件均同变化有关。”[①] 同李杰一样，周燕也意识到了隐现句是用来陈述事件的，却根据隐现句的谓语动词的语义特征，把它的句式意义概括为“变化”，没能准确地认识事件句的语法意义。

在上述的关于事件句（隐现句）的句式意义的三种观点中，本书的观点与李杰（2009）的观点有相同之处，认为事件句的句式意义是“某时某处发生了某个事件”（详见下文）。

（三）关于事件句的生成方式

由于事件句看起来像是“主—动—宾”结构的陈述句，但从句法成分间的逻辑关系上看，却是“状—动—主”结构的陈述句，显然它不是一种原生的汉语句式，而是由其他句式转换成的。关于事件句由何种句式转换而来以及具体的转换方式，学术界主要有以下三种观点：

1. 主语中心后移

沈阳（1996）认为，隐现句是通过“主语中心后移”的方式生成的。如“仓库里烂了不少苹果”，它的深层结构是“仓库里（的）不少苹果烂了”，是通过将

---

① 周燕：《现代汉语隐现句研究》，复旦大学2011年硕士学位论文。

作主语的定中短语的中心语“不少苹果”向后移位转换成的[①]。但事实上，汉语定中短语的中心语要移位的话，也只是向前移位，而不向后移位。例如：

自1988年建校以来已办班227期，培训学员3万余名。(《人民日报》2003年)

这里“班227期”是由定中短语“227期班”转换成的，“学员3万余名”是由定中短语“3万余名学员”转换成的，都是将定中短语的中心语移到定语前。同样，如果将“仓库里的不少苹果烂了”的主语中心“不少苹果”移位的话，也只能前移，结果就是：“不少苹果，仓库里的，烂了。”

古今汉语的语法事实表明，汉语句法成分移位的时候，都是向前移动，而不是向后移动，因为汉语多词句的每个词语都是按照先后顺序线性排列的，排在前边的词语是按照一定理据需要先说的词语，所以当人们改变语序的时候，实际上是把本来要后说的词语提到前边来说（参见本章第二节的“二、变化句的结构”部分）。由此可见，事件句不是通过主语中心后移的方式生成的。

2. 谓语动词前移与“轻动词”合并

朱行帆（2005）、李杰（2009）等认为隐现句的底层结构（深层结构）是“主语（时间、处所）—主语（人或事物）—不及物动词”，主语（时间、处所）的后面隐含着一个轻动词“OCCUR（发生）”，不及物动词前移，与轻动词“OCCUR（发生）”合并，便生成了“主语—不及物动词—宾语”这种“表层结构”[②]。下面是朱行帆（2005）所举的例子：

a. 工厂OCCUR一堵墙倒了。——工厂倒了一堵墙。

b. 昨天OCCUR一堵墙倒了。——昨天倒了一堵墙。

这种“轻动词”假说很难成立，并且汉语中并不存在“工厂OCCUR（发生）一堵墙倒了”之类的“深层结构”，因为“OCCUR（发生）”与后面的主谓短语在语义上是不能搭配的，因而这个“OCCUR（发生）”是不可能隐含在“工厂一堵墙倒了”之类的说法中的，所以“工厂倒了一堵墙”之类的说法也不可能是由“工厂OCCUR（发生）一堵墙倒了”之类的说法转换成的。不过，朱行

---

① 沈阳：《汉语句法结构中名词短语部分成分移位现象初探》，《语言教学与研究》1996年第1期。

② 朱行帆：《轻动词和汉语不及物动词带宾语现象》，《现代外语》2005年第3期。

帆（2005）的说法表明，他已经初步意识到了隐现句具有“发生了……事件”的意义，并且已经意识到了“工厂倒了一堵墙”之类的隐现句是由“工厂一堵墙倒了”之类的说法转换成的，但他可能认为，如果单纯说“工厂一堵墙倒了”之类的说法通过谓语动词向前移位转换成了“工厂倒了一堵墙”之类的说法，没有说服力，因而要套用“轻动词”学说来说明谓语移位的机制。

3. 主语与述语（谓语）倒置

如前所述，早期的几位汉语语法学家认为存现句的谓语中心采取的是主语与述语（谓语）倒置的语序，这实际上就是认为存现句是通过将句子的主语与述语（谓语）倒置而成的。关于这一点，黎锦熙《新著国语文法》（1924：50—51）说得最明确。黎锦熙把存现句句首的时间词语或处所词语称为“不用介词的副位名词”，认为它是“副夺主位”，指出：“这种在句首的副位，尤其是表地位的，在汉语的习惯上往往要变更主语的位置，让它倒装于述语之后。”认为“茶棚里坐着许多的工人”是由“许多的工人在茶棚里坐着”转换成的，“前面来了一个和尚”是由“一个和尚到前面来了”转换成的，前者是用来解释存在句的生成方式的，本书的观点与此相同（参见本章第一节“空语类与汉语的存在句”），后者是用来解释隐现句的生成方式的。

在上述的关于存现句的生成方式的三种观点中，本书的观点与第三种观点即黎锦熙《新著国语文法》的观点大体相同（详见本节的第三部分）。

以上我们归纳了以往学术界在事件句的结构、意义和生成方式上的主要观点。下面我们谈谈本书对事件句的语法结构、语法意义、语用功能和生成方式的看法。

二、事件句的语法结构

如前所述，事件句就是以往学者们所说的隐现句。以往学者们认为，隐现句与存在句的语法结构相同，因而把它们归为一类。在 20 世纪 50 年代的那场主语宾语问题的大讨论中，“意义派”根据句法成分间的逻辑关系认为存现句的结构是“附—述（谓）—主”，而“形式派”则认为存现句的结构是“主—动—宾”。“意义派”的代表王力、曹伯韩、祝孔嘉等的观点本来是符合逻辑的，是非常精辟的，而最后占上风的却是“形式派”的观点，之所以如此，主要是因为“形式派”认为，“意义派”主张根据施受关系确定存现句的主语和宾语，而根据施受关系确定存现句的主语和宾语，有时会得出矛盾性的结论。例如，根据施受关系，要把“台上坐着主席团”中的“主席团”分析为主语，却要把“墙上挂着一幅画儿”中的“一幅画儿”分析为宾语，而这两个句子无论在结构上还是在人的语感上都完全相同，于是“形式派”认为，既然“一幅画”是宾语，那么“主席团”也可以看成宾语，这样分析可以避免出现矛盾性的结论，又符合汉语句子的“主—动—宾”的常规语序。“形式派”的观点就这样战胜了“意义派”的观点。但实际上，当时的学者们在分析“墙上挂着一幅画儿”这种谓语动词为及物动词的存在句时，对及物动词的意义的理解出现了偏差。其实，存在句中的及物性的谓语动词并不表示对存在主体进行处置的动作行为，而是在持续体助词“着”的配合下，表示存在主体的存在状态，“墙上挂着一幅画儿”中的“挂着”表示的就是“一幅画儿”的存在状态，也就是悬挂着的状态，而不是表示有人正在挂一幅画儿，所以“挂着”和“一幅画儿”之间并非是动宾关系，而是主谓关系。可见，当初的“意义派”根据句法成分间的逻辑关系确定存现句的主语和宾语，这种做法是正确的。

为了表述方便，我们借用英文字母把事件句表示为“TLVi 了 N”，其中 T 代表时间词语（包括时间名词、时间副词和能够表示时间的短语等），L 代表处所词语（包括处所名词、方位名词和能够表示处所方位的短语等），Vi 代表不及物动词，N 代表名词性词语。隐现句的谓语动词 Vi 都是不及物动词，而不及物动词本来就是不带宾语的，所以它与后面的 N 也不可能是动宾关系，同时它表示的是 N 的出现、消失或变化，而不是 T 和 L 的出现、消失或变化，所以它与 N 能构成主谓关系，与 T 和 L 不能够成主谓关系。而且实际上，T 和 L 并不总是名词性词语，有时 T 是时间副词，有时是介词短语，而 L 有时也是介词短语，而这些都是不能作主语的，显然 T 和 L 只是用来表示后面的部分（Vi 了 N）所陈述事件发生的时间和处所的，属于时间状语和处所状语。这样，一个完整的事件句的语法结构就是：“时间状语—处所状语—谓语动词—主语”，它的主体部分（时间状语和处所状语后面的部分）采取的是主谓倒置语序。例如：

① 那一年（T）我的屋前（L）死（Vi）了一棵丁香树（N）。(《作家文摘》1993 年）

② 这时（T），迎面（L）来（Vi）了一个人（N）。（温瑞安《惊艳

一枪》）

③ 当晚8点20分左右（T），在首都德黑兰（L）又发生（Vi）了一起炸弹爆炸事件（N）。（《文汇报》2005年6月14日）

由于表达的需要，事件句的时间状语和处所状语有时前后易位，而如果事件发生的时间或处所在上文中已经说明，或者是不言而喻的，时间状语和处所状语经常省略，形成“TVi了N”“LVi了N”“Vi了N”的形式。例如：

④ 正在这时候（T）来（Vi）了一个人（N），他双手把我的腰抱住！（《安徒生童话故事集》）

这里省略了处所状语“后面”。

⑤ 突然，对面（L）来（Vi）了一辆两人骑乘的脚踏车（N）。（木原浩胜、中山市朗《怪谈新耳袋》）

这里省略了时间状语“这时”（“突然”本是“来”的状语，为了强调它，把它提到了句首，占据了时间状语的位置）。

⑥ 十九年，似乎一切全变了，又似乎都没有改变。死（Vi）了许多人（N），毁（Vi）了许多家（N）。（巴金《爱尔克的灯光》）

这里省略了时间状语“在这十九年里”和处所状语“我的故居”（这里“毁”是“毁坏”“破灭”的意思，表示的是状态的变化）。

总之，事件句是一种主谓倒置的主谓句。事件句之所以采取主谓倒置语序，主要是因为事件句的主语表示的是事件的参与者，是需要强调的未知信息（如“来客人了”中的“客人”），而按照汉语的习惯，未知信息通常要放在句末，因此要先说谓语动词，让主语处在句末焦点位置上。一般主谓句是用来陈述主语的动作行为、变化等的，主语的动作行为、变化等是需要强调的未知信息（如“客人来了”中的“来了”），所以表示主语的动作行为、变化等的谓语动词要放在主语后，使它处在句末焦点位置上，从而使它得到强调。

三、事件句的语法意义

以往学术界把事件句看成表示人或事物出现或消失的句子，实际上就是认为它的句式意义是人或事物的出现或消失。但是，事件句采取的是主谓倒置语序，而如果仅仅要表示人或事物出现或消失的意义，是不需要采取主谓倒置语序的，如“许多人死了，许多家毁了”，就足以表示许多人和许多家都已经消失的意义，而巴金《爱尔克的灯光》一文说“死了许多人，毁了许多家”，显然是为了说明在过去的十九年里故居所发生的变故，是把许多人死去和许多家庭破灭当作故居所发生的事件来陈述的。事件句是专门用来表示由人或事物的出现、消失、变化所构成的事件的。从多个语料库中我们搜索到了许多在前后语篇中带有附加“事件标记”的事件句，充分证明了事件句的句式意义是“某时某地发生了某个事件”。例如：

① 村里死了一个人，这应该说是大事了。（李佩甫《羊的门》）

② 偶尔看了一部电视小品：《局长的小鸡死了》。说的是某局长家死了一只小鸡，本来区区小事不值一提，然而一些献媚讨好者却群起而围之，演出了这样的一幕：上门慰问的、电话“告急的”、送鸡赠物的，进进出出，络绎不绝……（《人民日报》1996年4月）

③ 此外，施工期间死了三名员工，造成巨额的赔偿，这些意外事件，导致公司业绩下降，资金周转困难，不得不走上破产之途！（《哈佛管理培训系列全集·第13单元 哈佛经理弊病诊治》）

④ 有人喜欢把一些没来由的风言风语，当做天大的事儿传来传去，说震北村最近活活地饿死了三个人。（欧阳山《苦斗》）

⑤ 说到停止娱乐，不由得联想起丧事来。一家死了人，一家哭，一国死了人，一国哭。（俞平伯《国难与娱乐》）

⑥ “出了什么事？出了什么事？”工人问。“没事！碎了几个瓶子……”（乔雪竹《城与夜》）

从上下文中我们可以清楚地看到，以上6例中的“村里死了一个人”“某局长家死了一只小鸡”“施工期间死了三名员工”“震北村最近活活地饿死了三个人”“一家死了人”“一国死了人”“碎了几个瓶子”等句子所陈述的都是事件。例⑥的“出了什么事”是疑问形式的事件句，答话用的也是事件句，而不是普通陈述句（几个瓶子碎了）。

通过事件句与普通陈述句在表意上的分工，我们也可以看出事件句的句式意义是“某时某地发生了某个事件”。例如：

⑦ a. 你还记得吗？那一年我的屋前死了一棵丁香树……我不知道父亲说的死了丁香这件事，只记得姥姥那阵子常偷偷磕头祷告，生怕别

人看见。(《作家文摘·1993》)

b. 胜利油田机关报上曾有人写了一篇《树祭》为其作传，第一句话是：孤岛一棵树死了。(《人民日报》1994年第3季度)

例⑦a用“那一年我的屋前死了一棵丁香树”来陈述“死了丁香这件事”，采取的是主谓倒置语序，而例⑦b中《树祭》的作者是为了“祭祀”孤岛上一棵死去的树，而不是要叙述孤岛上一棵树死去的事件，所以开头便说“孤岛一棵树死了”，使用的是普通主谓结构的陈述句，而没有使用主谓倒置的事件句：“孤岛死了一棵树。”从这里我们可以清楚地看出事件句与普通陈述句在表意上的分工。

通过实际用例和对比，我们可以清楚地看到，事件句是一种专门用来陈述已经发生的事件的句子，它的句式意义是“某时某地发生了某个事件”，而隐现句的名称并不能表明这种句式的实质。

四、事件句的语用功能

总的说来，事件句的语用功能就是陈述事件，用来概括地报道一个事件，从而引起后续语篇对该事件过程的具体说明。从语义上看，事件句句末的N（也是句子的主语）有两种，一种表示的是事件的参与者，如“那一年我的屋前死了一棵丁香树”中的“一棵丁香树”；一种表示的是事件本身，如“当晚8点20分左右，在首都德黑兰又发生了一起炸弹爆炸事件”中的“一起炸弹爆炸事件”。与事件参与者搭配的不及物动词Vi都是变化动词，包括表示状态变化的动词及表示出现、消失的动词等（人和事物的出现和消失，也是人和事物发生的一种变化。当然，这是一种广义上的变化），如“死、病、瘫、掉、断、裂、倒、塌、散、败、丢、醉、醒、长、成、完、上当、上瘾、毕业、倒闭、倒塌、坠毁，出、出现、发生、消失、失踪、灭亡，来（意思是‘出现’，如‘来了一个人’）、走（意思是‘离开’）”等；与事件本身搭配的不及物动词Vi是“发生”（或其同义词“爆发”“出”等）。与此相应，事件句有两种，格式都是“TLVi了N”，其中Vi是变化动词而N是事件参与者的事件句是一种，而Vi是事件动词“发生”、而N是名词“事件”“事变”“运动”等“事件标记”的事件句是一种。我们可以把后者具体地表示为“TL发生了……事件/事变/运动”。例如：

① 今年5月2日，位于深圳市深南东路的三九太空月光城发生了

一起歹徒持枪伤人事件。(《人民日报》2002 年)

② 1927 年 5 月 21 日，长沙发生了“马日事变”。(《作家文摘·1997A》)

③ 1891 年初，中国长江流域发生了大规模的反洋教运动。(陈廷一《宋氏家族全传》)

从上面的例子中我们可以看出，“TL 发生了……事件 / 事变 / 运动”式事件句由于有动词“发生”和事件的显性标志“事件”“事变”“运动”等，我们能够清楚地意识到它是一个事件句，所以我们称之为“显性事件句”。相比之下，主语是事件的参与者的事件句是一种隐性事件句。这两种事件句的语用功能是有差异的。下面我们分别说明这两种事件句的语用功能。

(一)隐性事件句的语用功能

隐性事件句就是主语是事件的参与者的事件句，主要用来陈述由人或事物的出现、消失、变化等构成的瞬时发生并结束的简单事件。由于隐性事件句的谓语动词都是不及物动词，所以可以采取主谓倒置语序，从而与普通陈述句相区别，非常适合于用来陈述简单事件。具体表现如下：

第一，能够使听者或读者充分注意事件的整体。为了能够充分实现陈述事件的功能，隐性事件句采取了主谓倒置语序，让事件的参与者位于句末，而不是让谓语动词位于句末，这样可以避免听者或读者更多地注意谓语动词所表示的事件参与者的出现、消失、变化等，而是先让听者或读者注意到一价事件动词（不及物动词），继而在悬念的作用下，再去注意听或看这个一价事件动词的唯一必要论元，也就是事件的参与者，这样就充分注意到了事件的整体。让听者或读者充分注意到事件整体，是事件句的一个很重要的语用功能。例如：

① 我们满洲里线的这边昨天发生意外，死了一个人，听说漠河线的那边翻了一台车。(微博)

这里说“死了一个人”“翻了一台车”，而不说“一个人死了”“一台车翻了”，是因为如果说“一个人死了”“一台车翻了”，听者或读者更多注意到的是“一个人”和“一台车”所发生的变化（死了、翻了）；而说“死了一个人”“翻了一台车”，听者或读者先注意到的是动词“死了”“翻了”，而由于“死了”“翻了”的前面没有主语，听者或读者不知道是谁或什么“死了”“翻了”，因而在悬念的作用下，再去注意听或看是谁或什么“死了”“翻了”，这样就注意到了事件整体，而不是事件的局部。

② a. 1992年阴历十一月，河底镇失踪了一个年轻人。（杨平、胡晓光《铁血刑警张晓峰》）

这里用主谓倒置的事件句来陈述“一个年轻人失踪了”的事件，而不说“一个年轻人失踪了”，可以避免人们更多地注意“一个年轻人”的失踪，而是要把“一个年轻人”的失踪当作一个事件来关注。试比较：

b. 本月中旬发生了大陆劳务合作工人失踪死亡事件。（《人民日报》1994年第3季度）

这里谓语动词是典型的事件动词“发生”，听者或读者自然知道后面将要陈述一个事件，所以会接着注意听或看后面的事件内容，所以“大陆劳务合作工人失踪死亡”可以不采取主谓倒置语序来陈述，只需采取正常的主谓语序来陈述。不过，“大陆劳务合作工人失踪死亡”是一个动词性短语，与动词“发生”在语义上不能搭配，所以后面需要加上名词性的中心语“事件”，从而与事件动词“发生”相照应，否则就是一个不合格的句子。

c. 下午发生了第二件事：一个挑夫失踪了。（凡尔纳《巴尔萨克考察队的惊险遭遇》）

这里前一句是一个显性事件句，但没有说出事件的内容，只是表明后一句要陈述一个事件，而有了这个提示性的事件标记，后一句也只需采取普通主谓句的形式，无须采取主谓倒置语序，同样可以使读者知道这个句子陈述的是一个挑夫失踪了的事件，而不是在强调一个挑夫的失踪。如果前面没有“发生了第二件事”这个提示性的事件标记，整个句子就需要采取隐性事件句惯用的主谓倒置格式，说成“下午失踪了一个挑夫”。

第二，符合汉语已知信息在前、未知信息在后的语序原则。事件句所陈述事件的参与者对听者或读者来说，通常是未知的，属于未知信息，而正如许多学者所指出的那样，汉语在语序的安排上，有一种让已知信息在前、未知信息在后的强烈倾向，而事件句采用主谓倒置语序，让事件的参与者位于句末，正符合这种要求。丁声树等《现代汉语语法讲话》（1961）举了一个典型例子[①]：

---

① 见丁声树等《现代汉语语法讲话》，商务印书馆1999年重印本，第36页。

③ 远远看见大黑、三个民兵都已回来了，还来了区上一个助理员、一个交通员。（赵树理《小二黑结婚》）

丁声树等说：“‘大黑、三个民兵’是上文已经提过的，是确定的，所以说‘大黑、三个民兵都已回来了’。‘区上一个助理员、一个交通员’是上文没有提过的，是不确定的，所以说‘还来了区上一个助理员，一个交通员’。”

不过，尽管未知信息在后的原则对汉语事件句的语序有影响，但决定汉语事件句采取主谓倒置语序的主要因素还是陈述事件的需要，因此，有时为了让听者或读者关注所要陈述的事件整体，即使事件的参与者是已知信息，说话人或作者也会采取主谓倒置语序，让参与者位于句末。例如：

④ 这时来了《美文》杂志的编辑穆涛，往衣盆里看了，问：“主编给哪个婆娘洗裤衩？”（《作家文摘·1994B》）

⑤ 当客轮停靠在目的地马赛港以后，在全部的乘客中，惟独失踪了一个叫雅克·萨非的前S市法租界警官。（蔡骏《猫眼》）

以上二例中的“穆涛”和“雅克·萨非”对读者来说虽然是未知信息，但作者用“《美文》杂志的编辑”“前S市法租界警官”表明了“穆涛”和“雅克·萨非”的身份，使“穆涛”和“雅克·萨非”临时成了读者的已知信息，本来可以用“《美文》杂志的编辑穆涛”和“一个叫雅克·萨非的前S市法租界警官”作主语，但作者为了增强语言的故事性，仍然采取了主谓倒置语序。

第三，可以更流畅地陈述事件。隐性事件句的谓语中心采取主谓倒置语序，让事件的参与者位于句末，这样可以顺理成章地成为后续篇章进一步描写或说明的对象，后续篇章可以自然地省略主语，这既符合语言经济性原则，又使语篇连贯，在小说等记叙性文体中经常使用。例如：

⑥ 刘乾站立檐前，只见南门那边来了一个人，腰束皮挺带，身穿布衫，行走如飞。（《封神演义》第16回）

⑦ 洞门外来了一个雷公嘴毛脸的和尚，手持着一根许大粗的铁棒，要他师父哩！（《西游记》第二十回）

⑧ 后边又新从景州来了一个尼姑，姓郭，年纪三十多岁，白白胖胖，齐齐整整的一个婆娘。（《醒世姻缘传》第八回）

以上三例中的后置主语“一个人”“一个雷公嘴毛脸的和尚”“一个尼姑”可以自然地作后续篇章的逻辑主语，而无须另用代词代替，行文简洁流畅。

第四，有利于对话语的顺利理解和记忆。有时事件的参与者较多，并且需要通过并列短语的形式一一列举说明，这样的主语就比较复杂，同时主语往往具有话题的作用，人们更多地注意的是后面对主语的说明，因而听完或看完整个句子之后，不能准确地把握事件的各个参与者，而隐性事件句的谓语中心采取主谓倒置语序，就可以使复杂的主语处在句末焦点的位置上，引起听者或读者的充分注意，从而使听者或读者集中精力听或看构成主语的各个参与者，这符合简单成分优先、复杂成分靠后的语序安排的原则，有利于理解和记忆。例如：

⑨ 这成都是四川省会之地……来了十二名皂隶，四个书办，四个门子，八名轿夫，一副执事，一顶明轿，齐齐的接到江边。(《醒世姻缘传》第九十一回）

这一例陈述的是有多个参与者的事件，如果不采取主谓倒置语序，事件的多个参与者罗列完了之后才说出事件动词，排在前边的事件参与者与事件动词相隔较远，影响对话语的顺利理解，也降低了对事件的多个参与者记忆的容易程度。

（二）“显性事件句”的语用功能

我们知道，“隐性事件句”通常用来陈述由人或事物的出现、消失、变化等所构成的瞬间发生并结束的简单事件，它的句式意义相当于“某时某地发生了……事件”。陈述瞬时发生并结束的简单事件时通常不采取“某时某地发生了……事件”这种“显性事件句”的格式，如通常不说“村里发生了一个老太太死了的事件”，因为对于陈述这种简单事件来说，这种格式不够简洁，所以要说成“村里死了一个老太太”。“显性事件句”通常用来陈述由人或事物的动作行为等构成的具有一个持续过程的较复杂的事件，如打人伤人事件、劫机事件、劫持人质事件、暴动事件、骚乱事件、爆炸事件、自杀式袭击事件、枪击事件、谋杀事件、自杀事件、家庭暴力事件、考试舞弊事件、泄密事件、中毒事件、溺水事件、上访事件，以及被称为“事变”的重大的政治性、军事性事件，还有各种被称为“运动”的群众性事件等。“显性事件句”具有浓厚的书面语色彩，大都在新闻报道中或历史记录中使用，通常是用来概括地说明一个事件的发生，从而引起后续篇章对该事件过程的具体陈述。例如：

① 黎巴嫩首都贝鲁特 3 日发生了一起武装分子袭击俄驻黎大使馆的事件。(《人民日报》2000 年）

② 新华社北京电据塔斯社报道，苏联发生了一起罕见的球形闪电穿过客运飞机的事件。（《福建日报》1984 年 1 月 19 日）

③ 2003 年 6 月在成都青白江区发生了一件因警察渎职导致 3 岁小女孩被活活饿死的事件。（《文汇报》2005 年 7 月 4 日）

以上是“显性事件句”用在新闻报道中的例子。

④ 1931 年，中国大地上发生了震惊中外的“九一八”事变。（《人民日报》1996 年 10 月）

⑤ 就在辛亥革命失败后 7 年，发生了“五四运动”。（《人民日报》2000 年）

⑥ 正当微电子产业蓬勃兴起之时，中国发生了“文化大革命”。（《人民日报》1995 年 1 月）

以上是“显性事件句”用在历史记录中的例子。

有些“显性事件句”所陈述事件的参与者往往由施事和受事双方构成，这种事件只能用“主—动—宾”的格式来陈述，而不能用主谓倒置的“隐性事件句”的格式来陈述，否则会造成施受关系混乱，如例②的“球形闪电穿过客运飞机”就不能说成“* 穿过客运飞机球形闪电”，但是“主—动—宾”格式本来是用来陈述人或事物的动作行为、变化等的，如果用它来陈述事件，同时没有事件标记，人们注意的是人或事物的动作行为，而不是事件整体，于是人们就在“主—动—宾”格式的后面加上事件标记“事件”，表示所要陈述的是由人或事物的动作行为所构成的事件，然后再用“发生 + 了”来表示该事件已经发生，不过这时仍需采取主谓倒置语序，表示把该事件的发生当作一个事件来陈述，而不是单纯强调该事件已经发生，如“发生了教师体罚学生事件”“发生了恶狗咬死人事件”等。如果单纯强调一个事件已经发生，不需要采取主谓倒置语序。例如：

⑦ 就这样，一场逼婚抢亲的事件发生了。（《福建日报》1980 年 11 月 19 日）。

这里没有使用主谓倒置语序，说成“发生了一场逼婚抢亲的事件”，一方面是因为这篇报道的标题是《一起残害妇女的逼婚抢亲事件》，“逼婚抢亲的事件”对读者来说，已经是已知信息，不适合放在句末；另一方面，作者在这句话的前边报道了这场“逼婚抢亲的事件”的策划过程，然后用“就这样，一场逼婚抢亲的事件发生了”来总结、强调这场逼婚抢亲事件的策划过程。

五、事件句的生成方式

如前所述，事件句采取的是主谓倒置语序，那么它的生成方式并不复杂，就是将一个主谓句的谓语提到主语前，无论是“隐性事件句”还是“显性事件句”都是这样生成的。一个完整的事件句的原型是“TL NVi 了”，将主语 N 与谓语“Vi 了”倒置，就形成了“TL Vi 了 N”式的事件句，如将“孤岛一棵树死了”的主谓倒置，就可以形成“孤岛死了一棵树”这样的事件句；将“这时《美文》杂志的编辑穆涛来了”进行主谓倒置，就可以形成“这时来了《美文》杂志的编辑穆涛”这样的事件句；将“一场逼婚抢亲的事件发生了”进行主谓倒置，就可以形成“发生了一场逼婚抢亲的事件”这样的事件句。当然，将一个普通主谓结构的陈述句进行主谓倒置，就形成了事件句，这只是就事件句最初的生成过程而言的，并不是说后人使用的每一个事件句都经过了这样的转换过程。事实上，后人（包括现在的我们）在使用事件句的时候，都是仿照现成的事件句的格式直接类推造句的，而没有经过临时转换，我们甚至意识不到这种句式的语序是主谓倒置语序。

另外，虽然有些普通主谓句能转换成事件句，但事件句不一定能转换成合格的普通主谓句。这是因为，有些事件句（主要是隐性事件句）句末的主语所代表的是未知信息，如果将它转换成普通主谓句，代表未知信息的主语就离开了句末的位置，容易让人觉得它所代表的是已知信息。例如，将“施工期间死了三名员工”转换成“施工期间三名员工死了”，会让人觉得这“三名员工”是特定的三名员工，就是进行施工的这“三名员工”，他们是全部的施工人员，他们在施工期间都死了。为了不引起误解，在转换的时候，需要在“三名员工”前加上限定词“有”，说成“施工期间有三名员工死了”。当然，如果不是为了分析事件句的句法结构，是没有必要将事件句转换成非事件句的，因为这两种句式所表达的语法意义是不同的，语用功能也是不同的，如果将事件句转换成非事件句，不但意义发生了变化，也失去了事件句特有的语用功能。

以上我们在前人研究成果的基础上，探讨了汉语事件句的结构、语法意义、语用功能和生成方式等问题，希望能够对重新认识汉语的事件句和全面认识汉语的句式系统有所帮助，也希望对提高汉语事件句的对外教学效率有所帮助。

第四节　空语类与汉语的被动句

被动句是用来表示主语所代表的人或事物受到某种处置的句子。我们在本书第一章第二节中说，我国有些学者根据乔姆斯基归纳出的四种空语类，认为汉语被动句的谓语动词后存在着由宾语移位造成的空宾语，但是汉语史的事实表明，汉语的“被”字被动句是由主动句转化成的，“被”字被动句的主语是由主动句的主语转化来的，并不是由动词的宾语移位而成的，汉语的“被”字被动句的谓语动词后不存在由宾语移位而造成的空宾语。那么，汉语的被动句中有没有其他空语类呢？我们知道，从有无被动标记的角度看，汉语被动句有两种类型，一种是无标记被动句，一种是有标记被动句。而有标记被动句有两种，一种是有施事出现的被动句，一种是没有施事出现的被动句。无标记被动句相对于有标记被动句、有施事出现的被动句相对于没有施事出现的被动句，都存在着空语类。下面我们分别加以说明。

一、有标记被动句中的空语类

有标记被动句就是有被动助词“被”或“叫”“让”出现的被动句，或由主动者介词“被”“叫”“让”等引出主动者的被动句。前者是没有施事出现的被动句，后者是有施事出现的被动句。相对于有施事出现的被动句而言，没有施事出现的被动句中存在着空施事，而有施事出现的被动句中，有一种谓语前置式的，这种有施事出现的被动句的前置谓语的前边（也是施事介词“被”的前边）存在着空主语。下面我们先举例说明有施事出现的被动句中的空语类，然后再举例说明无施事出现的被动句中的空语类。

（一）有施事出现的被动句中的空语类

有施事出现的被动句的基本语义结构是“受事＋被（叫、让）＋施事＋动作”，其中的“被”和“叫”“让”都是介词，用来引出施事，而“叫”“让”通常在口语中使用。一般情况下，一个完整的有施事出现的被动句不包含空语类。

例如：

①我被老师批评了。

②4月1日，在洛杉矶附近，她和另外两个墨西哥人被美国警察抓住。(《人民日报》1996年4月)

③父亲叫流弹打死了，孩子全饿死了。(张正隆《雪白血红》)

④画叫人拿走了。(《作家文摘·1994B》)

⑤阿Q让人打了一顿。(孔庆东《老舍的幽默》)

⑥可惜，那个手机号很快就让他弄丢了。(卞庆奎《中国北漂艺人生存实录》)

以上六例都是有施事出现的被动句。有时为了强调行为的受事（承受者），人们采用主谓倒置语序，把谓语提到受事主语的前面，使受事主语落在句末，而句末也是听者或读者注意的焦点，这样可以引起读者或听者对受事主语的注意。而由于谓语前置，谓语前就出现了空主语。例如：

⑦ $_{t}$ 被他这一句话害死了两条人命 $_{ti}$。

这个句子[①]实际上是由“两条人命被他这一句话害死了”转换成的，转换的目的是为了突出被害死的“两条人命”，结果使“被”的前面出现了移位型空主语。因为这种空主语不是由主语主动移位造成的，而是由谓语向前移位造成的，所以这种空主语属于被动移位型空语类。

⑧她惯用这种可怜相来欺骗人，不到一个小时 $_{i}$ 竟被她骗了五个大活人 $_{ti}$。

这里“不到一个小时竟被她骗了五个大活人”这个句子[②]实际上是由“不到一个小时五个大活人竟被她骗了”转换成的，转换的目的是为了突出被骗的“五个大活人”，结果使“被”的前面出现了移位型空主语。

⑨她最怕蛇了，可 $_{i}$ 偏偏被她踩着了蛇 $_{ti}$。

这里“偏偏被她踩着了蛇”[③]实际上是由“蛇偏偏被她踩着了”转换成的，转换的目的是为了突出被“她”踩着的蛇，结果使“被”的前面出现了移位型空

---

① 这个句子被多篇论文引用，但在各大语料库中没有见到，原始出处不详，有待查考。

② 这个句子也是转引自学者论文，也不见于各大语料库，原始出处也有待查考。

③ 这个句子也是转引自学者论文，也不见于各大语料库，原始出处同样有待查考。

主语。

值得注意的是，由于这种被动句的主语被移到了谓语动词的后面，而动词后面通常是宾语所在的位置，学者们普遍认为它是谓语动词的宾语，因此认为这种被动句是无主语的被动句，有的称之为“零主语被字句”[①]，这显然是孤立静止地分析汉语的句法结构而得出的结论，忽略了汉语句式转换的一种重要手段——语序调整。以例⑨为例，按照汉语被动句的一般结构，状中短语“被她踩着了”的前面明显是缺主语的，而这个应该存在却不存在的主语明显就是“被她踩着了”后面的“蛇”，同时“被她踩着了”后面的“蛇”明显是多余的，学者们却没有指出这是谓语中心“被她踩着了”与主语“蛇”易位的结果，这样的句法分析是没有意义的。

（二）无施事出现的被动句中的空语类

无施事出现的被动句是谓语动词前有被动助词而没有施事的被动句。在现代汉语中，只有一个被动助词，就是“被”。无施事出现的被动句的基本语义结构是“受事 + 被 + 动词”。如前所述，相对于有施事出现的被动句而言，没有施事出现的被动句中存在着空施事。例如：

① 民主集中制被$_e$破坏了，集体领导被$_e$破坏了。(《邓小平文选 2》)

② 目前有近 3 万人染上这种疾病，其中 281 人被$_e$夺去生命。(《人民日报》1993 年 4 月)

③ 起义成功后，朱德被$_e$任命为第九军副军长。(《朱德》,《衢江新闻》2014 年 7 月 31 日》)

以上三例中，“被”与谓语动词之间都没有出现施事，也就是存在着空施事，但如果把施事补上，如“其中 281 人被这种疾病夺去生命”，“被”与动词之间被施事隔开，它就失去了被动助词的功能，成了施事介词。也就是说，没有施事出现的“被”字被动句中谓语动词前的“被”本来是被动助词，后面本来就不出现施事，只是相对于有施事出现的“被”字被动句而言，“被”的后面存在着空施事，而在语法上，这种空施事应该看成“被”的宾语，而如果这样看，实际上是

① 见俞光中《零主语被字句》,《语言研究》1989 年第 2 期。

把没有施事出现的“被”字被动句中的“被”看成了介词。那么，这种矛盾是怎样产生的呢？这与“被”字被动句的形成过程有密切的关系。

从汉语“被”字被动句形成的过程来看，被动标记“被”是由动词“被”演变来的（在本书第一章第二节中我们简单提到过这个问题）。“被”本有“受到”“遭到”的意义，当它带动词性宾语时，本来表示的是遭受某种处置的意义，而遭受某种处置，就意味着被施以某种处置，在这种情况下，人们就觉得这种用法的“被”是用来帮助后面的动词表示被动语态的，在这种重新分析[①]的作用下，动词“被”就成了被动助词。例如：

④ 何贞臣之无罪兮，被离谤而见尤？（屈原《九章·惜往日》）

⑤ 纷逢尤以离谤兮，謇不可释。（屈原《九章·惜诵》）

以上二例中的“被离谤”与“离谤”同义，都是“遭受指责”的意思，可见“被离谤”的“被离”是同义词连用，“被”与“离”都是“遭受”“遭到”的意思。当“被”不与“离”连用，而是单用的时候，仍然可以表示“遭受”“遭到”的意思，但也很容易被看成被动助词。例如：

⑥ 国一日被攻，虽欲事秦，不可得也。是故愿大王熟计之。（《战国策·齐策一》）

这里的“被”既可以理解为“遭到”，又可以看成被动助词。被动助词“被”就是由这种用在动词性词语前的表示“受到”“遭到”意义的“被”演变成的。当人们把本来用来表示“受到”“遭到”意义的动词“被”重新分析为帮助动词表示被动意义（表示动词用的是被动语态）的同时，“被”就演变成了被动助词。但是，由于“被”演变为被动助词以后，仍然可以理解为“受到”“遭到”的意思，所以上古汉语中用在动词性词语前的“被”是动词还是被动助词，不容易确定。不过，在《战国策》中，我们还看见了“被+动词”的后面用介词“于”引

---

① 重新分析：re-analysis，是人们对语言单位（语素、词、短语、句子）的意义或语法功能产生了新的理解，从而导致语言单位产生新的意义或新的语法功能，或者同时产生新的意义和新的语法功能。例如，“可怜”在古代汉语中本来是一个短语，意思是“值得怜悯（同情）”，后来人们把它仅仅理解为“怜悯（同情）”的意思，并按照这种新的理解来使用它，这样“可怜”就由“值得怜悯（同情）”的意思变成了“怜悯（同情）”的意思，同时由短语变成了词。动词“被”由意义为“受到”“遭到”的动词演变为被动助词，并导致“被”字被动句产生，也是重新分析为的结果。

出施事的说法，这种用法的“被”明显是用来帮助动词表示被动语态的，显然是被动助词。这说明，在战国末期，“被”已经演变成了被动助词。例如：

⑦ 万乘之国被围于赵，壤削主困，为天下戮，公闻之乎？（《战国策·齐策六》）

这里用介词“于”引出“围”的施事“赵”，而施事的出现，说明这时的“被”已经演变为被动助词，“被”的作用就是帮助后面的动词表示被动语态。这样，我们就可以确定，在战国末期，被动助词“被”已经产生，例⑥中的“被攻”的“被”就可以看成被动助词。

被动助词“被”从战国末期产生之后，直到西汉时期，都是作为被动助词使用的，后面不出现施事。到了东汉时期，开始有了在“被”的后面加上施事的被动句。例如：

⑧ 今月十三日，臣被尚书召问。（蔡邕《被收时表》）

⑨ 吾被皇太后征，未知所为。（《三国志·魏书·高贵乡公传》）

⑩ 祢衡被魏武谪为鼓吏。（《世说新语·言语》）

以上三例的被动句中，“被”的后面都出现了施事，而由于施事的出现，“被”与谓语动词被隔开，“被”就失去了帮助谓语动词表示被动语态的作用，而成了用来引出施事的介词。

值得注意的是，现代汉语语法学界是把有施事出现的“被”字被动句中的“被”看成介词的，把无施事出现的“被”字被动句中的“被”看成助词，而如果认为无施事出现的“被”字被动句中的“被”后面存在着空施事，就等于把被动助词“被”也看成了施事介词“被”，而这与“被”字被动句中的“被”的实际语法功能是相矛盾的，这种矛盾其实正是“被”由动词演变为被动助词、由被动助词又演变为施事介词的过程的反映，并不是因为空语类理论本身有问题。那么这个矛盾可不可以解决呢？我们认为，如果要解决这个矛盾，只能把“被”字被动句中的“被”仍然看成意义为“受到”“遭到”的动词，不管它后面有没有施事出现，如果有施事出现，施事也只是后面的动词的主语，如把“被老师批评”理解为“受到老师批评”，“老师”是“批评”的主语，而把“被批评”理解为“受到批评”，这样就不存在矛盾了，只是这样一来，“被”字被动句也就不存在了，成了主动句。不过，这种看法也许更符合“被”字被动句的实际，“被”字被动句也许根本就不是一种被动句。凡是被动句，它的谓语动词应该用的是被动语态，而“被”字后面有施事出现的“被”字被动句的谓语动词前有时出现施事助词“给”，用来强调谓语动词所表示的行为是由前面的施事发出的，这就表明“被”字被动句的谓语动词用的不是被动语态，而是主动语态。例如：

⑪ 来人哪！快来人哪！格格被人给劫走了！（乔轩《邪情贝勒》）

⑫ 不过，幸好让我半路拦截了下来！否则，你早就被他给吃了。（夜莛《天生坏胚》）

⑬ 晏家已经上门退亲了，我的面子全被你给丢光了！（夏娃《将你爱满怀》）

以上三例中谓语动词“劫走”“吃”“丢光”前的“给”分别是用来强调“人”“他”“你”是“劫走”“吃”“丢光”的施事的，显然“劫走”“吃”“丢光”用的是主动语态，而不是被动语态。如此看来，“被”字被动句其实可能是一种主动句，只是它起到了被动句的作用而已，其中的“被”是动词，意思是“受到”“遭到”。不过，关于这一点，还需要进一步研究和论证，暂不作为本书中的定论，本书仍然把“被”字被动句看作被动句。

二、无标记被动句中的空语类

无标记被动句就是谓语动词前后不出现被动标记的被动句。所谓被动标记，就是谓语动词前后出现的表明谓语动词用的是被动语态的词语，主要有被动助词和用来表示施事的介宾短语。在现代汉语普通话的书面语中，被动助词是“被”，用来引出施事的介词是“被”，而口语中很少使用被动助词“被”，通常只使用施事介词“叫”“让”等。

在汉语中，有一种宾语前置的主动句，当它的谓语动词前不出现施事的时候，它在形式上与无标记被动句相同，因为无标记被动句的谓语动词前的名词性成分也是谓语动词的受事，所以二者不容易区别。例如：

① 衣服洗了。

假定这里洗衣服的人是“我”，那么这个句子的意思可能是“衣服叫我洗了”，也可能是“衣服我洗了”（我洗衣服了）。在前一个意义上，这是一个无标记被动句，“衣服”是主语；在后一个意义上是宾语前置的主动句，“我”是主语。那么，这种谓语动词的施事不出现而受事位于谓语动词前的句子，究竟是无标记被动句还是宾语前置句呢？这主要看谓语动词前的受事是不是句子的主语，而谓语动词前的受事是不是句子的主语，这又怎么确定呢？我们认为，只能根据上下文语境和句子内部句法成分间的逻辑关系来确定。

首先看上下文语境。如果一个句子的谓语动词的施事在句中没有出现，但可以在谓语动词前加上被动助词“被”，从而将这个句子很自然地转换成有标记被动句，而不影响语篇意思的前后连贯，那么这个句子就是无标记被动句。例如：

② 事情发生、发展过程中，职工群众不甚了解，等事情有了结果，“木已成舟”，“生米煮成熟饭”，群众才知道。(《人民日报》1996 年 4 月)

这里“生米煮成熟饭”这个句子的谓语动词的施事在句中没有出现，句中又没有被动标记，因而它既像是一个无标记被动句，又像是一个宾语前置句，不过我们可以在“煮成熟饭”的前边加上被动助词“被”，将这个句子转换成有标记被动句：

生米被煮成熟饭。

我们将“生米煮成熟饭”转换成有标记被动句之后，没有影响语篇意思的前后连贯，显然这个句子的意思不在于强调是谁将生米煮成熟饭了，而在于强调生米所发生的变化，显然“生米”就是“生米煮成熟饭了”这个句子的主语。这是一个无标记被动句。

③ 秘鲁的华侨和华裔多达上百万人，他们对来自故国的图书倍感亲切，购书十分踊跃，参展的中文图书几天时间就卖完了。(《人民日报》1995 年 10 月)

这里“参展的中文图书几天时间就卖完了”这个句子的谓语动词的施事在句中没有出现，句中也没有被动标记，因而它既像是一个无标记被动句，又像是一个宾语前置句，不过我们可以在“卖完”的前边加上被动助词“被”，将这个句子转换成有标记被动句：

参展的中文图书几天时间就被卖完了。

我们将这个句子转换成有标记被动句之后，没有影响语篇意思的前后连贯，原因很简单，这个句子强调的是“参展的中文图书”所发生的变化，通过“参展的中文图书”所发生的变化显示秘鲁的华侨和华裔对“来自故国的图书”的感情，而不是强调是谁将“参展的中文图书”几天时间就卖完了，是谁具有这么强的销售能力，是谁销售图书这么顺利，等等，所以它是一个无标记被动句。

④ 政委！我们这一去，可得像个样呀！我们的名声已经传出去了。（知侠《铁道游击队》）

这里“我们的名声已经传出去了”同样可以自然地转换成有标记被动句，而不影响语篇意思的前后连贯，所以这也是一个无标记被动句：

我们的名声已经被传出去了。

⑤ 此后，水兵们对袁老伯的照顾一直没间断。煤气用没了，水兵们给他换；大米吃完了，水兵们帮他买。（《人民日报》1996 年 2 月）

这里“煤气用没了”和“大米吃完了”这两个句子强调的是“煤气”和“大米”所发生的变化，用来引出“水兵们”的相应对策，而不在于强调“袁老伯”所做的事情，显然“袁老伯”不是陈述的对象，“煤气”和“大米”才是陈述的对象，是句子的主语，所以这两个句子也是无标记被动句，也都可以转换成有标记被动句，而不影响语篇意思的前后连贯：

煤气被用没了。

大米被吃完了

在对话中，有时答话本来是一个无标记被动句，但由于谓语动词的施事在前面的问话中出现了，这个答话看起来很像是一个承前省略了主语的宾语前置句。例如：

⑥ 老师：你怎么不戴红领巾？ 学生：红领巾洗了，没干。

这里老师问“你”不戴红领巾的原因，学生回答说“红领巾洗了”，这个答话中谓语动词“洗了”的前面很像是承上省略了施事“我”，但如果将“我”加上，说成“红领巾我洗了”，答话的意思就变成了强调“我”做了什么，这样就与前面的问话之间意思不够连贯，因为老师并没有问“我”做了什么，由此可见，这也是一个无标记被动句，也可以转换成有标记被动句：

红领巾叫我洗了。

通过上面的分析可以看出，谓语动词的施事没出现的句子究竟是无标记被动句还是宾语前置句，要根据上下文语境来确定，这是一个很重要的方法。

有时不用看上下文语境，只需看句子内部句法成分间的逻辑关系，就可以确定谓语动词的施事没出现的句子究竟是无标记被动句还是宾语前置句。如果一个句子谓语动词前的受事不是后面的部分陈述的对象，这个句子就不是被动句，这时，受事可以自然地移到谓语动词的后面，从而将这个句子转换成“主－动－宾”句。如果这种句子的谓语动词的施事是陈述的对象（但施事有时省略），这种句子通常是用来陈述或询问做事的方法、原则、计划（包括计划的改变）、结果、要求、必要性等，这种句子属于宾语前置句，不属于被动句。至于宾语前置的目的，则是使作为已知信息的宾语成为话题，而使谓语中心落在句末焦点位置上，从而使谓语中心得到强调。例如：

⑦ 甲：这种药怎么吃？乙：每天（吃）三次，一次（吃）一片。

这里问答的是吃“这种药”的方法，而不是“这种药”本身怎么样，所以“这种药”不是句子的主语，而是“吃”的宾语。同时，我们也不能在“吃”的前面加上被动助词“被”而将它转换成合格的被动句。显然“这种药怎么吃”是由“怎么吃这种药”转换成的，属于宾语前置句。

⑧ 菠菜不要放在铁锅里烧，也不要与豆腐烧在一起。（《中国儿童百科全书》）

这里陈述的是用菠菜做菜时应避免的做法，而不是陈述菠菜怎么样，两个“不要”已经清楚地表明了这一点，可见“菠菜”不是这两个句子的主语（后一个句子承前省略了“菠菜”），这两个句子不是被动句。用转换的方法检验也是如此。我们不能在两个“烧”的前边加上被动助词“被”而将它们转换成合格的被动句。既然“菠菜”不是句子的主语，那它是不是两个“烧”的宾语呢？从逻辑上说，它应该是两个“烧”的宾语，但我们不能把它移到前两个“烧”的后面，可见，这两个句子不是由简单的“主－动－宾”句转换成的。仔细体会句子的意思，我们发现，这两个句子是由处置句经移位和省略转换成的，它们的原型是：

不要把菠菜放在铁锅里烧，也不要把菠菜与豆腐烧在一起。

另外，这里“与豆腐烧在一起”是由“与豆腐在一起烧”转换成的。“菠菜”本来是处置介词“把”的宾语，而为了将“菠菜”话题化，而把它移到了句首，后一句还将它承前省略。将“菠菜”移到句首之后，处置介词“把”就失去了引出处置对象的作用，也就删掉了。

⑨ 这些作业两个小时也做不完。

这里陈述的是做“这些作业”的预期结果——“两个小时也做不完”，而不是说明“这些作业”怎么样，显然“这些作业”不是句子的主语，而是“做不完”的宾语。这个句子是由“两个小时也做不完这些作业”转换成的，转换的目的是为了将宾语“这些作业”话题化，使听者注意后面关于这个话题所作的说明——“两个小时也做不完”。

⑩ 李学文坐起来，“你睡的地方找到没有？”他关切地问。(《曾卓诗论》)

这里的问话询问的是“你”找“睡的地方”的结果，“你”是陈述的对象，是句子的主语，而“睡的地方”不是陈述的对象，因而不是句子的主语，而是“找到”的宾语。这个问话显然是由“你找到睡的地方没有”转换成的。

⑪ A：书放在哪儿？ B：书放在地上。

这里询问和回答的是对放书的处所的要求，而不是询问“书”怎么样，所以“书”不是句子的主语，而是“放”的宾语。“书放在哪儿”是由“在哪儿放书”转换成的，“书放在地上”是由“在地上放书”转换成的。这样转换的结果是使宾语“书”出现在话题的位置上，而使处所“哪儿”“地上”处在句末焦点位置上，从而使之得到强调。

⑫ 暴风雨般的掌声，响彻云霄的欢呼和愤怒激昂的口号混成一片，分别不出谁在讲什么，谁在叫什么，连右边车间里机器震动的声音一点也听不见了，只听见轰轰的巨响。(周而复《上海的早晨》)

这里“连右边车间里机器震动的声音一点也听不见了”陈述的是听“右边车间里机器震动的声音”的结果——一点也听不见，从而显示掌声、欢呼、口号声音非常大，而不是说明“右边车间里机器震动的声音”怎么样（小或大），显然“右边车间里机器震动的声音”是“听不见”的宾语，而不是“一点也听不见”的主语。这个句子是由“一点也听不见右边车间里机器震动的声音了”转换成的。

⑬ 这首歌一学就会。

这个句子陈述的是学“这首歌”的预期结果——学一下就会唱，而不是说这首歌怎么样（不过这可以从学“这首歌”的预期结果中判断出来——比较容易学），显然“这首歌”不是句子的主语，而是“学”的宾语。这个句子是由“一学这首歌就会”转换成的。

⑭ 房子不卖了。

这个句子陈述的是计划的改变——不卖房子了。显然“房子”不是句子的主语，而是“卖”的宾语。这个句子实际上是由“不卖房子了”转换成的。

⑮ 鸡不杀了。

这个句子陈述的是杀鸡计划的取消——原来准备杀鸡，现在不想杀了。“鸡”不是句子的主语，而是“杀”的宾语。这个句子实际上是由“不杀鸡了”转换成的。

⑯ 我在这儿这么些日子了，一顿中国饭还没吃过。（老舍《二马》）

这里后一句中说的不是“一顿中国饭”怎么样，或者受到了什么处置，而是说“我”还没吃过一顿中国饭，所以“一顿中国饭”不是句子的主语，而是“还没吃过”的宾语。这个句子实际上是由“还没吃过一顿中国饭”转换成的。

⑰ 你早餐吃了吗？我带你去吃，好不好？（于晴《红苹果之恋》）

这里由后一句“我带你去吃（早餐）”可知，前一句等于问的是：“你吃早餐了吗？”同时由谓语中心“吃”可知，“你”是句子的主语，“早餐”只能是“吃”的宾语。“你早餐吃了吗”显然是由“你吃早餐了吗”转换成的。

⑱ 这个节目应该看。

这里“这个节目”很像是句子的主语，但它的谓语是“应该看”，前面隐含着主语“你”“我们”等，显然“这个节目”不是“应该看”所陈述的对象，不是句子的主语，只是“应该看”的宾语而已。显然这个句子是由“应该看这个节目”转换成的。

从上面的分析中我们可以看出，从句法成分间的逻辑关系上看及物性谓语动词后没有宾语的句子是无标记被动句还是宾语前置句，也是一个很重要的判断标准。当然，根据句法成分间的逻辑关系判断句法成分的性质及句子的结构，是20世纪50年代的那场主语宾语问题大讨论中“意义派”的观点，也是笔者一贯坚持的观点，这一点与目前汉语语法学界占据主导地位的“形式派”的观点是不同的。目前的汉语语法学界的主流观点是根据汉语的常规语序分析句法结构，把动词前的名词性成分基本上都分析为主语。根据目前汉语语法学界的主流观点，“房子不卖了”要分析成被动句，“鸡不杀了”也要分析为被动句，而不是把它们分析为宾语前置句。

三、从空语类理论看"为"字被动句的历时演变[①]

"为"字被动句是用"为"作被动标记的被动句。这种被动句主要在古代汉语和现代汉语书面语中使用。从春秋时期开始，汉语中陆续出现了多种形式的"为"字被动句。以往不少学者探讨了"为"字被动句，但在"为"字被动句的来历及被动标记"为"的语法化问题上，却存在着分歧，同时也没有对"为"字被动句的发展演变过程和机制进行系统的说明，对被动标记"为"的语法化机制认识也有所不足，因而有必要进一步探讨。

（一）以往学术界的观点

关于"为"字被动句的来历及被动标记"为"的语法化问题，以往学术界主要有如下三种观点：

1."为"字被动句产生于上古时期，"为"是被动标记

这种观点认为，"为"字被动句在上古汉语中就已经存在了，其中的"为"是被动标记，但没有探讨被动标记"为"的语法化问题。杨树达《高等国文法》（1930：15，128，267）认为，上古汉语中的"S 为 V"和"S 为 NV"句式属于被动句，而"S 为 V"句式中的"为"是助动词，"S 为 NV"句式中的"为"是"表被动"的介词。王力《汉语史稿》（1980：421—422，424—425）也认为"S 为 NV"句式属于被动句。比较有影响的古汉语语法专著和高校的古汉语教材一般也都持这种观点。

2.含有被动意义的"为"字句是判断句，"为"是判断词

这种观点认为，含有被动意义的"为"字句本质上是判断句，这实际上是认为那些含有被动意义的"为"字句是以判断句的形式表示了被动的意义。如马建忠的《马氏文通》（1898：160—161）指出，上古汉语中含有被动意义的"S 为 N 所 V"句式是判断句，其中的"为"是判断词。吕叔湘《中国文法要略》（1942：38—39）虽然认为含有被动意义的"为"字句是"被动式"，但认为其中

① 本书的这一部分曾作为辽宁省科学研究一般项目"汉语空语类语法研究"［项目编号：W2015105］的阶段性成果之一在《现代语文》2017 年第 4 期上发表，在此对《现代语文》编辑部表示衷心的感谢！

的“为”是“系词”(即判断词)。卞仁海(2002):“最初的‘为N(之)所V’结构是判断句式，正是被动式‘为N(之)所V’的源头。”

3. 含有被动意义的“为”字句最初是主动句，“为”是动词

这种观点认为，上古汉语中含有被动意义的“为”字句本质上是主动句，它是以主动句的形式表示了被动的意义，其中的“为”是动词，意思是“成为”。这种“为”字句后来演变为被动句。如俞敏(1987：165)说：“‘甲为乙所杀’本来是‘甲成了乙杀的对象了’，可以用来表示被动的意思。”方有国(1992)说：“‘为’字被动句是古汉语常用被动句之一，格式很多……最初它用述宾结构(或主动形式)表被动义……从句意来看，‘为刑戮’，‘为戮’当解为‘成为刑戮之人’或‘成为被杀之人’，‘为’是动词述语，‘刑戮’或‘戮’作宾语。”蒋冀骋(2012)也持有这种观点。

在上述三种观点中，本文赞同第一种观点。下面我们就谈谈“为”字被动句的产生和发展演变过程及被动标记“为”的语法化过程和机制。

(二)“为”字被动句的形成及被动助词“为”的语法化

“为”字被动句形成过程与被动标记“为”的语法化过程是紧密地结合在一起的，因而我们要将二者结合起来进行说明。

1.“为”字被动句的最初形式

从现在所能见到的古代文献来看，“为”字被动句在春秋时期就已经产生了。“为”字被动句的最初形式是“S为V”，其中的“为”是被动助词，用来表示谓语动词V所表示的行为是主语S所承受的行为，相当于被动助词“被”。例如：

① 晋人，虎狼也，若背其言，臣死，妻子为戮，无益於君，不可悔也。(《左传・文公十三年》)

② 城小而固，胜之不武，弗胜为笑。(《左传・襄公十年》)

③ 失礼违命，宜其为禽也。(《左传・宣公二年》)

以上三例中的“为戮”“为笑”“为禽”分别是“被杀戮”“被笑话”“被俘获”的意思。如前所述，有些学者认为，上古汉语中含有被动意义的“S为V”句应该理解为“S成为V的对象”或“S是V的对象”。不过，从现有的文献资料来看，春秋时期，“S为V”句已经成为被动句了，“为”已经正式演变为被动助词，以下两个方面可以证明这一点：

第一，春秋战国时期，还有一种“S 为 V 于 N”式的被动句，是在“S 为 V”式被动句的基础上，在谓语动词“V”的后面用施事介词“于”引出“V”的施事。例如：

④ 彼其父为戮于楚，其心又狷而不絜。(《国语·楚语下》)

这里“为戮于楚”是“被楚国杀戮”的意思。有些学者把“为戮于楚”理解为是“在楚国被杀戮”，而历史事实是：王孙胜的父亲太子建因为被楚国的佞臣费无极诬陷，遭到楚平王的追杀，逃到了宋国，之后又逃到了郑国，在郑国被郑国人杀害，而不是在楚国被杀戮。但是，太子建被杀是由楚国所引起的，在王孙胜看来，这就等于太子建被楚国杀戮，所以这里说“彼其父为戮于楚”。

⑤ 暴王桀、纣、幽、厉，兼恶天下之百姓，率以诟天侮鬼，其贼人多，故天祸之，使遂失其国家，身死，为僇于天下，后世子孙毁之，至今不息。(《墨子·法仪》)

这里“(暴王桀、纣、幽、厉)为僇于天下”是“(暴王桀、纣、幽、厉)被天下人侮辱”(指的是被议论、批判)的意思。有些研究者，如方有国(1992)，误以为“为僇于天下”中的“僇”是“杀戮”的意思，认为前面既然说了“身死”，后面就不会再说“被天下人杀戮”，否则不合逻辑，从而否认“为”是被动助词。其实，这里的“僇”就是本文后面的例句(11)中的“僇”，意思是“侮辱”。例(11)先说“此四王者……为天下僇”，接着说“此四王者”属于“不义辱人”，是“由于不仁义而受侮辱的人”，正说明“僇”是“辱”的意思。另外，春秋战国时期，在“侮辱”的意义上，“僇”通“戮”，“戮”本有“侮辱”的意思。例如：

⑥ 晋侯之弟扬干乱行于曲梁，魏绛戮其仆。晋侯怒，谓羊舌赤曰：“合诸侯以为荣也，扬干为戮，何辱如之？必杀魏绛，无失也！”(《左传·襄公三年》)

这里由于晋侯的弟弟扬干扰乱了队伍，魏绛杀了扬干的车夫，而不是杀了扬干，所以“扬干为戮”指的是扬干被侮辱，其中的“戮”就是“侮辱”的意思，因而下文说“何辱如之”(什么耻辱能比上这个)。

“S 为 V 于 N”式被动句与“S 为 V”式被动句的差别只在于施事是否出现，而由于“S 为 V 于 N”式被动句中出现了施事，更突出了 S 的受事主语的性质。“S 为 V 于 N”式被动句的存在，可以证明“S 为 V”句式在春秋时期已经是被动句。

第二，“S 为 V”句式有时与“S 见 V”式被动句交替使用，这也可以证明“S 为 V”句式是被动句，“为”是被动助词。例如：

⑦ 此二人说者皆当矣，厚者为戮，薄者见疑，则非知之难也，处知则难也。(《韩非子·说难》)

这里“厚者为戮”与“薄者见疑”互文，用来表示提建议者所受到的轻、重两种处置，“薄者见疑”是被动句，“厚者为戮”显然也是被动句。

2. 被动助词“为”的语法化

元代的周伯琦《六书正伪》说：“今之虚字，皆古之实字。”汉语发展演变的事实证明，汉语的虚词一般都是由实词语法化成的，被动助词“为”就是由动词“为”语法化成的。正如许多学者所说的那样，含有被动意义的“S 为 V”句可以比较合理地理解为“S 成了 V 的对象”的意思，如“妻子为戮”就可以理解为“妻子儿女成了杀戮的对象”，因为人“成了杀戮的对象”就意味着人被杀了。由此我们可以推知，被动助词“为”是由“成为”意义上的动词“为”语法化成的。那么，“成为”义的动词“为”为什么能演变为被动助词呢？这是因为“为”在“成为”的意义上，有时用名物化了的及物动词作宾语，从而形成“S 为 V”句式，用来表示 S 成为 V 的处置对象，而人或事物成为某种行为的处置对象，也就意味着人或事物被施以这种处置，于是人们将“S 为 V”句重新分析为被动句，而将其中的“为”重新分析为被动助词。不过，语法化的过程往往是一个渐变的过程，一种句式或一个实词发生语法化之后，在新旧用法之间有时很难找出截然的界限，正因为如此，很多学者坚持认为上古汉语中含有被动意义的“S 为 V”句不是被动句，其中的“为”是动词，但事实证明，“S 为 V”句早在春秋时期就已经是被动句，其中的“为”是被动助词。

（三）“为”字被动句的形式发展变化及施事介词“为”的形成

如前所述，“为”字被动句的最初形式是“S 为 V”。由于“S 为 V”式被动句中的被动助词“为”与动词“为”同形，因而“S 为 V”式被动句与“S 为 V”式主动句不容易区别，而“S 为 V”式被动句又具备主动句所不具备的语用功能，这就决定了“S 为 V”式被动句必然要朝着具有区别于主动句的明显的形式标志的方向发展变化，而事实正是如此。首先“S 为 V”式被动句被扩展为“S

为V于N”，然后又被扩展为“S为NV”，“为”也同时演变为施事介词。在“S为V于N”和“S为NV”式被动句中，由于施事N的加入，动词V的被动语态更加明显。但是由于“S为V于N”式被动句的语用功能有所不足（详见下文），而“S为NV”式被动句与主动句的区别还是不够明显，因而从春秋时期到东汉末年，“S为NV”式被动句又被扩展为多种形式的“为”字被动句，主要有“S为N之V”“S为N见V”“S为N所V”“S为N之 所V”“S为N所 见V”“S为N之所见V”等。下面我们具体谈谈“为”字被动句的形式发展变化及被动标记“为”的进一步语法化。

1.“S为NV”式“为”字被动句的产生及施事介词“为”的语法化

“S为V”式被动句作为“为”字被动句的最初形式，只能用在不需要说出施事的场合，因而被扩展为“S为V于N”，在“V”的后面用施事介词“于”引出施事（见例句4和例句5），这一点与传统的“SV于N”式被动句相同。但是“S为V于N”式被动句虽然可以用在需要说出施事的场合，施事却位于句末焦点的位置上，而通常情况下，被动句的语用功能在于强调主语受到了某种处置，因而需要强调的不是施事，而是处置的行为，所以应该让谓语动词V出现在句末焦点的位置上，从而使它得到强调，而“S为V于N”式被动句显然不符合这种要求，因而人们很少使用“S为V于N”式被动句，更多情况下是把施事N加在“为”的前面，从而形成“S为NV”式被动句。在“S为NV”式被动句中，由于施事N的加入，“为”从谓语动词V的前边离开，落在了V的施事前，失去了帮助V表示被动意义的功能，却获得了引进V的施事的功能。这样，由于句法地位的改变，“为”由被动助词演变为施事介词。例如：

① 战而不克，为诸侯笑……。（《左传・襄公十年》）

② 我克则进，奔则亦视之，乃可以免。不然，必为吴禽。（《左传・襄公二十五年》）

③ 不为酒困。（《论语・子罕》）

④ 此四王者所染不当，故国残身死，为天下僇。举天下不义辱人，必称此四王者。（《墨子・所染》）

“为天下僇”在《墨子・法仪》中说成“为僇于天下”（见例5），两个“为”一是施事介词，一是被动助词。

有些学者，如俞敏（1987）、方有国（1992）、姚振武（1998，1999）、蒋冀骋（2012）等，认为上古时期的“S为NV”句式不是被动句，其中的“为”不是施事介词，而是动词，意思是“成为”，而“NV”是一个名词性偏正短语，意思是“N的V的对象”，因而“为NV”是一个动宾短语，意思是“成为N的V的对象”。这种看法其实不能成立。如果“S为NV”句式中的“NV”真的是名词性偏正短语，那么当人们用代词代替“N”的时候，应该使用表示领属关系的人称代词“其”，而不是人称代词的宾格“之”，而事实上恰恰相反。请看下面的例子：

⑤ 夫大国之人，不可不慎也，几为之笑而不陵我？（《左传·昭公十六年》）

这里“（我）为之笑”中的“之”是代词，是第三人称代词的宾格，代替的是“大国之人”，是“为”的宾语，“（我）为之笑”应该读为“（我）为之·笑”，而不能读为“（我）为·之笑”，因为“之笑”是不能成为一个短语的，由此可见，“S为NV”句式中的“NV”也不是一个短语，“为N”才是一个短语，是V的施事状语，所以“为NV”等于“被NV”，而不是“成为N的V的对象”。

2.“S为N之V”式“为”字被动句的产生

“S为V”式被动句扩展为“S为NV”式被动句之后，“为”演变为施事介词，不过，由于它是由动词“为”的“成为”义演变来的，因而容易被看成“成为”义的动词，而如果这样，“S为NV”式被动句就被看成了主动句，也就失去了它应有的语用功能，于是春秋战国时期的人们为了避免这种情况的发生，又在N和V之间加上助词“之”，用来强调V所表示的行为是N所发出的，也就是强调N是V的施事，从而更加突出了主语S的受事性质。这样，“S为NV”式被动句又被扩展为“S为N之V”式被动句。例如：

① 此行也，君为妇人之笑辱也，寡君未之敢任。（《左传·成公三年》）

②（纣）遇周武王，遂为周氏之禽。（《管子·七主七臣》）

有些学者，如方有国（1992）、蒋冀骋（2012）认为“S为N之V”句式中的“之”是表示领属关系的结构助词，“N之V”是一个领属关系的名词性偏正短语，从而否认“为”是施事介词。实际上，如果“S为N之V”句式中的“之”真的是表示领属关系的结构助词，那么，其中的“N之”可以用表示领属关系的人称代词“其”代替，春秋战国时期应该有“为其V”之类的说法，如

“* 为其笑”等，而事实上没有，但有“为之笑”的说法（见例 12）。可见，“S 为 N 之 V”句式中的“之”不是表示领属关系的结构助词，“S 为 N 之 V”句式与“S 为 NV”句式并没什么本质不同，只是 V 的前面多了一个施事助词“之”而已，“S 为 NV”句式中的“NV”不是一个短语，“S 为 N 之 V”句式中的“N 之 V”当然也不是一个短语，“S 为 N 之 V”应该读为“S 为 N · 之 V”，而不是“S 为 · N 之 V”。

另外，“S 为 N 之 V”句式中的助词“之”是由结构助词“之”演变成的，是施事助词。“之”本来可以作表示领属关系的结构助词，把“之”放在施事 N 和动词 V 之间，表示 N 是 V 的施事，这是对“之”的语法功能的扩展。

3. “S 为 N 见 V”式“为”字被动句的产生

战国时期的人们为了避免“S 为 NV”式被动句被看成主动句，有时也在 N 和 V 之间加上助词“见”，用来强调 V 所表示的行为是由 N 所发出的，也就是强调 N 是 V 的施事，于是，“S 为 NV”式被动句又被扩展为“S 为 N 见 V”式被动句。例如：

烈士为天下见善矣，未足以活身。（《庄子 · 至乐》）

这里“为天下见善”的意思是“被天下人称赞”。值得注意的是，“S 为 N 见 V”式被动句中的“见”不是被动助词，它类似“慈父见背”（李密《陈情表》）的“见”，用来强调前面的 N 是后面的 V 的施事，也属于施事助词。

4. “S 为 N 所 V”式“为”字被动句的产生

战国时期的人们为了避免“S 为 NV”式被动句被看成主动句，有时也在 N 和 V 之间加上施事助词“所”，用来强调 V 所表示的行为是由 N 所发出的，也就是强调 N 是 V 的施事，于是，“S 为 NV”式被动句又被扩展为“S 为 N 所 V”式被动句。例如：

① 申徒狄谏而不听，负石自投于河，为鱼鳖所食。（《庄子 · 盗跖》）

② 楚遂削弱，为秦所轻。（《战国策 · 秦策四》）

③ 高祖击布时，为流矢所中，行道病。（《史记 · 高祖本纪》）

④ 今足下虽自以与汉王为厚交，为之尽力用兵，终为之所禽矣。（《史记 · 张释之冯唐列传》）

有些学者，如蒋冀骋（2012）、龙国富（2014）等认为“S 为 N 所 V”句式是主动句，而不是被动句，其中的“为”是动词，是“成为”的意思，“N 所

V”是名词性的偏正短语，“S为N所V”的意思是“S成为N所V的对象”。龙国富（2014）说：“‘申徒狄为鱼鳖所食’指‘申徒狄成为鳞介水族所食的对象’……”这种看法有两个问题：第一，忽视了“S为之所V”说法的存在（如例19）。“S为之所V”用第三人称代词的宾格“之”代替“S为N所V”中的施事N，“之所V”不能够成一个偏正短语，“N所V”当然也不能够成一个偏正短语，所以“S为N所V”应该读为“S为N·所V”，而不是“S为·N所V”，不能理解为“S成为N所V的对象”。第二，忽视了主动句和被动句语用功能不同的事实。主动句用来陈述主语的动作行为、变化等，而被动句用来陈述主语所受到的处置，而“S为N所V”句式正是如此。例如：

⑤ 公子印何罪而为商鞅所擒？（《论衡·祸虚》）

这句是说：公子印有什么罪而被商鞅俘虏？这是强调公子印无罪却遭受了不合理的处置。如果把其中的“为”理解为“成为”，“（公子印）为商鞅所擒”就由被动句就变成了主动句，强调的是公子印的变化，这显然不符合作者的原意。再如：

⑥ 充国初以司马从二师将军击匈奴，大为虏所困。汉军乏食数日，死伤者多。（《前汉纪·孝宣皇帝纪》）

这里“大为虏所困”是被动句，强调的是赵充国所受到的处置（被敌人严密地围困），而如果把其中的“为”理解为“成为”，“大为虏所困”也由被动句变成了主动句，强调赵充国的变化，这显然也不符合作者的原意。

事实证明，含有被动意义的“S为N所V”句式是“S为NV”式被动句的扩展形式，从产生的时候开始就是被动句，其中的“所”是施事助词。那么，施事助词“所”又是怎么来的？其实“所”本来就有施事助词的用法，最初用在作定语的主谓短语的中间。例如：

⑦ 仲子所居之室，伯夷之所筑与？（《孟子·滕文公下》）

这里“所”是施事助词，用来强调“居”是由“仲子”发出的，也就是强调“仲子”是“居”的施事。而“伯夷之所筑”的“所”是代词，指的是“筑”（建造）的对象，如果在“筑”的后面补出“筑”的具体对象，如“室”，说成“伯夷之所筑之室”（这个“之”通常省略，整个句子通常说成“伯夷所筑之室”），“所”就失去了指代作用，但可以获得强调“伯夷”是“筑”的施事的作用，也就是成为施事助词。施事助词“所”就是这样由代词“所”演变来的，演变的机制是句法地位的改变和重新分析。把施事助词“所”用到“S为NV”式被动句的N与V之间，用来强调V是由N发出的，也就是强调N是V的施事，便形成了“S为N所V”句式。

由于施事助词“所”比施事助词“之”“见”更常用，汉代以后，“S为N所V”式被动句成了“为”字被动句的主要形式。

5.“S为N所VC”和“S为N所VO”式“为”字被动句的产生

从汉代开始，人们有时也用动补短语VC或动宾短语VO代替V作“S为N所V”式“为”字被动句的谓语中心，从而形成“S为N所VC”和“S为N所VO”式“为”字被动句，这是“S为N所V”式“为”字被动句的两个变体。例如：

① 赵军为秦所坑于长平之下，四十万众同时俱死。(《论衡·辨祟》)

② 其夕，颎军为羌所围数重，因留军中，三日不得去。(《后汉书·方术列传》)

③ 臣门宗二百余口，为孟德所诛略尽。(《三国志·蜀书·马超》)

④ 为汉使月氏，而为匈奴所闭道。(《史记·匈奴列传》)

⑤ 食于道旁，乃为鸟所盗肉。(《汉书·黄霸传》)

蒋冀骋（2012）说：在“为+N+V”结构和“为+N+所V”结构中，V带宾语是“为”成为被动标记的句法条件。又说：“‘为+N+所V’的V带补语，是‘为’成为引进施事的介词的标志。”而事实上，“S为N所V”式被动句中的V是否带补语，并不影响“为”的语法功能，假如把例23、24、25中的补语去掉，“为”仍然是施事介词，“S为N所VC”式被动句不过是“S为N所V”式被动句的扩展形式而已。至于例26、27的“S为N所VO”式被动句，同样是“S为N所V”式被动句的变体，是将动词V换成了动宾短语VO，表示施事N通过处置O来间接处置主语S，句子的意思仍然是S被N所处置，句子仍然是被动句。由于“S为N所VC”式被动句和“S为N所VO”式被动句无法理解为“S成为N所VO或所VC的对象”，蒋冀骋（2012）等才承认它们是被动句，结果将“为”字被动句产生的时代由先秦时期推迟到汉代以后。

顺便提一下，有些学者根据姆斯基的空语类理论认为，被动句的主语S本来是主动句谓语动词V的宾语，由于语用的需要，被移到主语的位置上。但是，汉语“为”字被动句的形成过程表明，汉语“为”字被动句的主语并不是从谓语动词V的后面移过来的，而是由主动句的施事主语演变成的，所以S可以是V的直接处置对象，如杀戮的对象、擒获的对象、围困的对象等，也可以是V的间接处置对象，于是有了“S为N所VO”式被动句。

6.“S为N之所V”式“为”字被动句的产生

汉代以后，还有在“S为N所V”句式中的施事助词“所”的前面加上另一个施事助词“之”的，从而形成“S为N之所V”式被动句。例如：

①故人主之意欲见于外，则为人臣之所制。(《淮南子·道应训》)

②悲仁人之尽节兮，反为小人之所贼。(贾谊《惜誓》)

蒋冀骋（2012）说：在“S为N所V”句式中，“所V”是一个名词性的“所”字结构，“N与‘所’字结构的关系是领属关系，为了彰显这种领属关系，故在N与‘所’字结构之间加‘之’字，变成‘为+N+之+所+V’结构。”这种看法也是有问题的。如果“S为N之所V”句式中的N与“‘所’字结构”真的是领属关系，那么应该有“S为其所V”的说法，用第三人称代词的领格形式“其”代替“N之”，而实际上晋代以前并没有这样的说法，晋代以后虽然有了这样的说法，但这时“S为其所V”中的“其”就等于“之”，因为这时的“其”有了宾格用法。例如：

③颠倒上下，无有根本，徒丧身命，为其所困。(南朝·齐·求那毗地译《百喻经·倒灌喻》)

这里“为其所困”等于说“为之所困”。试比较：

④楚当时为之所困，削弱矣，诸侯侵之，易可得志。(唐·杨士勋《春秋谷梁传·定公元年》疏)

事实证明，“S为N之所V”句式中的“之”和“所”是两个并列的施事助词。

7.“S为N所见V”式“为”字被动句的产生

东汉时期，又出现了“S为N所见V”式的“为”字被动句，是在“S为N所V”句式中的施事助词“所”的后面另加一个施事助词“见”，这也是施事助词的连用。例如：

①进退失理，违负佛恩而无返覆，遂为三途所见缀缚，自作祸福。(东汉佛经《阿难问事佛吉凶经》)

②臣国先时人众殷盛，不为诸国所见陵迫，今转衰弱，邻国竞侵。

(《宋书·列传第五十七·夷蛮》)

蒋冀骋(2012)认为,"S为N所见V"式被动句中的"为N所见V"是"'成为……施加V的对象'的意思,其中的'为'是动词,是成为、变成的意思,'见'是动词,是'施加'的意思。"而事实上,"S为N所见V"式被动句有时与"S为N所V"式被动句交替使用,足以证明"见"不是动词。例如:

③ 忝承先业,嘉庆无量,忽为恶子所见争夺,遂失本国……此是大家国,今为恶子所夺。(《宋书·列传第五十七·夷蛮》)

这里前面说"为恶子所见争夺",后面说"为恶子所夺",可见,"所见争夺"是"所夺"的变化说法,"所见"的语法功能与"所"相同,是两个施事助词的并列连用,至于连用的目的,主要在于强调N的施事地位。另外,把"为N所见V"理解为"成为……施加V的对象",有时也会严重地违背句子的原意。例如:

④ 孤以常才,谬为尊先君所见称,每自恐有累大人水镜之明。(《晋书·载记第二十六》)

这里是说,"孤"本来是个平庸的人,却被"尊先君"错误地称赞。这里的"谬"本来是指向"称"的,是"尊先君"的"称""谬","尊先君"的"称"是"谬称",是"尊先君""看走眼"了。这是秃发傉檀(南凉国国君)自谦之辞。如果按照蒋冀骋(2012)的观点把"为"理解为"成为",把"见"理解为"施加",则"谬"就指向了"为",句子的意思就成了"孤错误地成为尊先君所施加称赞的对象",错误在"孤"而不在"尊先君",自谦之辞就成了后悔的话,这显然不符合秃发傉檀自谦的本意。

8. "S为N之所见V"式"为"字被动句的产生

约东汉末年,又出现了"S为N之所见V"式被动句,是在"S为N所见V"句式中的并列连用的施事助词"所见"的前面另加一个施事助词"之"。例如:

① 自以本非岩穴知名之士,恐为海内人之所见凡愚。(曹操《让县自明本志令》)

② 中道之邮亭、人舍,多为尊官有力者之所见占。(唐·薛用弱《集异记·王积薪》)

"S为N之所V"式被动句、"S为N所见V"式被动句和"S为N之所见

V”式被动句虽然有两个或两个以上的被动句的辅助形式标志，但不够简洁，不太符合语言经济性原则，因而很少使用，而“S为N所V”式被动句由于繁简适中，汉代以后始终是“为”字被动句的主要形式。

以上我们探讨了“为”字被动句的形成与发展演变的过程和机制以及被动标记“为”的语法化过程和机制，结果表明，“为”字被动句包括两个系列：“S为V”和“S为NV”。“S为V”系列被动句有“S为V”和“S为V于V”两种形式，其中的被动标记“为”是被动助词，是由动词“为”的“成为”义演变成的，演变的机制是重新分析；“S为NV”系列被动句有“S为NV”“S为N之V”“S为N见V”“S为N所V”“S为N之所V”“S为N所见V”“S为N之所见V”等形式，其中的被动标记“为”是施事介词，是由被动助词“为”演变成的，演变的机制是句法地位的改变。通过这种探讨我们可以看出，坚持句法、语义和语用“三个平面”相结合的原则，对于研究汉语的句式和语法化问题是十分必要的。

第五节　空语类与汉语处置句

处置句就是在谓语动词前用处置介词“把”或“将”引出谓语动词的处置对象，表示对该对象进行某种处置的一种句式，这种句式就是通常所说的“把”字句。例如：

① 你把桌子擦擦。

② 我把窗户关上一扇。

③ 老区把门打开一条缝，放他进屋。（亦舒《绮惑》）

④ 制药厂工人在施工过程中，不慎将部分窗框损坏。（《中国建设报》2001年1月9日）

由于处置介词“把”或“将”引出了处置的对象，谓语动词的后面不再出现处置对象，这就等于把谓语动词的处置对象交给了处置介词“把”或“将”，实际上也等于用处置介词“把”或“将”把谓语动词的宾语移到谓语动词的前边，因而这种处置对象通常可以移到谓语中心的后面。从空语类的角度看，由于处置介词“把”或“将”把谓语动词的宾语移到了谓语动词的前面，因而在谓语动词的后面存在着空宾语。有时候，表示谓语动词处置对象的词语是一个名词性的偏正短语，而处置介词“把”或“将”只是引出了这个偏正短语的中心语，将它的定语仍然留在谓语动词的后面，在这种情况下，谓语动词的后面存在着空宾语中心语。下面我们就具体分析一下处置句中的空语类。

一、处置句中的空宾语

现代汉语处置句的谓语动词有时带补语，有时不带补语，谓语动词带补语时和不带补语时，空宾语的位置是不同的，而补语的性质不同，空宾语的位置也是不同的，这需要分别加以说明。

（一）谓语动词不带补语时的空宾语

处置句的谓语动词不带补语时，谓语动词的后面存在着空宾语，这时可以把处置介词“把”或“将”的宾语移到谓语动词的后面，把处置句改成普通的“主—动—宾”句。例如：

① 他把水$_i$喝 t_i了。→ 他喝了水。

② 我把衣服$_i$洗 t_i了。→ 我洗了衣服。

③ 他把垃圾$_i$扔 t_i了。→ 他扔了垃圾。

④ 我把图片$_i$放大 t_i了。→ 我放大了图片。

⑤ 他把嗓音$_i$提高 t_i了。→ 他提高了嗓音。

⑥ 他将错误的地方$_i$改正 t_i了。→ 他改正了错误的地方。

⑦ 把我$_i$往死里糟蹋 t_i。→ 往死里糟蹋我。

值得注意的是，如果这种处置句的谓语动词前有由范围副词“都”“全”等充当的状语，并且主语代表的是两个以上的人或事物，这种处置句应转换成“宾—主—［状］动”句，也就是宾语前置句，而不是“主—［状］动—宾”句，也就是把宾语放在主语前，而不是放在谓语动词后，否则人们会以为范围副词指向的是主语。例如：

⑧ 我们把衣服$_i$都洗了 t_i。→ 衣服$_i$我们都洗了 t_i。

这个句子的意思是“我们洗了全部的衣服”。如果把这个句子转换成“我们都洗了衣服”，会使人们觉得“都”指向的是主语“我们”，以为句子的意思是强调“我们”每个人都洗了衣服。再如：

⑨ 他们把东西$_i$都拿走了 t_i。→ 东西$_i$他们都拿走了 t_i。

这个句子的意思是“他们拿走了全部的东西”。如果把这个句子转换成“他们都拿走了东西”，会使人们觉得“都”指向的是主语“他们”，以为句子的意思是强调“他们”每个人都拿了东西。

不过，将谓语动词前有范围副词“都”“全”的处置句转换成宾语前置式的非处置句之后，谓语动词后仍然存在着空宾语。不过，事实上，由于处置句具有非处置句所不具备的语法意义和表达功能，如果将处置句转换成非处置句，就失去了处置句原有的语法意义和表达功能，所以人们通常不会把非处置句转换成处置句，我们将处置句转换成非处置句，目的是为了说明处置句的构成方式，我们下面还会通过将处置句转换成非处置句，来说明结构比较复杂的处置句的构成方式。

（二）谓语动词带补语时的空宾语

处置句的谓语动词能够带的补语有结果补语、动量补语、处所补语、对象补语。由于汉语习惯上把动词与其后面的说明性的结果补语以及动量补语、程度补语、对象补语当作一个整体使用，所以处置句的谓语动词带这几种补语时，谓语动词及其补语的后面存在着空宾语。

1. 谓语动词带结果补语时的空宾语

由于人们习惯上把动词与其结果补语当作一个整体使用，因而如果处置句的谓语动词带结果补语，并且这种结果补语是由一个动词或形容词充当的简单补语，转换成“主—动—宾”句时，通常应该把宾语放在补语的后面，从而形成“主—动—补—宾”结构句。在这种情况下，可以说这种处置句的谓语动词及其补语后存在着空宾语。例如：

① 他把嗓子$_i$喊〈哑〉了 t_i。→他喊〈哑〉了嗓子。

② 他把水$_i$烧〈热〉t_i了。→ 他烧〈热〉了水。

③ 他把灯泡$_i$打〈碎〉了 t_i。→ 他打〈碎〉了灯泡。

④ 他把手$_i$磨〈破〉了 t_i。→ 他磨〈破〉了手。

⑤ 他把衣服ᵢ洗〈干净〉了 e 。→他洗〈干净〉了衣服。

⑥ 我把情况ᵢ问〈清楚〉 tᵢ了。→ 我问〈清楚〉了情况。

有的处置句中的结果补语是动词“成＋宾语”式的，表示处置的结果是使处置对象变成宾语所代表的事物，这种处置句一般不能转换成“主—动—补—宾”结构句，否则结果补语中的宾语与动补短语的宾语连在一起，影响理解，这时我们就不能说这种处置句的谓语动词及其补语后存在着空宾语，只能说谓语动词后存在着空宾语。而在这种情况下，大都不能把“把”的宾语移到谓语动词的后面，因为“主—动—宾—补”结构句（如“我们变废〈为宝〉”）在现代汉语中已经很少使用了，这种处置句通常只能转换成“宾—主—动—补”结构句。例如：

⑦ 我把土豆ᵢ切 tᵢ〈成块〉。→＊我切〈成块〉土豆。→＊我切土豆〈成块〉。→ 土豆我切〈成块〉。

⑧ 我把人民币ᵢ兑换 tᵢ〈成了美元〉。→＊我兑换〈成了美元〉人民币。→＊我兑换人民币〈成了美元〉。→人民币我兑换〈成了美元〉。

⑨ 我把生米ᵢ做 tᵢ〈成熟饭了〉。→＊我做〈成熟饭了〉生米。→＊我做生米〈成熟饭了〉。→生米我做〈成熟饭了〉。

⑩ 把 5 个收费站ᵢ合并 tᵢ〈成一个〉。→＊合并〈成一个〉5 个收费站。→＊合并 5 个收费站〈成一个〉。→5 个收费站合并〈成一个〉。

不过，“宾—主—动—补”结构句通常在口语中使用，如果在书面语中使用，有一种随意的感觉。例如：

⑪ 我国人民把北大荒ᵢ改造 tᵢ〈成“北大仓”〉了。→＊我国人民改造〈成“北大仓”〉了北大荒。→＊我国人民改造北大荒〈成“北大仓”〉了。→北大荒我国人民改造〈成“北大仓”〉了。

如果处置句的谓语动词的补语是评价性的或描写性的，通常只能转换成“宾—主—动—补”结构句，而不能转换成“主—动—补—宾”结构句，否则影响理解。例如：

⑫ 她把衣服ᵢ洗 tᵢ得〈很干净〉。→ ＊她洗得〈很干净〉衣服→ 衣服她洗得〈很干净〉。

⑬ 她把衣服ᵢ洗 tᵢ得〈干干净净〉。→ ＊她洗得〈干干净净〉衣服。→衣服她洗得〈干干净净〉。

⑭ 他把客厅的墙壁ᵢ粉刷 tᵢ得〈雪白〉。→ ＊他粉刷得〈雪白〉客

厅的墙壁。→客厅的墙壁他粉刷得〈雪白〉。

上面我们通过转换说明了谓语动词带结果补语的处置句中的空宾语的位置，从中我们可以看出，在现代汉语中，有些事情如果不用处置句陈述表达得就不贴切，如“把5个收费站合并成一个”，说的是对那五个收费站所做的处置及其结果，如果不使用处置句，就只能说成“5个收费站合并成一个”，就不能恰当地表示这个意思，只适合用来说明那五个收费站所发生的变化。再如“她把衣服洗得很干净”，说的是“她”对衣服所做的处置及其结果，如果不使用处置句，就只能说成“衣服她洗得很干净”，就不能恰当地表示这个意思，只适合用在对比的场合，如“衣服她洗得很干净，玻璃却擦得不干净”。

2. 谓语动词带动量补语时的空宾语

如果处置句的谓语动词带动量补语，转换成“主—动—宾”句时，人们通常把动词的宾语放在补语的后面，相应地，空宾语的位置也在补语的后面。例如：

① 我把门$_i$推了一下 t_i。→我推了一下门。

② 他把椅子$_i$往前挪了一下 t_i。→他往前挪了一下椅子。

③ 他把书稿$_i$重新抄了一遍 t_i。→他重新抄了一遍书稿。

④ 她把头发$_i$整理了一下 t_i。→她整理了一下头发。

以上四例转换成“主—动—宾”句时，宾语要放在补语后。但值得注意的是，如果处置句的处置对象对于听者或读者来说是已知信息的话，转换成“主—动—宾”句时，人们不把处置对象放在补语的后面，而是放在动词的后面，这样就可以避免将已知信息置于句末，因为汉语习惯上让未知信息处于句末。例如：

⑤ 我把他$_i$推了 t_i一下。→ 我推了他一下（* 我推了一下他）。

⑥ 父亲把他$_i$狠狠地打了 t_i一顿。→ 父亲狠狠地打了他一顿（* 父亲狠狠地打了一顿他）。

⑦ 他把我$_i$看了 t_i一眼。→ 他看了我一眼（* 他看了一眼我）。

以上三例中的处置对象都是用代词表示的，代词代替的是前面提到过的人或事物，所以代词所指代的人或事物对于听者或读者来说都属于已知信息，所以一般不放在句末。

通过上面的转换我们可以看出，处置句和“主—动—宾”句所表达的意义不同，处置句重在表达主语对宾语的处置，而“主—动—宾”句重在表达主语所做的事情。

3. 谓语动词带处所补语时的空宾语

自从唐代汉语中出现了处置句以来，处置句的应用范围逐渐扩大。在表示对人或事物进行处置并使人或事物固定在某处的时候，在古代汉语和现代汉语书面语中可以使用宾语后带处所补语的“主—动—宾—补”句（如“置一切风险于脑后”），但在现代汉语口语中这种句式已经彻底被处置句所取代了，因此，谓语动词后带处所补语的处置句就不能转换成“主—动—宾—补”句了，但大都可以转换成“宾—主—动—补”句，但这种句式的谓语动词后也存在着空宾语。例如：

① 我［把书$_i$］放$_{ti}$〈在桌子上〉了。→ * 我放书〈在桌子上〉了。→ 书$_i$我放$_{ti}$〈在桌子上〉了。

② 把书$_i$放$_{ti}$〈在桌子上〉。→ * 放书〈在桌子上〉。→ 书$_i$放$_{ti}$〈在桌子上〉。

③ 把画$_i$挂$_{ti}$〈在墙上〉。→ * 挂画〈在墙上〉。→ 画$_i$挂$_{ti}$〈在墙上〉。

以上三例谓语动词带处所补语的处置句只能转换成宾语前置句。由于在现代汉语中谓语动词后带处所补语的处置句不能转换成“主—动—宾—补”句，因而有些学者认为，不宜把处置句看成用处置介词“把”或“将”把谓语中心的宾语移到谓语中心的前边，这种看法实际上是没有将古今汉语结合起来进行观察而得出的结论。从这里我们可以看出，分析汉语句法结构必须采取历时的、动态的方法，孤立静止地分析很难得出符合实际的结论。

另外，如果“把”字短语前有状语，转换的时候，状语要放在谓语动词前。例如：

④［必须］把教育$_i$放$_{ti}$在优先发展的战略地位。→ 教育$_i$［必须］放$_{ti}$〈在优先发展的战略地位〉。

前面我们说，宾语后带处所补语的“主—动—宾—补”句在口语中已经彻底被处置句所取代，不过，在书面语中宾语后带处所补语的“主—动—宾—补”句有时还使用，所以书面语化的谓语动词后带处所补语的处置句可以转换成“主—动—宾—补”结构的句子。例如：

⑤ 我们要把税制改革$_i$置$_{ti}$〈于这个大局中〉来研究和解决问题。→ 我们要置税制改革〈于这个大局中〉来研究和解决问题。

⑥ 把人类在历史进程中所形成的人类精神文明$_i$移植$_{ti}$〈于个体之中〉。→ 移植人类在历史进程中所形成的人类精神文明〈于个体之中〉。

（三）谓语动词带宾语时的空宾语

表示给予、告知、教授等意义的动词，如“给”“借”“卖”“还”“赔”“告”“告诉”“报告”“转告”“教”“教授”等，要同时支配、涉及两个对象，其中一个是处置的对象，一个是指向的对象，因而这类动词在造句的时候，需要带两个宾语，一个是表示处置对象的宾语，是直接宾语，如“我给你钱”中的“钱”，一个是表示指向对象的宾语，是间接宾语，如“我给你钱”中的“你”。在造句的时候，人们也常在这类动词前用介词“把”引出的它的处置对象宾语（直接宾语），而把指向对象宾语（间接宾语）留在动词的后面，这样就形成了谓语动词带宾语的处置句。在这种谓语动词带宾语的处置句中，谓语动词的宾语后存在着空宾语。这类处置句可以转换成“主—动—宾$_{间}$—宾$_{直}$”结构的主谓句，也可以转换成“宾$_{直}$—主—动—宾$_{间}$”。例如：

① 我把钱$_i$给你 t_i了。→ 我给你钱了→ 钱$_i$我给你 t_i了。

② 我想把那本书$_i$送给他 t_i。→ 我想送给他那本书。→ 那本书$_i$我想送给他 t_i。

③ 我把这件事$_i$告诉了他 t_i。→ 我告诉了他这件事。→ 这件事$_i$我告诉了他 t_i。

④ 把护照$_i$还我 t_i 。→ 还我护照 → 护照$_i$还我 t_i。

值得注意的是，如果谓语动词的直接宾语所指的人或事物是有定的、已知的，一般不采取“主—动—宾$_{间}$—宾$_{直}$”句式，而采取“宾$_{直}$—主—动—宾$_{间}$”句式，如一般不说“我想送给他那本书”“我告诉了他这件事”，而说“那本书我想送给他”“这件事我告诉了他”。

以上我们通过将处置句转换成非处置句的方法分析了三种形式的处置句中的空宾语。这里我们需要再强调一下，处置句不是谓语动词为及物动词的句子的最基本形式，谓语动词为及物动词的句子的最基本形式是“主—动—宾”，处置句实际上是由“主—动—宾”句转换成的，但“主—动—宾”句不是由处置句转换成的，二者的转换是单方向的，而我们将处置句转换为“主—动—宾”句，实际上是将处置句还原为“主—动—宾”句，同时，这种还原只是句法分析的一种方法，事实上，人们在使用处置句的时候，可以直接套用处置句的格式进行造句，而无须经过临时的转换。

二、处置句中的空宾语中心语

前面我们分析了处置句中的空宾语。处置句中的空宾语是处置介词“把”“将”把谓语动词的处置对象（谓语动词的宾语）在谓语动词的前面引出所导致的。有时谓语动词的处置对象是人或事物群体的一部分，这时人们往往只将表示人或事物群体的词语提到谓语动词的前边，而将表示人或事物群体一部分的定语留在谓语动词后，从而使它落在句末焦点的位置上，结果在定语的后面形成空中心语。例如：

① 新子背着大枪，把手榴弹$_i$给了玉珊一个 t_i。→ 给了玉珊一个手榴弹。

② 钱先生本来穿着短衣，急忙找到大衫穿上，把纽扣$_i$扣错了一个 t_i。→ 扣错了一个纽扣。

③ 他把孩子$_i$弄丢了一个 t_i。→ 他弄丢了一个孩子。

像这样只将谓语动词的宾语的中心语提到谓语动词的前边，能够使听者或读者清楚地知道谓语动词处置的对象只是人或事物群体中的一部分。人们之所以这样做，也是因为汉语的宾语不习惯用“……之一”“……中的一个”的短语充当，如不说“他弄丢了他的孩子之一”“他弄丢了他的孩子中的一个”。关于这一点，对照一下英语的相应说法，我们会了解得更清楚：

④ He lost one of his children. 他弄丢了他的孩子之一（孩子中的一个）。

由于汉语一般不说“他弄丢了他的孩子之一”或“他弄丢了他的孩子中的一个”，而说“他弄丢了一个孩子”，因而有“他把孩子弄丢了一个”的说法，而通常不说“他把他的孩子之一弄丢了”或“他把他的孩子中的一个弄丢了”。

三、处置句的表达功能

前面我们分析了处置句中存在的空语类，从中我们可以看出处置句与非处置句之间的转换关系。不过，如前所述，人们通常是把非处置句转换为处置句，而不是相反，因为处置句具有非处置句所不具有的语用功能。由于处置句用处置介词“把”或“将”把处置的对象提到谓语中心的前边，而处置介词作为处置的标志，能够使听者或读者产生心理预设，这样听者或读者就会充分注意后面将要说明的处置方式及处置的结果等内容，同时，由于处置对象向前移位，使得处置方式及处置的结果等内容落在了句末焦点位置上，而句末焦点位置本来就是听者或读者注意的中心，这样本来就能给听者或读者留下更深的印象，两种作用相结合，更好地强调了这些内容，因而处置句传达信息的效率很高，因此，当人们需要说明对人或事物进行某种处置的时候，经常使用处置句，很少使用“主—动—宾”式的普通陈述句，尤其是在祈使句中，如：“你下午把地擦擦。”“把头抬起来。”“把桌子擦干净。”在有些情况下甚至只使用处置句，而不使用“主—动—宾”句，如：“把这份材料打印出来。”（* 打印这份材料出来。）“把书放在桌子上。”（* 放书在桌子上。）”

总之，处置句具有传达信息效率高的优点，对于使用现代汉语的人们来说，它已经成了一种必不可少的句式。

第六节　空语类与宾语话题句

我们知道，谓语动词带宾语的汉语句子的常规语序是“主—动—宾”，但有时人们会把宾语移到主语的前边，这样就形成了“宾—主—动”式的宾语前置句。由于宾语向前移位，在谓语动词的后面就形成了空宾语。宾语前置的目的是使宾语具有话题的性质，让听者或读者注意听或看后面就这个话题所作的说明，所以我们把宾语前置句称为“宾语话题句”，意思是“宾语话题化了的句子”。

一、宾语话题句中的空宾语

宾语话题句就是一种宾语前置句，是由“主—动—宾”结构的句子（也就是动宾谓语句）中的宾语向前移位而形成的句子。由于宾语话题句是由动宾谓语句中的宾语向前移位而形成的，宾语话题句的谓语动词后就存在着空宾语。例如：

① 不用调查了，这个人$_i$我知道 t_i，$_e$不是敌人，$_e$是我们的朋友。

（徐贵祥《历史的天空》）

这里“这个人”本来是“知道”的宾语，为了使它话题化，而将它提到句首。以下四例都是如此：

② 雷锋$_i$我没见过 t_i，活雷锋$_i$我见到了 t_i。（《人民日报》1996 年 8 月）

③ 这件事$_i$我们必须办 t_i，这条路$_i$我们必须走 t_i。（《邓小平文选 3》）

④ 这件事$_i$我永远不会忘记 t_i。（《读者》合订本）

⑤ 他在领奖台上恳切地说：“这钱$_i$我不能要 t_i。”（《人民日报》1997 年）

以上四例也都是由宾语向前移位而成的宾语话题句。

由于“主—动—宾”句有时采用省略主语的形式，形成空主语的“动—宾”句，由此转换成的宾语话题句是“宾—动”式的。例如：

⑥ 地毯$_i$最好 1 年在阳光下晾晒二三次 t_i。（和秀红、杨志玲《养生与健美方法 100 例》）

这个句子的原型是：

⑦ 最好 1 年在阳光下晾晒二三次地毯。

为了将这个“动—宾”句的宾语“地毯”话题化，而将之移到句首，就形成了“宾—动”的形式。

有时动宾短语不是作句子的谓语，而是在句子的主语中作定语，同时说话者或作者又要使这个作定语的动宾短语中的宾语话题化，在这种情况下，人们有时也将这个作定语的动宾短语中的宾语移到句首，结果在动词的后面形成空宾语。例如：

⑧ 再一个就是董福祥。这个人$_i$知道 e_i的人不多。其实在中国的近代史上，他是个人物。（《人民日报》1996 年 6 月）

这里第二句是由“知道这个人的人不多”转换成的，是将在主语中作定语的动宾短语“知道这个人”中的宾语“这个人”向前移位而成。再如：

⑨ 人类学$_i$在清华园里知道 e_i的人不多，史氏作为一个世界级的学者，知道的人更少。（《读书》vol.181）

这里第一句是由“在清华园里知道人类学的人不多”转换成的，是将在主语中作定语的动宾短语“知道人类学”中的宾语“人类学”向前移位而成。

二、宾语话题句的生成

宾语话题句的语序是“宾—主—动”，是由“主—动—宾”结构的句子转换成的。我们知道，汉语是公认的“主—动—宾”（SVO）型语言，谓语动词带宾语的句子的常规语序是“主—动—宾”。既然是这样，人们为什么要打破这种常规语序而将宾语移到谓语动词的前边，甚至移到句子的主语的前边呢？这是因为，汉语在语序的安排上，有一种话题优先的原则，同时还有一种已知信息在前、未知信息在后的原则，当谓语动词的宾语是已知信息，而说话者或作者又要将它话题化时，就将它移到句首，让它处在话题的位置上。关于这一点，以往著名的语法学家都有所论述。如赵元任指出：“有一种强烈的趋势，主语所指的事物是有定的，宾语所指的事物是无定的。”[①] 朱德熙也指出：“说话的人选来作为话题的往往是他已经知道的事物。因此汉语有一种很强烈的倾向，即让主语表示已知的确定的事物，而让宾语去表示不确定的事物。”[②] 如果谓语动词的宾语所表示的人或事物对于听者或读者来说是已知信息，而谓语动词所表示的内容是未知信息、主要信息，人们在造句的时候，往往把谓语动词的宾语移到句首，使它话题化，这样能使听者或读者注意听或注意看后面的部分对它的说明，而由于宾语向前移位，谓语动词就落在了句末焦点的位置上，从而使它得到了强调，这样就提高了句子传达信息的效率。这里我们来看一个比较典型的例子：

① 他让我去找一个人，这个人$_i$我现在找到了 t_i。（张平《十面埋伏》）

这里前一句的宾语是“一个人”，对于读者来说，属于未知信息，按照“主—动—宾”的正常语序放在谓语动词的后面，并且处于句末，而后一句中，“这个人”成了已知信息，就是“他”让“我找的这个人”，所以把它从谓语动词“找到”的后面提到句首，让它话题化，从而使未知信息“找到了”落在句末焦点位置上，从而使它得到了强调。

---

① 赵元任著、吕叔湘译：《汉语口语语法》，商务印书馆 1979 年版，第 46 页。

② 朱德熙：《语法讲义》，商务印书馆 1982 年版，第 96 页。

宾语话题句早在上古汉语中就已经产生了，在口语中使用得非常频繁。例如：

② 子闻之曰："成事$_i$不说 t_i，遂事$_i$不谏 t_i，既往$_i$不咎 t_i。"（《论语·八佾》）

这里孔子说："做成的事不解释，做完的事不劝说，过去的事不追究。"这里为了使宾语"成事""遂事""既往"话题化，同时使谓语中心"不说""不谏""不咎"落在句末焦点位置上，而将宾语移到句首。

③ 孔子$_i$，君命召 t_i，不俟驾而行，然则孔子非与？（《孟子·万章下》）

这里是说：国君派人召唤孔子的时候，孔子不等准备车马，就立即步行前往。为了使"召"的宾语"孔子"话题化，而将其移到句首，但由于后面有主语，为了避免影响理解，需要在前置宾语后加上语音停顿。

④ 匡章$_i$，通国皆称 t_i不孝焉，夫子与之游，又从而礼貌之。敢问何也？（《孟子·离娄下》）

这里是说："全国都说匡章不孝敬父母，您却跟他交往，同时又礼貌地对待他。冒昧地问一下，这是为什么呀？"为了使"称"的宾语"匡章"话题化，而将其移到句首。

有时，宾语移走之后，还在原位置上用代词"之"复指它。例如：

⑤ 今若有一诸侯于此，为政其国家也，曰："凡我国能射御之士$_i$，我将赏贵之；不能射御之士$_i$，我将罪贱之。"（《墨子·尚贤下》）

这里为了使"赏贵"（奖励并使他富贵）、"罪贱"（惩罚并使他贫贱）的宾语"我国能射御之士""不能射御之士"话题化，同时使谓语中心"赏贵""罪贱"落在句末焦点位置上，而将"我国能射御之士""不能射御之士"移到句首，同时为了强调"赏贵""罪贱"的对象"我国能射御之士""不能射御之士"，又在"我国能射御之士""不能射御之士"原来所在的位置上用代词"之"复指它们，结果填补了由于宾语"我国能射御之士""不能射御之士"移位之后所形成的空位，因此可以说，这里"赏贵""罪贱"的后面不存在空语类。

三、宾语话题句的转换

如前所述，宾语话题句就是一种宾语前置句，是由“主—动—宾”结构的句子转换成的，因而宾语话题句通常可以转换成“主—动—宾”句，如“这本书我看过”就可以转换成“我看过这本书”。当然，我们说宾语话题句通常可以转换成“主—动—宾”句，这只是从语法的角度讲的，实际上，如果将宾语话题句转换成“主—动—宾”句，会失去宾语话题句的语用功能，不过，这也恰恰反映出宾语话题句产生的原因。

值得注意的是，自从20世纪50年代中期以来，随着确定主宾语问题的“形式派”在学术界占了上风，学术界的主流观点是否认宾语话题句（宾语前置句）的存在的，丁声树等（1961）就明确地否认宾语话题的存在，认为宾语话题句应该看成一种主谓谓语句，而不应该看成“宾语倒装”句，原因是“好些‘倒装’的宾语不能‘顺装’”，也就是好多看似“宾语倒装”的句子中的宾语不能移到谓语动词的后面，这就说明了这种句子不应该看成“宾语倒装”的句，并通过一些“典型”的例子来证明自己的观点，其中有这样两个例子：

① 这事儿我们也没有办法。（袁静）

② 这事儿咱们上当了。（袁静）

丁声树等（1961）说：“这两句没有法子说成‘我们也没有办法这事儿’，‘咱们上当这事儿了’”，原因是动词“没有”“上当”“管不着‘倒装宾语’”①。丁声树等根据上面这两个句子不能转换成“主—动—宾”句的事实来否定“宾语倒装”句来自于“主—动—宾”句的事实。其实，“这事儿我们也没有办法”和“这事儿咱们上当了”根本就不是由“* 我们也没有办法这事儿”和“* 咱们上当这事儿了”转换成的“宾语倒装”句，所以不能转换成“* 我们也没有办法这事儿”和“* 咱们上当这事儿了”。这是因为，“没有办法”和“上当了”根本就不能带宾语，显然“这事儿”根本就不是“没有办法”的宾语，“这事儿”也不是“上当了”的宾语，“这事儿”根本就不是从“没有办法”的后面移动过来的，“这事儿”也不是从“上当了”的后面移动过来的，所以“这事儿”也就不能移

---

① 见丁声树等《现代汉语语法讲话》，商务印书馆1999年版，第26—27页。

动到“没有办法”的后面，“这事儿”也不能移动到“上当”的后面。更主要的是，“* 我们也没有办法这事儿”和“* 咱们上当这事儿了”根本就是不存在的句子，因为“没有办法”与“这事儿”“上当了”与“这事儿”根本就不能组成一个有意义的动宾短语。既然“这事儿我们也没有办法”和“这事儿咱们上当了”根本就不是由“* 我们也没有办法这事儿”和“* 咱们上当这事儿了”转换成的，“这事儿我们也没有办法”怎么能转换成“* 我们也没有办法这事儿”？“这事儿咱们上当了”怎么能转换成“* 咱们上当这事儿了”？丁声树等（1961）等据此来否认“宾语倒装”句的存在，是毫无道理的。

丁声树等（1961）把“这事儿我们也没有办法”和“这事儿咱们上当了”看成主谓谓语句，把“这事儿”看成这两个句子的主语（大主语），这显然是单纯根据句法成分在句子里的位置确定句法成分的性质，而不考虑句法成分间的逻辑关系的做法，这是 20 世纪 50 年代“形式派”的观点的延续和加剧。只要稍微考虑一下句法成分间的逻辑关系，我们就会发现，在“这事儿我们也没有办法”和“这事儿咱们上当了”这两个句子中，“我们也没有办法”和“咱们上当了”都不是对“这事儿”的说明，所以这两个句子中的“这事儿”不是句子的主语，而是“我们也没有办法”和“咱们上当了”这两种情况所涉及的范围，整个句子等于说“在这事儿上我们也没有办法”“在这事儿上咱们上当了”，“这事儿”是范围状语，只是由于“这事儿”与“我们也没有办法”和“咱们上当了”之间的逻辑关系明确，就直接作了状语。像丁声树等（1961）那样不考虑句法成分间的逻辑关系分析汉语句法结构的做法，是没有意义的，无助于对汉语句子意义的理解，如果把这样分析的结果运用到对外汉语教学中去，是很难让外国汉语学习者学会汉语的。

事实证明，真正的宾语话题句一般是可以转换成普通的“主—动—宾”句的，但是，只是最早出现的宾语话题句是由“主—动—宾”句转换成的，一旦宾语话题句被人们普遍接受和使用，这种句式就确定下来了，后来的人们就可以直接仿照这种句式的格式进行类推造句，而无须经过临时的转换，不仅如此，人们还可以对宾语话题句进行加工、修饰，把一些在“主—动—宾”句中不能加入的成分加在宾语话题句中，这样的宾语话题句就不能“无损”地转换成“主—动—宾”句，是需要去掉那种在“主—动—宾”句中不能加入的成分的。下面我们谈谈一些比较特殊的宾语话题句的转换问题。

（一）谓语动词前有范围副词“都”等的宾语话题句

有的宾语话题句在谓语动词的前边加上范围副词“都”等，指向前置宾语，表示前置宾语所指的两个或两个以上人或事物都是谓语动词所指的动作行为等的对象，如果将宾语移回谓语动词的后面，这种范围副词就指向了主语，句子的意思也就发生了变化，因此在转换的时候，需要去掉这种范围副词。当然，各种特殊句式都是各种原型句式的变式，转换的方向都是单向的，都是由原型句式转换为特殊句式，而不是由特殊句式转换为原型句式，我们这里将宾语话题句转换为“主—动—宾”句，目的是为了能更好地认识宾语话题句的深层结构。例如：

① 这两个人$_i$我们都认识$_{ti}$。

这个句子的意思是说，“我们”认识“这两个人”，而不是只认识其中的一个，但如果将这个句子转换成“我们都认识这两个人”，句子的意思就变成强调“我们没有不认识这两个人的”。如果要将这个句子转换成“主—动—宾”句，又不引起误解，就只能去掉范围副词“都”，说成“我们认识这两个人”，但这样也就失去了强调“没有例外”的意思，当然也失去了宾语话题句的语用功能。

按理说，如果这种在谓语动词前加上指向前置宾语的范围副词的宾语话题句的主语不是复数的，而是单数的，转换成“主—动—宾”句后，范围副词不去掉，也不至于引起误解。例如：

② 这两个人$_i$我都认识$_{ti}$。→ * 我都认识这两个人。

但是，在现代汉语中，范围副词“都”已经不习惯于用在单数的主语后面，所以“我都认识这两个人”的说法虽然不会引起误解，但不符合表达习惯。由此可见，即使不考虑宾语话题句特有的语用功能，仅从表达习惯的角度看，宾语话题句也是“主—动—宾”所不能替代的。

（二）前置宾语前有范围副词“凡”等的宾语话题句

由于宾语话题句的宾语话题化，成为后面的部分说明的对象，这一点与句子的主语相似，于是人们把本来用来指向主语的范围副词“凡”“凡是”用在前置宾语的前边，用来指向前置宾语，表示在宾语所表示的人或事物的范围内没有例外，这种前置宾语句一般不能“无损地”转换成符合表达习惯的“主—动—宾”句，而需要去掉范围副词“凡”“凡是”。例如：

凡属于思想性质的问题$_i$，凡属于人民内部的争论问题$_i$，$_e$只能用民主的方法去解决$_{ti}$，$_e$只能用讨论的方法、批评的方法、说服教育的方法去解决$_{ti}$，而$_e$不能用强制的、压服的方法去解决$_{ti}$。（毛泽东《关于正确处理人民内部矛盾的问题》）

这里有三个并列的宾语话题句，前置宾语都不能移回谓语动词的后面，因为前置宾语前边的范围副词“凡”不用在谓语动词后的宾语前，如不能说“*（我们）只能用民主的方法去解决凡属于思想性质的问题，凡属于人民内部的争论问题”，而只能说“（我们）只能用民主的方法去解决属于思想性质的问题，属于人民内部的争论问题”。

（三）前置宾语是已知信息的宾语话题句

有时前置宾语表示的是已知信息，如果把它移回谓语动词的后面，会让人觉得这样的句子不能成立，因为汉语通常不将已知信息置于句末。我们来看丁声树等著的《现代汉语语法讲话》所举的一个例子[①]：

① 这点儿东西，我藏了好些天。（袁静）

丁声树等认为，这个句子不能转换成“我藏了好些天这点儿东西”，也不能转换成“我藏了这点儿东西好些天”，并以此来否认这个句子是宾语前置句。实际上，这个句子之所以不能转换成“我藏了好些天这点儿东西”，是因为“这点儿东西”是已知信息，正适合于放在句首，而“藏了好些天”是未知信息，正适合于放在句末，而不是相反。如果谓语动词的宾语是未知信息，“我V了好些天N”的说法也是成立的。例如：

② 我藏了好些天没用的东西。→ * 没用的东西我藏了好些天。

这里“没用的东西”是什么，对方或读者不知道，按照汉语未知信息置后的原则，适合放在句末。通过上面的分析我们可以看出，“这点儿东西，我藏了好些天”不能转换成“主—动—宾”句，说明了宾语话题句具有“主—动—宾”句所不具有的语用功能，而这正是宾语话题句产生的主要原因之一，我们不能据此否定宾语话题句来自于“主—动—宾”句的事实。

丁声树等还用带“得”字的动补结构做谓语的宾语话题句不能不添加词语转

---

① 见丁声树等《现代汉语语法讲话》，商务印书馆1999年版，第26页。

换成“主—动—宾”句的事实，来否定宾语话题句来自于“主—动—宾”句的事实。例如：

③ 你看这事儿我办得怎么样？（袁静）

丁声树等指出，这个句子不能还原成“你看我办得这事儿怎么样”，也不能还原成“你看我办这事儿办得怎么样”，否则句法变了（多了一个“办”字），也不能还原为“你看我办这事儿怎么样”，否则意思变了。实际上，这个句子正是由“你看我办这事儿办得怎么样”转换成的，先是省略前一个“办”，避免重复的感觉，说成“你看我这事儿办得怎么样”，然后再把“这事儿”提到主语“我”的前面，使它话题化，同时使评价性补语“办得怎么样”落在句末焦点位置上，从而使它得到了强调。而“你看我办得这事儿怎么样”之所以不能说，是因为能够引起误解，所以必须先说“你看我办这事儿”，然后再说“办得怎么样”，而“你看我办这事儿办得怎么样”的说法中，前后出现了两个“办”，给人一种重复的感觉，所以人们便将前一个“办”省略，便成了“你看我这事儿办得怎么样”，然后再将“这事儿”移到主语“我”的前边，就成了“你看这事儿我办得怎么样”。这个转换过程可以简单地表示如下（“你看”是插入语，为了醒目起见，下面将它省略）：

我办这事儿〈办得怎么样〉？→ 我这事儿〈办得怎么样〉？→ 这事儿我〈办得怎么样〉？

我们也可以把“这事儿我办得怎么样”转换回去：

这事儿我办得怎么样？→ 我这事儿办得怎么样？→ 我办这事儿办得怎么样？

丁声树等忽视了“我办这事儿办得怎么样”转换成“这事儿我办得怎么样”的中间过程“我这事儿办得怎么样”，所以否定了“这事儿我办得怎么样”是由“我办这事儿办得怎么样”转换成的这个事实。丁声树等还用下面的句子不能转换为“主—动—宾”句的事实来否定宾语话题句来自“主—动—宾”句的事实：

④ 你什么都懂，你什么都知道。

丁声树等说，如果将这两个句子转换为“你都懂什么，你都知道什么”，就变成反问语气，意思是你什么都不懂，你什么都不知道，跟原句的意思正相反。这种说法忽视了“你什么都懂，你什么都知道”与“你都懂什么，你都知道什么”中的“什么”在用法和意义上的区别。前者中的“什么”是疑问代词的任指用法，指代任意的一件事情、一个问题等，并不表示疑问，所以“你什么都懂，你什么都知道”不能转换为“你都懂什么，你都知道什么”。其实，“你什么都懂，你什么都知道”这种句式并不是一种单句，而是一种紧缩复句，它的原型及转换过程是：

无论什么问题，你都懂，无论什么事情，你都知道。→ 无论什么，你都懂，无论什么，你都知道。→ 什么你都懂，什么你都知道。→ 你什么都懂，你什么都知道。

在不同的语境中，“你什么都懂，你什么都知道”中的“什么”所指会有所不同，这里我们假定的是前一个“什么”指的是问题，后一个“什么”指的是事情。我们再来看一个表示任指的“什么”所指相对比较明确的例子：

⑤ 他什么都吃。

这里的“什么”显然指的是任意的一种食物。这个句子的原型及转换过程是：

无论什么，他都吃。→ 什么他都吃。→ 他什么都吃。

看到我们上面这样的转换分析，“形式派”的专家一定会说：“你的分析太绕弯子了”，而事实上，我们的分析之所以“太绕弯子了”，是因为有些特殊句式的形成过程本来就是曲折的，本来就不是一蹴而就的。

（四）前置宾语主语化了的宾语话题句

有些宾语话题句的谓语具有说明前置宾语的属性的作用，前置宾语在形式上也主语化了，如果将这样的宾语话题句转换成“主—动—宾”句，就失去了宾语话题句的语用功能，让人觉得句子表意不够直接。例如：

① 你这种思想$_i$要不得$_{ti}$。（柳建伟《突出重围》）

这个句子的原型是：

你要不得这种思想。

“你要不得这种思想”的意思是“你不能要这种思想”，可以用来间接地表示“你这种思想有害”的意思，而把它转换成“你这种思想要不得”，尽管它实际上还是间接地表示“你这种思想有害”的意思，但给人的感觉却是比较直接，这是因为“你这种思想”出现在了句子主语的位置上，给人的感觉是后面的“要不得”就是对“你这种思想”的陈述，比“你要不得这种思想”更容易让人接受。

② 老虎的屁股$_i$摸不得$_{ti}$。

这个句子的原型是：

摸不得老虎的屁股。

“摸不得老虎的屁股”的意思是“不能摸老虎的屁股”，可以用来间接地表示“摸老虎的屁股有危险”的意思，而把它转换成“老虎的屁股摸不得 ”，尽管它实际上还是间接地表示“摸老虎的屁股有危险”的意思，但给人的感觉却是比较直接，这是因为“老虎的屁股”出现在了句子主语的位置上，给人的感觉是后面的“摸不得”就是对“老虎的屁股”的陈述，所以更容易让人接受。

③ 这个人$_i$我越看$_{ti}$越不像个好人。（徐贵祥《历史的天空》）

这个句子本来是强调“这个人不像个好人”的意思，如果将它转换成“我越看这个人（我）越（觉得他）不像个好人”，则突出了强调自己感觉的意思，而将宾语“这个人”提到主语前，让人觉得后面的部分就是对“这个人”的陈述，这样就更好地突出了“这个人不像个好人”的意思。

通过上面的三个例子我们可以清楚地看到，宾语话题句的前置宾语在形式上很像是句子的主语，这是因为前置宾语是话题化了的宾语，而后面的主谓短语就是对话题的说明，也正因为如此，语法学界通常把前置宾语看成句子的主语，把宾语话题句看成一种主谓谓语句，而我们运用空语类理论分析汉语的特殊句式，更注重汉语特殊句式的深层结构，注重汉语特殊句式的生成过程，因而没有把它看成一种主谓谓语句。

（五）由代词复指前置宾语的宾语话题句

有一种宾语前置句（宾语话题句），宾语向前移位之后，在宾语原来所在的位置上用人称代词复指它，让人称代词占据了宾语空位，这种宾语前置句要转换“主—动—宾”句的话，需要用宾语取代原来用于复指宾语的代词。例如：

① 这孩子$_i$我也疼他$_i$。（转引自黄伯荣、廖序东主编《现代汉语》增订 5 版，第 61 页）

黄廖本《现代汉语》把这个句子中的“这孩子”看成句子的主语，但是，后面的“我也疼他”明显不是对“这孩子”的陈述，而是对“我”的陈述，所以“这孩子”不是句子的主语，同时“他”显然指的是“这孩子”，“我也疼他”等于说“我也疼这孩子”，可见，“这孩子”原本是“疼”的宾语，被移到了句首，同时用“他”来复指“这孩子”。如果将这个句子转换成“主—动—宾”句，需要用“这孩子”代替“他”，结果就是：

这孩子$_i$我也疼他$_i$。→ 我也疼这孩子。

② 过去的事$_i$不要提它$_i$吧。（赵树理《登记》）

这是一个祈使句，主语省略了。这里用代词“它”复指前置宾语“过去的事”，转换成“主—动—宾”句时，需要用“过去的事”替换“它”，结果就是：

不要提过去的事吧。

③ 一切危害人民群众的黑暗势力$_i$必须暴露之$_i$，一切人民群众的革命斗争$_i$必须歌颂之$_i$，这就是革命文艺家的基本任务。（毛泽东《在延安文艺座谈会上的讲话》）

这里前两个句子是宾语话题句，带有号召句的性质，主语是号召的对象，省略了。这里用代词“之”复指前置宾语“一切危害人民群众的黑暗势力”和“一切人民群众的革命斗争”，转换成“主—动—宾”句时，需要分别用“一切危害人民群众的黑暗势力”和“一切人民群众的革命斗争”替换“之”。

四、关于“类宾语话题句”

“类宾语话题句”就是看起来像是宾语话题句而实际上不是宾语话题句的句子。那些“主语宾语问题”的“形式派”的学者们常常找一些似是而非的宾语话题句来否认宾语话题句也就是“宾语倒装”句的存在。从句式上看，那些用来反驳“宾语倒装”说的句子，有的是由“主—动—宾—动—补”句转换成的，有的是由复句紧缩成的，本来就不是宾语话题句，因而都不能转换成“主—动—宾”句；有的则是隐去了主语的“主—动—宾”句，并非宾语话题句，如果转换，只需加上主语。下面我们分别加以说明。

（一）“宾–主–动（得）–补”句

汉语中有一种“宾—主—动（得）—补”句，其中的动词在语义上与句首的宾语相关联，因而这种句式看起来很像是宾语话题句，但它的宾语不能移到动词的后面。实际上，这种句式不是宾语话题句，它是“主—宾—动（得）—补”句的变化形式，而“主—宾—动（得）—补”句又是“主—动—宾—动（得）—补”句的省略形式。例如：

① 这事你办得很好！（kitty《大唐风云录》）

这里“这事你办得很好”就是一个“宾—主—动（得）—补”句，其中的“这事”明显是“办”的对象，似乎是从“办”的后面移到“办”的前面的，但又不能移回“办”的后面，整个句子无法还原为“主—动—宾”句，丁声树等（1961）曾以这种句式的疑问形式“这事儿我办得怎么样”不能转换成“主—动—宾”句的事实为根据，证明这种句式属于一种主谓谓语句，而不是宾语前置句，认为应该把“这事”看成句子的主语，把“我办得怎么样”看成主谓短语作谓语，从而否定“宾语倒装”句的存在[①]。其实仔细体会我们就会发现，“这事你办得很好”中的动补短语“办得好”是对“你”“办这事”的情况的评价，整个句子等于说“你办这事办得很好”，而“你办这事办得很好”又可以省略为“你这事办得很好”，而“你这事办得很好”又可以转换为“这事你办得很好”。这个“宾—主—动（得）—补”句的生成过程就是：

② 你办这事办得好哇！→ 你这事办得好哇！（姚雪垠《李自成2》）→ 这事你办得很好！（kitty《大唐风云录》）→ * 你办这事得好哇！→ * 你办得这事好哇！

总之，“宾—主—动（得）—补”句是由“主—宾—动（得）—补”句转换成的，而“主—宾—动（得）—补”句又是由“主—动—宾—动（得）—补”句省略成的，由于“主—动—宾—动（得）—补”句中一个动词出现了两次，有点重复的感觉，所以使用得较少，人们通常将前一个动词省略，就形成了“主—宾—动（得）—补”句，前面我们提到的“他书看得多”“他英语说得好”等都是这种句式。如果“主—宾—动（得）—补”句中的宾语是有特指的已知信息，如“你这事办得好”中的“这事”，人们也常将宾语移到句首，使之话题化，如“这事你办得好”，从而形成“宾—主—动（得）—补”句。

（二）主谓谓语句

有的主谓谓语句的谓语动词是及物与不及物两用的动词，如果把它看成不及

① 见丁声树等《现代汉语语法讲话》，商务印书馆 1999 年版，第 26—27 页。

物动词，整个句子就是主谓谓语句，如果把它看成及物动词，整个句子就是宾语话题句。下面是丁声树等（1961）所举的例子：

① 田英尽腰痛，……腰都直不起。（袁静）

② 张金龙脸色就变了。（袁静）

丁声树等说："究竟是人直不起腰，还是腰直不起呢？是人变了脸色，还是脸色自个儿变了呢？都很难断定。"[①] 这种说法是有问题的。一个多义句在具体的语境中含义是确定的，不存在很难断定的问题。如例①，前面说"腰痛"，后面说"腰都直不起"，显然就是"腰直不起"，而不是"人直不起腰"，这是一个承前省略了的主语的主谓谓语句。而例②"张金龙脸色就变了"并不是一个多义句，只能理解为"脸色自个儿变了"，因为人是不能控制自己的脸色的，而如果要说成"张金龙就变了脸色"，也是"脸色自个儿变了"，只是"张金龙就变了脸色"是一个主谓倒置的主谓谓语句，是通过"张金龙"的脸色变化来表明"张金龙"的心理变化，这是一个变化句（关于变化句，参见本章第二节"空语类与汉语的变化句"部分），而"张金龙脸色就变了"是一个普通主谓句，主语是"张金龙脸色"，谓语是"就变了"。

（三）主语可以是施事也可以是受事的主谓句

当人们将一个在外力的作用下才出现的事物作为一个主体、作为一个施事来陈述的时候，那么它就是句子的主语，不属于前置宾语。丁声树等（1961）说："'不下雨了'，'雨不下了'，'雨'是施事还是受事？'要变天了'，'天要变了'，'天'是施事还是受事？也不容易决定。"实际上，当人们说"不下雨了"的时候，前面省略了主语"天"，就像一首歌的歌词所唱的那样："天不下雨，天不刮风"；而当人们说"雨不下了"的时候，是把"雨"作为主体、作为施事来陈述的，这个"雨"就是"雨停了"的"雨"，明显是一个施事，并不难确定。而"要变天了""天要变了"的区别就和"要开车了"和"车要开了"是一样的。"要变天了"是把"天"（指天气）作为受事的，前面显然是省略了主语"天"（指天空或"老天爷"，就是"天不下雨"的"天"），而"天要变了"是把"天"（指天气）作为主体、作为施事来陈述的。

---

① 见丁声树等《现代汉语语法讲话》，商务印书馆1999年版，第27页。

总之，宾语话题句（宾语前置句，“宾语倒装”句）是客观存在的，以往学者们根据有些看似例外的现象的存在就否定它的存在。当然，把宾语话题句（宾语前置句）看成一种主谓谓语句，这种看法也不是没有一点价值的，它可以使汉语的句法分析变得更简单。只是我们研究汉语语法的目的不是为了静态地分析汉语的句法结构，而是为了弄清每一种特殊句式的生成方式，弄清特殊句式与原型句式之间的转换关系，分析特殊句式与原型句式在表达功能上的差异，从而指导人们更深入地认识汉语语法，并且能够根据表达需要，更准确地选择恰当的汉语句式。

第七节　空语类与中心语话题句

我们知道，汉语的定中短语中，中心语要放在定语的后面，因而通常情况下，定中短语的中心语没有位于句首充当话题的机会。但是，汉语在语序的安排上，一般遵循话题优先的原则，一个本不该出现在句首的成分，如果人们想把它当作谈话的话题，照样可以把它移到句首。中心语话题句就是将定中短语的中心语移到句首，从而使之成为话题的句子，如“姜还是老的辣”，就是一个由“还是老的姜辣”转换为成中心语话题句。一般来说，能够向前移位的中心语是作主语或宾语的定中短语的中心语，与之相应，中心语话题句主要有两种，一种是主语中心语话题句，一种是宾语中心语话题句。下面我们分别加以说明。

一、主语中心语话题句中的空语类

这是通过将作主语的定中短语的中心语向句首移动而形成的中心语话题句。由于中心语向前移位，在定语的后面形成了空中心语。例如：

①有些人则认为吃中药就像是吃青菜，越新鲜越好。那么，中药$_i$到底是新鲜的 $_{ei}$好，还是陈的 $_{ei}$好呢？（《家庭保健报》2011 年 10 月 22 日）

这里“新鲜的”和“陈的”后面都存在着空中心语，根据上下文语境可知，这两个空中心语都是“中药”，这个选择关系复句的原型就是：

② 到底是新鲜的中药好，还是陈的中药好呢？

将这个原型句式的前一分句的主语“中药”提到句首之后，它就成了两个分句共同说明的话题，因而只需保留前一个分句句首的“中药”即可，后一个分句句首的“中药”可以承前省略。

③ 方法$_i$还是胖妈的 t_i好，听胖妈的。(《菜谱集锦》)

④ 杨大哥，衣服$_i$也还是旧的 t_i好。(金庸《神雕侠侣》)

⑤ 我现在得出一个结论，老婆$_i$还是自己的 t_i好。(徐贵祥《历史的天空》)

以上三例都是“姜还是老的辣”式的主语中心语话题句，其中的“还是”是语气副词，表示自己的结论是通过比较得出的。

⑥ 人$_i$容易上当的 t_i，怎么都会被人骗！（微博）

这里“人容易上当的”是由“容易上当的人”转换成的，转换的目的是要用主语中心语“人”作话题。

另外，黄伯荣、廖序东主编的《现代汉语》举了一个询问和说明商品价格的句子，看起来很像是主语中心话题句。例如：

⑦ 对虾$_i$一对 t_i e多少钱？（转引自黄廖本《现代汉语》增订五版，下册 90 页）

黄廖本作者把这个句子看成一种主谓谓语句，把“对虾”看成主语，把“一对多少钱”看成主谓短语作谓语。实际上，“一对”是一个数量短语，本身并不能表示具体的事物，不能充当主语，它的后面需要有中心语，只是它的中心语“对虾”向前移位了。不仅如此，“多少钱”的前边还省略了一个动词“卖”。这个句子的原型就是：

一对对虾卖多少钱？

不过，这种询问价格的说法在买东西询问价格的时候很少使用，通常是在询问销售情况或询问行情的时候使用。例如：

⑧ 一个铜酒壶卖多少钱？（萧红《呼兰河传》）

⑨ 我们问正在切木片的社员：“一吨木片卖多少钱？”答：“八十元。”(《福建日报》1982 年 5 月 24 日)

⑩ 一张秦川牛皮能卖多少钱？（绿痕《阴阳卷》）

这种“一量＋名＋卖多少钱”格式中的“卖”有时省略，形成“一量＋名＋多少钱”的形式。例如：

⑪“物价怎么样？”“还可以。”“一斤猪肉多少钱？”“五块五六。”（《1994年报刊精选·08》）

⑫ 一床毛毯多少钱？（《1994年报刊精选·09》）

以上二例中“多少钱”的前面都省略了动词“卖”。

为了使“一量＋名＋卖多少钱”格式中“一量＋名”短语的中心语话题化，人们有时也把它提到定语“一量”的前边，说成“名＋一量＋卖多少钱”。例如：

⑬ 山药蛋一斤$_e$卖多少钱？（《人民日报》1995年9月）

回过头来我们再看看黄廖本《现代汉语》所举的“对虾一对多少钱”那个例子，可以清楚地看到，“多少钱”的前面确实省略了动词“卖”，也就是说，它是“对虾一对卖多少钱”的省略形式。

由于人们最关心的是单位商品的售价，所以人们在询问商品的销售情况或行情时，更多的时候是说完商品名之后，接着就说售价“卖多少钱”，然后才说出定价的单位，这样就形成了“名＋卖多少钱＋一量”的格式：

⑭ 他问区委书记黄富荣：“西红柿卖多少钱一斤$_e$？”（《人民日报》1995年4月）

⑮“去年水稻卖多少钱一斤$_e$？”“5毛多。”“现在$_e$多少钱一斤$_e$？”“8毛多。”（新华社2004年4月新闻报道）

人们在购买商品询问价格时，由于有明确的语境，动词“卖”通常没有必要说，于是人们又将“名＋卖多少钱＋一量”的格式省略为“名＋多少钱＋一量”，如：“鸡蛋多少钱一斤？”这是买东西问价格时最常用的说法。再如：

⑯ 在蔬菜摊前，江泽民又问：“西红柿多少钱一斤$_e$？”“三块钱。”“芹菜呢？”“八毛钱一斤。”（《人民日报》1996年2月）

⑰ 师傅，炸火腿肠多少钱一串$_e$？（《人民日报》1998年）

⑱ 这冰箱多少钱一台$_e$？（《作家文摘·1996年》）

以上三例中的“多少钱”的前面都省略了动词“卖”。

从上面的分析归纳中我们可以看出，询问商品价格的“名＋多少钱＋一量”

和“名＋一量＋多少钱”的说法都是由“一量＋名＋卖多少钱”的说法辗转转换成的，但“一量＋名＋卖多少钱”的说法也不是完整的说法，因为“一量＋名”与“卖多少钱”之间构不成主谓关系，整个句子的前边存在着空主语，这个空主语自然是代表卖家的，因为是卖家卖商品，也正因为如此，卖家是谁，是不言而喻的，所以这个指卖家的主语通常不需要说出，只是偶尔有说出的，就形成了“主＋谓（一量＋名＋卖多少钱）”的格式。例如：

⑲ 你一斤橘子卖多少钱？（寄秋《火焰琥珀》）

在这个句子中，“卖多少钱”其实是“要多少钱”的意思，这个“卖”代替的是“要”，所以这里“一斤橘子”的前边实际上还存在着一个空动词“卖”，这个句子的完整形式是：“你卖一斤橘子卖多少钱？”这个被省略了的动词“卖”是真正意义上的“卖”；也就是说“主＋谓（一量＋名＋卖多少钱）”的格式是“主＋谓（卖＋一量＋名＋卖多少钱）”的格式的省略形式，前一个动词“卖”为了避免重复而省略了，我们实际上所能见到的询问价格的最完整的原型就是“主＋谓（一量＋名＋卖多少钱）”，其他形式都是由这种形式直接或间接转换成的，除了上面提到的各种转换形式之外，还有将“主＋谓（一量＋名＋卖多少钱）”的格式转换为“主＋谓（名＋卖多少钱＋一量）”形式的：

⑳ 记者：“您 e 这羊肉卖多少钱一斤？”（《人民日报》1995 年 3 月）

这个句子是由“您这一斤羊肉卖多少钱？”转换成的。

如果商品只有一件，人们在询问售价的时候，商品名不能与“一量”短语相配合，通常与指量短语或指示代词相配合，从而形成“指量＋名＋卖多少钱”或“指＋名＋卖多少钱”的格式。例如：

㉑ 王大爷，你 e 这本书卖多少钱？（绿痕《阴阳卷》）

㉒ 老人家，这猪你卖多少钱？我出八十块，怎样？（《路遥短篇小说集》）

这里将宾语“这猪”移到了主语“你”的前边，可以避免不愉快的联想（如果说成“你这猪”，“你”和“这猪”可以理解成同位短语）。

将这种形式的主语省略，又形成了下面这种形式：

㉓ e e 这幢房子卖多少钱？（岑凯伦《再生缘》）

这里省略了主语“你”和动词“卖”。

我们以询问一对对虾的价格为例，将询问商品价格的最习惯用语的转换生成过程总结如下：

(1) 你卖一对对虾卖多少钱？→(2) 你一对对虾卖多少钱？→(3) 一对对虾卖多少钱？→(4) 一对对虾多少钱？→(5) 对虾一对多少钱？→(6) 对虾多少钱一对？

从语料库和日常实际用例来看，询问商品价格的习惯用语的最完整形式只是在理论上存在，而实际上并不使用，人们最初在造句的时候会直接蒙下省略前一个动词“卖”，所以我们实际所能见到的询问价格的最完整的形式就是步骤(2)的形式，也就是“主+谓(一量+名+卖多少钱)”。另外，步骤(3)很像是宾语前置句，实际上不是。

在询问价格的用语中，询问旅店住宿价格的说法中常使用宾语前置句。例如：

㉔ 普通的旅馆$_i$住一天 $_{ti}$一般要多少钱？(网页_百度知道)

这个句子的原型是：

(旅客)住一天普通的旅馆一般要(花)多少钱？

㉕ 五星级酒店总统套房$_i$住一晚 $_{ti}$大概多少钱？(网页_天涯问答)

这个句子的原型是：

(旅客)住一晚五星级酒店总统套房大概(要花)多少钱？

询问旅店住宿价格时也常使用类似于询问商品价格的说法，但它们的深层结构并不相同。例如：

㉖ $_e$总统套房多少钱一天？(网页_昆明信息港)

这个句子看起来很像是询问商品价格的“对虾多少钱一对”，但“对虾多少钱一对”中的数量短语“一对”的后面存在着空中心语“对虾”，它是“一对对虾多少钱”的转换形式，属于主语中心语话题句，而“总统套房多少钱一天”中“一天”的后面不存在空中心语，它不是“* 一天总统套房多少钱”的转换形式，而是“总统套房住一天多少钱”的转换形式，属于宾语前置句。“总统套房多少钱一天”的形成过程是：

住一天总统套房多少钱？→总统套房住一天多少钱？→总统套房多少钱一天？

以上我们谈了主语中心语话题句中的空语类，并谈了主语中心语话题句与宾语前置句的区别。关于中心语话题句，在本书第二章第三节中我们也举过一些例子，参见本书第二章第三节“二、移位型空语类”的“（三）移位型空中心语”部分。

二、宾语中心语话题句中的空语类

这是通过将作宾语的定中短语的中心语向句首移动而形成的中心语话题句。由于中心语向前移位，在定语的后面形成了空中心语。例如：

① 雷锋出差一千里，好事$_i$做了一火车 t_i。

这是 20 世纪 70 年代广泛流传的一句赞扬雷锋助人为乐精神的话，其中“好事做了一火车”是由“做了一火车好事”转换成的，转换的目的是为了使宾语中心语“好事”话题化，引起读者或听者的关注，同时使数量短语“一火车”落在句末焦点位置上，又使它得到强调。当然，“好事做了一火车”中“做”的前面还承前省略了主语“他”。

② 蔬菜$_i$应吃新鲜的 t_i，久放的蔬菜含硝酸铵，可致癌。（健康饮食委员会《吃对不生病》）

这里第一句“蔬菜应吃新鲜的”是由“应吃新鲜的蔬菜”转换成的，“新鲜”的后面存在着空中心语“蔬菜”，这是中心语“蔬菜”向前移位的结果。

③ 电冰箱$_i$还是买国产名牌的 t_i好，耗电量小，只是外观差一些，内在的质量和进口的没有什么区别。（陆文夫《清高》）

这里第一句“电冰箱还是买国产名牌的好”是由“还是买国产名牌的电冰箱好”转换成的。

以上是作宾语的定中短语的中心语话题化移位的例子。另外，作宾语的定中短语的中心语有时有同位语，在将作宾语的定中短语的中心语向前移位之后，原来定中短语的定语落在了中心语的同位语的前边，似乎是这个同位语的定语。例如：

④ 刘云若的小说$_i$我只看过一本 t_i《春风回梦记》，给我留下最难忘的印象是它的反封建的内容。（《读书》vol. 030）

这里前一句是由“我只看过一本刘云若的小说《春风回梦记》”转换成的，其中作宾语的定中短语“一本刘云若的小说”有同位语“《春风回梦记》”，而由于中心语“刘云若的小说”向前移位，使得定语“一本”落在了“《春风回梦记》”的前边，仿佛是“《春风回梦记》”的定语。

值得注意的是，目前现代汉语语法学界的主流观点中，没有句法成分移位这种看法，多数学者把这种移到句首的宾语中心语看成句子的主语。

第八节　空语类与主语话题句

主语话题句就是我们常说的主谓谓语句。主谓谓语句就是用主谓短语作谓语的句子，这是汉语中的一种比较独特的句式。这种句式的特征是：句子的主语与谓语中的主语具有领属关系，主语是领有者，谓语中的主语是隶属者，整个句子是通过对隶属者的特征的说明来显示领有者的特征。例如：

① 她‖眼睛大。

② 他‖心地善良。

主谓谓语句的谓语部分有自己的主语和谓语，本来可以独立成句，因而与句子的主语结合得比较松散，也正因为如此，主语也具有一定的独立性，具有话题的性质，因而我们称之为“主语话题句”。

以往学术界在主谓谓语句的认定上，范围非常宽泛，这对于正确地认识主谓谓语句的深层结构及其语法意义很不利，所以我们需要先界定一下主谓谓语句，也就是主语话题句。

一、主语话题句的界定

主语话题句是由“话题 + 主谓句”演变成的一种特殊的主谓句（详见这一节的第三部分），它的主语是由话题演变成的，仍然具有话题的性质，它的谓语部分是主谓结构，所以一般称为“主谓谓语句”。

早期汉语语法学家，如马建忠（1898）、陈承泽（1921）和黎锦熙（1924）已经注意到了主谓谓语句的存在，之后，吕叔湘（1942）、王力（1946）、赵元任

（1952）等[①]语法学家对主谓谓语句有了更明确的认识。1961年，丁声树等出版了《现代汉语语法讲话》，正式提出“主谓谓语句”的概念。但丁声树等对主谓谓语句的范围划定得比较宽，把主谓谓语句分为三类：

第一类，主谓谓语中的主语和全句的主语有关系。例如：

① 张排副以前的确体格挺棒。（矫福纯）

② 这马眼瞎？我看你才眼瞎呢。（周立波）

第二类，全句的主语在意义上是主谓谓语的受事。例如：

③ 同志们，送给你们的两个模范乡的小册子，你们大概看到了吧。（毛泽东）

④ 她的东西，我可以派人给送去。（曹禺）

第三类，主谓谓语当中常常有“也”字、“都”字，谓语中的主语对谓语中的谓语讲是受事。例如：

⑤ 我相信你，你什么都懂，什么都知道。（丁西林）

⑥ 我一点办法也没有。

⑦ 你这人一点道理不讲，我没有这许多工夫来和你争论。（丁西林）

在丁声树等所认定的三类主谓谓语句中，只有第一类是真正的主谓谓语句，谓语部分是对谓语中的主语的特征进行陈述，但谓语中的主语与句子的主语具有领属关系，谓语中的主语的特征正是句子的主语的某一方面的特征，谓语部分其实是对主语的陈述，是对主语的间接陈述。第二类，前后两部分并没有陈述与被陈述的关系，因而两部分并不是主谓关系，整个句子也就不是主谓谓语句。像丁声树等这样单纯根据外部特征分析句法结构的做法是没有意义的。很明显，从逻辑上看，这两个句子句首的“送给你们的两个模范乡的小册子”“她的东西”是后面的谓语动词“看到”“送去”支配的对象，是它的宾语，整个句子是宾语前置句。丁声树等极力否认“倒装宾语”的存在，也就不会承认它们是宾语前置

---

① 黎锦熙：《新著国语文法》，商务印书馆2000年重印本；陈承泽：《国文法草创》，商务印书馆1982年重印本；吕叔湘：《中国文法要略》，商务印书馆1982年重印本；王力：《中国现代语法》，商务印书馆1985年重印本；赵元任著、李荣编译：《北京口语语法》，开明书店1952年版。

句。至于第三类，第一个句子是一个紧缩复句，第二个、第三个显然也是宾语前置句，丁声树等既然否认“倒装宾语”的存在，当然也不会承认它们是宾语前置句，他们只能单纯根据它们的外部特征把它们说成主谓谓语句，而完全不顾句法成分间的逻辑关系，完全忽视了“一点办法”与“没有”之间、“一点道理”与“不讲”之间根本就不是陈述与被陈述的关系的事实。

自从 1961 年丁声树等出版了《现代汉语语法讲话》之后，现代汉语语法学界不顾句法成分间的逻辑关系来分析句法结构的做法愈演愈烈，到了黄伯荣、廖序东主编的《现代汉语》教材中，主谓谓语句已经“发展”到了五类[①]，前三类与丁声树等所说的相同，第四类是“谓语里有复指大主语的复指成分”，举的例子有三个：

⑧ 一个边防军人，他时刻准备着为边关奉献一切。

黄廖本《现代汉语》把这里的前一部分“一个边防军人”看成句子的主语，而其实它是个插入语，是“他作为一个边防军人”的不完整的说法，说明“他”的身份，而后一部分是一个“主—谓（动—宾）”句，整个句子其实也就是一个“主—谓（动—宾）”句。黄廖本作者根本不考虑这两部分之间的逻辑关系，也不考虑成分的省略等因素，硬是把这个句子认定为主谓谓语句。

⑨ 这孩子，我也疼他。

这里“我也疼他”明显不是对“这孩子”的陈述，很明显这两部分根本不能构成主谓关系。黄廖本作者也知道这里“他”是用来复指“这孩子”的，但不考虑这里为什么需要这种复指成分，没有指出这是为了填补“这孩子”从“疼”的后面移到句首之后所形成的空位。

⑩ 咱们俩谁也别忘了谁。

从逻辑关系上看，这里句首的“咱们俩”显然表示的是“谁也别忘了谁”这个原则所适用的范围，属于范围状语，真正的主语是前一个“谁”，意思是“任意的一个人”，后一个“谁”是宾语，意思是“另一个人”。

黄廖本所认定的第五类主谓谓语句是“大主语前暗含一个介词‘对、对于、关于’等。大主语如果加上介词，就变成句首状语了”。所举的例子有三个：

---

① 见黄伯荣、廖序东《现代汉语》（增订五版），高等教育出版社 2011 年版，第 89—90 页。

⑪ 这件事中国人的经验太多了。

⑫ 这三个问题，我们讨论了两个。

⑬ 全村的人，我就服你。

从逻辑关系上看，这三个句子句首的“这件事”“这三个问题”“全村的人”表示的都是后面的部分所说的情况涉及的范围，而不是后面的部分所陈述的对象，这一点黄廖本作者考虑到了，却不根据这一点来分析句法结构，只说添加上介词等成分，他们就可以转化成范围状语，但没有指出他们本身就是范围状语。这是因为，他们只根据句子中词语的词性和所处的位置确定句法成分，他们所说的“主语”“宾语”不是逻辑意义上的主语和宾语，而是词性和位置的代名词，只要一个名词性成分在主语的位置上，就把它看成主语，只要一个名词性成分在宾语的位置上，就把它看成宾语，而不管从逻辑上看它是不是陈述的对象，是不是动词支配关涉的对象，这不利于正确地认识汉语的句法、语义和语用之间的制约关系，也不利于汉语学习者举一反三地学会汉语语法，因而是没有实用价值的，只能作为学者之间的一种交流而已。

二、主语话题句中的空定语

如上所述，主语话题句的谓语中的主语（小主语）与句子的主语（大主语）具有领属关系，而人们之所以能意识到二者之间的领属关系，是因为小主语前隐含着表明二者之间的领属关系的定语。例如：

① 在动物园附近有一位老太太正在闲步养神，她 $_e$皮肤白皙，$_e$相貌漂亮，$_e$腰板挺直，显出高傲的神情，令人敬慕和瞩目。（[德国] 克劳斯曼著，包智星译《梅菲斯特升官记》）

这里有三个并列的主谓谓语句，后两个承前省略了主语“她”，而这三个主谓谓语句的小主语前都隐含着一个定语“她”，“皮肤白皙”实际上是“她的皮肤白皙”，“相貌漂亮”实际上是“她的相貌漂亮”，“腰板挺直”实际上是“她的腰板挺直，表示领属关系的定语隐含着不出现。当然，如果把小主语前隐含的定语补上，说成：

她呀，她的皮肤白皙，她的相貌漂亮，她的腰板挺直，显出高傲的神情，令人敬慕和瞩目。

这样主语“她”也就成了纯话题（我们可以把它看成独立语的一种），而不再是句子成分。再如：

② 向前看，是一条河流。这条河 $_e$水流缓慢，$_e$河水清澈，$_e$河底铺着一层金黄的沙子，每逢阳光照射着河面，$_e$河水微微地泛着金光，$_e$河底的沙子也散发出耀眼的光芒。（网络范文《令人难忘的美景》）

这里有五个主谓谓语句，后四个承前省略了主语“这条河”，而这五个主谓谓语句的小主语前都隐含着一个定语“它”，我们也可以把这个定语补上，使主语“这条河”变成纯话题：

这条河，它的水流缓慢，它的河水清澈，它的河底铺着一层金黄的沙子，每逢阳光照射着河面，它的河水微微地泛着金光，它的河底的沙子也散发出耀眼的光芒。

通过填补主谓谓语句的小主语前所省略掉的定语，我们将主谓谓语句的主语变成了话题，从中我们大体可以看出，主谓谓语句是由“主语前话题句”（主语前有个话题的句子）演变成的，由于话题变成了句子的主语，后面与主语同指的小主语的定语就可以承前省略。由于这种定语不能填补出来，所以属于隐含型空定语。下面我们再具体说说主语话题句是怎样生成的。

三、主语话题句的生成

如前所述，主谓谓语句是由“主语前话题句”（主语前有个话题的句子）演变成的。主谓谓语句的主语具有话题的性质，因而我们把主谓谓语句称为“主语话题句”，而主谓谓语句的主语之所以具有话题的性质，是因为它是由“主语前话题句”的话题演变成的。

我们知道，汉语是一种话题突出型的语言，有时人们先说出一个话题，然后再对这个话题进行说明，而在语言经济性原则和人的完形思维能力的作用下，人们将话题与主语合而为一，就形成了主语话题句。例如：

① a 小芳啊，她的心眼好。→ b 小芳啊，心眼好。→ c 小芳心眼好。

例 ①a 中的“小芳”是话题，“她的心眼好”是对“小芳”的说明，将说明中的定语“她的”省略，就成为 ② b 的形式，再将话题与说明之间的语音停顿取消，话题和说明就成为一个句子，话题也就转化为主语了。

我们知道，在现代汉语中，“主语前话题句”很少使用，但在早期的上古汉语中，“主语前话题句”使用得比较多。后来由于“主语前话题句”不够简洁，人们逐渐将它改造成了简洁的主语话题句。从现有的上古汉语语料中，我们还可以看出这个演变过程。下面我们就简单地谈谈这个过程。

汉语自古以来就是一种注重话题的语言，一个从后来的角度看本来可以在主语中作定语的成分，如“回之心三月不违仁”中的“回”（颜回），说话者或作者常把它独立出来，让它作话题，然后让其余的成分，如“回之心三月不违仁”中的“心三月不违仁”，成为对该话题的说明。话题后的说明部分通常是陈述该话题所代表的人或事物某一方面的特征，从而使听者或读者通过该特征知道这个人或事物是什么样的人或事物。为了表明话题后的说明部分所陈述的特征是属于话题所代表的人或事物的，前面要加上能够复指这个人或事物的第三人称代词的领格形式“其”，来表示该特征是属于这个人或事物的。例如：

② 回也，其心三月不违仁，其余则日月至焉而已矣。（《论语·雍也》）

这里第一句本来可以说成“回之心三月不违仁”（颜回的心能一连几个月不背离仁道），但为了能让“回”成为话题，让听者注意后面就该话题所作的说明（也就是对颜回的评价），孔子把它独立出来，然后通过陈述“回”的“心”的特征“三月不违仁”来就“回”这个话题进行说明，从而使听者知道“回”是一个“心三月不违仁”的人。

③ 彼，其发短而心甚长。（《左传·昭公三年》）

这里本来可以说“彼之发短而心甚长”（她的头发短而心机深），为了能让“彼”成为话题，便将“彼”独立出来。

“主语前话题句”具有引起听者或读者注意的作用，但不够简洁。为了简便起见，人们有时将用来复指话题的定语“其”省略，就形成了主谓谓语句的前身——一种主谓之间有语音停顿的主谓谓语句。例如：

④ 夫滕，$_e$壤地褊小。（《孟子·滕文公上》）

这里省略了用来复指话题的定语的“其”。人们再将主谓谓语句的主谓之间的语音停顿取消，便形成了标准的主谓谓语句。例如：

⑤ 宋征于鬼，宋 $_e$罪大矣。（《左传·定公元年》）

这里“宋罪大矣”看起来像是普通主谓句，“宋罪”似乎是一个定中短语，而实际上“宋”是主语，而不是定语，“罪大”是“宋”的谓语，所以“宋罪大矣”是一个主谓谓语句。假如“宋罪大矣”中的“宋”是定语，后面需要加结构助词“之”，或者用领格代词“其”来表示，如：

⑥ 今燕之罪大，赵之怒深，君不如北兵以德赵。(《纵横家书》)

这里“今燕之罪大，赵之怒深”是两个普通的主谓句，如果说成“今燕罪大，赵怒深”，就成了两个主谓谓语句。

⑦ 夏征舒弑其君，其罪大矣。(《左传·宣公十一年》)

这里“其罪大矣”是普通的主谓句。

通过对比可知，例⑤显然是有意识地使用主谓谓语句，突出宋国“罪大”的特征。

我们再来看两个上古时期的主谓谓语句的用例：

⑧ 郇瑕氏e土薄水浅。(《左传·成公六年》)

这里为了突出郇瑕氏（地名）“土薄水浅”（土地贫瘠，雨水少）的特征，而使用了主谓谓语句（“土薄水浅”是由两个主谓短语并列成的短语）。

⑨ 我诸戎e饮食衣服不与华同。(《左传·襄公十四年》)

这里为了突出“我诸戎”（我们各少数民族）“饮食衣服不与华同”（在饮食、服饰方面不与华夏人相同）的特征，而使用了主谓谓语句。

总之，汉语史的事实表明，主谓谓语句是由“主语前话题句”辗转转换成的，它的主语是由话题演变成的，谓语是由主谓句演变成的。

第九节　空语类与连谓句

“连谓句”是“连谓谓语句”的简称。在本书的第二章中我们提到过，所谓连谓谓语句，就是用连谓短语作谓语的句子。而所谓连谓短语，就是连续使用了两个或两个以上的谓词性词语的短语，如“上山采药”“看着心烦”等。“连谓短语”这个名称只是指出了这种短语的外部特征，也就是这种短语用词上的特征，而没有指出这种短语内在的句法结构。这里我们要结合空语类理论，再深入细致地探讨一下连谓短语及连谓谓语句的句法结构。

一、以往学术界的研究情况

关于连谓句，以往学术界有很多学者都进行过研究，研究的内容可以分为两个方面：一是对连谓句的归属问题的探讨；二是对连谓句中的连谓短语的结构的分析。下面我们分别加以说明。

（一）以往对连谓句的界定

如前所述，所谓连谓句，就是用连谓短语作谓语的句子，而连谓短语就是连续使用了两个或两个以上的谓词性词语的短语。但"连谓短语"这个名称只是指出了这种短语的用词特征，而不是这种短语的句法结构，与此相应，用了连谓短语的连谓句到底属于什么句式，应该归到已知句式中的哪种句式中去，这个问题也就没有搞清楚。

"连谓短语"最初叫"连谓结构"，而"连谓结构"是由"连动式"这个术语扩展成的。赵元任在 1948 年出版的《国语入门》[①] 这本书中最早提出"连动式"这个术语，指的是"动词结构连用式"。由于"连动式"加上主语就能构成句子，所以赵元任有时用"连动式"指连动短语，有时指连动句。赵元任指出，作为"动词结构连用式"的"连动式"，与并列结构不同，"在连动式里，动词结构的次序是固定的"，次序不能颠倒。但他所认定的"连动式"范围非常宽，不但包括动词结构的连用，还包括介词结构与动词结构的连用以及紧缩复句。后来丁声树等在 1961 年出版的《现代汉语语法讲话》中对"连动式"作了更为明确的说明，说"连动式就是动词结构连用的格式……连动式的特点，就是前后的动词结构同属于一个主语"，并把赵元任所认定的"连动式"种类减少到了 5 种。但丁声树等所认定的"连动式"范围也还是很宽，仍然包括介词结构与动词结构的连用，如"他想对女儿说点什么""为人民服务""签子手用签子在牛屁股上刺了一下""我从前天就肚子疼"，也还包括明显的紧缩复句，如"打得赢就打，打不赢就走"。后来朱德熙《语法讲义》（1982）中把"连动式"改称为"连谓结构"，说"连谓结构是谓词或谓词结构连用的格式"。朱德熙所说的"连谓结构"范围也很宽，包括动词结构的连用、介词结构与动词结构的连用、动词结构与形容词

① 该书后来由李荣编译为《北京口语语法》，开明书店 1952 年出版。

结构的连用，还包括兼语式等。

与上述的几位语法学家不同，吕叔湘在1953出版的《语法学习》一书中把“连动式”当作一种句式的名称，说“连动式”是“复杂谓语”句的一种，它的特征是“两个或更多的动词属于同一个主语”，“两个动词既没有联合的关系，也不容易分别主要和次要”[①]，把介词结构与动词结构连用的类型排除了出去，这样就缩小了“连动式”的范围，在很大程度上突出了“连动式”的本质。

黄伯荣、廖序东主编的《现代汉语》教材采用了“连谓短语”和“连谓句”的名称，对连谓短语和连谓句进行了更明确的界定。以黄廖本增订五版为例，作者在“连谓短语”部分说：“由多项谓词性词语连用，谓词性词语之间没有语音停顿，没有上述五种基本结构关系（笔者注：指陈述关系，支配关系，修饰关系，补充关系，并列、选择、递进等关系），也不用任何关联词语。”[②]在“紧缩句”部分说：“紧缩句与单句中的连谓句相像，但不相同，主要区别在于结构上有无关联词语和意义上有无复句所具有的假设、条件等关系。”[③]

（二）以往对“连谓句”的句法结构的分析

以往很多影响较大的语法学家都主张保留“连动式”或“连谓式”这种短语和句式类型，但也有些学者认为，所谓“连动式”，只是用词比较特殊的短语，并不是一种句法结构特殊的短语或句子，“连动式”可以划到其他结构类型的短语或句式中去，没有必要单独列为一类。张静在《“连动式”和“兼语式”应该取消》（1977）[④]一文中对以往学者们归纳出来的十八种不同的“连动式”逐一加以分析，指出这十八类“连动式”都没有区别于其他结构类型短语的特点，有的可以划归偏正结构，有的可以划归复句，有的可以划归正补结构，有的只是一个单词。因此“连动式”的存在完全是多余的，建议取消“连动式”。随后，宋玉柱发表《也谈“连动式”和“兼语式”——和张静同志商榷》[⑤]的文章，只赞同把

① 见吕叔湘《语法学习》，复旦大学出版社1953年版，第66页。

② 见黄伯荣、廖序东《现代汉语》（增订五版），高等教育出版社2011年版，第248页。

③ 同上书，第141页。

④ 见张静《“连动式”和“兼语式”应该取消》，《郑州大学学报》1977年第4期。

⑤ 见宋玉柱《也谈“连动式”和“兼语式”——和张静同志商榷》，《郑州大学学报》1978第2期。

张静归纳出的十四类“连动式”归到其他类型的短语中去，认为另外四类是“连动式”，即“我看了不舒服”“我有力量完成任务”“他开门出去”“我倒杯茶喝”，因而主张保留“连动式”。吕叔湘先生也主张保留“连动式”这种短语或句式。他在《汉语语法分析问题》一书中说[①]：

> 自从连动式出现在语法著作中以来，一直有人要取消它，也一直没取消得了。要取消它，因为总觉得这里边有两个（或更多）句子成分；取消不了，因为典型的连动式很难从形式上决定其中哪一部分是主体，哪一部分是从属。不少人主张把连动式的前一部分作为状语。不错，很多连动式是前轻后重，例如坐车回家｜赶着做活。可是前重后轻的情况也不少，例如买菜去｜写个信［去］试试｜说着玩儿。还有前后难分轻重的，例如躺着不动｜这东西留着有用｜喝酒喝醉了。看样子连动式怕是要终于赖着不走了。剩下的问题就是要给它划定界限。凡是能从形式上划成别的结构的，就给划出去。留下来的，尽管有的能从意义上分别两部分的主次，还是不妨称为连动式，同时说明意义上的主次。

从这段话中我们可以看出，吕叔湘先生之所以主张保留“连动式”，是因为有些“连动式”的组成部分间的逻辑关系说不清，而既然说不清，就应该独立列为一类。目前，学术界仍然有人主张取消“连动式”，但这种观点一直不能占上风。

由于有些“连动式”的句法成分间的逻辑关系弄不清，以往主张保留“连动式”的学者们通常只是分析“连动式”的构成成分间的逻辑关系，但不根据分析的结果划分“连动式”的句法结构类型。吕叔湘先生在《现代汉语八百词》（1979）这部书中，将常见的连动式的构成成分间的逻辑关系或构成成分的特征进行了分类说明，把连动式分成A、B、C、D、E五类。下面是吕叔湘先生的分类结果：

A类：这一类有四种

（1）动1和动2表示先后连续发生的动作。如：

他推开门大踏步走进去。

（2）动2是动1的目的。如：

---

① 见吕叔湘《汉语语法分析问题》，商务印书馆1979年版，第82—83页。

我已经打电话通知工厂了。

（3）动 1 表示动 2 的方式。如：

他笑着答应了一声“是”。

（4）动 1 是表趋向的动词。如：

你快来给我们帮个忙。

B 类：动 1 和动 2 从肯定、否定两个方面说明一件事。动 2 表示动 1 动作的持续，或对动 1 动作的描写。如：

校长紧紧地握着我的手不放。

C 类：动 1 的受动者同时是动 2 的受动者。如：

我明天找个人问问。

D 类：动 1、动 2 是同一个动词，动 1 带宾语，动 2 是动结式复合动词或带“得”加补语。如：

他喝酒喝醉了。

老张抓工作抓得很紧。

E 类：动 2 和动 1 重复，动 1 含有“即使 、如果、无论、要讲”等意思，动 2 之前总有“也 、都、就”等关联副词。例如：

我们走也走到北京。

我怎么赶也没赶上。

你吃亏就吃亏在这一点上。

从上面的分类结果中可以看出，吕叔湘先生分析出了一部分连动式的构成成分间的逻辑关系（A 类中的前三种和 B 类），有的只是分析出了构成成分间的纯语义关系（C 类），有的只是描写出了构成成分的用词特征（A 类中的第四种和 D 类），有的既描写出了构成成分的用词特征，又分析出了构成成分间的逻辑关系（E 类）。

杨玉玲在《现代汉语语法答问》[①] 一书中，在吕叔湘等学者分类的基础上，又增加了几类，除了介宾短语与动词性词语连用的一类不属于真正的连动式以外，还有两种类型是吕叔湘先生没提到的：

（1）动 1 引出动作持续的时间。如：

---

① 杨玉玲：《现代汉语语法答问》，北京大学出版社 2011 年版。

我找这件衣服找了好长时间。

（2）动1为“有”或“没有”，动2可以变换为“有”后面抽象名词的定语。如：

我们有能力独立完成张老师布置的各项任务。

他没有能力独立完成这项工作。→ 他没有独立完成这项工作的能力。

以往学者们分析出了多数“连动式”的构成成分间的逻辑关系，但没有根据分析的结果划分“连动式”的句法结构类型，这是为什么呢？这主要是因为有些“连动式”的构成成分间的逻辑关系很难确定，如“躺在床上睡觉”“绷着脸不笑”“留着没用”等，这主要是因为“连动式”的两个构成成分中，哪个是中心成分、哪个是附加成分，很难分清，正如吕叔湘先生所说：“典型的连动式很难从形式上决定其中哪一部分是主体，哪一部分是从属。”（见前面那段引文）的确，如果不能确定“连动式”的语义中心，也就没法分析它的句法结构。

关于“连动式”的语义中心问题，以往有很多学者探讨过了。如赵元任（1979）说：“连动式是介乎并列结构和主从结构之间的一种结构，但更接近于后者。”[①] 李临定、范方莲（1961）认为，连动式大都是有主有次，不是前加就是后补[②]。周国光（1998）认为，从句法上讲，除了带“着”的动词，连谓结构中排列在前的动词是主要动词[③]。邹韶华、张俊萍（2000）认为[④]，“动词连用，语义中心在后占了绝对的优势……几个动词之间的关系基本上不是后补充前，而是前修饰限定后，那么从整体上将它归入到偏正关系中去应该说是更符合语言的本来面目，因而也是更合理的了”。事实证明，在以往研究过“连动式”的句法结构的学者中，李临定、范方莲（1961）的认识比较全面。

由于“连动式”中既包含着动词性词语与动词性词语连用的结构，也包含着动词性词语与形容词性词语连用的结构，为了增强概括性，我们也将各种“连动

---

① 赵元任著、吕叔湘译：《汉语口语语法》，商务印书馆1979年版。

② 李临定、范方莲：《语法研究应该依据意义和形式结合的原则》，《中国语文》1961年第5期。

③ 周国光：《儿童语言中的连谓结构和相关的句法问题》，《中国语文》1998年第3期。

④ 邹韶华、张俊萍：《试论动词连用的中心》，见《语法研究和探索（九）》，商务印书馆2000年版。

式”统称为“连谓式”，将“连谓式”短语称为“连谓短语”，将连谓谓语句简称为“连谓句”。经研究我们发现，“连谓式”的语法结构是可以分析的，没有必要仅仅停留在对“连谓式”的语义结构的分析上。同时，我们研究语法的目的是为了把研究的结果运用到语法教学中去，特别是运用到对外汉语语法教学中去，如果不说明“连谓式”的语法结构，就很难高效率地教会外国学习者理解和运用“连谓式”，因而我们必须分析它的语法结构，说明它的语法结构类型。

二、连谓短语的语法结构

为了让语法学习者高效率地掌握汉语连谓句，我们需要对常见的连谓句的语法结构进行说明，而要说明连谓句的语法结构，需要先说明连谓短语的语法结构。我们知道，我们常说的并列、主谓、动宾、偏正、补充五种基本结构的短语，都是根据短语的两个构成成分之间的逻辑关系归纳出来的，其实，常见的连谓短语也完全可以根据两个构成成分之间的逻辑关系进行归类。下面说说我们的归类结果。

（一）状中短语

为了简洁起见，我们用 V_1表示连谓短语的前一个谓词性词语，用 V_2表示连谓短语的第二个谓词性词语。

有些连谓短语其实属于状中短语，其中的 V_1是 V_2的方式状语、原因状语、时间状语、处所状语、工具状语等。

1. V_1是 V_2的方式状语

汉语的方式状语一般由方式副词（如“亲自”“特意”“单独”“大力”“极力”“尽量”“赶忙”“悄悄”“偷偷”“连续”“忽然”“猛然”“公然”“大肆”等）、形容词或形容词的重叠式（“认真”“彻底”“高兴”“悲伤”“激动”“胆怯”“慢腾腾”“懒洋洋”“恶狠狠”“恭恭敬敬”等）来充当，有时也用动词性词语作方式状语，从而形成一种状中结构的连谓短语，其中的 V_1有时表示 V_2的方式，有时表示 V_2的姿势，有时表示伴随着 V_2的动作行为，有时表示伴随着 V_2的情态。下面我们分别加以说明。

（1）V_1表示的是 V_2实现的具体方式

有的动作行为（V_2）是通过别的动作行为（V_1）实现的，别的动作行为

（V_1）就是该动作行为（V_2）实现的具体方式。例如：

① 没有钱坐车，我们一大早从萧山［走着］去杭州。(《都市快讯》2003年10月24日》)

② 我们［坐火车］去。(鲁迅《故乡》)

③ 两人出了体育馆，小波［骑自行车］走了。(姚建新《水国志》)

④ 目标，北河套，［跑步］前进！（徐小斌《我的兵团生涯》)

⑤ 外面的雨很大，我［招手］叫了一辆出租车。(刘醒龙《城市眼影》)

以上五例中的V_1“走着”“坐火车”“骑自行车”“跑步”“招手”分别表示V_2“去杭州”“去”“走了”“前进”“叫了一辆出租车”的具体方式，可见，以上五例中的V_1都是V_2的方式状语。再如：

⑥ 老何过生日，蔡伟素［自己掏钱］买礼物。(《1994年报刊精选·09》)

这里“自己掏钱”是“买礼物”的方式。

⑦ 改革不能仓促从事，操之过急，要“［摸着石头］过河”。(《福建日报》1980年12月5日)

这里“摸着石头过河”是一个惯用语，意思是通过用脚摸着石头的方法过河。黄廖本《现代汉语》把它的前后两个谓词性词语间的语义关系看成“表先后发生的动作”[①]，这是不对的。这个惯用语不是“先摸摸石头再过河”的意思。它的意思是说，河上没有桥，也没有船，需要蹚水过河。这种河在没下雨的时候很浅，人们垫上一块一块的石头就能走过去，但下雨之后，河水上涨，不知道哪里深浅，也不知道哪里有泥坑，这样蹚水过河的时候就需要用脚摸索人们事先垫上的石头，小心翼翼地蹚过。显然这是一个V_1表示V_2的方式的状中短语。

（2）V_1表示的是V_2实现之前要采取的一个步骤

有时V_1表示的是为了实现V_2而先采取的一个步骤，这种情况下，V_1通常是一个处置短语，表示为了实现V_2，先对V_2的对象进行一定的处置。这种情况下的V_1也是一种方式状语。例如：

---

① 参见黄伯荣、廖序东《现代汉语》(增订五版)，高等教育出版社2011年版，下册第93页。

① 拉祜族家里的“烤茶”与佤族的“烧茶”差不多，只是不是[把茶叶放在铁板上]“烧”，而是[装在小陶罐中]烤。它是先[将陶罐放在火上]烤热，然后放进茶叶再烤。(新华社 2001 年 2 月新闻报道)

这里“把茶叶放在铁板上”表示的是“烧”的方式，“装在小陶罐中”表示的是“烤”的方式，“将陶罐放在火上”表示的是“烤热”的方式。另外，“装在小陶罐中”还承前省略了“把茶叶”。还有，“放进茶叶再烤”是一个顺承结构的连谓短语，不是状中结构的连谓短语。

② 把选好的豆子用水泡过之后，[放在锅里]煮熟。(《人民日报》2000 年)

这里“放在锅里”承前省略了“把它”。

③ 每星期[将鞋子放在阳光下]晒一次，阳光可以杀菌。(《养生与健美方法 100 例》)

④ 恰托巴底亚耶反其道而行之，有意[将唯心主义派别放在前面]论述，而[将唯物主义派别放在最后]论述。(《读书》vol. 028)

以上四例中的 V_1 都属于处置性的方式状语。

(3) V_1 表示的是 V_2 的姿势

有的动作行为（V_2）是通过一定的身体姿势（V_1）实现的，身体姿势（V_1）也是该动作行为（V_2）实现的一种方式，是一种伴随性的方式。例如：

① 娜娜[趴着]睡觉，两只赤裸的胳膊抱着枕头。(左拉《娜娜》)

② 姥姥并没睡。她[盘着腿]坐在炕上，好像跟谁生气了。(迟子建《北极村童话》)

③ 那天上午停工待料，其他人或打牌或闲聊，唯独张三[捧着一本书]看。(《人民日报》1998 年)

以上三例是 V_1 带动态助词“着”作伴随性的方式状语的例子。如果 V_1 的后面要出现处所补语，V_1 的后面就不出现动态助词“着”，这时 V_1 的处所补语很像是 V_2 的处所状语。例如：

④ 有时我[趴〈在桌子上〉]睡觉了，爸爸才回来。(周而复《上海的早晨》)

⑤ 他见城头上的士兵，有的[靠〈在城墙上〉]就睡着了，还有的

站着打盹儿。（李文澄《努尔哈赤》）

⑥ 玛丽挂断电话，[坐〈在沙发上〉] 痛哭起来。(《读者》合订本)

⑦ 一次，我 [站〈在街头〉] 推销啤酒，一个做房地产生意的大款正好从我身边走过。（下庆奎《中国北漂艺人生存实录》）

以上四例中的 V_1都是“V〈在 + 处所〉”式的动补短语，这种动补短语一般都可以转换为“[在 + 处所] V 着”式的状中短语，这就说明“V〈在 + 处所〉”短语所表示的也是 V_2的伴随性行为。如：

坐〈在沙发上〉痛哭→ [在沙发上坐着] 痛哭

站〈在街头〉推销啤酒→ [在街头站着] 推销啤酒

不过，有时如果将“V〈在 + 处所〉”式的动补短语转换为“[在 + 处所] V 着”式的状中短语，容易引起误解，所以并不是所有的“V〈在 + 处所〉”式的动补短语都适合于转换为“[在 + 处所] V 着”式的状中短语。例如：

趴〈在桌子上〉→ [在桌子上] 趴着

这样转换，容易让人觉得整个人体都趴在桌子上，而不是只有上身趴在桌子上。我们上面的转换只是为了说明“V〈在 + 处所〉”式动补短语作为一个连谓短语的 V_1与 V_2的逻辑关系。

以上各例中的 V_1表示的都是行为主体为实现 V_2所采取的整个身体姿势。有时 V_1表示的是行为主体为实现 V_2所采取的身体局部姿势。例如：

⑧ 宋子文 [抬头] 看了盛小姐一眼。(陈廷一《宋氏家族全传》)

那天宋蔼龄满腹心事，[低着头] 往外走。（陈廷一《宋氏家族全传》）

以上是 V_1表示的是身体局部姿势的例子。

（4）V_1表示的是伴随着 V_2的动作行为

人们在进行某个动作行为（V_2）时，往往同时做出另一种伴随性的动作行为（V_1），这种伴随性的动作行为（V_1）也是主要动作行为（V_2）实施的一种方式。例如：

① 李老师让他跟大家一起擦玻璃，他 [摆着手] 说：“从来没干过，不会！”(《人民日报》2000 年）

② 女主人陈春红很快就 [端着一壶刚沏好的茶水] 进来了。（高杨《红尘世界》）

③ 寒假里，我［唱着歌］回到了家乡厦门。(《人民日报》1994 年第 2 季度）

以上三例中的 V_1表示的都是伴随着 V_2做出的动作行为，V_1是 V_2的方式状语。

（5）V_1表示的是伴随着 V_2的情态

有时，动作行为（V_2）是在一定情态（V_1）的伴随下实现的，情态（V_1）也是该动作行为（V_2）实现的一种方式，也是一种伴随性的方式。在这种情况下，V_1也是 V_2的方式状语。例如：

① 我们请她来上一首，老人［笑着］答应了。（新华社 2001 年 9 月新闻报道）

② 一位老大娘又慌慌张张地［哭着］走进平山消防中队。(《1994 年报刊精选・04》)

这里“哭着走进平山消防中队”的前边还有一个方式状语“慌慌张张”，更能显示出“哭着走进平山消防中队”表示的是一个行为整体，是一个状中短语。

③ 林珠［绷着脸］上了火车。（池莉《来来往往》）

④ 李栾氏［皱着眉头］说：“净说傻话！”（王素萍《她还没叫江青的时候》）

⑤ 萧伯纳［瞪着眼睛］看着她。(《读者》合订本）

⑥ 这位中年汉子［强忍着眼泪］对记者说，有这么多人的关心和帮助，困难的日子总会挺过去的。(《福建日报》2006 年 8 月 20 日）

⑦ 他［壮着胆子］上了赌桌。(《人民日报》1993 年）

这里“壮着胆子”的“壮”是形容词，是使动用法，意思是“使……壮大”（“壮着胆子”的意思是“控制着胆怯的情绪”）。

⑧ 他［厚着脸皮］约我去一家咖啡馆喝咖啡，我立即拒绝了。（卞庆奎《中国北漂艺人生存实录》）

这里“厚着脸皮”的“厚”是形容词，也是使动用法，意思是“使……厚”（“厚着脸皮”的意思是“控制着害羞的情绪”）。

以上八例中，前五例的 V_1表示的都是伴随着 V_2的面部表情，这些都是可控的情态。还有一种不可控的情态，如身体部位（通常是脸部、脖子等）的颜色变化、肢体抖动等，在表示这类情态的时候，需要用表示颜色、肢体动作等的形容词或不及物动词与相应的身体部位名词相配合，在作状语的时候，常采取主谓倒置语序。例如：

⑨ 面对着鲜花与亲切的问候，李先生［红着脸］下去了。（《人民日报》1994 年）

⑩ 我们到达厨房时，刘剑就［瞪着眼睛］、［粗着脖子］、［红着脸］地大声吆喝："你们怎么搞的啊？"（张佐良《开国总理的凡人生活》）

⑪ 王艳春瞅了他一眼，［哆嗦着嘴唇］说："你扯哪儿去了，这不是咱们的任务吗？"（《人民日报》1995 年 3 月）

⑫ 他［颤抖着双手］从口袋里掏出一张纸，上面抄着毛泽东为"二月逆流"平反的一段话。（金戈、刘军《陈毅系列传记》）

以上四例中的"红着脸""粗着脖子""哆嗦着嘴唇""颤抖着双手"采取的都是主谓倒置序，而之所以采取这种语序，是为了与表示情态的常用语"绷着脸""皱着眉头""瞪着眼睛""壮着胆子""厚着脸皮"等使用相同的语序，从而加强其表示情态的作用。

另外还有一种 V_2是否定形式的状中结构的连谓短语，其中的 V_2表示不肯做某事，V_1表示不肯做某事时的情态，这种情况下的 V_1也是 V_2的方式状语。例如：

⑬"我……逼着你答应了我一句话，你还记得吗？"她［紧闭着嘴］不说话。"……你答应了，记得吗？……"她仍然［紧闭着嘴］不说话。……"说话吧！"他祈求着。（琼瑶《却上心头》）

这里"紧闭着嘴不说话"的核心意思就是"不说话"，而"紧闭着嘴"表示的是不说话时的情态。

⑭ 一次，当郭玲华参加市里奖励大会把奖状带回家来时，大女儿［绷着脸］不说话，小女儿支支吾吾地说……（《1994 年报刊精选 · 05》）

这里"绷着脸"表示的是不说话时的情态。

⑮ 在那三天里，我总是［板着脸］不肯笑。（《读者》合订本）

这里"板着脸"表示的是不肯笑时的情态。

⑯ 在会上，老东山［闭着眼睛］不肯把收条交出去。（冯德英《迎春花》）

这里“闭着眼睛”表示的是不肯把收条交出去时的情态。

2. V_1是V_2的原因状语

汉语的原因状语一般由原因介词“因为”“由于”等引出，但当原因与结果的关系明确时，常常不用介词引出原因状语，当原因是V_1、结果是V_2的时候，就形成一种状中结构的连谓短语。例如：

① 恰在此时，陈曙才上小学的女儿［发高烧］住院。（新华社2003年3月新闻报道）

这里“发高烧住院”等于说“由于发高烧而住院”。

② 于是，两人一起来到溜冰场。天空正飘着雪花，萨拉［不小心］摔倒了，乔纳森赶紧上去扶起她。（《文汇报》2002年3月22日）

这里“不小心摔倒”等于说“由于不小心而摔倒”。另外，“上去扶起她”也是一个连谓短语，是一个顺承结构的连谓短语。

③ 马殿圣少将由于疲劳过度，［腿部抽筋］摔倒。（《人民日报》1998年）

这里“腿部抽筋摔倒”等于说“由于腿部抽筋而摔倒”。另外，“腿部抽筋摔倒”又是“疲劳过度”的结果。

3. V_1是V_2的时间状语

当V_1和V_2所表示的动作行为同时发生或先后发生时，人们也经常把V_1看成V_2的时间背景，在这种情况下，由V_1与V_2构成的连谓短语属于状中短语，其中的V_1是V_2的时间状语。例如：

① 天上下雨地下流，小两口［打架］不记仇。（中国俗语）

这里“打架不记仇”等于说“打完架以后不记仇”。如果没有语境参照，“小两口打架不记仇”看起来也像是一个让步关系紧缩复句，但前一句说“天上下雨地下流”，意思是雨从天上下到地下以后，就在地下流走了，用来比喻“小两口”打架以后仇恨随着打架结束也就被遗忘了。由此可见，“打架不记仇”属于状中结构的短语，而不是一个让步关系紧缩复句。再如：

② 赶紧吃，［吃完］给钱。（《郭德纲相声集》）

这里“吃完”等于说“吃完以后”。

③ 你［睡觉］打呼噜。（王小波《似水柔情》）

这里“睡觉”等于说“睡觉的时候”。

④ 学生［上课］说话，将被课以罚款；屡罚不改者，嘴巴上“封条”。(《福建日报》1994 年 12 月 3 日)

这里“上课说话”等于说“上课的时候说话”。

(二)动补短语

有些连谓短语的 V_2 是 V_1 的补语，补充说明 V_1 的趋向、方式、结果、动量等。

1. V_2 表示 V_1 的趋向

有一种由“趋向动词 +V”式的连谓短语转换成的“V+ 趋向动词”式的连谓短语，如“看你来了”“上课去了”等，在这种短语中，由于趋向动词的后面不出现处所宾语，它的意义就比较虚，于是人们将这种用法的趋向动词进一步虚化，把它用在表示“前往某处”的动宾短语的后面，单纯用来表示动作行为的趋向，而不表示“到某处去”的意义，在这种情况下，趋向动词起的是趋向补语的作用。例如：

① 上楼〈来〉吧。

② 老刘说:“上我这儿〈来〉吧！”(《人民日报》1993 年 2 月)

③ 宋思明拨通了陈寺福的电话:“你马上到我这〈来〉！”说完重重摔下电话。(六六《蜗居》)

以上三例中的趋向补语表示向说话人所在的地方移动。

④ 上楼〈去〉吧。

⑤ 我一会儿到他那儿〈去〉。(王朔《过把瘾就死》)

⑥ 刚才他到附近买啤酒〈去〉了。(卞庆奎《中国北漂艺人生存实录》)

⑦ 老伍上街买菜〈去〉了。(刘醒龙《菩提醉了》)

以上四例中的趋向补语表示从说话人所在的地方向别的地方移动。

这种“V+ 趋向”式的连谓短语中，V 与趋向动词不能交换位置。

2. V_2 表示 V_1 的方式

从方式补语的性质上看，“动作 + 方式”式的动补结构的连谓短语有两类，一类的方式补语（V_2）是说明性的；另一类的方式补语（V_2）是评价性的和描写性的。

V_2是V_1的说明性结果补语的连谓短语，就是吕叔湘先生所说的那种："动$_1$、动$_2$是同一个动词，动$_1$带宾语，动$_2$是动结式复合动词或带'得'加补语。"也就是说，这种短语的V_1是个动宾短语（如"抓工作"），V_2是由V_1中的动词加补语构成的动补短语（如"抓得很紧"），用来作V_1的补语，用来对V_1的方式进行评价，这种短语也就是学者们所说的"重动短语"。例如：

老张抓工作〈抓得很紧〉。

这是吕叔湘先生所归纳出的D类的连谓短语中的例子，其中的"抓得很紧"是"抓工作"的评价性方式补语。再如：

① 他写字〈写得好〉。

② 他看书〈看得多〉。

③ 他打呼噜〈打得很响〉。

④ 雷锋讲课〈讲得很生动〉，台下战士不住掉眼泪。（《人民日报》1998年）

⑤ 他讲了一段话〈讲得很好〉，他说他们那一代人是知识分子影响政治的最后一代。（《李敖对话录》）

⑥ 不要演戏〈演得太过火〉。（琼瑶《梦的衣裳》）

以上都是"V宾V补"式的连谓短语，其中的"V补"是"V宾"的方式补语，而且"V补"的补语都是形容词性的词语。当充当"V补"中的补语的形容词性词语适合做状语的时候，整个"V补"可以转换为"V宾"的方式状语。例如：

打呼噜〈打得很响〉→［很响地］打呼噜

讲课〈讲得很生动〉→［很生动地］讲课

演戏〈演得太过火〉→［太过火地］演戏

通过这样转换，我们可以清楚地看出"V宾V补"式连谓短语中"V宾"与"V补"之间的逻辑关系，从而确定其句法结构关系。

这种"V宾V补"式连谓短语中"V补"有时是"V宾"的描写性方式补语，因为实际用例很少，我们就不单独列为一类了。例如：

⑦ 他演反派〈演得如入骨髓〉。（《1994年报刊精选·01》）

这里"演得如入骨髓"是对"他"演反派的生动程度的描写性评价。

另外，这种"V宾V补"式连谓短语中，"V宾"中的V经常蒙后省略。有时“V宾”中的V不省略，而“V补”中的V省略。例如：

⑧ 她唱戏〈唱得好〉，她表演的《打渔杀家》，中央首长很喜欢，毛也喜欢。她$_e$字〈写得好〉，也能写文章，特别是$_e$楷书〈写得好〉。（叶永烈《“四人帮”兴亡（增订版）》）

这里“唱戏唱得好”中的前一个动词“唱”没有省略，而“写字写得好”和“写楷书写得好”中的前一个动词“写”都蒙后省略了。以前著名的语法学家都反对这样的还原式的语法分析，但这样分析虽然麻烦，却符合事实。再如：

⑨ 云仙戏〈唱得好〉，不过县里的人没人看过她唱戏，只看过她教戏。（何存中《画眉深浅》）

将这里的“云仙戏唱得好”与上一例中的“她唱戏唱得好”相对照，我们可以清楚地看出，“戏唱得好”是“唱戏唱得好”的省略形式。又如：

⑩ 你是南通人吧？你课〈讲得很好〉。（《1994年报刊精选·12》）

将这里的“课讲得很好”与例④“讲课讲得很生动”相对照，我们可以清楚地看到，“课讲得很好”是“讲课讲得很好”的省略形式。

以上是“V宾V补”式连谓短语中，“V宾”中的V蒙后省略的例子。

⑪ 我看书〈多〉，这使我多活几度生命。（三毛《亲爱的三毛》）

这里“多”的前边承前省略了动词“看”（动词省略以后，后面的结构助词“得”也自然随之消失）。

⑫ 毛泽东睡觉打呼噜〈很响〉。（权延赤《红墙内外》）

这里“很响”的前边承前省略了动词“打”。另外，“睡觉打呼噜很响”也是一个连谓短语，是一个状中结构的连谓短语，其中“睡觉”是时间状语，意思相当于“睡觉的时候”。

以上是“V宾V补”式连谓短语中“V补”中的V承前省略的例子。其他如“走路快”“说话快”“吃饭香”等都是这类连谓短语。

3. V_2表示V_1的结果

这是“行为+结果”式的连谓短语。这种连谓短语有两类，其中一类的V_2是形容词性的：另一类的V_2是动词性的。

在V_2为形容词性词语的“行为+结果”式的连谓短语中，V_2虽然是形容词性的，但表示的是动词性的意义，表示的是一种心理感受，这种心理感受是由V_1引起的。例如：

① 你们两个的这身漂亮衣服我看着〈不顺眼〉。(潘海天《九州·白雀神龟》)

这里“不顺眼”表示的是“看着”的结果——觉得不顺眼。另外，这里“看着”的后面存在着空宾语，是由“看着”的宾语“你们两个的这身漂亮衣服”向前移位形成的。

② 什么吉呀凶的，我听着〈别扭〉！（范伟《我的倒儿爷生涯》）

这里“别扭”表示“听着”的结果——觉得别扭。另外，这里“听着”的后面存在着空宾语，是由“听着”的宾语“什么吉呀凶的”向前移位形成的。

③ 大家都夸我找了个能挣钱的老婆，可我听着〈不是滋味〉。(《都市快讯》2003 年 5 月 30 日)

这里“不是滋味”是个惯用语，带有形容词的性质，意思是“不舒服”，表示“听着”的结果——觉得不是滋味。另外，这里“听着”的后面存在着空宾语，是由“听着”的宾语“这话”省略形成的(这是一种变相的承前省略)。

以上是 V_2为形容词性词语的“行为 + 结果”式的连谓短语的例子。至于 V_2为动词性词语的“行为 + 结果”式的连谓短语，就是吕叔湘先生所说的那种：“动 1、动 2 是同一个动词，动 1 带宾语，动 2 是动结式复合动词或带‘得’加补语。”这种连谓短语的 V_1是一个动宾短语(如“喝酒”“看书”)，V_2是 V_1中的动词加结果补语(如“喝醉”“看得多”)，这实际上是一种重动形式的“动宾—补”结构的短语，格式是“V 宾 V 补”。这种“行为 + 结果”式连谓短语中的 V_2有时是评价性的方式补语(参见前面的“2. V_2表示 V_1的方式”部分)，有时是说明性的结果补语。这里我们来看看 V_2是说明性的结果补语的例子：

④ 昨晚自己“演戏”〈演得太累〉了，倒上床就睡了。(琼瑶《梦的衣裳》)

这里“演得太累”补充说明“演戏”的结果。

⑤ 他喝酒〈喝醉〉了。

这里“喝醉”补充说明“喝酒”的结果。由于“喝醉”通常是喝酒的结果，喝的是什么，是不言而喻的，所以为了简洁起见，人们多数情况下不说“喝酒”，直接说“喝醉”。例如：

⑥ 这里是我的房间，你昨晚喝醉了。(董妮《火爆佳人猎夫记》)

⑦ 那晚他喝醉了。(岑凯伦《还你前生缘》)

如果“V宾V补”式连谓短语中的“V补”不是“V宾”的常见结果，“V宾”通常不能省略，如“看书看累了”“看书看多了”“喝水喝多了”等通常不能省略为“看累了”“看多了”“喝多了”等（但人们常把“喝酒喝醉了”委婉地说成“喝多了”，“喝多了”已经成为表示“喝醉”意义的惯用语）。

4. V_2表示V_1的动量

“V宾V补”式连谓短语中的“V补”有时是“V宾”的动量补语，主要用来补充说明“V宾”的行为发生的次数、持续的时间、支配的对象的数量等，其中表示持续时间的居多。例如：

① 母亲从前看《悲情城市》〈看了三次〉，看一回哭一回。（白先勇《孽子》）

② 我听这句话〈听了好几遍〉也没听懂。（《郭德纲相声集》）

以上是V_2表示V_1发生的次数的例子。这种句子很少见，主要是因为有更简洁的“V补宾”短语和“宾主V补”句式等的说法。例如：

③ 姜文连看了3遍《离婚了，就别再来找我》。（《1994年报刊精选·10》）

这里使用的是“V补宾”式短语，而没有使用“V宾V补”式连谓短语，说成“姜文看《离婚了，就别再来找我》连看了3遍”。

④ 这部电视剧我看了两遍。（《1995年报刊精选·04》）

这里使用的是“宾V主补”句式，而没有使用“V宾V补”式连谓短语，说成“我看这部电视剧看了两遍”。

⑤《重庆谈判》我看了两次，也研究过好几次。（《人民日报》1993年12月）

这里使用的也是“宾主V补”句式。需要指出的是，“宾主V补”句式不是“主V宾V补”句式的省略形式，而是一种宾语前置句，前置的宾语属于已知信息，被放在了句首，而不是放在“V补”的后面。

下面我们再来看看V_2表示V_1持续的时间的例子：

⑥ 阿云，你终于回来，我找你〈找了半天〉了。（文创公《武魂》）

⑦ 我跟别的男人在他房里喝酒〈喝了半天〉。（古龙《陆小凤传奇》）

⑧ 下班后那看车人又为我看车〈看了很久〉。（《人民日报》1994年

第3季度）

⑨ 我是1925年生的，今年已经78岁，但是我看火星已经〈看了六十多年〉了。（李元《秋夜看火星》）

V_2表示V_1持续的时间的“V宾V补”式连谓短语常被更简洁的“V补—宾”和“V宾—补”式短语所代替，如：

喝酒〈喝了半天〉→喝了〈半天〉酒

看车〈看了很久〉→看了〈很久〉车

看火星已经〈看了六十多年〉→已经看了〈六十多年〉火星

找你〈找了半天〉→找了你〈半天〉

至于V_2表示V_1支配的对象的数量，这种情况很少见。例如：

⑩ 昨天我吃饺子〈吃了20个〉。

⑪ 一个月，他写长篇小说〈写了九万字〉，够累的了。（《作家文摘·1996A》）

V_2表示V_1支配对象的数量的用例之所以很少见，是因为它也可以被更简洁的“V补—宾”式短语所代替，如：

吃饺子〈吃了20个〉→吃了〈20个〉饺子

不过，例⑪的“写长篇小说写了九万字”不能替换为“写了九万字长篇小说”，否则容易被误解为写完了一部九万字的长篇小说，而实际上是在写一部长篇小说，已经写了九万字，还没写完。

（三）宾语中心前置短语

宾语中心前置式的连谓短语常见的是“有+宾语+定语”式的连谓短语，其中的定语是宾语（宾语中心）的后置定语，这种后置定语其实是由宾语中心语向前移位形成的，而移位了的宾语中心语（就是“有”后面的宾语）是可以移回定语后的。例如：

① 我认为，第一，他们没有资格$_{ti}$制裁中国$_i$；第二，实践证明中国有抵抗制裁的能力。（《邓小平文选3》）

这里第一句可以转换为：

他们没有制裁中国的资格。

这里第二句中的“中国有抵抗制裁的能力”（这是句子形式作宾语）没有采

取中心语前置的格式，但可以转换为这种格式：

中国有能力$_{t_i}$抵抗制裁$_{i}$。

这种“有＋宾语＋后置定语”格式中的后置定语都是动词性的，而前置宾语表示的大都是做某事所需具备的前提条件，如资格、能力、信心、决心、希望、办法，甚至是笼统的“条件”。采取中心语前置的格式，整个句子的意思在于强调主语应该或不应该、能或不能、需要或不需要做某事等，如“他们没有资格制裁中国”，强调的是“他们”不应该制裁中国；而中心语不前置，强调的是具备或不具备做某事所需具备的前提条件，如“中国有抵抗制裁的能力”，强调的是中国具备抵抗制裁的能力，强调的重心在“能力”上，而如果说成“中国有能力抵抗制裁”，强调的是中国能够抵抗制裁。再如：

② 中国政府和人民有能力$_{t_i}$依靠自己的力量解决粮食供给问题$_{i}$。（《中国政府白皮书·中国的粮食问题》）

③ 我们有信心$_{t_i}$迎接挑战$_{i}$。（华民《WTO与中国》）

④ 南宋王朝始终没有决心$_{t_i}$收复失地$_{i}$。（墨人《中华上下五千年》）

⑤ 我们的改革有很大的风险，但很有希望$_{t_i}$成功$_{i}$。（《邓小平文选3》）

⑥ 你要是去了什么地方，我会知道的，我有办法$_{t_i}$了解你的行踪$_{i}$。（把裔《小城宝贝》）

⑦ 我们是有条件$_{t_i}$消除民族隔阂$_{i}$的。（《邓小平文选1》）

这里“是”是语气副词，表示肯定语气；句尾“的”是语气词，表示肯定语气。上面这六例表示的都是强调主语具有做某事所需具备的前提条件（能力、信心、决心、希望、办法、条件）。

有一点值得注意，从来源上讲，“有＋宾语＋后置定语”式连谓短语是由“有＋宾语（定语＋中心语）”的格式转换成的，所以“有＋宾语＋后置定语”式连谓短语能还原为“有＋宾语（定语＋中心语）”式动宾短语，但一种句式形成之后，人们可以仿照它的格式直接类推造句，而无须由原型句式临时转换，这样仿照新句式的格式所造出的句子不一定都能很合乎习惯地还原为原型句式。例如：

⑧ 我有个事$_{t_i}$想跟你谈谈$_{i}$。（冯德英《苦菜花》）

这个句子可以还原为：

我有个想跟你谈谈的事。

这个还原回来的句子符合语法，但不太符合说话的习惯，一般人通常只会说“我有个事想跟你谈谈”，不太可能说“我有个想跟你谈谈的事”，因为“我有个想跟你谈谈的事”的说法不能直截了当地表达“我想跟你谈谈”的愿望，但我们不能因此否定“有＋宾语＋后置定语”式的连谓短语是由“有＋宾语（定语＋中心语）”式的短语转换成的的事实。再如：

⑨ 叫他来一趟，我有事$_{ti}$跟他说 $_{i}$。（丹凤针《司马翎》）

这里第二句可以还原为“我有跟他说的事”，但不适合于这样还原，理由同上。

⑩ 我们有饭$_{ti}$吃 $_{i}$。

这个句子可以还原为“我们有吃的饭”，但人们之所以不这么说，而说成“我们有饭吃”，是为了突出“有饭”，而避免突出“有吃的饭”，以免对方产生“有吃的饭，而没有干别的用的饭”的联想。

以上我们谈了常见的连谓短语的句法结构类型。

三、连谓句的句法结构类型

连谓句就是用连谓短语作谓语的句子，因而从结构上看，连谓句都可以看成单句。但是，有些学者们认定的连谓短语其实并非是连谓短语，而是由一个复句的两个谓语中心合并成的类似短语的东西，其所在的句子不是单句，而是紧缩复句。也就是说，从语法结构上看，学者们所说的连谓句有两种，一种是连谓谓语句，是单句；另一种是连谓式的紧缩复句。要分析连谓式的紧缩复句的句法结构，需要将它解压缩，还原成复句。下面我们分别加以说明。

（一）连谓谓语句

连谓谓语句就是用连谓短语作谓语的单句，属于主谓句的一种。如前所述，从语法结构上看，连谓短语有三种，分别是状中短语、动补短语、宾语中心前置短语（动宾短语的一种）；相应地，连谓谓语句可以分为状中谓语句、动补谓语句、宾语中心前置句三种。而状中谓语句、动补谓语句、宾语中心前置句其实都是常见的主谓句的类型，前面我们又比较详细地分析了连谓短语的语法结构，这里我们不再具体举例说明连谓谓语句的语法结构类型了。

（二）连谓紧缩句

“连谓紧缩句”实际上是一种表面上看起来像是连谓句的紧缩复句，对于这种句子，不能像分析单句那样分析它的句法结构，而必须把它还原为复句。目前，我国通行的汉语语法体系是结构主义语法体系，结构主义只是孤立静止地描写汉语的句法结构，不讲究句式的转换生成，这对于分析灵活多变的汉语句式是非常不利的。事实证明，如果不考虑汉语句式的转换生成因素，就无法合理地分析那些汉语特殊句式的句法结构，只能用“施事”“受事”“与事”“系事”之类的语义学术语来描写那些特殊句式中所包含的语义成分，用对句子语义成分的分析代替句法结构分析，所以我们必须打破常规，找出那些特殊句式的原型，说明它的转换过程，以及不同句式在语法意义和语用功能上的差异。

常见的连谓紧缩句有条件关系的、因果关系的、目的关系的、让步关系的、假设关系的、顺承关系的、解说关系的等。连谓紧缩句可以还原为复句，但由于连谓紧缩句具有简洁高效的表达效果，它的原型往往很少使用，甚至不使用，我们将连谓紧缩句进行还原的目的是为了说明连谓紧缩句的生成过程。

1. 条件关系紧缩复句

这是一种由条件关系的复句紧缩成的连谓形式的紧缩复句。例如：

①极目远望，一片嫩绿。在这里，绿色望也望不到头，走也走不到边。(《文汇报》2002 年 7 月 25 日）

这里后两句从直觉上我们就能看出它们是任意条件关系紧缩复句，只要加上任意条件连词和语音停顿就可以把它们还原成任意条件关系复句：

绿色不管怎么望，也望不到头，不管怎么走，也走不到边。

我们把任意条件连词和语音停顿加上之后，把那两句任意条件关系紧缩复句还原成了任意条件关系复句，不过这样还原之后，我们发现前一个复句的第一分句句首的“绿色”处在主语的位置上，但不是句子的主语，而“望不到头”的“头”和“走不到边”的“边”的前面存在着空定语，显然这个“绿色”是从“头”和“边”的前面移到句首的，我们把它移回去，结果就是：

不管怎么望，也望不到绿色的头；不管怎么走，也走不到绿色的边。

通过这样还原，我们发现“绿色望也望不到头，走也走不到边”确实是两个紧缩复句，按照目前汉语语法学界的主流观点，仅仅把它们定义为连谓句，而不对它们进行还原，还是不够彻底的。

② 昨天两人失踪了一整天，他怎么找也找不到。（默婵《冤家不是她》）

这里第二句也是条件关系紧缩复句，可以还原为：

他无论怎么找，也找不到。

2. 因果关系紧缩复句

这是一种由因果关系的复句紧缩成的连谓形式的紧缩复句。例如：

① 见到你我很高兴。（孙小芬、刘宝芬、吕玉明译《没有钥匙的房间》）

这是见面时说的客套话，等于说：

因为见到你了，所以我很高兴。

② 我很高兴能见到你。（新华社 2004 年 12 月新闻报道）

这也是见面时说的客套话，等于说：

我很高兴，因为我能见到你。

③ 亲爱的，对不起！我有事不能回来给你过生日了，留了一首歌给你听。（《文汇报》2005 年 3 月 1 日）

这里第二句是个因果关系紧缩复句，等于说：

我有事，所以不能回来给你过生日了。

另外，这里的第三句也是一个紧缩连谓句，是一个目的关系紧缩连谓句，其中的“给你听”补充说明“留了一首歌”的目的，只要在中间加上停顿，就成为目的关系复句。还有，第二句中的“回来给你过生日”是一个动补结构的连谓短语，其中的“给你过生日”补充说明“回来”的目的。

④ 这个纸盒别扔，我留着有用。

“我留着有用”是口语中常用的一个句子，等于说：

我留着它，因为它有用。

值得注意的是，还有一种“主语 + 留着没用”的说法，也是一个紧缩复句，但与“主语 + 留着有用”的逻辑关系不同，“主语 + 留着没用”是让步关系紧缩复句。例如：

⑤ 别人的照片，你留着没用。(刘震云《我叫刘跃进》)

这里“你留着没用”是一个让步关系紧缩复句，等于说：

你即使留着它，它也没用。

⑥ 自己岁数大了，钱留着没用，把钱花在孩子身上，心里舒坦。(《福建日报》2008 年 5 月 7 日)

这里“钱留着没用”也是一个让步关系紧缩复句，省略了主语，并且将宾语向前移位，它的形成过程是：

我即使留着钱，(钱)也没用。→ 留着钱也没用。→ 钱留着也没用。→ 钱留着没用。

3. 目的关系紧缩复句

有时，人们做出一个动作行为（V_1）的目的是为了随后做出另一个动作行为（V_2），人们把这两个行为按照先后顺序连续说出，中间不加停顿，有时还省略一些成分，就形成了目的关系的紧缩复句。例如：

① 你快来给我们帮个忙。

这是吕叔湘先生归纳出的 A 类连谓句第四种的例子，说其中的“动 1 是表趋向的动词”，但没有说 V_1与 V_2的逻辑关系是什么。我们把这个句子用对话的方式分解一下，可以看出 V_1与 V_2之间具有行为与目的的关系：

甲：你快来！　乙：(叫我)来干什么？　甲：给我们帮个忙。

这是甲乙双方距离较远，或中间有阻隔时的对话。甲方先召唤“你快来”，等乙方回应之后再提出要求乙方帮忙。而如果甲乙双方距离较近，甲方不必先召唤乙方并等乙方回应，只需把这两个要求连续说出即可，这样可以高效率地传达信息，符合语言经济性原则：

你快来！给我们帮个忙。→ 你快来给我们帮个忙。

② 包俊华的母亲眼睛一亮，惊喜地喊道：“小华，熊鹰来看你了！”(《作家文摘・1994A》)

这里“熊鹰来看你了”是个目的关系紧缩连谓句，是由“熊鹰来了”和“(熊鹰)看你”两个具有目的关系的单句紧缩成的。我们还用对话的方式分解一下，会看得更清楚：

母亲：熊鹰来了！　小华：来干什么？　母亲：看你。

"母亲"将这两句话连续说出，就形成了"熊鹰来看你了"这个连动形式的目的关系紧缩复句。再如：

③ 醒来时，她早就去上课了。(《作家文摘·1996B》)

这是由"她早就去学校了"和"(她)上课"两个单句紧缩成的目的关系紧缩复句。由于上课的地点一定是学校，这是不言而喻的，所以"去"的后面省略了"学校"。

④ 刚才我去医院找你，顺便了解昨夜的值班情况。(徐本夫《出山一案》)

这里"找你"是去医院的目的，而"了解昨夜的值班情况"也是去医院的目的，但属于次要的目的，所以另外用一个承接分句来叙述，表示"找你"之后顺便了解了"昨夜的值班情况"。

⑤ 在场的民工忙去打电话求救。(《人民日报》2000年)

这是由三个单句紧缩成的目的关系紧缩复句。其中的"去打电话"是"去有电话的地方打电话"的省略形式。"打电话"是"去"的目的，而"求救"又是"去打电话"是的目的。

值得注意的是，这种V_1是趋向动词的目的关系紧缩复句的语法重心在V_1上，但意义重心在V_2上，因此，当趋向动词V_1的宾语可以省略的时候，人们常先说V_2，后说V_1，在分析这种紧缩连谓句的结构时，应该先将语序还原。例如：

⑥ 岸英，我来了，看你来了，从上次来看你已整整隔了十年，你怪我吗？(《人民日报》2000年)

这里"看你来了"是"来看你了"的倒置形式。

⑦ 一天，吴文藻上课去了。(《作家文摘·1995》)

这里"上课去了"是"去上课了"的倒置形式。

以上是V_1是趋向动词的目的关系紧缩连谓句的例子。我们再来看几个V_1不是趋向动词的目的关系紧缩连谓句的例子：

⑧ 你找个木盒子将珠子装起来。(令狐庸《双剑盟》)

这是由"你找个木盒子"和"(你)将珠子装起来"两个分句紧缩成的目的关系紧缩连谓句。当然，这里"找个木盒子"与"将珠子装起来"两种行为有时间先后的关系，但说话人的用意并不在于强调先后顺序，而是看到眼下没有木盒子，所以才说"你找个木盒子"，假如眼下就有木盒子，他会说"拿木盒子将珠子装起来”。由此可见，“将珠子装起来”表示的是“找个木盒子”的目的。另外，只要在这个句子中“将珠子装起来”的前边加上停顿，这个句子就成了目的关系复句，是因为说话人强调的是“将珠子装起来”，所以将分句间的停顿取消了。再如：

⑨ 她带着狗出去散步了。（李桂荣、朱音、刁克利译《清洁女工之死》）

这里“散步”表示的是“出去”的目的。另外，“带着狗”是“出去”的方式状语。

⑩ 我得上床睡觉了。（《了不起的盖茨比》）

这里“睡觉”表示的是“上床”的目的。

⑪ 你们回家吃饭吧。（冯德英《迎春花》）

这里“吃饭”表示的是“回家”的目的。

⑫ 第二天，一大早就有人敲门。我披衣起来开门。（可军《情人隐私》）

这里“我披衣起来开门”是一个顺承关系紧缩连谓句（关于顺承关系紧缩连谓句，参见下面的“6. 顺承关系紧缩复句”部分），是由“我披上衣服，起来开门”省略并紧缩成的，而“（我）起来开门”是一个目的关系连谓紧缩句，“开门”表示的是“起来”的目的。

⑬ 感到自己的精神生活有些孤独，想找个称心如意的老伴共度幸福晚年。（刘飞茂、成志伟《实用心理学全书》）

这里第二分句中的“共度幸福晚年”表示的是“找个称心如意的老伴”的目的。这个紧缩复句的原型是：

想找个称心如意的老伴，以便与之共度幸福晚年。

⑭ 武尔坤站起来要走。（李文澄《努尔哈赤》）

这里“要走”表示的是“武尔坤站起来”的目的。

⑮ 老妇人们坐在家门外阳光中取暖。（谢冕《徐志摩名作欣赏》）

这里“取暖”表示的是“老妇人们坐在家门外阳光中”的目的。

⑯ 当越共中央书记红河向与会代表介绍李鹏同志时，全场热烈鼓掌表示欢迎。（《人民日报》1996 年）

这里“表示欢迎”表示的是“热烈鼓掌”的目的。

还有一种V_2是否定形式的目的关系紧缩连谓句，其中的V_2表示V_1的目的是阻止自己或他人做某事，而这种目的只是一种动机，并不表现为具体的动作行为，是通过V_1的动机的分析得出的结论。例如：

⑰ 炎夜拉着他不让他走。(裴意《劫情泪》)

这里“不让他走”表示的是“拉着他”的目的。

⑱ 周华连喊：“不要打我，我不是坏人，是好人。救命！”黄开炎立即用手捂住周华的嘴不让其喊叫。(《1994年报刊精选·10》)

这里“不让其喊叫”表示的是“捂住周华的嘴”的目的。

⑲ 她的喉咙里咕噜地响着，我捂住她的嘴不让她吐出来，终于她把嘴里的药咽了下去。(小汗《医生杜明》)

这里“不让她吐出来”表示的是“捂住她的嘴”的目的。

⑳ 泪珠不争气地潸潸落下，我捂住她的嘴不让她吐出来。(绿痕《东邪西毒记》)

这里“不让自己哭出声音来”表示的是“捂着嘴”的目的。

以上四例只要加上停顿，就可以还原为目的关系复句。

还有一种目的关系的紧缩连谓句，它的V_1是一个动宾短语，V_2是一个及物动词性词语，V_2的逻辑宾语与V_1的宾语相同，但不出现。例如：

㉑ 我洗点葡萄吃。

这里“吃”表示的是“洗点葡萄”的目的。我们用对话的方式把这个句子分解一下能更清楚地看出这一点：

甲：我洗点葡萄。 乙：洗葡萄干什么？ 甲：吃。

将行为与目的连在一起说出，就形成了这种目的关系的紧缩连谓句。再如：

㉒ 我去买点东西吃。(白先勇《孽子》)

这里“吃”表示的是“去买点东西”的目的。

还有一种V_1是动词带双宾语的目的关系的紧缩连谓句，V_2的逻辑主语与V_1的主语相同，同时V_2是兼语短语的省略形式。例如：

㉓ 如果休战没有成功，我们必须给他一些甜头尝尝。(华勒斯《惊世未了缘》)

这里第二分句中的“尝尝”表示的是“给他一些甜头”的目的。另外，“尝尝”是“让他尝尝”这个兼语短语的省略的说法，它的逻辑主语是“我们”，而不是“他”。它的原型就是：

我们必须给他一些甜头，让他们尝尝。

㉔ 有好吃的，她亲热地给我尝尝。(《读者》合订本)

这里第二分句中的“尝尝”表示的是“给我”的目的。另外，“尝尝”是“让我尝尝”这个兼语短语的省略的说法，它的逻辑主语是“她”，而不是“我”。它的原型就是：

她亲热地给我，让我尝尝。

㉕小梅叫我坐下，然后剥开一只鹌鹑蛋，蘸点盐末，递给我吃。(叶蔚林《割草的小梅》)

这里整体上是一个顺承关系复句，其中的第四分句是一个目的关系紧缩连谓句，其中的“吃”是“让我吃”的省略说法，表示的是“递给我”的目的。为了能更清楚地看出这一点，我们来看一个不紧缩的说法：

㉖ 他没说话，从抽屉里拿出一个苹果，递给我，让我吃。(《作家文摘·1997B》)

这里“递给我，让我吃”可以紧缩为“递给我吃”。

还有一种 V_1中的动词带双宾语的目的关系紧缩连谓句，动词的直接宾语用处置介词引出。例如：

㉗汉王把他的车子给我坐，把他的衣服给我穿，把他的饭菜给我吃，我怎么能见利忘义呢？(易中天《韩信被杀之谜》)

这里前三个句子中“给”的直接宾语“他的车子”“他的衣服”“他的饭菜”都用处置介词“把”在前面引出，而不是放在间接宾语“我”的后面，而在间接宾语“我”的后面又加上了动词“坐”“穿”“吃”，用来说明把“他的车子”“他的衣服”“他的饭菜”给“我”的目的：“让我坐”“让我穿”“让我吃”，毫无疑问，这三个动词分别是由“让我坐”“让我穿”“让我吃”省略成的。可见，这三个分句的原型就是：

汉王把他的车子给我，让我坐；把他的衣服给我，让我穿；把他的饭菜给我，让我吃。

在省时省力原则(经济性原则)和人的完形思维能力的作用下，人们就把上面这三个目的关系复句压缩成了单句的形式。

㉘ 姑娘用绣花般的心性，将一件磨光的酒具递给我观赏。(《人民

日报》1995 年 3 月）

这里用处置介词“将”把“递给”的直接宾语“一件磨光的酒具”引出，放在“递给”的前面，然后又在间接宾语后用“观赏”来补充说明“将一件磨光的酒具递给我”的目的——让我观赏。

当一个动词性词语的直接宾语在上文中出现了，在下文中只需说出间接宾语，人们就可以理解，在这种情况下，人们就将处置介词连同直接宾语一起省略。例如：

㉙这是朋友送我的一面镶铜镜子，送给你用。（云枫《跳跳心，约会情》）

这里后一个句子中省略了“把它”（当然，主语也承前省略了）。

以上我们举例说明了目的关系连谓紧缩句。这种连谓句的 V_1 与 V_2 之间有明显的主次关系，再加上 V_2 通常非常简短，看起来就像是 V_1 的补语，所以“V_1+V_2”看起来更像是一个动补短语，但整个句子可以分解为两个单句，所以它本质上不是一个短语，而是两个单句的谓语的合并。

值得注意的是，有的学者把“说说看”“玩玩看”“试试看”“你再走一步试试”之类的短语也看成连谓短语，这其实是一种误解，因为这种带有“尝试”意义的短语中的“看”和“试试”并不是动词，而是语气助词，表示前面所说的动作行为是尝试性的。

4. 让步关系紧缩复句

这是一种由让步关系的复句紧缩成的连谓形式的紧缩复句。例如：

① 只要还有一口气，爬也爬到延安城。（新华社 2001 年 6 月新闻报道）

这里第二句是让步关系紧缩复句，可以还原为：

我即使爬，也爬到延安城。

② 我死也要死在举重台上。（《中国儿童百科全书》）

这也是让步关系紧缩复句，可以还原为：

我即使死，也要死在举重台上。

5. 假设关系紧缩复句

这是一种由假设关系的复句紧缩成的连谓句。例如：

① 服务人员没收一分钱，没喝一口水，匆匆而来，匆匆而去，留

下的只是一句话：有事打电话，随叫随到。(《人民日报》1998 年)

这里有两个紧缩复句，前一个是假设关系的紧缩复句，等于说：

如果你有事，你就给我打电话。

这里后一个是条件关系紧缩复句，等于说：

只要你随时叫我，我随时就到。

② 有事找警察，通常得走进派出所。(《人民日报》2003 年)

这里前一句是假设关系紧缩复句，等于说：

如果你有事，你就找警察。

以上我们举例说明了被学术界看成连谓句的条件关系紧缩复句、因果关系紧缩复句、目的关系紧缩复句、让步关系紧缩复句、假设关系紧缩复句。这五种紧缩复句与单句的区别很明显。另外还有两种被看成连谓句的紧缩复句：顺承关系紧缩复句和解说关系紧缩复句，这两种紧缩复句与单句的区别不太明显，内在的句法结构也比较难确定。下面我们具体举例加以说明。

6. 顺承关系紧缩复句

有一种连谓句是按照时间顺序说明连续发生的两个或两个以上的动作行为、变化等，而两个或两个以上的动作行为、变化等的中间没有语音停顿，看起来就像是一个单句。例如：

① 他推开门大踏步走进去。

这是吕叔湘先生举的一个例子，其中“走进去”的行为是紧接着“推开门”的行为发生的，甚至是推开门的同时就走进去了，所以在陈述这两个行为的时候，中间也没有加上语音停顿，如果把语音停顿加上，就成了顺承关系复句：

他推开门，大踏步走进去。

② 小草直冲往振廷的书房，门也不敲，就推开门冲了进去。(琼瑶《青青河边草》)

③ 一个四十来岁的魁梧大汉推开门跨进来。(张承志《黑骏马》)

④ 他活动了一下筋骨，推开门走到外屋。(同上)

以上三例中的连动形式的紧缩复句只要加上语音停顿，也都成了顺承关系复句。

有一种观点认为：“有少数单句中的连谓句，几个连续动作中间加上停顿，书面上增加逗号，就会变成顺承复句。”[①] 这种连谓句之所以加上语音停顿就会变成顺承复句，正说明它本来是顺承关系的紧缩复句，而不是单句。人们之所以将顺承关系复句的分句间的停顿取消，是为了通过话语的连贯体现前后两个动作行为衔接紧密。如果不想强调前后两个动作行为衔接紧密，只是按时间顺序说明两种先后发生的动作行为，中间会加上停顿。例如：

⑤ 高强推开门，走了进去。（石康《奋斗》）

⑥ 他推开门，撩起棉门帘子，屋里的热气迷了他的眼。（刘绍棠《运河的桨声》）

⑦ 玛丽推开门，走到我旁边坐了下来。（《读者》合订本）

这里在“推开门”和“走到我旁边”之间加上了停顿，但在“走到我旁边”与“坐了下来”之间没有加上停顿，显然是为了强调这后两个动作行为之间衔接紧密。不过，有时两个动作行为之间虽然衔接紧密，但后一个动作行为的方式比较特别，也是需要强调的，中间也会加上停顿。例如：

⑧ 他忽然推开门，闯进了屋子。（古龙《陆小凤传奇》）

⑨ 莽撞的汤成，猛然地推开门，闯了进来。（吴强《红日》）

⑩ 柳青青忽然推开门，跳下车。（古龙《陆小凤传奇》）

以上三例中的人物都是迅速地闯进屋子或迅速地逃离，推开门与闯进屋或跳下车之间衔接应该更紧密，而之所以中间还要加上停顿，显然是为了突出闯进屋或跳下车的行为。

有时后一个动作行为的方式或情态比较特别，需要加以描写，也在前边加上停顿。例如：

⑪ 三个小伙子推开门，吵吵嚷嚷地走进了小屋。（张承志《北方的河》）

⑫ 猫头鹰推开门，没精打采地走进来。（罗广斌《红岩》）

⑬ 秀秀很晚才回来，她轻手轻脚地推开门，又无声无息地摸进了屋。（礼平《小站的黄昏》）

以上三例为了突出后一个动作行为的方式或情态独特，中间加了停顿。

---

① 黄伯荣、廖序东：《现代汉语》（增订五版），高等教育出版社2011年版，下册第130页。

通过上面的对比我们可以看出，顺承关系紧缩复句与顺承关系复句的句法结构其实是一样的，区别只在于话语的连贯与否，因此把顺承关系紧缩复句看成单句是不对的，所以要分析它的句法结构，需要把它还原为顺承复句。我们再来看几个顺承关系紧缩复句的例子：

⑭ 曾恺旋霍地坐起来，拿起雨伞，踉踉呛呛要去北京，刚一迈步便跌倒在地昏了过去。（李蒙《董必武和他长征路上的干儿子》）

这里整体上是一个顺承关系复句，第四分句“刚一迈步便跌倒在地昏了过去”本身又是一个顺承关系紧缩复句，只要加上停顿，就可以还原为由三个分句构成的顺承关系复句：

（曾恺旋）刚一迈步，便跌倒在地，昏了过去。

通过上面的转换，我们可以清楚地看到，“刚一迈步便跌倒在地昏了过去”就是由顺承关系复句紧缩成的，将中间语音停顿取消的目的是为了突出迈步、跌倒、昏迷这三个行为和变化的连贯性。

⑮ 翌日凌晨，宋美龄还在寝室里熟睡呢，门铃突然响了……宋美龄连忙换了件便服，打开门一看，竟是刘纪文。（陈廷一《宋氏家族全传》）

这里整体上是一个顺承关系复句，第二分句“打开门一看”是一个顺承关系紧缩复句，可以在中间加上语音停顿，将它转换成顺承关系复句，而取消语音停顿，是为了突出“打开门”和“一看”（意思是“看了一下”）这两个行为的连贯性。另外，第三个分句是一个省略句，省略了动词“发现”和“是刘纪文”的主语（“来的人”）。

7. 解说关系紧缩复句

这种连谓式紧缩复句的 V_1 是肯定形式的，V_2 是否定形式的，V_1 与 V_2 之间的逻辑关系正像吕叔湘先生所说的那样：“动 1 和动 2 从肯定、否定两个方面说明一件事。动 2 表示动 1 动作的持续，或对动 1 动作的描写。”确切地说，这种连谓式紧缩复句的 V_2 补充说明 V_1 的方式。例如：

① 一个魁梧的小伙子坐着斜着眼看我：“你过来。”……我站着不动。（王朔《玩的就是心跳》）

这里“不动”补充说明“站着”的方式，“站着不动”等于说“不动地站着”。

② 我看见她冲下来的黑浆水慢慢淹过我清洁的光脚，我胃里一阵翻腾，咬住下唇站着不动。(三毛《撒哈拉的故事》)

这里“站着不动”与上一例中的“站着不动”结构和意义相同。另外，“咬住下唇站着不动”是一个状中结构的连谓短语，“咬住下唇”表示的是“站着不动”时的情态。

③ 下班了，机关的人陆陆续续回家去了，她仍然坐着不动。(戴厚英《诗人之死》)

这里“不动”补充说明“坐着”的方式，等于说“不动地坐着”。

④ 尔康把紫薇牵到椅子前，把她的身子按进椅子里。“你坐在这儿不动，就是帮我们大家的忙了！”紫薇只好坐着不动。(琼瑶《还珠格格续集》)

这里“坐在这儿不动”等于说“不动地坐在这儿”，“坐着不动”等于说“不动地坐着”。

⑤ 这时主席一直握着我的手不放，打量着我。(《人民日报》1995 年)

这里“不放”补充说明“握着我的手”的方式。“握着我的手不放”等于说“持续地、长时间地握着我的手”。吕叔湘先生说“动 2 表示动 1 动作的持续”，指的就是这种情况。

⑥ 他待在家里不出门，唯恐来电报时不在家。(普鲁斯特《追忆似水年华》)

这里“待在家里不出门”表示“持续地、长时间地待在家里”的意思。

⑦ 你把我哥……拴在家里不出门，还找不找媳妇？(《人民日报》2001 年)

这里“拴在家里不出门”表示“持续地、长时间地拴在家里”的意思。

值得注意的是，在这种 V_2 补充说明 V_1 的方式的连谓句中，V_2 与 V_1 虽然是行为与方式的关系，但二者并不是一个动补短语的两个组成部分，而是分属于两个分句的谓语，也就是说，这种连谓句是由复句紧缩成的，是由解说关系复句紧缩成的。我们来看一下这种连谓紧缩句的原型：

⑧ 他静静地站着，不动，也不开口。(古龙《天涯·明月·刀》)

这是一个解说关系复句，其中第二、第三个分句补充说明“他”站着时的情态。如果将第一和第二分句之间的停顿取消，就成了“他静静地站着不动”，就成了紧缩连谓句。

⑨ 她站着，不动弹，一任妈妈和姨妈抓住自己的两只手，叫嚷着："太可怕啦……"（《读者》合订本）

这里第二分句补充说明"他"站着时的情态。如果将第一和第二分句之间的停顿取消，就成了"她站着不动弹"，就成了紧缩连谓句。

⑩ 白云查干一个人走到水边，她静静地站着，一动不动。（《人民日报》1998 年）

这是一个顺承关系复句，而第二和第三个分句又构成一个解说关系复句，而"一动不动"（意思是"一下也不动"）明显是一个独立的句子，不能与前面的"站着"连在一起，只能独立成句（当然，作者本来就是想用一个独立的句子来强调"她"一点也不动，否则可以说成"静静地站着不动"）。

⑪ 临别时，汤正兰老人拉着记者的手，久久不放。（《人民日报》1999 年）

这是一个顺承关系复句，第二分句补充说明"拉着记者的手"的方式。为了强调这种方式，将它独立成句，否则可以说成"拉着记者的手不放"。

通过对比可知，这种 V_1是肯定形式的、V_2是否定形式的连谓句是解说关系的紧缩复句。

还有一点值得注意，在这种 V_1是肯定形式的、V_2是否定形式的连谓句中，V_2并不都是补充说明 V_1的方式的，有时 V_2补充说明 V_1的目的，如"拉着他不让他走""捂着嘴不让自己哭出声音来"（参见前面的"3. 目的关系紧缩复句"部分），有时 V_1表示 V_2的情态，如"紧闭着嘴不说话""板着脸不肯笑"等。

四、连谓句中的空语类

如前所述，学术界所说的连谓句有两种，一种是由连谓短语作谓语的单句，就是"连谓谓语句"，这是真正的连谓句；另一种是由复句紧缩成的紧缩复句，看起来像是连谓句，就是我们前面说的"连谓紧缩句"。这两种连谓句的句法结构不同，所包含的空语类也不同，需要分别加以说明。

（一）连谓谓语句中的空语类

连谓谓语句是由连谓短语作谓语的句子。连谓短语虽然是由两个谓词性词语构成的，但这两个谓词性词语所表示的动作行为、变化有主有次，一个表示的是主要的动作行为，另一个表示的是伴随性的、方式性的、目的性的、结果性的动作行为、变化等，两个谓词性词语起的是一个谓词性词语的作用，不可分割，因而整个连谓短语只有一个主语，第二个谓词性词语前不出现主语，它的逻辑主语只能隐含着。例如：

① 他骑自行车 $_p$走了。

这里"走"的前面隐含着主语"他"。

② 她盘着腿 $_p$坐在炕上。

这里"坐"的前面隐含着主语"她"。

③ 我唱着歌 $_p$回到了家乡厦门。

这里"回"的前面隐含着主语"我"。

④ 老人笑着 $_p$答应了。

这里"答应"的前面隐含着主语"老人"。

⑤ 萨拉不小心 $_p$摔倒了。

这里"摔倒"的前面隐含着主语"萨拉"。

以上五例中的空主语都是逻辑上的空主语，是从逻辑上看存在而实际上不能补出来的空主语。在古代汉语中，这些连谓句的两部分之间都要加上一个连词"而"（有时用"以"），把两部分连接成一个整体，说成"骑车而行""盘腿而坐""歌而归"之类的，第二个谓词性词语前的空主语隐含得就更深了。

（二）连谓紧缩句中的空语类

连谓紧缩句一般只在 V_1前出现主语，V_2的主语承前省略，从而形成省略型空主语。如果 V_1是动宾短语，而 V_2是及物动词性的，V_2的宾语如果与 V_1相同，也承前省略，从而形成省略型空宾语。例如：

① 我自己做饭 $_e$吃。

这里 V_2"吃"的前面存在着省略型空主语"我自己"。另外，"吃"的后面存在着省略型空宾语"饭"。

② 我洗点葡萄$_{e}$吃$_{e}$。

这里V_2“吃”的前面存在着省略型空主语“我”。另外，“吃”的后面存在着省略型空宾语“(一)点葡萄”。

③ 我给你洗点葡萄$_{e}$吃$_{e}$。

这里“吃”是“让你吃”这个兼语短语的省略说法，“吃”的前面存在着省略型空主语“我”和空动词“让”以及“让”的宾语“你”，“吃”的后面存在着省略型空宾语“(一)点葡萄”。

还有一种主体为“V_1宾$_1$宾$_2$—V_2”结构的连谓句，V_2的主语与V_1相同，因而承前省略，从而形成省略型空主语；V_2的宾语与V_1的直接宾语（宾$_2$）相同，因而承前省略了，从而形成省略型空宾语。例如：

④ 如果休战没有成功，我们必须给他一些甜头$_{e}$尝尝$_{e}$。（华勒斯《惊世未了缘》）

这里“尝尝”是“让他尝尝”的省略说法，前面存在着省略型空主语“我们”和空动词“让”，后面存在着省略型空宾语“一些甜头”。

⑤ 有好吃的，她亲热地给我$_{e}$$_{e}$尝尝$_{e}$。(《读者》合订本)

这里“给我”的后面承前省略了“给”的直接宾语“好吃的”，而“尝尝”是“让我尝尝”的省略说法，前面存在着省略型空主语“她”和空动词“让”，后面存在着省略型空宾语“好吃的”。

⑥ 给我包一些点心，$_{e}$带$_{e}$给孩子们$_{e}$$_{e}$尝尝$_{e}$。(《文汇报》2003年10月12日)

这里“带”的前面存在着省略型空语主语“我”，“带”的后面存在着省略型空宾语“一些点心”；“给孩子们”的后面存在着省略型宾语“一些点心”，而“尝尝”是“让孩子们尝尝”的省略说法，前面存在着省略型空语主语“我”和空动词“让”，后面存在着省略型空宾语“一些点心”。

以上我们举例说明了连谓短语的句法结构、连谓句的句法结构以及连谓句中的空语类。

第十节　空语类与“兼语句”

我们在本书第二章第三节的第三部分“隐含型空语类”中说过：“兼语句”是由“兼语短语”作谓语的句子。所谓“兼语短语”，是一种由动宾短语加上动词性的目的补语构成的短语，兼语短语是一种“动宾—补”结构的短语。实际上，正如语法学界的前辈们所发现的那样，兼语短语的结构不同于任何一种已知的短语，不能归入任何一种已知的结构类型的短语中去，而我们前面说兼语短语是一种“动宾—补”结构的短语，这实际上是一种简化了的说法，这种说法适合于在一般的汉语语法教学上推广。从兼语短语的生成过程来看，兼语短语实际上是一种由复句的两个谓语中心合并成的句法结构，它的后一部分隐含着一个不能直接补上主语，由于它的后一部分不出现主语，所以两部分合并在一起所形成的结构看起来就像是一个短语，但又和已知的各种结构类型的短语的结构都不一样，所以以往学术界把它独立出来，另立为一类。

由于以往许多学者弄不清“兼语短语”这种类似于短语而又不是短语的句法结构究竟是一种什么句法结构，因而对核心为“兼语短语”的句子即兼语句的结构的认识也就不明确，因此需要我们在前人研究成果的基础上，进一步研究兼语句的句法结构。为了表述方便，我们仍然沿用学术界现有的“兼语短语”名称来称呼这种类似于短语而又不是短语的句法结构，沿用“兼语句”的名称来称呼核心为“兼语短语”的句子[①]，而实际上，“兼语”的名称并不准确，因为一个句法成分只是一个句法结构的构成成分，不会同时充当另一个句法结构里的成分，否

① 兼语句的核心是兼语短语，如“我求你放我回家”的核心是“求你放我回家”，“我曾经求你放我回家”的核心也是“求你放我回家”，“我曾经求你放我回家过年”的核心也是“求你放我回家”。兼语句是一种紧缩复句，它的核心是由两个分句的谓语紧缩成的一种句法结构，其本质上不是一个短语，而是分属于两个不同句子的两个句法成分，但由于二者结合紧密，看起来像是一个动补短语，如果不是为了分析兼语句的生成方式以及兼语句与非兼语句的区别，我们不妨把它看成一种动补短语。参见本书第二章第三节的“三、隐含型空语类”部分。

则两个句法结构前后牵连，使人应接不暇，难以顺利地理解，假如有人说出“从前有座山里有座庙”这样的“兼语句”，只能引人发笑，所以所谓的“兼语短语”“兼语句”实际上并不存在。

一、以往学术界的研究情况

以往学术界很早就注意到了“兼语句”这种特殊的句式，有的学者把它称为“递系式”，有的学者把它称为“兼语式”，而“兼语式”这个名称更通行。“兼语式”这个名称有时也用来指兼语短语。以往学术界在对“兼语式”的认定上有一定分歧，对“兼语式”的句法结构也有不同的看法。下面我们分别加以说明。

（一）对兼语句的认定

为了表述方便，我们借用英文字母把兼语短语表示为“V_1NV_2”。按理说，兼语句是由兼语短语作谓语的句子，而兼语短语中 V_1的宾语 N 所代表的人或事物又是 V_2的施事，这种特征非常明显，因而对兼语句的认定并不困难，但有些学者往往不能分清“V_1 · N · V_2”短语究竟是“V_1N+V_2”结构（兼语结构）还是“V_1+NV_2”结构（动宾结构），而将“V_1N+V_2”和“V_1+NV_2”这两种不同的句法结构相混淆，导致对兼语句的认定标准过于宽泛。

由于兼语句的句式意义与兼语短语的 V_1的语法意义关系密切，一般都根据兼语短语的 V_1的语法意义类别对兼语句进行认定和归类。以往对兼语句的认定有宽严两种标准，严的标准只认定 V_1是“使令”意义动词的句子是兼语句，宽的标准几乎把所有核心为“V_1 · N · V_2”短语的句子都认定为兼语句，不管它的核心是“V_1N+V_2”结构还是“V_1+NV_2”结构。下面我们归纳一下以往学术界对兼语句的认定情况。为了节省篇幅，这里我们只介绍两种按照较宽的标准认定兼语句的结果：一是黄伯荣、廖序东主编的《现代汉语》（增订五版）的认定结果；一是范晓《三个平面的语法观》（1996）的认定结果。因为按照较严的标准认定的结果包含在按照较宽的标准认定的结果中了，所以不另外介绍按照较严的标准认定的结果。

1. 黄廖本《现代汉语》的认定结果

根据“V_1 · N · V_2”短语中的 V_1的语法意义，《现代汉语》（增订五版）把兼语句认定为四种[①]：

（1）使令式

前一动词常有使令意义，能引起一定的结果，常见的动词有“请、使、叫、让、派、催、逼、求、托、命令、吩咐、动员、促使、发动、组织、鼓励、号召”等。例如：

① 老师鼓励学生学好功课。（老师鼓励学生，学生学好功课。）

② 奥运会上的 51 枚金牌使中国人找回了自信。

③ 中国的变化令人惊奇。

（2）爱恨式

前一动词常是表示赞许、责怪或心理活动的及物动词，它是由兼语后面的动作或性状引起的，前后谓词有因果关系。常见的动词有“称赞、表扬、夸、笑、骂、爱、恨、嫌、喜欢、感谢、埋怨”等。例如：

④ 我感谢你告诉我一个好消息。（⇔ 因为你告诉我一个好消息，所以我感谢你。）

⑤ 他妈妈也骂他是个懒鬼。

（3）选定式

前一动词有“选聘、称、说”等意义，兼语后头的动词有“为、做、当、是”等。例如：

⑥ 大家选他当代表。

（4）“有”字式

前一动词用“有”“轮”等表示领有或存在等。例如：

⑦ 他有个妹妹很能干。

⑧ 村外的黄土路上有人在走。

⑨ 没有人找你呀！（非主谓句）

⑩ 轮到你值班了。（非主谓句）

以上是黄廖本《现代汉语》对兼语句的认定结果。

---

① 见黄伯荣、廖序东《现代汉语》（增订五版），高等教育出版社 2011 年版，下册第 93—94 页。

2. 范晓《三个平面的语法观》的认定结果

范晓《三个平面的语法观》(1996)根据"V_1·N·V_2"短语中的V_1的语法意义，把兼语句认定为八种[①]：

(1)"要求"类。常见的有：要求、求、请求、恳求、托、委托、拜托、嘱、嘱咐、叮嘱、吩咐、指示、告诉、提醒、警告、命令、勒令、通知、号召，等等。

(2)"派遣"类。常见的有：派、派遣、打发、指使、调、提拔、选、选举、介绍、荐、推荐、推举、请、邀请、叫("呼唤""招呼"义)、喊、招呼、劝、催、催促、逼、逼迫、强迫、拉、推、找、接、揪、放、骗、哄、逗、惹("逗惹"义)等。

(3)"培养"类。常见的有：培养、培育、教导、辅导、训练、指导、指引、改造、指挥、启发、鼓舞、鼓励、动员、怂恿、支持、保护、鼓动、发动、组织、督促、吸引、吸收、发展，等等。

(4)"陪同"类。常见的有：陪、陪同、送("陪送"义)、护送、陪送、技、搀、搀扶、领、带、带领、率领、引("带领"义)、引导、领导、帮、帮助、协助，等等。

(5)"交给"类。常见的有：给、交、送("赠送"义)借、租、赏、赏赐、供给、递给，等等。

(6)"喜欢"类。常见的有：喜欢、爱、羡慕、钦佩、佩服、怨、埋怨、气、恨、痛恨、怪("责怪"义)、责怪、责备、批评、斥责、控告、怕("害怕"义)、害怕、嫌("厌恶"义)、嫌弃、厌恶、原谅、怜悯、可怜("怜悯"义)、心疼、恭喜、表扬、称赞、夸、感谢、祝、祝贺，等等。

(7)"称呼"类。常见的有：称、称呼、简称、俗称、叫("称呼"义)、说("称呼"义)、"骂"("贬称"义)认、追认、封，等等。

(8)"有无"类。常见的有：有、没有、存在、剩，等等。

范晓(1996)根据V_1的语法意义所归纳出的兼语句种类很多，包括了黄

① 参见范晓《三个平面的语法观》，北京语言大学出版社1996年版，第490—500页。

廖本《现代汉语》所归纳出的兼语句，但和黄廖本《现代汉语》一样，所归纳出的兼语句并不都是真正的兼语句，真正兼语句的核心是“V_1N+V_2”结构，其中的N在语法上是V_1的宾语，在语义上又是V_2的施事，而他们所归纳出的兼语句有一部分核心是“V_1N+V_2”结构的，这是真正的兼语句；还有一部分核心是“V_1+NV_2”结构，是一个动宾短语（“爱恨式”或“喜欢”类的绝大部分），这种句子属于“主—动—宾”结构的句子，不是兼语句；另外还有一部分的核心虽然也是“V_1·N·V_2”形式的，但它只是看起来像是“V_1N+V_2”结构，而实际上是一种“V_1+NV_2”结构，其中的V_2是N的后置定语，也就是说，这种句式中的“N·V_2”是一个中心语前置的定中短语，如“村里有（V_1）个姑娘（N）叫小芳（V_2）”，其中的“姑娘（N）叫小芳（V_2）”就是一个中心语前置的定中短语，是“叫小芳（V_2）的姑娘（N）”的变体。这种含有特殊的“V_1+NV_2”结构的句子是一种“拥有句”和“存在句”。为什么有的学者把这三种结构很不相同的句子都看成兼语句呢？主要是因为他们没有认清这三种不同句子的句法结构。

下面我们归纳一下以往学术界就学者们所认定的兼语句提出的对兼语句的句法结构的看法，然后再谈谈我们对学者们所认定的兼语句的结构的看法。

（二）对兼语句的句法结构的看法

兼语句属于句法结构比较难于分析的一种句式，以往学者大都认为它是“主—动—宾”句与主谓句的套叠，这种观点是承认兼语句的存在；有的学者认为所谓的“兼语句”其实是连谓句的一种，有的学者认为所谓的“兼语句”其实是双宾动宾谓语句和紧缩复句，持这两种观点的学者其实不认为“兼语句”是一种独立的句式；有的学者认为兼语句的核心是一种特殊的动补短语；有的学者只是描写它不同位置上的词语的语义，而不分析它的句法结构。下面我们分别加以说明。

1. 兼语句的核心为“V_1+O / S+V_2”结构

这种观点认为兼语句的核心是“V_1+O / S+V_2”（动$_1$+宾 / 主动$_2$）结构，也就是前一个动词性词语的宾语兼作后一个动词性词语的主语。这种观点的形成是有一个过程的。黎锦熙在《新著国语文法》（1924）一书中最早谈到兼语句，认为兼语句的核心的结构是“动＋宾＋宾补”，也就是认为兼语式的V_2是V_1的宾语的补足语。如“工人请我报告”，“报告”是“请我”的补足语。但他又说：“这种宾语，一方面对于前面的述语，是在宾语的位置；一方面对于后面的补足语，他又是在主语的位置了：所以这类句子的宾语，可以说是兼宾主两种资格而有之，故亦名兼格。”[①] 黎锦熙只是说“动 + 宾 + 宾补”结构中的宾语可以看成“兼宾主两种资格”，而后来很多学者干脆说这种结构是一个动宾短语与一个主谓短语套叠的结构。王力《中国语法理论》(1944) 把兼语句称为“递系式”，说：“凡句中包含着两次连系，其初系谓语的一部分或全部即用为次系的主语者，我们把它叫做递系式，取‘递相连系’之意。”[②] 至于“兼语”的名称，最早是由“中国科学院语言研究所语法小组”提出的。该小组在 1952 年 10 月号的《中国语文》上说：“兼语式是两个主谓结构套在一起，如‘我叫他来’。‘我叫他’，‘他’是‘叫’的宾语。‘他来’，‘他’是‘来’的主语。‘我叫他’，‘他来’，都是主谓。‘我叫他来’，‘他’是‘叫’的宾语兼‘来’的主语，所以叫做兼语。”黄伯荣、廖序东主编的《现代汉语》(增订五版) 说：“兼语短语处于句子核心位置的句子叫兼语句。”[③] 认为兼语句的核心是“由前一动语的宾语兼作后一谓语的主语，即动宾短语的宾语和主谓短语的主语套叠，合二为一，形成有宾语兼主语双重身份的一个‘兼语’。”[④]

这种“宾语兼主语”的标准其实是承认兼语句的存在的学者们所共同认定的标准，但在具体认定上，认识却有所不同。

2. 兼语句的核心为连谓结构

这种观点首先否定兼语短语（递系式）是动宾短语与主谓短语套叠的说法。朱德熙《语法讲义》(1980) 说：“有的方言里，某些人称代词有格的变化，作主语时是一种形式，作宾语时是另一种形式，而在所谓递系式里，用的正是宾格形式。这个事实说明即使在 N 指施事的时候，N 也只能看成 V_1的宾语，不能看成 V_2的主语。”[⑤] 朱德熙先生说得非常正确，这个说法也可以得到

---

① 见黎锦熙《新著国语文法》，湖南教育出版社 2007 年版，第 30 页。

② 见王力《王力文集·第一卷》，山东教育出版社 1984 年版，第 134 页。

③ 见黄伯荣、廖序东《现代汉语》(增订五版)，高等教育出版社 2011 年版，下册第 93 页。

④ 同上书，下册第 48 页。

⑤ 朱德熙：《语法讲义》，商务印书馆 1982 年版，第 162 页。

古代汉语语料的证明。在古代汉语里，兼语句中的宾语如果需要用第三人称代词充当时，就用第三人称代词的宾格，如“君命之食，然后食”（国君命令他吃，然后才吃）。《仪礼·士相见礼》）这里的“之”就是上古汉语第三人称代词的宾格形式，这种“V_1NV_2”结构一直沿用到现代汉语中，只是现代汉语普通话人称代词已经没有了格的变化，而有的方言中，某些人称代词还保留着格的变化。基于这种事实，朱德熙先生把兼语句看成连谓句的一种。朱德熙先生的看法是有道理的，因为有些兼语句属于目的关系紧缩复句和解说关系紧缩复句，而有些连谓句也属于目的关系紧缩复句和解说关系紧缩复句，所以兼语句似乎有与连谓句合并的必要。但是，真正的兼语句与连谓句在形式上还是有区别的，连谓句的 V_1与 V_2所表示的动作行为是由同一个主语发出的，而“兼语句”的 V_2所表示的动作行为是由 V_1的宾语发出的，同时，目前学术界对连谓句和兼语句的认定问题还没有弄清楚，对已经认定的连谓句和兼语句的句法结构也没有弄清楚，连谓句和兼语句内部还有多种不同的形式，因此我们认为，目前暂时不必将连谓句与兼语句合并，“兼语短语”和“兼语句”的名称也应该先保留着。目前的任务是，确定真正的连谓句和兼语句，把不属于连谓句和不属于兼语句的句子从连谓句和兼语句的句式系统中排除出去，然后弄清真正的连谓语和兼语句的句法结构。为了弄清连谓语和兼语句的句法结构，还要弄清连谓句和兼语句的生成方式。

3. 兼语句属于双宾句和紧缩复句

张静在《“连动式”和“兼语式”应该取消》（1977）一文中指出，兼语句并不是一种独立的句式，以往学者们所说的兼语句有的属于双宾句，是一种普通的单句，如“大家鼓励他参加竞赛”“人们叫他肖政委”；有的属于紧缩复句，如“大家叫他做肖队长”“买了个桌子三条腿”“人们给他送了个外号叫‘大炮’”等。张静先生真正分析了兼语句的句法结构，对学术界所认定的多数兼语句的句法结构的看法是正确的，很有启发意义，只是有的看法还可以再斟酌。

4. 兼语句的核心为动补短语

这种观点认为，兼语句的核心是一种特殊的动补短语，兼语句是一种特殊的动补谓语句。范晓在《三个平面的语法观》（1996）一书中指出：“兼语短语实是一种特殊的动补短语或述补短语”，“V_2在兼语句中是补充说明 V_1N 的，所以是补语。”[①] 因此，“兼语句是一种特殊的动补谓语句或述补谓语句。”[②] 范晓（1996）对兼语句的句法结构的看法对张静（1977）的看法具有补充作用。不过，在实际分析的过程中，范晓（1996）把一些属于定中短语作宾语的单句、主谓短语作宾语的单句、特殊形式的存在句等也看成了兼语句，如“他喜欢我聪明勇敢”（定中短语作宾语）、“别人都说你是傻子”（主谓短语作宾语）、“门口站着两个人在讲话（特殊形式的存在句）”等，这一点还有待于完善。

5. 只分析构成成分的语义

以上我们归纳了以往学术界对兼语句的句法结构的看法。由于以往一些有影响的教材和语法论著对兼语句的认定过于宽泛，把一些不属于兼语句的句子也认定为兼语句，而兼语句与非兼语句的结构是不同的，硬是把它们当作同一种句式来分析它们的结构，所得出的结论很难令人信服，于是有人另辟蹊径，试图放弃传统语法理论，不分析兼语句的句法结构，只分析它的各个组成部分的语义，并把它们摆在同一个平面上。苏丹洁《取消“兼语句”之说——构式语块法的新分析》[③] 一文就是这样做的。她把学术界认定的兼语句的句式意义概括为七种，然后逐一分析它们的各个组成部分的语义：

A. 使令构式

公司派我去出差。（使令者—使令方式—使令对象—使令内容）

B. 致使因果关系构式

被小人中伤使我的工作陷入困境。（致使原因—致使关系—致使对象—致使结果）

C. 对象行为允禁构式

老妈不准我抽烟。（允禁者—允禁立场—允禁对象—允禁行为）

D. 对象属性认定构式

老师选她为优秀学生。（认定者—认定方式—认定对象—认定结果）

E. 好恶原因构式

---

① 朱德熙:《语法讲义》，商务印书馆 1982 年版，第 501 页。

② 范晓:《三个平面的语法观》，北京语言大学出版社 1996 年版，第 490 页。

③ 见苏丹洁《取消“兼语句”之说——构式语块法的新分析》，《语言研究》2012 年第 2 期。

丈夫嫌我啰唆。（感受者—好恶态度—感受对象—好恶原因）

F. 事件行为协作构式

大家跟随他到郧阳山中。（协作者—协作方式—协作对象—协作行为）

G. 说明存在物之性状行为的存在构式

房间里有一个床头灯是坏掉的。（存在处所—存在关系—存在物—存在物的特征行为）

这种语义分析法的缺点很明显，它只是分析出了句子组成部分的语义，而不是分析各组成部分之间的句法结构关系，实际上也就是没有分析出这些句子的句法结构，不能使人们知道这些句子是按照什么组词造句的规则造出的，更不能使人们知道句式的选择、变换与不同句式的语用功能之间的关系，而且完全根据构成成分的语义归纳句式，会非常烦琐，因为意义是无穷的，而句法规则是有限的，根据句法规则分析句式的结构，才能获得以简驭繁的效果。如果仅仅因为有些特殊的句式难以用传统语法理论来分析，就抛弃传统语法理论，这是因噎废食的做法。当然，语义分析对句法分析具有辅助作用，因而我们不反对用语法分析作为句法分析的辅助手段，但反对用语义分析代替语法分析。

以上我们归纳了以往学术界对兼语句的认定情况和对兼语句的句法结构的分析情况。下面谈谈我们自己对以往学者们所认定的兼语句的结构的看法。

二、兼语句的句法结构

如前所述，“兼语句”就是核心为“兼语短语”的句子。兼语短语就是形式为“$V_1N \cdot V_2$”的句子，其中的V_1的宾语N所指的人或事物是V_2的施事，或者说，V_1的宾语N所指与V_2的逻辑上的主语所指相同。在以往的学术界，张静（1977）和范晓（1996）对兼语句的句法结构的分析比较值得称道。张静（1977）认为，以往所说的“兼语式”，多数都是单句，少数是紧缩复句。范晓（1996）认为，以往所说的“兼语式”短语其实是一种特殊的动补短语，但在实际分析中，范晓把很多他所认定的兼语句转换成复句，这说明，他实际上是认为这些句子都是紧缩复句，而不是单句。他们的分析力争做到语法和语义有机结合，所以他们的结论是比较合乎逻辑的。只是范晓（1996）在对兼语句的认定上和对兼语句的句法结构的分析上还有一些需要完善的地方。这里我们在前人研究成果的基础上，谈谈我们对前人所认定的兼语句的句法结构的看法。

经过对大量语料的分析，我们发现，正像张静（1977）所指出的那样，真正的兼语句确实属于紧缩复句，而以往学者们所认定的兼语句中，还有一些属于单句，不属于兼语句。我们把那些被学者们认定为兼语句而实际上不是兼语句的单句称为“类兼语句”。下面我们先分析兼语句的句法结构。

（一）解说关系紧缩复句

真正的兼语句都是紧缩复句，有一部分兼语句是兼语式的解说关系紧缩复句；有一部分兼语句是兼语式的目的关系紧缩复句。这里我们先来说说兼语式的解说关系紧缩复句。从所表达的意义上看，兼语式的解说关系紧缩复句有三种，分别是：“要求句”“评价句”“称呼句”。这三种兼语句的共同点是：后一部分是对前一部分的补充性的说明、解释。其中多数“要求句”只要在两部分之间加上语音停顿，就可以直接转换成解说关系复句，“评价句”“称呼句”不能直接转换成解说关系复句。下面我们分别加以说明。

1. 能直接转换成解说关系复句的

这种兼语句是一种能直接转换成解说关系复句的兼语式的解说关系紧缩复句。从意义上看，这种能直接转换成解说关系复句的兼语句是“要求句”。“要求句”有两种，一种是专门用来表示以某种形式要求对方做某事的句子，这是一种兼语形式的祈使句；另一种是用来陈述一方以某种形式要求另一方做某事的句子，这是一种兼语形式的陈述句。从来源上讲，这两种形式的“要求句”都是由解说关系复句紧缩成的，而且只要在两部分之间加上语音停顿，大都能直接转换成解说关系复句，而不需添加其他词语。

（1）祈使语气的要求句

这种“要求句”是一种用来表示要求对方做某事的祈使语气的兼语句，由两部分构成，前一部分用第一人称以陈述的形式表示要以某种形式向对方提出要求，后一部分以祈使语气说出要求的具体内容。根据要求者和要求对象的不同，可以把“要求句”分成两种，一种是前一部分用第一人称作主语，一种是前一部分用第二人称作主语，二者都是用“要求”“求”“请求”“命令”“建议”“劝”“嘱咐”“提醒”等表示“要求”意义的动词作谓语动词，但前者用第二人称作宾语，表示要求的对象，后者用第三人称作宾语，表示要求的对象。这两种“要求句”其实是通过将一个由陈述句和祈使句构成的解说关系复句的中间的语音停顿取消而形成的，通常可以在两部分中间加上语音停顿，而将其转换成一个解说关系复句。例如：

① 我要求你们把每一个纠正过来的词在黑板上写十遍。(《读者》合订本)

这个兼语句是由陈述句“我要求你们”和命令句“把每一个纠正过来的词在黑板上写十遍”紧缩成的，整个句子起的是命令句的作用，但比命令句语气更重、更严厉。如果在两部分的中间加上停顿，就成了一个解说关系复句：

我要求你们，把每一个纠正过来的词在黑板上写十遍。

这种作为例①的原型的解说关系复句实际上也是存在的。例如：

② 我要求你们，分开到各班去，告诉他们：学好本事才有资格去插红旗！（老舍《无名高地有了名》）

这里前两个分句构成一个解说关系复句，如果将这个解说关系复句的两个分句间的语音停顿取消，就成为例①那样的祈使语气的兼语句：

我要求你们分开到各班去。

③ 我求你送我下山吧。(李斌奎《天山深处的“大兵”》)

这个兼语句是由陈述句“我求你”和请求句“送我下山吧”紧缩成的，整个句子起的还是请求句的作用，但比请求句的语气更重。如果在两部分的中间加上语音停顿，就成了一个解说关系复句：

我求你，送我下山吧。

这种作为例③的原型的解说关系复句实际上也是存在的。例如：

④ 我求你，放我走吧！（夙云《至尊的情妇》）

如果把这个解说关系复句的两个分句间的语音停顿取消，就成为例③那样的祈使语气的兼语句：

我求你放我走吧！

⑤ 我命令你快点缴枪！（曲波《林海雪原》）

这个兼语句是由陈述句“我命令你”和祈使句“快点缴枪”紧缩成的，如果在两部分的中间加上停顿，就成了一个解说关系复句：

我命令你，快点缴枪！

这种作为例⑤的原型的解说关系复句实际上也是存在的。例如：

⑥ 现在我命令你，马上去小分队，准备出发！（曲波《林海雪原》）

这个解说关系复句的第二分句是一个顺承关系复句。如果把这个解说关系复句的两个分句间的语音停顿取消，就成为例⑤那样的祈使语气的兼语句：

现在我命令你马上去小分队，准备出发！

⑦ 我建议你搬到鲁艺去住。（武在平《毛泽东与茅盾》）

这个兼语句是由陈述句“我建议你”和祈使句“搬到鲁艺去住”紧缩成的，如果在两部分的中间加上停顿，就成了一个解说关系复句。试比较：

⑧ 亲爱的丈夫，我建议你，远离小酒店、葡萄酒和啤酒。（赫塔·米勒著，刘海宁译《低地》）

这里“亲爱的丈夫”是呼唤语，是独立语的一种，后面的部分是一个解说关系复句。如果把这个解说关系复句的两个分句间的语音停顿取消，就成了例⑦那样的祈使语气的兼语句。以下依此类推：

⑨ 聪慧，我劝你三思而后行。（亦舒《喜宝》）

试比较：

⑩ 我劝你，别作傻事！（任易虹《死神恋荷心》）

⑪ 在这里，我号召全村人向老曹学习！（李佩甫《羊的门》）

试比较：

⑫ 我号召你们，快拿起武器，到城头上去！据守城垛！仔细地监视每一条通道，不要害怕城外敌人众多！（古斯塔夫·施瓦布著，赵燮生、艾英译《希腊神话故事》）

上面列举的那些兼语形式的祈使句是比较正式的祈使句，前一部分用“要求”“求”“请求”“命令”“建议”“劝”等表示“要求”意义的动词作谓语动词。在普通的口语中，常使用不太正式的兼语形式的祈使句，前一部分所用的谓语动词是笼统地表示“要求”意义的动词“叫”，用来代替“要求”“求”“请求”“命令”“建议”“劝”等动词，所以这种“要求句”本质上也是兼语式的紧缩复句，不过不能通过在它的两部分中间加上语音停顿的方式将它直接转换成解说关系复句。例如：

⑬ 他皱了一下眉头，转而命令道：“我叫你上来。”（艾佟《悍恋》）

这里“我叫你上来”中的“叫”意义上相当于“命令”，但不能在“我叫你”和“上来”的中间加上语音停顿，将它转换为一个解说关系复句，而如果把“叫”换成“命令”就可以。这是为什么呢？因为“叫”有两个常用的意义，一个是“要求”“命令”，一个是“呼唤”“召唤”，当说“我叫你”的时候，“叫”是“呼唤”“召唤”的意思，所以如果在兼语形式的命令句“我叫你上来”的“我叫你”和“上来”之间加入语音停顿，对方会不明白句子的意思。这种前一部分用“叫”作谓语动词的兼语形式的命令句更像是一个单句，但只要把它跟前一部分用“命令”作谓语动词的兼语形式的命令句相对照，我们就会发现，它也属于紧缩复句。

以上列举的祈使语气的兼语式紧缩复句中，主语都是第一人称的，是说话者直接向对方提出要求，虽然前半部分是陈述语气、后半部分是祈使句语气，但整个句子的语气还是祈使语气的，而且比单纯祈使句的祈使语气更重。还有一种祈使语气的兼语式紧缩复句，它的前一部分用第二人称作主语，用第三人称作宾语。这种祈使语气的兼语式紧缩复句是说话者要求对方向第三方转达自己对第三方提出的要求。例如：

⑭ 你命令他们放开高翔！（倪匡《高空喋血》）

这是一个祈使语气的兼语式紧缩复句，是说话者要求对方（“你”）向第三方（“他们”）转达自己对第三方提出的要求（“放开高翔”）。如果在两部分的中间加上停顿，就成了一个解说关系复句：

你命令他们，放开高翔！

⑮ 我说：“你嘱咐他口要紧，就是了。”“好。”菊子起身了，转身就要走。（沈从文《篁君日记》）

这里“你嘱咐他口要紧”是一个祈使语气的兼语式紧缩复句，如果在两部分的中间加上停顿，就成了一个解说关系复句：

你嘱咐他，口要紧。

这种祈使语气的兼语式紧缩复的前一部分也有使用笼统地表示“要求”意义的动词“叫”的：

⑯ 邢堂主，你叫他进来。（东方玉《石鼓歌》）

⑰ 他哭了！你叫他别哭啦！（凌淑芬《吹个口哨来听听》）

以上二例中的“你叫他进来”“你叫他别哭啦”都是祈使语气的兼语式紧缩

复句，两个句子的前一部分使用的谓语动词都是“叫”，不能在它们的两部分之间加上语音停顿，将它们直接转换成解说关系复句，原因如前所述。

（2）陈述语气的要求句

陈述语气的“要求句”是用来陈述一方以某种形式要求另一方做某事的句子，是一种陈述语气的兼语式紧缩复句。它的前一部分也是用表示请求、命令、建议、劝说、嘱咐、号召、催促、提醒、警告等意义的动词作谓语动词，而主语有时是第一人的，有时是第二人称的，有时是第三人称的，而宾语也是如此。陈述语气的“要求句”是用来复述、转述一方对另一方所提出的要求的，有时是用来假设一方对另一方所提出的要求的。这种“要求句”一般也可以在它的两部分之间加上语音停顿，将它直接还原成解说关系复句。例如：

①“六·四”前夜，外面气氛有点儿不同寻常，我嘱咐他路上小心。（杨沫《我生命中的三个爱人》）

这里“我嘱咐他路上小心”是一个陈述语气的兼语式紧缩复句，“路上小心”补充说明“我嘱咐他”所做的事。可以在这个句子的两部分之间加上语音停顿，将它转换成解说关系复句：

我嘱咐他：路上小心。

② 他嘱咐我好好学习。（黎汝清《许世友上将的生前死后》）

这个陈述语气的兼语式紧缩复句也可以通过加上语音停顿转换成解说关系复句：

他嘱咐我：好好学习。

③ 她提醒我该出来了。（王朔《给我顶住》）

这个陈述语气的兼语式紧缩复句也可以通过加上语音停顿转换成解说关系复句：

她提醒我：该出来了。

④ 我嘱咐他千万要留意迎面而来的飞机。（《读者》合订本）

这个陈述语气的兼语式紧缩复句也可以通过加上语音停顿转换成解说关系复句：

我嘱咐他：千万要留意迎面而来的飞机。

⑤ 聊了一个小时的样子，我催促他马上回省城。（张平《十面埋伏》）

这里第二句是一个陈述语气的兼语式紧缩复句，也可以通过加上语音停顿转换成解说关系复句：

我催促他：马上回省城。

以下依此类推：

⑥ 在宾馆外，我催他快讲。（梁晓声《尾巴》）

⑦ 我建议他们花一年时间来学习销售。（罗伯特·清崎、莱希特著，萧明译《富爸爸，穷爸爸》）

⑧ 如果现在有华人想移民加拿大，我劝他三思而后行。（《人民日报》1998年）

同祈使语气的“要求句”一样，如果陈述语气的“要求句”的前一部分的谓语动词是“叫”，则不能在它的两部分之间加上语音停顿，将它直接转换成解说关系复句。例如：

⑨ 我叫你不要叫他的名字，听不懂是不是？！（冷玥《未婚夫你是谁》）

这里前一句是一个陈述语气的“要求句”，复述自己对对方所提出过的要求。

⑩ 我叫他下午来退，早晨退货不吉利，会坏一天生意。（马兰《桂圆干》）

这里第一句是一个陈述语气的“要求句”，是向对方转述自己对第三方所提出的要求。

你叫我不哭，为何自己又哭了？（黄易《乌金血剑》）

这里前一句是一个陈述语气的“要求句”，是复述对方对自己所提出的要求。

⑪ 他叫我一看到你，就带你回台北。（言妍《荒雾奇缘》）

这个陈述语气的“要求句”是向对方转述第三方对自己所提出的要求。

⑫ 你叫我上刀山、下火海我若皱一下眉头就不算好汉，但你若叫我和别人逃走，我可不愿意。（司马登徒《虎啸金镖令》）

这里“你叫我上刀山、下火海”是一个陈述语气的“要求句”，但与后面的假设关系紧缩复句“我若皱一下眉头就不算好汉”连在了一起，后面的“你若叫我和别人逃走”也是一个“要求句”，这两个“要求句”都是假设对方对自己所提出的要求。

上面列举的这几个前一部分用“叫”作谓语动词的陈述语气的“要求句”都

不能通过加上语音停顿转换成解说关系复句。这种“要求句”由于不能通过加上语音停顿直接转换成解说关系复句，看起来更像是单句，但只要把“叫”替换成“命令”“建议”“劝”等含义具体的要求类动词，我们就可以发现，这类“要求句”本质上也属于解说关系紧缩复句。

2. 不能直接转换成解说关系复句的

有些解说关系的兼语式紧缩复句不能通过在两部分之间加上语音停顿直接转换成解说关系复句。这样的兼语式紧缩复句主要是“评价句”和“称呼句”。

（1）评价句

“评价句”是用来说明对人或事物进行褒贬评价的句子，它也是由两部分构成的，第一部分（V_1N）说明评价的方式和评价对象，所用的谓语动词是“称赞”“夸奖”“骂”“讽刺”等；第二部分（V_2）补充说明评价的具体内容。这种句子也是一种解说关系紧缩复句。由于“评价句”的后一部分直接说出评价的内容，而省略了将评价内容表达出的动词（一般是“说”）和V_2的主语，因而要将“评价句”转换成解说关系复句的时候，除了要在两部分之间加上语音停顿以外，还要补上省略了的表达评价内容的动词“说”和V_2的主语。例如：

①陈毅同志曾夸奖他是“才子”。(《人民日报》1994年第2季度)

这是一个兼语式解说关系紧缩复句，从意义上看，属于“评价句”，它的后一部分（V_2）缺少能够使它独立成句的成分，所以不能在两部分中间前面加上语音停顿，而将整个句子直接转换成解说关系复句，这缺少的成分和语音停顿一样，被紧缩掉了，但紧缩掉的成分是什么，是可想而知的，就是动词“说”和V_2的主语，我们只要把它们和语音停顿一起补上，就能将整个句子转换成解说关系复句：

陈毅同志曾夸奖他，说他是“才子”。

②乡亲们夸奖张万仓夫妇“养子胜亲儿，儿媳胜过亲闺女”。(《人民日报》1996年3月)

这也是一个兼语式解说关系紧缩复句，属于“评价句”，可以转换成：

乡亲们夸奖张万仓夫妇，说他们“养子胜亲儿，儿媳胜过亲闺女”。

由以上二例的“夸奖式评价句”转换成的那种解说关系复句在实际语料中也是存在的：

③她当着孩子的面夸奖他，说他长得好，比从前大有进步了。(萨

克雷著，杨必译《名利场》）

④ 领导夫人高兴得边数钱边夸奖他，说他“能干”。（BCC 语料库·期刊论文）

上面这两个解说关系复句是“夸奖式评价句”的原型，只要将分句间的语音停顿去掉，并省略动宾短语“说他”，就可以将它们转换成“夸奖式评价句”。

⑤ 他称赞蒋介石“甚至比美国历届总统更加新派”。（沈渭滨《蒋廷黻〈中国近代史〉导读》）

这也是一个解说关系紧缩复句，属于“称赞式评价句”，可以转换成解说关系复句：

他称赞蒋介石，说他“甚至比美国历届总统更加新派”。

⑥ 祖冲之长在这样的家庭里，从小就读了不少书，人家都称赞他是个博学的青年。（墨人《中华上下五千年》）

这里第三句也是一个解说关系紧缩复句，属于“称赞式评价句”，可以转换成解说关系复句：

人家都称赞他，说他是个博学的青年。

由上面二例的“称赞式评价句”转换成的解说关系复句在实际语料中也是存在的：

⑦ 他们称赞阿娥，说她有她父亲昔日的派头，将来恐怕会是“女中豪杰”。（《残雪自选集》）

⑧ 我们正在称赞你，说你是天底下最棒的男人。（维珍妮《复活爱人》）

上面这两个解说关系复句是“称赞式评价句”的原型，只要将分句间的语音停顿去掉，并省略动宾短语“说她”“说你”，就可以将它们转换成属于“称赞式评价句”的兼语式解说关系紧缩复句。

⑨ 父母当然高兴，夸他是赚钱的奇才。（张剑《世界 100 位富豪发迹史》）

这也是一个解说关系紧缩复句，属于口语化的“夸奖式评价句”，可以转换成解说关系复句：

父母当然高兴，夸他，说他是赚钱的奇才。

⑩ 在场的人惊愕地看着他，一个劲地夸他有本事。（《读者》合

订本）

这也是一个解说关系紧缩复句，属于口语化的“夸奖式评价句”，可以转换成解说关系复句：

一个劲地夸他，说他有本事。

由上面二例的口语化的“夸奖式评价句”转换成的解说关系复句在实际语料中也是存在的：

⑪ 增祺夫人也在增祺面前经常夸张作霖，说张作霖不同于一般土匪，劝丈夫将张招安收编。（沈永兴、朱贵生《二战全景纪实》）

⑫ 他们就夸她，说她又勤快又聪明。（余华《活着》）

上面这两个解说关系复句是口语化的“夸奖式评价句”的原型，只要将分句间的语音停顿去掉，并省略动宾短语“说张作霖”“说她”，就可以将它们转换成属于口语化的“夸奖式评价句”的兼语式解说关系紧缩复句。

⑬《论语·公冶长》说，孔子的学生宰予“昼寝”，孔子知道后便骂他“朽木不可雕也，粪土之墙不可杇也”。（阴法鲁、许树安主编《中国古代文化史》）

这里第三句也是一个解说关系紧缩复句，属于口语化的“责骂式评价句”，可以转换成解说关系复句：

孔子知道后便骂他，说他是“朽木不可雕也，粪土之墙不可杇也”。

⑭ 群众骂他们是败家子。（《1994年报刊精选·01》）

这也是一个解说关系紧缩复句，属于口语化的“责骂式评价句”，可以转换成解说关系复句：

群众骂他们，说他们是败家子。

由上面二例的口语化的“责骂式评价句”转换成的解说关系复句在实际语料中也是存在的：

⑮ 他总是骂我姐姐，说她败坏了上官家的门风。（古龙《陆小凤传奇》）

⑯ 他用哈萨克话骂你，说你是“真主降罚的强盗汉人”。（金庸《白马啸西风》）

上面这两个解说关系复句是口语化的“责骂式评价句”的原型，只要将分句间的语音停顿去掉，并省略动宾短语“说她”“说你”，就可以将它们转换成属于口语化的“责骂式评价句”的兼语式解说关系紧缩复句。

⑰ 江青在背后多次恶狠狠地讽刺周恩来是“灭火队长”。(《作家文摘·1994A》)

这也是一个解说关系紧缩复句，属于“讽刺式评价句”，可以转换成解说关系复句：

江青在背后多次恶狠狠地讽刺周恩来，说他是“灭火队长”。

⑱ 他不但拒绝鲁迅先生善意的规劝，还暗暗地讥嘲鲁迅先生，讽刺他做翻译工作没出息。(唐弢《第一次会见鲁迅先生》)

这里第三句也是一个解说关系紧缩复句，属于“讽刺式评价句”，可以转换成解说关系复句：

讽刺他，说他做翻译工作没出息。

由上面二例的“讽刺式评价句”转换成的解说关系复句在实际语料中也是存在的：

⑲ 家长不问为什么，而是指责他，讽刺他，说他没出息，这么大还得家里养活。(BCC 语料库·期刊论文)

上面这个解说关系复句是“讽刺式评价句”的原型，只要将分句间的语音停顿去掉，并省略动宾短语“说他”，就可以将它转换成属于“讽刺式评价句”的兼语式解说关系紧缩复句。

以上我们通过具体的例子和句式转换的方法说明了属于“评价句”的兼语式解说关系紧缩复句的句法结构及其生成方式。

(2)称呼句

“称呼句”是用来表示给人或事物以某个称呼的句子，它也是由两部分构成的，第一部分说明主语给了宾语一个称呼，第二部分补充说明这个称呼是什么。这种句子也是一种兼语式解说关系紧缩复句。这种兼语句的核心的基本形式是“称……为……”，来自古代汉语，变化的形式有“称呼……为……”“称……是……”“叫……是……”。例如：

① 由于它的毒性剧烈，人们便称之为“冰毒”。(胡玥、李宪辉《女记者与大毒枭刘招华面对面》)

这里第二句中“称之”的意思是“给了它称呼”。这一句的原型为：

人们便称之，所称为“冰毒”。

人们有时把“称……为……”中的“为”换成“是”。例如：

② 当地百姓都称他是“青天”。(墨人《中华上下五千年》)

这个句子的原型为：

当地百姓都称他，所称的是“青天”。

人们有时也把“称……为……”中的“称”换成“称呼”。例如：

③ 尽管朱佐贤已年过半百，皱纹满面，可大家一直都亲切地称呼他为“小朱”。(《1994年报刊精选·06》)

人们有时把“称……是……”中的“称”换成“叫”。例如：

④ 将来元元长大了，叫你是妈，叫他是爸爸，他好意思不应吗？(苏青《归宿》)

这里“叫……是……”完全是现代汉语的说法，这两个兼语句的原型是：

叫你，叫的是妈，叫他，叫的是爸爸。

还有一种表示“取名”意义的“称呼句”。例如：

⑤ 教士们把他称作狗，甚至给狗取名叫康德。(李泽厚《批判理性的批判》)

这里第二句也是一个兼语句，它的原型是；

甚至给狗取名，这个名叫康德。

“给……取名叫……”这个格式在古代汉语中是“名……曰……”。例如：

⑥ 皇览揆余初度兮，肇锡余以嘉名。名余曰正则兮，字余曰灵均。(屈原《离骚》)

这几句的意思是：先父考察了我出生的时间，于是给我取了好名字。给我取名叫“正则”，给我取字叫“灵均”。后两句是兼语句，其中的“名”和“字”都是动词，但“名”和“字”也可以作名词用，所以两个“曰”的前面所隐含的主语就是“名”和“字”。原型为：

名余，名曰正则兮；字余，字曰灵均。

上面我们通过“还原”的方法分析了属于“称呼句”的兼语式紧缩复句的句法结构。“称呼句”虽然本质上是一种解说关系紧缩复句，我们也可以判断出“称呼句”的原型，但从现有的古代汉语语料来看，作为“称呼句”原型的解说关系复句没有使用过，这说明，“称呼句”可能从一开始就是以紧缩复句的形式出现的，是在造句的时候，直接将“为”“曰”等的主语压缩掉了，也就是将

“为”“曰”等的主语隐含着不说。

（二）目的关系紧缩复句

如前所述，一部分兼语句属于解说关系紧缩复句，另外，还有一部分兼语句属于目的关系紧缩复句。从意义上看，兼语式目的关系紧缩复句主要用来表示主语通过一定手段，如邀请、委托、发动、派遣、强迫、协助、诱导、推选等促使宾语做某事。这类兼语句我们可以称之为“促使句”。根据促使的方式不同，“促使句”还可以分为“邀请句”“委托句”“发动句”“派遣句”“强迫句”“协助句”“诱导句”“推选句”等，还有一种“挽留句”，属于一种不典型的“促使句”。

和“要求句”“评价句”“称呼句”一样，“促使句”也是由两部分构成的。“促使句”的前一部分表示促使对方做某事的手段，后一部分表示使用这一手段所要达成的目的。“促使句”一般不能通过在两部分之间加入语音停顿的方式直接转换成目的关系复句，如果要转换，不但需要在两部分之间加入语音停顿，还要加上被压缩掉的词语。由于“促使句”是仿照“要求句”的构成方式直接构成的，它的完整的原型基本上不使用，所以“促使句”很难转换成符合表达习惯的目的关系复句。

1. 邀请句

“邀请句”是一种用来表示通过邀请的手段促使对方做某事的句子，通常是促使对方接受自己的招待。“邀请句”的前一部分所使用的谓语动词主要是“邀请”“请”。例如：

① 中国领事馆邀请他们去做客。（《1994 年报刊精选 · 11》）

这是一个“邀请句”，其中的“去做客”是对“中国领事馆邀请他们”的目的的补充说明，意思是“让他们去做客”。如果不考虑表达习惯，可以通过在两部分之间加上语音停顿和添加必要的词语将它转换成解说关系复句：

中国领事馆邀请他们，好让他们到中国领事馆去做客。

这样转换的结果与原句所表示的意义相同，但不符合表达习惯，原因是这样的说法比较烦琐，而人具有完形思维能力，无须说得这么详尽。以下各例都是如此：

② 现在我请你到我的家里做客，一是尽我地主之谊，二也是成就

你真正环游世界的宏愿。（陈廷一《宋氏家族全传》）

这里第一句是一个“邀请句”，其中的“到我的家里做客”是对“我请你”的目的的补充说明。如果不考虑表达习惯，这个句子可以转换成目的关系复句：

我请你，好让你到我的家里做客。

转换的结果同样是实际上并不使用的句子。

有一点值得注意。“请”不但可以在“邀请句”中作谓语动词，用来表示“邀请”的意义，还可以在祈使句中作语气副词，用来缓和语气。例如：

③ 请你不要挡住我的阳光。（《李敖对话录》）

这不是一个“邀请句”，而是一个命令句，其中的“请”是语气副词，用来缓和命令的语气。这个“请”可以去掉，而不影响意义的表达，只是语气变硬。

2. 委托句

“委托句”是一种用来表示通过委托的手段促使对方做某事的句子，通常是促使对方帮助自己办事。“委托句”的前一部分所使用的谓语动词主要是“托”“委托”等。例如：

① 他托我做一件事，我办好就回来。（叶小岚《拥抱爱神》）

这里“做一件事”是对“他托我”的目的的补充说明，意思是“让我做一件事”。如果不考虑表达习惯，这个句子可以转换成目的关系复句：

他托我，好让我做一件事。

转换的结果同样是实际上并不使用的句子。再如：

② 评奖工作委托中科院各学部负责。（《1994 年报刊精选・06》）

这里用“负责”补充说明“委托中科院各学部”的目的，意思是“使他们负责（评奖工作）”。另外，“评奖工作”本来是“负责”的宾语，为了使它话题化，将它移到了句首。这个句子也可以转换成通常并不使用的目的关系复句。下面的“发动句”“派遣句”“强迫句”“诱导句”“推选句”等基本上也是如此。

3. 发动句

“发动句”是一种用来表示通过发动的手段促使对方做某事的句子，通常是促使群众、部下等进行某种活动。“发动句”的前一部分所使用的谓语动词主要是“发动”“动员”。例如：

① 我们发动群众上街游行示威，就可以显示我们的力量。（陈廷一《宋氏家族全传》）

这里用“上街游行示威”补充说明“发动群众”的目的，意思是“让他们上街游行示威”。

② 这个镇一个村发生山林火灾，村干部动员群众上山救火。(《人民日报》1996 年 6 月)

这里用“上山救火”补充说明“村干部动员群众”的目的，意思是“让他们上山救火”。

4. 派遣句

“派遣句”是一种用来表示通过派遣的手段促使对方做某事的句子，通常是促使部下去某处完成某项工作。“派遣句”的前一部分所使用的谓语动词主要是“派”“派遣”。例如：

① 党和政府派我来看望您。(《1994 年报刊精选 · 08》)

② 根据事先约定，韩朝双方每次只能派遣 100 名士兵进入非军事区。(《文汇报》2002 年 9 月 20 日)

5. 强迫句

“强迫句”是一种用来表示通过强迫的手段促使对方做某事的句子，通常是促使对方做他不愿意做的事。“强迫句”的前一部分所使用的谓语动词主要是“逼”“逼迫”“强迫”等。例如：

① 蒋介石却强迫他们留在江西打红军。(《人民日报》2002 年)

② 另一个人挥着刀冲过来，恶狠狠地逼他“让路”。(《都市快讯》2003 年 4 月 21 日)

6. 协助句

“协助句”是一种用来表示通过一定的方式协助对方做某事的句子。“协助句”也是由两部分构成的，第一部分说明主语对宾语以某种方式进行协助，如帮助、协助、陪同、陪送、搀扶、鼓励、支持等（鼓励、支持是一种广义上的协助），第二部分补充说明协助宾语的目的。同“邀请句”“委托句”“发动句”“派遣句”“强迫句”等不同，“协助句”大都能转换成符合表达习惯的目的关系复句，这是因为作为“协助句”原型的目的关系复句还在使用中，不过由于它不如作为兼语式解说关系紧缩复句的“协助句”简洁，所以不常用。例如：

① 我会帮助她尽快渡过语言关。(土一族《从普通女孩到银行家》)

这是一个“协助句”，属于兼语式的目的关系紧缩复句，可以通过加入语音停顿和被紧缩掉的词语，将它转换成目的关系复句：

我会帮助她，让她尽快渡过语言关。

像上面这种由例①转换成的目的关系复句在实际语料中也是存在的。例如：

② 她毕竟只是个刚满5岁的孩子，我们还必须帮助她，让她学会如何应付突如其来的事情和残酷的现实。(《读者》合订本)

这一例从整体上看，是一个因果关系复句，它的第二、第三分句又构成一个目的关系复句，可以紧缩为属于“协助句”的兼语式目的关系紧缩复句：

我们还必须帮助她学会如何应付突如其来的事情和残酷的现实。

③ 妈妈扶小西坐起来，爸爸为她在背后塞了个枕头。(王海鸰《新结婚时代》)

这里前一个句子是一个“协助句”，属于兼语式的目的关系紧缩复句，可以通过加入语音停顿和被紧缩掉的词语，将它转换成目的关系复句：

妈妈扶小西，让小西坐起来。

像上面这种由例③转换成的目的关系复句在实际语料中也是存在的。例如：

④ 老药农忙上前扶他，让他坐起来。(李文澄《努尔哈赤》)

这是一个目的关系复句，可以紧缩为兼语式目的关系紧缩复句：

老药农忙上前扶他坐起来。

⑤ 我鼓励他参加高考。(《福建日报》1984年9月22日)

这是一个“协助句”，可以通过加入语音停顿和被紧缩掉的词语，将它转换成目的关系复句：

我鼓励他，让他参加高考。

像上面这种由例⑤转换成的目的关系复句在实际语料中也是存在的。例如：

⑥ 假如有个孩子说，圆的土豆切起来不方便，应该种植方土豆，那我们应该鼓励他，让他做一个种方土豆的方案出来。(康丽《“神五”成功飞天，科普教育何时升空？》)

这是一个假设关系复句，它的第二分句是一个目的关系复句，可以紧缩为兼语式目的关系紧缩复句：

那我们应该鼓励他做一个种方土豆的方案出来。

⑦ 这对夫妻表示要互敬互爱，教育好子女，培养他们成为有用之材，报答法院的挽救之恩。(《人民日报》1995年4月)

这里第三句是一个“协助句”，可以通过加入语音停顿和被紧缩掉的词语，将它转换成目的关系复句：

培养他们，使他们成为有用之材。

⑧ 我是在训练他做总统。（冯德全《说服孩子的对话：这样说孩子最能接受》）

这也是一个“协助句”，可以通过加入语音停顿和被紧缩掉的词语，将它转换成目的关系复句：

我是在训练他，使他将来能做总统。

⑨ 毕业后我留校给王公做助手，协助他准备西方文化史课。（《文汇报》2004 年 5 月 26 日）

这里第二句也是一个“协助句”，可以通过加入语音停顿和被紧缩掉的词语，将它转换成目的关系复句：

协助他，使他能够顺利地准备西方文化史课。

值得注意的是，和使用其他句式一样，人们在使用“协助句”的时候，通常是仿照“协助句”的固定格式类推造句，而不必由原型句式临时转换，所以并不是每个“协助句”都是由某个目的关系复句临时转换成的，因而也并不是每个“协助句”都能转换成符合表达习惯的目的关系复句。例如：

⑩ 杰克，今晚你陪陆宝宝吃饭吧。（李可《杜拉拉升职记》）

这里“你陪陆宝宝吃饭”无论是转换成“你陪陆宝宝，好让他开心地吃饭”，还是转换成“你陪陆宝宝，好让他快乐地吃饭”，还是转换成别的，都不太符合表达习惯。

⑪ 你不要去，灵珊，我送你回家！（琼瑶《月朦胧鸟朦胧》）

这里“我送你回家”无论转换成“我送你，好让你顺利地回家”，还是转换成“我送你，好让你安全地回家”，还是转换成别的，都不太符合表达习惯。

⑫ 一天晚上，我丈夫带我和他母亲去看电影。（《读者》合订本）

这里“我丈夫带我和他母亲去看电影”无论转换成“我丈夫带我和他母亲去电影院，好让我们能开心地看电影”，还是转换成“我丈夫带我和他母亲去电影院，好让我们不孤单地看电影”，还是转换成别的，都不太符合表达习惯。

⑬ 许多国际友人支持我们申办奥运。（《人民日报》1993 年 9 月）

⑭ 他们不但不鼓励我唱歌，反而压制我。（卞庆奎《中国北漂艺人

生存实录》）

以上二例也都很难确切地转换成符合表达习惯的目的关系复句。

需要重申的是，很多兼语式紧缩复句之所以不能确切地转换成符合表达习惯的目的关系复句，是因为作为它们的完整形式的目的关系复句不够简洁，人们从来就没有使用过，人们是仿照其他兼语式紧缩复句的格式直接造句的，所以有些目的关系紧缩复句没有实际使用中的可供转换的完整形式。我们不能因为某些“协助句”和“邀请句”“委托句”“发动句”“派遣句”“强迫句”等不能确切地转换成目的关系复句，就否认它们属于紧缩复句。

另外还有一点值得注意。当“协助句”和“邀请句”“委托句”“发动句”“派遣句”“强迫句”的后半部分的谓语动词带上动态助词“了”的时候，后半部分表示的是协助、邀请、委托、发动、派遣、强迫的目的已经实现，是补充说明协助、邀请、委托、发动、派遣、强迫的结果的，这种“协助句”和“邀请句”“委托句”“发动句”“派遣句”“强迫句”属于解说关系紧缩复句，而不属于目的关系紧缩复句。例如：

⑮ 两位青年工人协助民警抓住了一伙歹徒。（《中国儿童百科全书》）

这个句子是由“两位青年工人协助民警，使民警抓住了一伙歹徒”紧缩成的。既然民警已经抓住了歹徒，那么“抓住了一伙歹徒”表示的就是“协助民警”的结果，而不是“协助民警”的目的。

7. 诱导句

“诱导句”是一种用来表示通过某种方式诱导对方做某事的句子。“诱导句”也是由两部分构成的，第一部分说明主语对宾语以某种方式进行诱导，如指导、领导、指挥、哄逗、哄骗、引诱等；第二部分补充说明引导宾语的目的。这种兼语式紧缩复句有的很难确切地转换成符合表达习惯的目的关系复句。例如：

① 父亲亲自指导他读书，并送他去科学院听课。（《中国儿童百科全书》）

这里前一句大体可以转换成：

父亲亲自指导他，以便使他能更好地读书。

② 面对敌人的屠刀，彭干臣毫不退缩，营救伤残同学，沉着冷静地指挥队伍撤退。（《人民日报》1997 年）

这里第四句大体可以转换成：

沉着冷静地指挥队伍，使队伍有秩序地撤退。

③ 当年毛主席领导红军路过这里，领导我们打土豪，分田地。（《福建日报》1970 年 12 月 25 日）

这里第一句不是兼语句，其中的“领导红军”是“路过这里”的方式状语。第二句是兼语句，大体可以转换成：

领导我们，让我们打土豪，分田地。

④ 你竟以诡计骗人上当，真是卑鄙！（柴田炼三郎《丰臣秀吉》）

这里第一句可以转换成：

你竟以诡计骗人，让人上当。

⑤ 二十六日中午，清如在隔壁房内哄孩子睡觉。（《福建日报》1992 年 10 月 30 日）

这个句子可以转换成：

清如在隔壁房内哄孩子，让孩子睡觉。

⑥ 大家都来逗孩子笑，孩子却就是不笑。（贾平凹《秦腔》）

这里前一句可以转换成：

大家都来逗孩子，让孩子笑。

⑦ 蓝星画了一张特大号的馅饼，引诱人们去咬。（《1994 年报刊精选 · 08》）

这里第二句可以转换成：

引诱人们，让人们去咬。

同“协助句”一样，一般的“诱导句”也都是仿照现成的目的关系紧缩兼语句的格式直接造出的，它们的完整形式很少出现，我们不容易确切地说出所紧缩掉的词语是什么，所以有些“诱导句”很难确切地转换成目的关系复句。例如：

⑧ 冼星海不仅指挥他们唱歌，还教他们唱歌。（《文汇报》2005 年 12 月 21 日）

这里“指挥他们唱歌”应该转换成“指挥他们，使他们整齐有序地唱歌”呢，还是应该转换成“指挥他们，使他们正确地唱歌”呢，等等，不容易确定。

还有一点值得注意。当“诱导句”的后半部分的谓语动词带上动态助词“了”的时候，后半部分表示的是“诱导”的目的实现，是补充说明“诱导”的结果，这种“诱导句”属于解说关系紧缩复句，而不属于目的关系紧缩复句。例如：

⑨ 毛主席带领我们站了起来，邓小平领导我们富了起来。(《人民日报》1997 年)

这两个紧缩句的原型是：

毛主席带领我们，使我们站了起来；邓小平领导我们，使我们富了起来。

有时“诱导句”的谓语动词后没有使用动态助词“了”，这种“诱导句”看起来既像是目的关系紧缩复句，又像是解说关系紧缩复句，这需要根据具体语境来判断。例如：

⑩ 你领导我们战胜贫困，送走穷神，我们不会忘记！(《人民日报》2003 年)

如果“我们”战胜了“贫困”、送走了“穷神”，这个“诱导句”就是解说关系紧缩复句，否则是目的关系紧缩复句，这需要根据报道的内容来断定。

8. 推选句

“推选句”是一种用来表示通过推举的手段使对方获得某种身份、资格等的句子。“推选句”也是由两部分构成的，第一部分说明主语对宾语以某种方式进行推选，如推荐、选拔、聘任等；第二部分补充说明推选宾语的目的。这种兼语式紧缩复句有的很难确切地转换成符合表达习惯目的关系复句。例如：

① 等革命胜利了，我向孙先生推荐你当国民革命政府的财政部长。(陈廷一《宋氏家族全传》)

这里第二句是一个“推选句”(第一句实际上是第二句的时间状语)，可以转换成这样的目的关系复句：

我向孙先生推荐你，让你当国民革命政府的财政部长。

② 他甘当人梯，帮助年轻人发表论文总结学术成果，推荐他们出席各级学术会议，鼓励他们不断创新，在教学与科研中迅速成长。(《1994 年报刊精选 · 07》)

这里有三个兼语式的目的关系紧缩复句，其中“帮助年轻人发表论文总结学术成果”和“鼓励他们不断创新”属于“协助句”，“推荐他们出席各级学术会议”属于“推举句”，可以转换成这样的目的关系复句：

（向各级学术组织）推荐他们，让他们出席各级学术会议。

③ 他在班上年纪最小，大家却选他当班长。（《人民日报》1998 年）

这里第二句是一个“推选句”，可以转换成这样的目的关系复句：

大家却选他，让他当班长。

④ 有的以高薪聘他当技术顾问。（《人民日报》1994 年第 1 季度）

这个句子是一个“推选句”，可以转换成这样的目的关系复句：

有的以高薪聘他，让他当技术顾问。

由于动词“推荐”“选举”“聘任”“聘”等带宾语后，常与意义为“做”“担任”的动词“为”（动词“为”字短语）搭配使用，而动词“为”又不单独用来表示“做”“担任”的意义，这种情况下的“推举句”要转换成目的关系复句，就必须将“为”替换为“做”或“担任”。例如：

⑤ 党中央委员会推荐赵紫阳同志为候选人。（《邓小平文选 2》）

这个句子可以转换成这样的目的关系复句：

党中央委员会推荐赵紫阳同志，让他做候选人。

⑥ 1985 年乡里聘任他为小学校长。（新华社 2001 年 1 月新闻报道）

⑦ 1989 年 4 月 2 日，巴解中央委员会选举他为巴勒斯坦国总统。（《人民日报》1996 年 1 月）

以上二例如果转换成目的关系复句，需要把“为”改成“当”“担任”。

由“推选句”转换成的目的关系复句大都是平时人们不使用的句子，这是因为，和其他类型的兼语式紧缩复句一样，“推选句”言简意赅，本来就是用来代替相应的复句的，相应的复句由于不够简洁而很少使用，通常也没有必要将兼语式紧缩复句转换成复句，我们转换的目的是为了有效地分析兼语式紧缩复句的句法结构和它的生成方式。

9. 挽留句

“挽留句”是一种用来表示通过挽留对方而使对方接受自己的招待的句子。“挽留句”也是由两部分构成的，第一部分说明主语对宾语加以挽留，第二部分补充说明挽留宾语的目的。“挽留句”虽然属于目的关系紧缩复句，但它的完整形式很少使用，所以很难将它确切地转换成目的关系复句。例如：

① 陈毅告辞时，周恩来留他吃饭。（《读者》合订本）

这里第二句大体可以转换成：

周恩来留他，让他在自己这里吃饭。

② 他留我在府上吃过夜饭再走。（矛盾《子夜》）

这一句大体可以转换成：

他留我，让我在府上吃过夜饭再走。

③ 留她在这里过夜，——和我睡在一起就行了！（高尔基《母亲》）

这里第一句大体可以转换成：

留她，让她在这里过夜。

④ 快收拾几间干净房间，留这位姑娘住下来！（琼瑶《青青河边草》）

这里第二句大体可以转换成：

留这位姑娘，让她在这儿住下来！

“挽留句”由来已久，在上古汉语里就已经存在了，它的完整形式很少见。请看《论语》中的一个用例：

⑤ 止子路宿，杀鸡为黍而食之，见其二子焉。(《论语·微子》)

这里第一句“止子路宿”是一个兼语式的目的关系紧缩句，它的结构十分简洁，它的完整形式应该是“止子路，而使之宿”。

以上我们通过转换、对比的手段分析了兼语句的句法结构及其生成方式。我们是把不同类型的兼语句和同一类型下的各个例句放在一个时间平面上来分析的，其实，不同类型的兼语句产生的时间是有早晚的，最早出现的兼语句是由完整的原型转换成的，有时它们的原型还在使用着，这些兼语句比较容易转换成完整的形式，而较晚出现的兼语句是由较早出现的兼语句类推成的，这些兼语句的完整形式有的已经不使用了，有的甚至从一开始就没使用过，这些兼语句不能转换成符合现代汉语表达习惯的完整的形式。尽管如此，我们还是可以通过转换的方式弄清兼语句的句法结构及其生成方式。

如前所述，以往学者们所归纳出的兼语句种类很多，其中有一些只是外表上跟兼语句相似，实际的句法结构跟兼语句并不相同，我们把那些看似兼语句而不是兼语句的句子称为“类兼语句”。下面我们再来分析一下那些“类兼语句”究竟是一些什么句子。

三、类兼语句

“类兼语句”就是看起来像是兼语句而以往被一些学者看成了兼语句的句子。常见的“类兼语句”有三类，一类是用中心语是谓词性词语的定中短语作宾语的“主—动—宾”句；一类是宾语中心语前置的拥有句；一类是主语中心语前置的存在句。为了表述方便，我们把这三类“类兼语句”分别简称为“定谓中”宾语句（“定谓中”的意思是“定语＋谓词性的中心语”）、“宾中前置拥有句”“主中前置存在句”。下面我们分别加以说明。

（一）“定谓中”宾语句

“定谓中”宾语句就是由中心语是谓词性词语的定中短语作谓语动词的宾语的“主—动—宾”句。这类“主—动—宾”句有两种，一种是由中心语是形容词性词语的定中短语作谓语动词的宾语的，我们把它简称为“定形中”宾语句；一种是由中心语是动词性词语的定中短语作谓语动词的宾语的，我们把它简称为“定动中”宾语句。这两种“定谓中”宾语句的谓语动词都是表示情感态度的及物动词，主要有“爱、恨、喜欢、讨厌、厌恶、羡慕、嫉妒、怕、害怕、担心、放心、感谢、希望、盼望、佩服、同情、可怜、心疼、赞成、反对、欢迎、恭喜、祝贺、表扬、批评、嘲笑”等。下面我们分别举例加以说明。

1.“定形中”宾语句

“定形中”宾语句是由中心语是形容词性词语的定中短语作谓语动词的宾语的“主—动—宾”句。我们先来看一个“定形中”宾语句的例子：

① 第一次见面，司徒乔给我的印象就极好。我喜欢他为人素朴，我还喜欢他墙上桌上的那些画。（沈从文《我所见到的司徒乔先生》）

这里“我喜欢他为人素朴”是一个“定形中”宾语句，谓语动词“喜欢”的宾语“他为人素朴”是一个中心语为形容词性短语（“为人素朴”）的定中短语，意思是“他的为人素朴这一点”。在“我喜欢他为人素朴”这个句子中，“他为人素朴”看起来很像是一个主谓短语，但主谓短语“他为人素朴”说的是一个事实，而“我”喜欢的并非是这个事实，而是“他”的“为人素朴”这一性格特征，显然“他为人素朴”不是一个主谓短语，而是一个名词性的偏正短语，是一个定中短语。另外，这里“我喜欢他为人素朴，我还喜欢他墙上桌上的那些画”

是一个并列关系复句，它的两个分句的句法结构相同，都是“主—动—宾”结构，而且主语和谓语动词也相同，而后一分句的宾语“他墙上桌上的那些画”是一个定中结构的名词性短语，由此也可以看出，前一分句的宾语“他为人素朴”也是一个定中结构的名词性短语。

需要指出的是，虽然“他为人素朴”和“他墙上桌上的那些画”都是定中结构的名词性短语，但它们的中心语的词性不同。前者的中心语“为人素朴”是一个形容词性短语，而后者的中心语“墙上桌上的那些画”是名词性短语，这就说明，“他为人素朴”的中心语“为人素朴”用的是名词性的意义，指的是“为人素朴”的性格特征。明白了“他为人素朴”的意义，就知道了“他为人素朴”的句法结构，由此我们可以确定，“我喜欢他为人素朴”是一个“定形中”（定语 + 形容词性的中心语）宾语句，是一个“主—动—宾”结构的单句，而不是一个兼语句，因为兼语句都是紧缩复句。

由于“定形中”宾语句的宾语大都是中间不用结构助词的定中短语，它的定语紧跟在谓语动词的后面，看起来很像是谓语动词的宾语，而它的中心语看起来像是前面部分的补语，有的学者就把“定形中”宾语句看成了兼语句，范晓（1996）就是如此。范晓在《三个平面的语法观》中把这类句子借用字母表示为“$T+V_1+N+V_2$”，说[①]：

> 由此类动词构成的兼语句里，V_2通常表示V_1的原因，……例如“他喜欢我聪明勇敢”可变换成“他喜欢我，因为我聪明勇敢”，或变换成“因为我聪明勇敢，所以他喜欢我”。

我们上面所举的“我喜欢他为人素朴”这个例子与范晓（1996）所举的“他喜欢我聪明勇敢”这个例子结构相同，按照范晓（1996）的这种看法，也属于兼语句，可以变换为“我喜欢他，因为他为人素朴”，或者“因为他为人素朴，所以我喜欢他”。那么，这样理解和变换是否正确呢？只要看一下例①中的“我喜欢他为人素朴”的并列句“我还喜欢他墙上桌上的那些画”，就可以知道这样理解和变换是不正确的，因为“我还喜欢他墙上桌上的那些画”不能变换为“我还喜欢他，因为墙上桌上的那些画”，或者“因为墙上桌上的那些画，我还喜欢他”，所以应该把“他为人素朴”和“他墙上桌上的那些画”一样看成“我喜欢”

---

① 参见范晓《三个平面的语法观》，北京语言文化大学出版社 1996 年版，第 497 页。

的宾语才对，而不能仅仅把“他”看成“我喜欢”的宾语。所以“我喜欢他为人素朴”和“我还喜欢他墙上桌上的那些画”一样，都是“主—动—宾”结构的主谓句。

由于大多数“定形中”宾语句的宾语是中间不用结构助词的定中短语，如上面所提到的“他为人素朴”“我聪明勇敢”，看起来很像是主谓短语，而由于它紧跟在谓语动词的后面，看起来很像是谓语动词的宾语，于是有的学者就把“定形中”宾语句看成了由主谓短语作宾语的主谓句（主谓宾语句）。由于范晓（1996）是把“定形中”宾语句看成兼语句的，所以不同意把“定形中”宾语句看成“主谓宾语句”，并提出了一种检验方法：

> 因为这类句子的层次构造与主谓短语作宾语的主谓句是不一样的，这从语音停顿上可以看出，这类句子N后边可以停顿，而V_1后边不能停顿，所以是兼语句。反之，主谓短语作宾语的主谓句V_1后边可以停顿，N后边不必停顿。如“我喜欢他——办事认真”，是兼语句；“我知道——他办事认真”，则是主谓短语作宾语的主谓句。

用加入语音停顿的方法来检验句法结构的性质，有时是一种很有效的做法，但范晓（1996）的做法主观性太强，没有全面考虑停顿以后意思是否有变化。实际上，如果在“定形中”宾语句的宾语的两部分之间加入语音停顿，句子的意义就不明确了。我们再举一个明显的例子：“我喜欢他傻。”这个句子，按照范晓（1996）的检验方法，在“他”的后面加上语音停顿，结果就是“我喜欢他——傻”，这样一来，究竟是“我傻”还是“他傻”，就不明确了，看起来更像是“我傻”，而实际上是“他傻”。由此可见，“定形中”宾语句的宾语中间是不能加入语音停顿的。另外，按照范晓（1996）的观点，“我喜欢他傻”是一个因果关系紧缩复句，可以变换成“我喜欢他，因为他傻”，或变换成“因为他傻，所以我喜欢他”。根据这个观点，把“我喜欢他傻”转换成因果关系复句，明显违背了原意。实际上，“我喜欢他傻”的意思是说，“我”喜欢他性格中的“傻”这一点，而不是“我喜欢他，因为他傻”，否则“他”就不仅仅是性格中有一种傻气（憨厚劲），整个就是一个傻子，一个真正的傻子。显然范晓（1996）所使用的这种停顿和转换的分析方法是错误的。关于这一点，我们还可以用问答法来检验：

② 甲：你喜欢他什么？　乙：我喜欢他傻。

“我喜欢他傻”能够回答“你喜欢他什么”的问题，“傻”和“什么”相对应，说明“傻”用的是名词性的意义，“他傻”是一个定中短语，指的是“他”性格中的一种傻气。一个人的性格有多种特征，而我们喜欢一个人的时候，往往是喜性欢他性格中的某种或某些特征，而不喜欢另外的一种或一些特征，所以有人可能会说：

③ 我喜欢他聪明，但不喜欢他自私。

按照范晓（1996）的观点，这两个句子都是兼语句，都能转换成因果关系复句，但实际上，这两个句子没法转换成合乎逻辑的因果关系复句：

*我喜欢他，因为他聪明，但我不喜欢他，因为他自私。

按照范晓（1996）的观点这样转换以后，句子前后意思不连贯，逻辑关系混乱，根本就不能成立。如果我们强行删掉转折连词“但”，也不能成立：

我喜欢他，因为他聪明；我不喜欢他，因为他自私。

这里似乎是说：“我”曾经喜欢“他”，后来发现“他”自私，又不喜欢他了；或者是“我”既喜欢“他”，又不喜欢“他”，对他的态度是矛盾的，而实际上“我喜欢他聪明，但不喜欢他自私”的意思是说，“我”喜欢“他”聪明这一方面，但不喜欢“他”自私这一方面，“我”对“他”的态度是一分为二的，而不是对他的态度是矛盾的。再如：

④ 狗不嫌家贫，儿不嫌母丑。（中国格言）

按照范晓（1996）的观点，这句格言可以这样转换：

狗不嫌家，因为家贫；儿不嫌母，因为母丑。

这样转换的结果严重不符合原意。

通过进一步的检验分析我们可以看出，像“他喜欢我聪明勇敢”这种被范晓（1996）看成兼语句的句子，其实属于一种“定中宾语句”，它的句法结构与一般的“主—动—宾”句是相同的，可以用句子成分分析法的符号简单地表示如下：

⑤ 他喜欢（我）聪明勇敢。

而不是像范晓（1996）所分析的那样：

他喜欢我〈聪明勇敢〉。

“他喜欢我聪明勇敢”这种句式的宾语其实是一个定中短语，而范晓（1996）只把这个定中短语的定语看成谓语动词的宾语，把它的中心语看成前面的部分的补语，这是错误的。这一点我们用古代汉语（文言）来验证一下会清楚：

⑥ 陛下爱其色美，宠幸在宫，号为美后。（明·吴承恩《西游记》

第七十八回）

这里第一句翻译成白话（现代汉语）就是：

陛下喜欢她貌美。

在文言文中，与现代汉语“陛下爱其色美”中的“其色美”相对应的是“她貌美”，而“其”是第三人称代词的领格形式，而不是第三人称的宾格形式“之”，“其”当然不会是“爱”的宾语，而是“色美”的定语，显然与“其”相对应的“她”就是“貌美”的定语，“其色美”是一个定中短语，“她貌美”当然也是一个定中短语，意思是“她的貌美这一点”。由于白话中第三人称代词不分主格、宾格、领格，只是在书面语中按男女性别写作“他”“她”，所以“喜欢·她貌美”的结构容易被错误地分析为“喜欢她·貌美”。再如：

⑦ 吾实爱其美，但欲纳之，未识其家允否。（清·杜纲《南朝秘史》）

前两句翻译成白话（现代汉语）就是：

我确实喜欢她漂亮，只想娶她。

文言文中，“爱”的后面用的也是第三人称代词领格形式“其”，而不是宾格形式“之”，而“纳”的宾语用的是第三人称代词的宾格“之”，这清楚地表明，文言文中“爱其美”和“纳之”一样，是一个动宾短语，白话中与“爱其美”相对应的“喜欢她漂亮”当然也是一个动宾短语，其中的“她漂亮”是一个定中短语，意思是“她的漂亮这一点”。再如：

⑧（蒋）生怜其穷困，解裘衣之。（唐·张读《宣室志》）

这两句翻译成现代汉语就是：

蒋生可怜他贫困，把皮衣解下来给他穿上。

文言文“怜其穷困”是一个动宾短语，宾语“其穷困”是一个定中短语，相应的“可怜他贫困”也是一个动宾短语，宾语“他贫困”是一个定中短语。

文白对照的结果清楚地表明，像“他喜欢我聪明勇敢”这种被范晓（1996）看成兼语句的句子实际上属于一种定中宾语句，一种“定形中”宾语句，是“主—动—宾”句的一种。范晓（1996）把定中宾语句的定中宾语割裂开理解，这是不正确的。

在现代汉语中，偶尔也在定中宾语句的定中宾语的中间加上结构助词“的”，这样可以使我们更清楚地看出它不是一种兼语句。例如：

⑨ 她喜欢小姐的直率、喜欢小姐的聪明，甚至于……她喜欢小姐冷淡说着话时自然而然、不经意流露出的媚态。（郑媛《卖身娘娘》）

这里前两个句子都是定中宾语句，它们的定中宾语中带结构助词“的”，如果把“的”去掉，说成“她喜欢小姐直率、喜欢小姐聪明”，意义没有变化，仍然是定中宾语句。

⑩ 她们并没嘲笑你的腿瘸，也没批评你老住医院。（老舍《西望长安》）

这里前一个定中宾语句的宾语是带结构助词“的”的定中短语，如果把这个“的”去掉，说成“她们并没嘲笑你腿瘸”，意义没有变化，这个句子还是定中宾语句。另外，这里“（她们）也没批评你老住医院”也是一个定中宾语句，但属于“定动中”宾语句，而按照范晓（1996）的看法，这也是一个兼语句，这当然是不正确的（详见后面的 1.2 部分）。

以上我们通过“问答法”“还原法”“对比法”进行检验，充分证明了“他喜欢我聪明勇敢”这种被范晓（1996）看成兼语句的句子，其实是“定形中”宾语句，属于一般的“主—动—宾”句，并非兼语句。为什么有些学者把“定形中”宾语句看成兼语句呢？这是因为，“定形中”宾语句是用来表示对某人某一方面的表现的情感态度的，而在很多情况下，一个人对某人某一方面的表现的情感态度会成为对他本身的态度，如“她”喜欢“我”的聪明勇敢，就可能也喜欢“我”本身，这是爱屋及乌，所以有些学者把表示某人在某一方面的表现的宾语中心语看成这种态度产生的原因，如把“喜欢我聪明勇敢”的宾语中心语“聪明勇敢”看成喜欢“我”的原因，进而把“定形中”宾语句当作一个兼语式的因果关系紧缩复句看待。

2.“定动中”宾语句

“定动中”宾语句是“定谓中”宾语句的一种，它与“定形中”宾语句的总体结构相同，都属于“主—动—宾”结构，只是它的宾语中心语是一个动词性的词语，而不是形容词性词语。和“定形中”宾语句一样，“定动中”宾语句也是用表示情感态度的及物动词作谓语动词，这样的及物动词主要有“爱、恨、喜欢、讨厌、厌恶、羡慕、嫉妒、怕、害怕、担心、放心、感谢、希望、盼望、佩服、同情、可怜、心疼、赞成、反对、欢迎、恭喜、祝贺、表扬、批评、嘲笑”等。“定动中”宾语句的宾语虽然是动词性的，但表示的也是名词性的意义。

例如：

①局党总支书记张鸿智知道后，专程赶到豫旺，批评他违反“纪律”，要他立即返回医院。(《人民日报》2000 年）

这里“批评他违反‘纪律’”是一个“定动中”宾语句（主语“局党总支书记张鸿智”承前省略了），“批评”的宾语“他违反‘纪律’”是一个偏正短语，其中的“违反‘纪律’”虽然是一个动宾短语，但用的是名词性的意义，指的是违反“纪律”的行为。试比较：

②她还严厉批评了党内某些成员违反纪律的行为。(《人民日报》1998 年）

这也是一个“定动中”宾语句，但这里没有用动宾短语“违反纪律”直接作宾语中心语，而是在“违反纪律”的后面加上名词“行为”，组成一个定中短语“违反纪律的行为”来作宾语中心语，如果把“行为”去掉，让“违反纪律”直接作宾语中心语，整个句子的意义不变，只是风格的严肃性略有降低。将例②与例①相对照，就可以清楚地看出例①中的“他违反‘纪律’”是一个定中短语，意思是“他（的）违反‘纪律’的行为”。再如：

③你批评他不尊重人才，他振振有词。(《福建日报》1992 年 1 月 31 日）

这里“他不尊重人才”的意思是“他的不尊重人才的行为”。试比较：

④我们可以批评教师不尊重学生的行为，却无法指责教师的情绪反常，因为教师也是人，也应该有喜怒哀乐。(《文汇报》2003 年 2 月 25 日）

如果不考虑语体风格略有变化，这里可以直接用“教师不尊重学生”作谓语动词“批评”的宾语，从而将这个句子改造成“定动中”宾语句。将例④例③相对照，可以清楚地看出例③的前一句“不尊重人才”用的是名词性的意义，“他不尊重人才”是一个“定动中”短语，意思是“他（的）不尊重人才的行为”。

⑤你们不能离婚。我不赞成你们离婚。(矛盾《蚀》)

这里“我不赞成你们离婚”的意思是“我不赞成你们（的）离婚的做法”。

⑥女方家庭极力反对他们来往，并对女方施加很大压力。(《1994 年报刊精选·12》)

这里“女方家庭极力反对他们来往”的意思是“女方家庭极力反对他们

（的）来往的行为”。

在实际的语料中，许多动词性短语都是习惯于直接作宾语中心语，而从来不与“行为”“做法”等组成名词性短语之后再作宾语中心语，这种情况下，我们不能将“定动中”宾语句转换成符合表达习惯的“定名中”宾语句。例如：

⑦ 噢，新来了一个外国学生！你好，欢迎你来听我的课。（《读者》合订本）

如果将这里的“定动中”宾语句“欢迎你来听我的课”转换成“定名中”宾语句“欢迎你（的）来听我的课的做法”，会非常不符合表达习惯。再如：

⑧ 老人家处处心疼我年纪轻轻负担一个家。（新凤霞《当小演员的时候》）

如果将这个“定动中”宾语句转换成“定名中”宾语句“老人家处处心疼我（的）年纪轻轻负担一个家的做法”，也会非常不符合表达习惯。

由于这种“定动中”宾语句是用表示情感态度的及物动词作谓语动词的，用来表示对某人的某种行为的情感态度，而对某人的某种行为的情感态度通常也就是对他本身的情感态度，如批评某人的某种行为，其实就是批评他本身；欢迎某人的到来，其实就是欢迎他本身。因此，有些学者把“定动中”宾语句的动词性的宾语中心语看成这种情感态度产生的原因，如把“老师批评他违反纪律”的宾语中心语“违法纪律”看成老师批评“他”的原因，而认为这种句子可以变换成因果关系复句，如“老师批评他违反纪律”可以变换成“老师批评他，因为他违反纪律”，或者“因为他违反纪律，老师批评他”，进而把“定动中”宾语句当作一个兼语式的因果关系紧缩复句看待。范晓（1996）就是这样做的。实际上，把“定动中”宾语句当作一个兼语式的因果关系紧缩复句看待，同把“定形中”宾语句当作一个兼语式的因果关系紧缩复句看待一样，也是错误的。有些“定动中”宾语句转换成因果关系复句以后，意义没有太大变化，似乎可以证明范晓（1996）的看法是正确的，但还有很多“定动中”宾语句转换成因果关系复句后，非常不符合原意，就可以看出这种转换是错误的。例如：

⑨ 我要在这里看着你回来。每一次你离开我都担心你一去不回。（沧月《武之魂系列》）

按照范晓（1996）的观点，这里第二句可以这样转换：

每一次你离开我都担心你，因为你一去不回。

这样转换就违背了这个句子的原意。这个句子显然是说，“你一去不回”是“每一次你离开”时“我”所担心的事情，并不是“你”离开一次之后，再也没回来。这个句子是说话者在对方当时这一次离开的时候说的，说的是以往对方每一次离开的时候自己的心理活动。下一例也有“担心你一去不回”的说法，不过这是在对方回来之后说的，而不是离开之前：

⑩ 我急死了，担心你一去不回。这么晚才回来，为什么不先给我打个电话？（岑凯伦《织千个梦》）

这里“我”所担心的也不是“你”，而是“你一去不回”，如果按照范晓（1996）的观点转换成“担心你，因为你一去不回”，就与后面说的“这么晚才回来”相矛盾，显然不符合原意。又如：

⑪ 我只可怜她走了这么远的路，还没来得及思念她就沉沉入睡了。（张贤亮《绿化树》）

按照范晓（1996）的观点，这里第一句可以这样转换：

我只可怜她，因为她走了这么远的路。

转换后的意思是：我只可怜“她”一个人，不可怜别人，因为只有“她”一个人走了这么远的路。这显然不符合原意，因为原话并没有涉及别的人。我们再来看几个例子：

⑫ 他请其同胞原谅他这么做。（《人民日报》1993 年 6 月）

按照范晓（1996）的观点，这里第二句可以这样转换：

他请其同胞原谅他，因为他这么做。

这样转换的结果显然不符合原意。原意是“他”请“其同胞”对“他这么做”表示原谅，显然“他”是怕“其同胞”不原谅“他这么做”，而不是把“他这么做”当作请求原谅的原因。

⑬ 记者：非常感谢你接受专访。祝你尽快地康复出院，过个愉快的春节。（新华社 2004 年 1 月新闻报道）

按照范晓（1996）的观点，这里第二句可以这样转换：

祝你，因为你尽快地康复出院，过个愉快的春节。

转换的结果不但不通顺，也不符合原意。其实这里“祝”是“祝愿”的意思。“祝你尽快地康复出院，过个愉快的春节”的意思是：对于“你尽快地康复出院，过个愉快的春节”这一点，我表示美好的心愿，希望这一点能实现。

⑭ 老和尚，你怕她打我？哼，我才不怕呢，他们合起来，恐怕连嬷嬷也打不过。（东方玉《石鼓歌》）

按照范晓（1996）的观点，这里第一句可以这样转换：

你怕她，因为她打我？

转换后的意思是：因为“她”打“我”，所以“你”怕“她”。但从上下文中可以清楚地看到，“你”怕的是“她”打“我”，而不是怕“她”。另外，“你怕她打我”的“怕”是“担心”的意思，而“你怕她”的“怕”是“惧怕”“畏惧”的意思，仅从这一点上看，范晓（1996）的观点就是不正确的。

上面这几个“定动中”宾语句都不能不违背原意地转换成因果关系复句。更严重的是，如果将否定式的“定动中”宾语句转换成因果关系复句，会与原句所表达的意义完全相反。例如：

⑮ 她没有批评我们不遵守纪律。（知了《女生宿舍》）

按照范晓（1996）的观点，这里第二句可以这样转换：

她没有批评我们，因为我们不遵守纪律。

转换的结果跟原来的意思完全相反。

前面我们说明了第二种形式的“定谓中”宾语句——“定动中”宾语句，通过转换分析，证明了把“定动中”宾语句看成兼语句也是不正确的。

以上我们分析了两种形式的“定谓中”宾语句：“定形中”宾语句和“定动中”宾语句，从中我们发现，“定谓中”宾语句只是外表与兼语句有些相似，而内在的语法结构却相差很远。“定谓中”宾语句属于一种“主—动—宾”结构的单句，而兼语句其实属于一种兼语形式的紧缩复句。除了“定谓中”宾语句以外，还有一种类似于兼语句的句子，就是定语中心语前置句。

（二）定语中心语前置句

与兼语句相类似的定语中心语前置句有两种，一种是“拥有句”中作“拥有”宾语的定中短语的中心语前置句；一种是存在句中作存在主语的定中短语的中心语前置句。下面我们把这两种定语中心语前置句分别简称为“拥有宾语”中心前置句和“存在主语”中心前置句。

1.“拥有宾语”中心前置句

“拥有宾语”中心前置句是一种“拥有句”，它的“拥有宾语”本来是一个定中短语，而这个定中短语的定语是说话者或作者想要强调的信息，为了突出这个定语，说话者或作者就将它的中心语向前移位，移到拥有动词“有”的后面，使它在一定程度上话题化，而使这个定语成为对这个话题的说明，从而引起听者或读者的充分注意。这种“拥有句”的宾语中心被移到拥有动词“有”的后面之后，看起来既像是“有”的宾语，又像是后面的后置定语的逻辑主语，因而有些学者把这种“拥有句”也看成一种一种兼语句。例如：

① 我有个朋友叫小巩，他有个儿子叫小虎，三岁。(《作家文摘·1993B》)

这里有两个拥有句，看起来都像是一个兼语句，它们的原型似乎是：

我有个朋友，叫小巩，他有个儿子，叫小虎，三岁。

如果“我”恰好只有一个朋友，“他”恰好只有一个儿子，这样转换对意义没有影响，否则就会有影响，但我们不能因此说，这种句式有时是解说关系紧缩复句，有时是宾语中心前置句，在这两种情况下，句式是相同的，都属于宾语中心前置句。上面这两个拥有句的原型应该是：

我有个叫小巩的朋友，他有个叫小虎的儿子，三岁。

② 我有一个朋友在外企当总监。(袁岳、孙虹钢《职场——名家对话职场7方面》)

这个句子的原型是：

我有一个在外企当总监的朋友。

③ 以前我是一个人抗争，现在我有这么多朋友和我一起，我更加有信心了。(新华社2004年7月新闻报道)

这里第二句的原型是：

现在我有这么多和我一起的朋友。

有时把“拥有宾语”中心前置句的拥有句按照解说关系紧缩复句理解，会非常不合情理。例如：

④ 他虽缺乏魄力，他有文祥作他的助手。(蒋廷黻《中国近代史》)

这里第二句不可以这样转换：

他有文祥，作他的助手。

如果这样转换，“文祥”就成了“他”的了，其实“文祥”只是“他”的助手，或者说“文祥”只在助手的身份上是“他”的。所以这个句子应该这样转换：

他有作他的助手的文祥。

再如：

⑤ 他有几句话说得很漂亮。（牟宗三《中国哲学十九讲（第三讲）》）

这个句子不能这样转换：

他有几句话，这几句话说得很漂亮。

如果这样转换，就等于说“他”只有几句话，这显然不符合情理，实际上是：

他有几句说得很漂亮的话。

另外还有一点值得注意。有的宾语中心前置式的拥有句如果转换成宾语中心不前置的拥有句，意义不会变化，不妨碍听者或读者确切地理解，但转换之后，会影响篇章前后的连贯性。例如：

⑥ 我有个朋友写了一本古希腊史，大陆没有人给他出。（《1994年报刊精选·02》）

这里前一句是一个宾语中心前置式的拥有句，如果不考虑上下文的连贯性，可以这样转换：

我有个写了一本古希腊史的朋友，大陆没有人给他出。

但如果这样转换，上下文就不够连贯，因为转换以后说的是“我”的情况，说的是“我”有一个朋友的情况，而后一句要说的是没有人给“他”出这本“古希腊史”的情况，这两句话各自表示一种意义，不能自然地衔接在一起，而如果采用宾语中心前置的形式，让定语中的“一本古希腊史”落在句末，从而使它成为下一个句子谈论的话题，并且下一个句子的宾语也可以承前省略，这样不但上下句衔接自然，而且语言简洁。

有一种类似于拥有句的句子，它的谓语动词“有”不表示“拥有”的意义，只表示主语所拥有的人或事物中的不必明确说出的那一个，类似于不定指代词“某”，这是“有”的一种虚化了的用法。例如：

⑦ 我有一本书丢了。

这个句子既不能理解为“我有一本书，丢了”，也不能理解为“我有一本丢了的书”。因为按照前一种理解，等于说“我”的书本来只有一本，而现在一本也没有了；而按照后一种理解，就自相矛盾了，既然这本书丢了，就不能说“我”还有这本书。这个句子应理解为“我的一本书丢了”，如果翻译成英语，就是简单的一句“I lost a book”（我丢了一本书），而汉语之所以不说“我丢了一本书”，而说“我有一本书丢了”，意在强调“我”的书不只一本，而其中的一本丢了。

2.“存在主语”中心前置句

“存在主语”中心前置句是一种存在句，它的“存在主语”本来是一个定中短语，而这个定中短语的定语是说话者或作者想要强调的信息，为了突出这个定语，说话者或作者就将它的中心语向前移位，移到存在动词“有”的后面，使它在一定程度上话题化，而使这个定语成为对这个话题的说明，从而引起听者或读者的充分注意。这种存在句的主语中心被移到存在动词“有”的后面之后，看起来既像是“有”的存在主语，又像是后面的后置定语的逻辑主语，因而有些学者把这种存在句也看成一种兼语句。例如：

① 村里有个姑娘叫小芳。

这个句子似乎是一个兼语形式的解说关系紧缩复句，似乎可以这样转换：

村里有个姑娘，（这个）姑娘叫小芳。

这样转换的结果等于说村里只有一个姑娘，这一个姑娘的名字叫小芳。但实际上，只有一个姑娘的村庄即使有，也是罕见的。显然“村里有个姑娘叫小芳”是说，村里有个叫小芳的姑娘，显然“村里有个姑娘叫小芳”是由“村里有个叫小芳的姑娘”转换成的，转换的方式是将“有”的存在主语“（一）个叫小芳的姑娘”的中心语“姑娘”提到定语“叫小芳”的前面，使它在一定程度上话题化，而使定语“叫小芳”成为对这个话题的说明，从而引起听者或读者的充分注意。通过意义分析和形式转换可知，“村里有个姑娘叫小芳”不是一个兼语形式的解说关系紧缩复句，而是一个“存在主语”中心前置句。

有时候，某个处所存在的某类人或事物的数量不确定，在这种情况下，阐述该处存在某些人或事物的存在句似乎可以转换为解说关系紧缩复句，但这样转换的结果并不可靠。例如：

② 门外有好几个人滑倒了。（《读者》合订本）

这个句子似乎可以这样转换：

门外有好几个人，他们滑倒了。

如果这样转换，就等于说门外只有这些人，而且都滑倒了。但这样不一定是当时的事实，更有可能是门外滑倒了的人是好几个，还有其他没有滑倒的人，也就是说，这个句子的原型更可能是：

门外有好几个滑倒了的人。

有时候，把这种类似于兼语句的存在句按照解说关系紧缩复句理解，明显不合情理。例如：

③ 正在这个时候，门外有个小姑娘的声音低声叫唤着："阿炳，阿炳。"（欧阳山《三家巷》）

这个句子似乎可以这样理解：

门外有个小姑娘的声音，这个声音低声叫唤着："阿炳，阿炳。"

如果这样理解，等于说小姑娘的声音是独立存在着的，这个声音会自动喊叫，这简直就是闹鬼了。显然，这个句子的原型应该是：

门外有个小姑娘低声叫唤着"阿炳，阿炳"的声音。

有时候，把这种类似于兼语句的存在句转换成解说关系紧缩复句，会不成话。例如：

④ 门外有客来了，我开门看时，原来是明复同周子竞（仁）两位。（胡适《追想胡明复》）

这里第一句看起来像是一个兼语句，但不能转换成解说关系紧缩复句：

*门外有客，客来了。

转换的结果不成话，说明"门外有客来了"只是一个"类兼语句"，是一个"存在主语"中心前置句。这个句子应这样转换：

门外有来了的客。

不过，尽管这种类似于兼语句的存在句是由是一个"存在主语"中心不前置的存在句转换成的，但如果将它还原成"存在主语"中心不前置的存在句，往往会给人以不自然的感觉，这是因为，这种"存在主语"中心前置的存在句的原型很少使用，而它的原型之所以很少使用，是因为它的"存在主语"中的定语（如"有来了的客"中的"来了"）通常是需要强调的，而把"存在主语"中的中心语（如"来了的客"中的"客"）向前移位，就可以使"存在主语"中的定语落在句末焦点的位置上，从而使它得到强调。另外，"存在主语"中心不前置的存在句偶尔也有使用的。例如：

⑤ 如心注意到门外有等他的车子，司机服侍他上车。(亦舒《红尘》)

这里第一句就是“存在主语”中心不前置的存在句，“存在主语”中心“车子”可以向前移位，形成“存在主语”中心前置的存在句：

如心注意到门外有车子等他。

通过上面的分析和转换，我们可以清楚地看出，那种类似于兼语形式的存在句其实是“存在主语”中心前置的存在句，它实际上是一个单句。另外，还有一种类似于兼语形式的存在句，实际上是一种解说关系紧缩复句，只要在它的两部分之间加上语音停顿，就可以还原成一个解说关系复句。例如：

⑥ 附近有个小咖啡店是他们吃早餐的地方。(曾涛《邓小平途经巴黎》)

这个句子加上停顿，就成了解说关系复句：

附近有个小咖啡店，是他们吃早餐的地方。

以上我们举例说明了两种类似于兼语句的定语中心语前置句。

四、兼语句中的空语类

如上所述，兼语句有两种，一种是用来表示要求、评价、称呼等意义的，属于解说关系紧缩复句；一种是用来表示邀请、委托、发动、派遣、强迫、协助、诱导、推选、挽留等意义的，属于目的关系紧缩复句。为了避免烦琐重复，我们这里只分析一下其中的七种意义类型的兼语句中的空语类，这七种意义类型的兼语句分别是：“要求句”“评价句”“称呼句”“协助句”“诱导句”“推选句”“挽留句”。

“要求句”的语义格式是：

要求者（主语）+要求的方式（动词）+要求的对象（宾语）+要求的内容

例如：

我命令你站起来。

“评价句”的语义格式是：

评价者（主语）+评价的方式（动词）+评价的对象（宾语）+评

价的内容

例如：

她夸他有才华。

“称呼句”的语义格式是：

称呼者（主语）+称呼的方式（动词）+称呼的对象（宾语）+称呼的内容

例如：

黑格尔称他为“现代哲学之父”。

协助句”的语义格式是：

协助者（主语）+协助的方式（动词）+协助的对象（宾语）+协助的目的

例如：

政府帮助农民脱贫。

“诱导句”的语义格式是：

诱导者（主语）+诱导的方式（动词）+诱导的对象（宾语）+诱导的目的

例如：

老师指导学生读书。

“推选句”的语义格式是：

推选者（主语）+推选的方式（动词）+推选的对象（宾语）+推选的目的

例如：

我们选他当代表。

“挽留句”的语义格式是：

挽留者（主语）+挽留的方式（动词）+挽留的对象（宾语）+挽留的目的

例如：

我留他过夜。

在上述的七种意义类型的兼语句中，“要求句”是“协助句”“诱导句”“推选句”的原型句式，“协助句”“诱导句”“推选句”“挽留句”都是由“要求句”

的格式类推成的。它们共同的语法意义是通过一定手段（命令、请求、协助、诱导、推选、挽留等）促使对方做或顺利地做某事。至于“评价句”和“称呼句”，是由相应的解说关系复句紧缩成的。

在上述的七种格式的兼语句中，用来表示要求的内容、要求的目的、评价的内容、称呼的内容、协助的目的、诱导的目的、推选的目的、挽留的目的的部分都属于补充说明部分，都不出现主语，因此这七种补充说明部分的前面都存在着空主语，其中“要求句”“评价句”“协助句”“诱导句”“推选句”“挽留句”的补充说明部分的空主语与前面的要求的对象、评价的对象、协助的对象、诱导的对象、推选的对象、挽留的对象所指一致，而“称呼句”的补充说明部分的空主语不是称呼的对象，而是所称呼的内容，即“所称”“所叫”，如“人们称他为老顽童”，其中“为老顽童”的空主语是“所称”，而不是“他”。

上述的七种兼语句由于都是解说关系的紧缩复句，它们的补充说明部分中的空主语都不能在原句中直接补上，必须将它们还原为相应的解说关系复句才可以补上，否则不符合语法规则，如不能说“* 我命令你你站起来”“* 我送你你上车”“* 留他他过夜”等。这是因为兼语句是紧缩复句，是由两个单句压缩成的，两个单句间原有的语音停顿和后一单句的主语位置都被压缩掉了，甚至其他一些词语也被压缩掉了，所以不能在它的补充说明部分前简单地补上主语，必须将其解压缩，释放出主语所应占据的位置，甚至还要补出其他相关的词语，才可以把后一部分的主语补出来，如“我命令你站起来！”——“我命令你：你站起来！”“我送你上车。”——“我送你，好让你能顺利地上车。”不过，兼语紧缩复句已经成为一种固定的句式，如果不是为了说明这种句式的生成方式，一般是没有必要对其进行解压缩的。

总之，空语类理论可以使我们正确地认识兼语句的句法结构和生成方式，还可以使我们区别兼语句与非兼语句。

第十一节　空语类与“动补宾”谓语句

“动补宾”谓语句是由“动补宾”短语作谓语的句子。“动补宾”短语就是由“动补”短语带宾语的短语。要想弄清“动补宾”谓语句中的空语类，必须先弄清“动补宾”谓语句的来历。当然，即使我们不知道“动补宾”谓语句的来历，根据空语类的原理，我们也可以弄清“动补宾”谓语句中存在的空语类，从而根据“动补宾”谓语句中存在的空语类反过来推知“动补宾”谓语句的生成方式。不过，为了能更清楚地说明问题，我们还是先从“动补宾”谓语句的来历说起。

一、“动补宾”谓语句的来历

要想弄清“动补宾”谓语句的来历，关键是弄清动补短语的来历，弄清了动补短语的来历，也就弄清了“动补宾”谓语句的来历。

在现代汉语中，动补短语是一种比较很平常的短语，如“打碎”“推倒”“提高”之类的，但是，在早期的上古汉语中，还没有动补短语，在后期的上古汉语中，也就是在战国末期的汉语中，动补短语才出现。动补短语是有一个来历的。关于动补短语的来历，许多学者都进行过研究，其中王力先生的研究结果比较可靠。王力先生把动补短语叫“使成式”。王力先生在他后期的著作《汉语语法史》（1989）中指出：“大约在汉代，使成式已经产生了，及物动词带形容词的使成式和及物动词带不及物动词的使成式都大量出现了……到了晋南北朝以后，使成式的应用就更为普遍了。”关于动补短语的具体形成过程，王力先生认为是由“斫而小之”这种说法去掉连词“而”形成的，并指出：“使成式不用‘而’字，所以是一种进步。”[①]“斫而小之”这类短语是用一个连词将一个及物动词与一个使动短语连接在一起而形成的顺承短语，而其中的使动短语是由一个用于使动意义的形容词带宾语而成的动宾短语。我们来看看“斫而小之”的出处：

① 为巨室，则必使工师求大木。工师得大木，则王喜，以为能

① 见王力《汉语语法史》，商务印书馆2005年版，第262—263页。

胜其任也，匠人斫而小之，则王怒，以为不胜其任矣。（《孟子·梁惠王下》）

这里“匠人斫而小之”的意思是：一个木匠砍削大木料，而使它变小了。这是“匠人斫之而小之”的省略说法，“斫”的宾语“之”蒙后省略了。而如果将“斫”后面的连词“而”省略，便形成了“斫小之”这样的一个动补宾短语，而这个看起来简单易行的转换方法却是战国末期才开始实施的。

“匠人斫而小之”是一个顺承关系紧缩复句，它的原型是“匠人斫之，而小之”，由于“匠人斫之，而小之”的两个分句都是动宾谓语句，而且两个分句的主语一致，谓语中的宾语也一致，因而能压缩成一个顺承关系紧缩复句。由于“匠人斫而小之”的后一部分所表示的情况又是前一部分所表示的行为的结果，因而可以去掉中间的连词，使之成为一个“动补宾”谓语句。通过查找更多的语料我们发现，能够压缩成“动补宾”谓语句的紧缩复句的后一部分不仅仅是由表示“使动”意义的形容词和不及物动词带宾语而成的动宾短语，还有由及物动词带宾语而成的动宾短语。例如：

② 郤至射而杀之。（《左传·成公十七年》）

这个句子中的“杀”是一个及物动词，意思是通过一定手段使对方死去。如果把这个句子中的连词“而”去掉，这个句子就成了“动补宾”谓语句。试比较：

③ 郤至射杀宦者。（《史记·晋世家》）

如果按照先秦时期的句法，《史记·晋世家》中的这个句子要说成：

④ 郤至射宦者，而杀之。

⑤ 遇仇牧于门，批而杀之。（《左传·庄公十二年》）

如果把这里的第二个句子中的连词“而”去掉，这个句子就成了动补宾谓语句。试比较：

⑥ 武士击杀盗。（《史记·秦始皇本纪》）

如果按照先秦时期的句法，《史记·秦始皇本纪》中的这个句子要说成：

武士击盗，而杀之。

通过对比，我们可以看出，“动补宾”谓语句具有简洁明了的优点，一个句子起了两个句子的作用，符合语言经济性原则，这也是人们将表示顺承关系紧缩复句进一步紧缩成“动补宾”谓语句的原因。再如：

⑦ 吕锜梦射月，中之，退入于泥。占之，曰："姬姓，日也。异姓，月也，必楚王也。射而中之，退入于泥，亦必死矣。"(《左传·成公十六年》)

如果将"射而中之"中的连词"而"去掉，这个句子就成了"动补宾"谓语句。

值得注意的是，"动补宾"谓语句并不是汉代才出现的，早在战国末期就已经出现了。例如：

⑧ 诚得劫秦王，使悉反诸侯之侵地，若曹沫之与齐桓公，则大善矣；则不可，因而刺杀之。(《战国策·燕策三》)

⑨ 孔子闻之，使子贡往覆其饭，击毁其器。(《韩非子·外诸说右上》)

⑩已葬，里克又率国人攻杀之。(《吕氏春秋·原乱》)

⑪故天子之大射谓之射侯；射侯者，射为诸侯也。射中则得为诸侯；射不中则不得为诸侯。(《礼记·射义》)

⑫ 庄公走出，逾于外墙，射中其股，遂杀之，而立其弟景公。(《战国策·楚策四》)

以上五例中的"刺杀""击毁""攻杀""射中""射不中"都是战国末期文献中出现的动补短语，其中"射不中"的补语是否定性的。另外，例⑨中的"击毁其器"的意思是"砸坏盛饭的容器"，例⑫中的"走出"不是动补短语，不是不及物动词"走"带趋向补语"出"而成的动补短语，先秦时期还没有这种动补短语，它其实属于状中短语，意思是"跑着出去"。

到了汉代，"动补宾"谓语句使用得更加频繁，司马迁在《史记》中叙述先秦时期历史著作中讲述过的历史事件时，常把原著中的顺承关系复句或顺承关系紧缩复句改造成"动补宾"谓语句。例如：

⑬ 师还，馆于虞，遂袭虞，灭之。(《左传·僖公五年》)

⑭ 还，袭灭虞。(《史记·晋世家》)

这里司马迁将《左传》中的顺承关系复句的四个分句压缩为两个分句，将其中的"遂袭虞，灭之"压缩成一个"动补宾"谓语句，是通过将后一分句的谓语动词"灭"提到前一分句的谓语动词"袭"的后面作补语而成的，由于"灭"可以与"袭"共用一个宾语"虞"，"灭"原来的代词宾语"之"也就可以顺便删除了。再如：

⑮ 及战，射共王，中目。(《左传·成公十六年》)

⑯ 癸巳，射中共王目。(《史记·晋世家》)

这里司马迁将《左传》中的顺承关系复句压缩为“动补宾”谓语句。

⑰郤至奉豕，寺人孟张夺之，郤至射而杀之。(《左传·成公十七年》)

⑱ 郤至杀豕奉进，宦者夺之，郤至射杀宦者。(《史记·晋世家》)

这里司马迁将《左传》中的顺承关系紧缩复句压缩为“动补宾”谓语句，只是将代词宾语“之”换成了名词“宦者”(与《左传》中的“寺人”同义)。

将顺承关系复句或顺承关系紧缩复句压缩为“动补宾”谓语句，具有言简意赅的表达效果，不过也会使故事情节出现跳跃性，生动性有所减弱，但是人们对言简意赅的表达效果的追求战胜了对生动性的追求。

二、“动补宾”谓语句中的空语类

如前所述，“动补宾”谓语句是“动补宾”短语作谓语的句子。“动补宾”谓语句是由顺承关系复句和顺承关系紧缩复句紧缩成的。顺承关系紧缩复句紧缩成“动补宾”谓语句的过程比较简单，就是去掉顺承短语中间的连词，如将“郤至射而杀之”中的连词“而”去掉，就形成了“郤至射杀之”这个“动补宾”谓语句。但是由顺承关系复句紧缩成“动补宾”谓语句的过程稍微复杂一些。具体做法是：将后一分句的谓语动词移动到前一分句的谓语动词的后面，作前一分句的谓语动词的补语，同时省略后一分句的谓语动词的宾语，让它与前一分句的谓语动词共用一个宾语。例如，“袭灭虞”，是由“袭虞，灭之”调整、紧缩成的，调整、紧缩的方式是将后一分句的谓语动词“灭”移动到前一分句的谓语动词“袭”的后面，作“袭”的补语，同时省略“灭”的宾语“之”，让它和“袭”共用一个宾语“虞”。再如，“郤至射杀宦者”，是由“郤至射宦者，而杀之”调整、紧缩成的，调整、紧缩的方式是将后一分句的谓语动词“杀”移动到前一分句的谓语动词“射”的后面，作“射”的补语，同时省略“杀”的宾语“之”，让它和“射”共用一个宾语“宦者”。

从动词及其补语与宾语间的逻辑关系上看，“动补宾”短语有三种：宾语是动词和补语的共同宾语的、宾语是动词的宾语的、宾语是补语的宾语的，我们把第一种简称为“动补同宾”式动补宾谓语句；第二种简称为“动隔补宾”式动补宾谓语句；第三种简称为“补宾”式动补宾谓语句。这三种“动补宾”谓语句的原型不同，所包含的空语类也不同。下面我们分别加以说明。

（一）“动补同宾”式动补宾谓语句中的空语类

这种“动补宾”谓语句的谓语中的动补短语都是及物动词性的，它的动词是一个及物动词，动词的补语是表示“使动”意义的形容词或不及物动词，后面的宾语是动词和补语的共同宾语。例如：

① 她曾到证券公司闹过，打$_e$〈坏〉了证券公司的电脑。(《市场报》1994年B)

从逻辑上和汉语一般语法规则上看，这里第二分句中谓语动词“打”的后面存在着空宾语，这个空宾语无疑就是“证券公司的电脑”。这个空宾语是怎样形成的呢？从我们前面对“动补宾”谓语句的来历的分析中可知，“证券公司的电脑”本来应该在动词“打”的后面，而补语“坏”本来应该在动宾短语“打证券公司的电脑”的后面，被移动到了“打”的后面，而“坏”本来还应该有自己的宾语，这个宾语与“打”的宾语同指，就是“证券公司的电脑”，因为“证券公司的电脑”在前面出现了，所以“坏”的后面可以用代词代替它。经过这样分析，可以确定，“(她)打坏了证券公司的电脑”这个“动补宾”谓语句的原型是：

(她)打证券公司的电脑，而坏了它。

这个作为“(她)打坏了证券公司的电脑”这个“动补宾”谓语句原型的顺承关系复句与《左传·僖公五年》中的“(师)遂袭虞，灭之”的结构是相同的，只是自从战国末期有了“动补宾”谓语句以后，当说话者或作者想要强调一种行为的结果而不是强调整个过程的时候，就不使用这种顺承关系复句，而使用“动补宾”谓语句。

需要指出的是，自从战国末期有了动补短语以后，在顺承关系复句中，第二分句中用来表示行为结果的动词或形容词的前面还是习惯加上表示造成这种结果的动词，就是第一分句的谓语动词，而不单独说表示行为结果的动词或形容词，如把“坏”说成“打坏”，所以上面这个顺承关系复句按照现代汉语的习惯，应该说成:“(她)打证券公司的电脑，结果打坏了它。”当然，前一分句中还得加入工具状语、方式状语等，如“愤怒地拿起凳子”等，甚至把“打坏了它”用处置句说成“把它打坏了”。

② 1997 年，该镇近百名村民因征地拆迁问题，推$_e$〈倒〉了当地一家企业的围墙。(《人民日报》2000 年)

经过与上一例相同的分析，我们确定，这里“推倒了当地一家企业的围墙”这个“动补宾”谓语句的原型是:

推当地一家企业的围墙，而倒了它。

③ 这些年来，电视和电影教$_e$〈坏〉了女孩子。(琼瑶《我是一片云》)

从逻辑上看，这里“电视和电影教坏了女孩子”中“教”的后面蒙后省略了宾语“女孩子”，所以它的原型是:

电视和电影教女孩子，而坏了她们。

我们借助“空语类”这个“时光隧道”，把上面这两个现代汉语中的“动补宾”谓语句也还原到了上古汉语中的顺承关系复句的状态。不过，这种还原只是句法分析的方法而已，实际上，自从战国末期人们通过将顺承关系复句(如“遂袭虞，灭之”)或顺承关系紧缩复句(如“射而中之”)转换成“动补宾”谓语句而使“动补宾”谓语句形成之后，人们一直是仿照现成的“动补宾”谓语句的格式类推造句，我们所见到的战国末期以后出现的“动补宾”谓语句其实都是仿照现成的“动补宾”谓语句的格式直接造出的，没有经过将相应的顺承关系复句或顺承关系紧缩复句转换成“动补宾”谓语句的过程，所以我们由这样的“动补宾”谓语句还原成的顺承关系复句在现代汉语中可能并不存在。不过，我们分析动补宾谓语句中的空语类，目的是为了说明“动补宾”谓语句的深层结构及其生成过程，并深入地理解“动补宾”谓语句的意义，同时区别不同类型的动补宾谓语句在句法结构和意义上的细微区别。

(二)“动隔补宾”式动补宾谓语句中的空语类

“动隔补宾”式“动补宾”谓语句是用“动隔补宾”式动补短语作谓语的句式，而“动隔补宾”式动补短语是动词与宾语被补语隔开的“动补宾”短语，这种“动补宾”短语中的宾语在逻辑上是动词的宾语，而不是补语的宾语，这种动补宾短语的动词后面存在空宾语。例如:

① 我们打e〈完〉球了。

② 我吃e〈完〉饭了。

③ 我写e〈完〉作业了。

④ 我洗e〈完〉衣服了。

⑤ “您是于老师？”“不，你认e〈错〉人了。”（王朔《人莫予毒》）

从逻辑上和汉语一般语法规则上看，这种“动隔补宾”式“动补宾”谓语句的谓语动词后存在着空宾语。我们以“我们打完球了”这个句子为例，具体说一下。这个句子中谓语动词“打”的后面存在着空宾语，这个空宾语无疑就是“球”。同时从逻辑上看，“球”与“打”能构成动宾关系，但与“完”不能构成动宾关系，这显然是动词“打”与宾语“球”被补语“完”隔开的结果，“完”本来应该在“打球”的后面，而被提到了“打”的后面，结果在“打”的后面形成空宾语。如此看来，这个“动隔补宾”式“动补宾”谓语句的原型是[①]：

我们打球，完了。

这是一个顺承关系复句，是按照时间顺序叙述“我们”打球及打球的结果，而为了让听者或读者迅速知道打球的结果，说话者就将第二分句的谓语动词“完”提到了第一分句的谓语动词“打”的后面，于是就形成了“我们打完球了”这个“动补宾”谓语句。

需要指出的是，“我们打球，完了”这种顺承关系复句看起来很不符合现代汉语的表达习惯，但在古汉语中这种句式是存在的。例如：

⑥ 司徒省民，太师监之，毕，宰夫陈飨，膳宰监之。（《国语·周语上》）

这几句话的意思是：司徒检查百姓的耕作情况，太师监督，完毕，宰夫安排酒宴，膳宰监督。这里“太师监之，毕”就是一个“我们打球，完了”这种形式的顺承关系复句。不过，“太师监之，毕”这种顺承关系复句不是只经过一个步骤就转换成了“太师监〈毕〉之”（“我们打〈完〉球了”）这种“动隔补宾”式“动补宾”谓语句，其实还有一个中间过程，就是先将这种顺承关系复句的两个分句间的语音停顿取消，形成“太师监之〈毕〉”（“我们打球〈完〉了”）这种

---

① “我们打完球了”这个例子转引自黄伯荣、廖序东主编的《现代汉语》增订五版下册，第72页。该教材原作“我们打完了球”。

"动宾补"谓语句。那么，人们为什么要将"太师监之，毕"这种顺承关系复句中间的语音停顿取消而将其转换成"动宾补"谓语句呢？这是因为在"太师监之，毕"这种顺承关系复句中，"太师监之"和"毕"从时间顺序上看是顺承关系，叙述的是一件事情的经过，而从逻辑上看，"太师监之"和"毕"是行为与结果关系，当说话人强调的不是事情的经过而是行为的结果时，就将中间的语音停顿取消，说成"太师监之毕"，就成了"动宾补"谓语句。再如：

⑦ 楚厉王有警，为鼓以与百姓为戍。饮酒〈醉〉，过而击之也，民大惊。(《外储说左上·六》)

这里是说：楚厉王遇到紧急情况，就敲鼓，以便与百姓一起防守。有一次喝酒喝醉了，错误地敲了鼓，百姓都非常吃惊。这里"(楚厉王)饮酒醉"就是一个"动宾补"谓语句。

⑧ 谢公与人围棋，俄而谢玄淮上信至，看书〈竟〉，默然无言。(《世说新语·雅量》)

这里是说：有一次谢公（谢安）跟别人下围棋，不久谢玄从淮上派来的信使到了，谢公看完谢玄的信，沉默不语。这里"看书竟"就是一个"动宾补"谓语句，其中的"竟"相当于现代汉语的"完"。

⑨（江庐奴）更使酌与王，王饮酒〈毕〉，因得自解去。(《世说新语·方正》)

这里是说：江庐奴又让人给王（恭）倒酒，王恭喝完酒，才得以找个借口离开。这里"王饮酒毕"也是一个"动宾补"谓语句，其中的"毕"相当于现代汉语的"完"。

值得注意的是，在战国末期，"动补宾"谓语句就已经出现了，为什么还会出现"动宾补"谓语句呢？这是因为，最初的"动补宾"谓语句中的动词的宾语和补语的宾语所指是相同的，所以宾语可以放在补语的后面。如《史记·楚世家》："(楚成王)射伤宋襄公。"其中的"射伤宋襄公"是"射宋襄公而伤之"的意思，"射"和"伤"的宾语是相同的，都是"宋襄公"，所以宾语"宋襄公"可以放在补语"伤"的后面，让动词"射"和"伤"共用一个宾语。而"动宾补"谓语句的宾语是动词的宾语，而不是补语的宾语，所以最初不习惯把宾语放到补语的后面。如"(楚厉王)饮酒醉"中的"酒"是"饮"的宾语而不是"醉"的宾语，所以当初没有把补语"醉"移动到动词"饮"的后面，而把"饮"的宾语

“酒”放在补语“醉”的后面，说成“(楚厉王)饮醉酒”。不过，像“饮酒醉”这种“动宾补”谓语句的语序属于自然语序，符合事情发生发展的先后顺序，同时，补语又是谓语的意义重点所在，这种语序的补语处在句末焦点的位置上，具有突出补语的作用，所以从战国末期产生以后，一直使用到近代汉语中。我们再看一些例子：

⑩ 春风复多情，吹我罗裳〈开〉。(南北朝《子夜四时歌·春林花多媚》)

⑪ 王从其语，数日中，果震柏〈粉碎〉。(《世说新语·术解》)

这里“震”指雷击，“柏”指的是王丞相为了防止雷击放在床上的一段柏木。

⑫ 女乃呼婢云：“唤江郎〈觉〉！”(《世说新语·假谲》)

这里“唤”是“叫”的意思，“觉”是“醒”的意思。

⑬ 春风复无情，吹我梦魂〈散〉。(李白《大堤曲》)

⑭ 列士抱石而行，遂即打其齿〈落〉。(《伍子胥变文》)

⑮ 风吹柳絮毛球〈走〉。(《五灯会元·卷五》)

⑯ 便拦他〈不住〉。(《朱子语类·卷第一一六》)

⑰ 俺父亲正吃酒〈醉〉了，整整的饿了我这一日。(元·无名氏《两军师隔江斗智》)

⑱ 王婆收拾房里〈干净〉了。(《水浒传·第二十四回》)

⑲ 你害我女儿〈死〉了，怕不偿命！(《二刻拍案惊奇》)

⑳ 都是你害我女儿〈投江死〉了，还要说？(《荆钗记·第二十九出》)

按照现代汉语的习惯，上面这些“动宾补”谓语句的补语大都要移动到动词的后面，构成动补短语，从而将整个句子转换成“动补宾”谓语句。例如：

吹我罗裳〈开〉。→吹〈开〉我罗裳。

唤江郎〈觉〉！→唤〈觉〉江郎！

吹我梦魂〈散〉。→吹〈散〉我梦魂。

遂即打其齿〈落〉。→遂即打〈落〉其齿。

风吹柳絮毛球〈走〉。→风吹〈走〉柳絮毛球。

便拦他〈不住〉。→便拦〈不住〉他。

俺父亲正吃酒〈醉〉了。→俺父亲正吃〈醉〉酒了。

王婆收拾房里〈干净〉了。→王婆收拾〈干净〉房里了。

你害我女儿〈死〉了。→你害〈死〉我女儿了。

为什么曾经广泛使用的“动宾补”谓语句在现代汉语中使用得很少？这是因为“动宾补”谓语句也是有缺点的，就是补语与谓语动词距离较远，不能突出动作行为与其结果的关系，尤其是在某些句子中，谓语动词的主语与补语的逻辑主语是不同的，补语的逻辑主语与谓语动词的宾语同指，而谓语动词的宾语与后面的补语连在一起，补语所表示的动作行为、变化好听起来或看起来好像是宾语自己发生的，而不是主语致使的，这样就不能突出行为与结果之间的关系。例如，“你害我女儿死了”这个“动宾补”谓语句，谓语动词“害”的宾语“我女儿”在补语“死”的前边，听起来或看起来似乎是“我女儿”自己死了，这样就不能突出“你害我女儿”和“我女儿死”之间的因果关系，使语言显得不够严谨，同时这种句式中的补语位于句末，远离动词谓语句的中心——谓语动词，使整个句子的结构显得比较松散，因此，在现代汉语中，只要补语是说明性的，并且是两个音节以下的，大都要放在谓语动词的后面，而不放在宾语的后面。如果补语是三个音节以上的，或者是状态形容词，补语还是习惯于放在宾语的后面，但在这种情况下，为了明确谓语动词与补语之间的因果关系，要在谓语动词的后面加上结构助词“得”。例如：

都是你害我女儿〈投江死〉了。→都是你害得我女儿〈投江死〉了。→*都是你害〈投江死〉我女儿了。

再如：

果震柏〈粉碎〉。→果震得柏〈粉碎〉。→*果震〈粉碎〉柏。

分析到这里，我们可以确定，像“我们打完球了”这种“动隔补宾”谓语句的完整的生成过程是这样的：

我们打球，完了。→我们打球〈完〉了。→我们打〈完〉球了。

通过这样分析我们发现，在这种“动隔补宾”式“动补宾”谓语句中，补语本来是一个独立的句子，是一个顺承关系复句的后一分句，它的主语与前一分句的主语是相同的，但承前省略了，所以“动隔补宾”式“动补宾”谓语句的补语前也存在着空主语。我们再来看一个例子：

㉑ 他打 $_e$〈$_e$赢〉了官司。(《福建日报》2006 年 11 月 20 日)

“他打赢了官司”这一句中，谓语动词“打”的后面存在着空宾语，这个空宾语显然是“官司”，而“赢”的前面也存在着空主语，这个空主语显然是“他”。这个句子的生成过程是：

他打官司，(他)赢了。→他打官司赢了。→他打赢了官司。

当顺承关系复句被紧缩成“动宾补”谓语句的时候，主语由承前省略的状态变成了隐含的状态，而“动宾补”谓语句转换成“动补宾”谓语句的时候，补语的主语隐含得更深了。

另外，作为“动隔补宾”式“动补宾”谓语句最直接的原型的“动宾补”谓语句在现代汉语中还有一种变体，就是“动宾动补”谓语句。例如：

他打官司赢了。→他打官司〈打赢〉了。

“动宾补”谓语句转换成“动宾动补”谓语句的方法是在补语的前面重复一下谓语动词，从而突出谓语动词与补语的关系。如在“他打官司赢了”这个“动宾补”谓语句中的补语“赢”的前面重复一下“打官司”的“打”，就成了“他打官司打赢了”这个“动宾动补”谓语句。有时人们要用“动宾动补”谓语句的宾语作话题，就省略谓语动词，只保留补语前的动词，这样又形成了“宾动补”谓语句。例如：

他打官司〈打赢〉了。→他官司〈打赢〉了。

将“他打官司打赢了”这个“动宾动补”谓语句的谓语动词省略，就形成了“他官司打赢了”这个“宾动补”谓语句。目前汉语语法学界往往把“宾动补”谓语句分析成主谓谓语句，按照通行的观点，“他官司打赢了”这个句子就是一个主谓谓语句，大主语是“他”，小主语是“官司”，小谓语是“打赢”，显然这样的句法分析脱离了句子的意义，是没有价值的。

(三)“补宾”式动补宾谓语句中的空语类

“补宾”式“动补宾”谓语句是用“补宾”式“动补宾”短语作谓语的句子。所谓“补宾”式“动补宾”短语，是一种动词在语义上不能支配宾语而补语在语义上能够支配宾语的“动补宾”短语。

最先出现的“动补宾”短语中的动词都是及物动词，动词与其补语在语义上都能支配宾语，这种“动补宾”短语是“动补同宾”式“动补宾”短语，如“击毁其器”(《韩非子·外诸说右上》)，动词“击”和补语“毁”在语义上都能支配宾语“其器”，“击毁其器”等于说“击其器而毁其器(击其器而毁之)”；“他打碎了玻璃”，动词“打”和补语“碎”在语义上都能支配宾语“玻璃”，“打碎了玻璃”等于说“打玻璃而碎了玻璃（打玻璃而碎了它）”。这种“动补同宾”式“动补宾”短语的动词后存在着空宾语。后来人们仿照这种“动补宾”短语的构成方式，由不及物动词加上带有致使意义的补语带宾语，从而形成一种新的“动补宾”短语，如“哭瞎了眼睛”，这种“动补宾”短语的补语在语义上能够支配宾语，动词在语义上不能支配宾语，所以我们称之为“补宾”式“动补宾”短语。“补宾”式“动补宾”短语的动词后不存在空宾语。例如：

① 13年前，老人家一个大孙子在黄沙船上淹死，她哭〈瞎〉了眼睛。（《都市快讯》2003年8月2日）

这里“哭瞎了眼睛”是一个“补宾”式“动补宾”短语，意思是“哭而使眼睛瞎了”，“瞎”在语义上能够支配宾语“眼睛”，“哭”在语义上不能支配宾语“眼睛”，“哭”的后面不存在空宾语。“她哭瞎了眼睛”的原型是“她哭而瞎了眼睛”。

② 采访刚开了个头，他的声音便越来越不清晰，记者喊〈哑〉了嗓子，可电话仍是无情地断了。（《1994年报刊精选·10》）

这里“喊哑了嗓子”是一个“补宾”式“动补宾”短语，意思是“喊而使嗓子哑了”，“哑”在语义上能够支配宾语“嗓子”，“喊”在语义上不能支配宾语“嗓子”，“喊”的后面不存在空宾语。“记者喊哑了嗓子”的原型是“记者喊而哑了嗓子”。

③ 看狗跳交谊舞是一件很有趣的事。两条狗摇摇摆摆，一进一退，有板有眼，我笑〈弯〉了腰。（王德华《孤独少年》）

这里“笑弯了腰”是一个“补宾”式“动补宾”短语，意思是“笑而使腰弯了”，“弯”在语义上能够支配宾语“腰”，“笑”在语义上不能支配宾语“腰”，“笑”的后面不存在空宾语。“我笑弯了腰”的原型是“我笑而弯了腰”。

④ 他一搬进新村，新房子的大便器就堵塞住了。这一年多来，老郑跑〈断〉了腿，却总是不见人来修。（《福建日报》1982年3月17日）

这里“跑断了腿”是一个“补宾”式“动补宾”短语，意思是“跑而使腿断了”。“老郑跑断了腿”的原型是“老郑跑而断了腿”。

以上我们分析了“动补同宾”式“动补宾”谓语句、“动隔补宾”式“动补宾”谓语句和“补宾”式“动补宾”谓语句中存在的空语类。通过分析可知，

"动补同宾"式"动补宾"谓语句和"动隔补宾"式"动补宾"谓语句中存在的空宾语，而"补宾"式"动补宾"谓语句中不存在空宾语。另外，这三种"动补宾"谓语句的动补短语是由两个谓词构成的，但只在整个动补短语前出现主语，补语的前面不出现主语，显然补语的前面承前省略了主语，所以在这三种"动补宾"谓语句中，谓语动词的补语前边都存在着省略型空主语。如在"他打碎了玻璃""他们打完了球""我笑弯了腰"这三个句子中，谓语动词的补语"碎""完""弯"的前面分别承前省略了主语"他""他们""我"。不过，如果不将这三种"动补宾"谓语句还原成顺承关系复句的话，它们补语前的空主语是不可以补出来的，是一种隐含型空主语，不管我们是否意识到这种空补语的存在，都不影响我们对这三种"动补宾"谓语句的深层结构及其生成方式的认识。

另外，通过分析我们发现，在"动补同宾"式"动补宾"谓语句、"动隔补宾"式"动补宾"谓语句和"补宾"式"动补宾"谓语句这三种不同形式的"动补宾"谓语句中，谓语的表层结构都是相同的，都是"动补短语＋宾语"结构，但深层结构是不同的，生成方式也不同。由此我们可以看出，空语类理论对于深入地分析汉语的句法结构是非常重要的。

第十二节　空语类与"动宾补"谓语句

"动宾补"谓语句就是用"动宾补"短语作谓语的句子。从意义上看，这种句式的补语有两种，一种是说明性的结果补语，用来对动作行为、变化所造成的结果进行说明，如"饮酒醉""看书竟""唤江郎觉"等；另一种是评价性的结果补语，用来评价动作行为的结果、方式等，如"他写字漂亮""他说话快"等。带有前一种补语的"动宾补"谓语句主要在上古汉语到近代汉语中使用，在现代汉语普通话中已经不使用了，后一种"动宾补"谓语句从上古汉语到现代汉语中都使用。为了表述方便，我们把前者称为"动宾＋说明性补语"谓语句，把后者称为"动宾＋评价性补语"谓语句。下面我们分别说明这两种"动宾补"谓语句的来历，然后在此基础上分析这两种句式中所包含的空语类。

一、“动宾+说明性补语”式“动宾补”谓语句与空语类

我们先通过古代汉语语料分析一下“动宾+说明性补语”式“动宾补”谓语句的来历，然后在此基础上分析“动宾+说明性补语”式“动宾补”谓语句中的空语类。

（一）“动宾+说明性补语”式动宾补谓语句的来历

从古代文献中的语料来看，“动宾+说明性补语”式“动宾补”谓语句在春秋时期就已经产生了，但汉代之前很少使用，南北朝以后，使用得频繁起来。例如：

① 晋侯梦大厉，被发〈及地〉。（《左传·成公十年》）

这里前一句的意思是：晋侯（晋景公）梦见一个凶恶的鬼。后一句直译就是：披散头发〈到地上〉（意思是：头发披散到地上）。这是一个“动宾+说明性补语”式“动宾补”谓语句（主语“大厉”承前省略了）。

② 宰夫胹熊蹯〈不孰〉，杀之。（《左传·宣公二年》）

这里前一句直译就是：厨师炖熊掌〈没烂〉（意思是：厨师炖熊掌没炖烂）。这是一个“动宾+说明性补语”式“动宾补”谓语句。

③ 今晋人鸩卫侯〈不死〉，亦不讨其使者。（《国语·鲁语》）

这里前一句直译就是：现在晋国人毒卫侯〈没死〉（意思是：现在晋国人毒卫侯没毒死）。

④ 楚厉王有警，为鼓以与百姓为戍。饮酒〈醉〉，过而击之也，民大惊。（《外储说左上·六》）

这里第三句直译就是：（楚厉）喝酒醉（意思是：楚厉喝酒喝醉了）。

以上四例都是春秋战国时期的，都是直接在动宾短语的后面加上表示行为结果的补语，补充说明行为的结果。另外，中间二例的补语是否定性的。到了汉代，动补宾谓语句很流行，《史记》中有大量的动补宾谓语句，却没有“动宾补”谓语句，石毓智（2002）虽然举出了一个用例[①]，但实际上是断句错误的

① 见石毓智《汉语发展史上的双音化趋势和动补结构的诞生》，《语言研究》2002年第1期。

结果：

⑤ 击陈柱国房君〈死〉。(《史记 · 陈涉世家》)

这里的断句是错误的。原文是：

章邯已破伍徐，击陈，柱国房君死。章邯又进兵击陈西张贺军，陈王出监战，军破，张贺死。

这里是说：章邯打败了伍徐之后，就攻打陈县，柱国房君战死了。章邯又出兵攻打陈县西边的张贺的军队，陈王出来督战，结果军队被攻败，张贺战死。这里“击陈”的“击”和“击陈西张贺军”的“击”意思相同，都是“攻打”的意思，有的学者把它理解为“打”的意思，结果造成错误断句。事实上，《史记》并没有“动宾补”谓语句。

不过，由于“动宾补”谓语句的补语处在句末焦点的位置上，能够使行为的结果得到强调，所以从南北朝开始，“动宾补”谓语句的使用频率大了起来，但主要是在通俗作品中使用。例如：

⑥ 春风复多情，吹我罗裳〈开〉。(南北朝《子夜四时歌 · 春林花多媚》)

⑦ 谢公与人围棋，俄而谢玄淮上信至，看书〈竟〉，默然无言。(《世说新语 · 雅量》)

⑧ 王饮酒〈毕〉，因得自解去。(《世说新语 · 方正》)

⑨ 王从其语，数日中，果震柏〈粉碎〉。(《世说新语 · 术解》)

⑩ 女乃呼婢云 :“唤江郎〈觉〉！”(《世说新语 · 假谲》)

⑪ 春风复无情，吹我梦魂〈散〉。(李白《大堤曲》)

⑫ 列士抱石而行，遂即打其齿〈落〉。(《伍子胥变文》)

⑬ 风吹柳絮毛球〈走〉。(《五灯会元 · 卷五》)

⑭ 便拦他〈不住〉。(《朱子语类 · 卷第一一六》)

⑮ 王婆收拾房里〈干净〉了。(《水浒传 · 第二十四回》)

⑯ 你害我女儿〈死〉了，怕不偿命！（《二刻拍案惊奇》)

⑰ 都是你害我女儿〈投江死〉了，还要说？（《荆钗记 · 第二十九出》)

这种“动宾补”谓语句在清代以后，逐渐不使用了，但在某些方言区还在使用。如赣方言、吴方言说“打他不死”“拗他不过”“吃他不消”[1]等。

从逻辑和汉语一般语法规则上看，“动宾补”谓语句中补语的前边存在着空主语，这种空主语大都与前边动词的宾语同指，有时与句子的主语同指，如“害我女儿〈死〉了”中的补语“死”的前边存在着空主语“我女儿”，与“害”的宾语同指，而“王饮酒〈毕〉”中的补语“毕”的前边存在着空主语“王”，与“饮酒”的主语“王”同指。这种空主语是可以补出的，显然这种“动宾补”谓语句是由顺承关系复句紧缩成的。我们还可以通过对比来了解这一点例如：

⑱ 温之会，晋人执卫成公，归之于周，使医鸩之，不死。（《国语·鲁语上》）

这里按顺序陈述行为“鸩之”及其结果“不死”，如果强调结果“不死”，而不是按顺序陈述行为“鸩之”及其结果“不死”，中间的语音停顿就可以取消，就形成了“动宾补”谓语句。试比较：

⑲ 今晋人鸩卫侯不死，亦不讨其使者。（《国语·鲁语》）

这里强调“鸩卫侯”的结果“不死”，所以中间没有加入语音停顿，实际上是将顺承关系复句的两个分句间的语音停顿取消了，结果形成“动宾补”谓语句。

⑳（公子城）又射之，死。（《左传·昭公二十一年》）

这里按顺序陈述“射之”及其结果，所以中间有语音停顿。如果强调“射之”的结果“死”，中间的语音停顿就可以取消，就形成了“动宾补”谓语句。试比较：

㉑ 楚厉王有警，为鼓以与百姓为戍。饮酒〈醉〉，过而击之也。（《外储说左上·六》）

如果在这一句的“醉”前加上语音停顿，这一句就成为顺承关系复句。试比较：

㉒ 右贤王以为汉兵不能至，饮酒，醉。汉兵出塞六七百里，夜围右贤王。（《史记·匈奴列传》）

一般古籍整理者都将这一句中的“饮酒，醉”当作一个试比较：动宾补”谓

① 赣方言、吴方言中的这3例转引自肖贤彬：《古汉语动补结构起源“兼语说”之再研究》，《海南大学学报》2007年第6期。

语句看待，中间不断句。但实际上，这里是说，匈奴的右贤王以为汉兵不能到他所在的地方攻打他，于是就喝酒了，结果醉了，而汉兵出塞六七百里，连夜围攻他，显然“饮酒，醉”中间是有语音停顿的。如果把它当作“动宾补”谓语句处理，句子的意思就有了变化，等于说，右贤王以为汉兵不能到他所在的地方攻打他，所以喝酒过量了，言外之意，如果右贤王知道汉兵能到他所在的地方攻打他，就会控制酒量，不至于喝醉，这恐怕不符合原意。不过，这种看似两可的情况正说明了“动宾补”谓语句是由顺承关系复句紧缩成的。

总之，由上古汉语中的“动宾补”谓语句与顺承关系复句可以互相转换这一点可以看出，最初的“动宾补”谓语句是由顺承关系复句紧缩成的。另外，“动宾补”谓语句中的补语大都表示的是主语的行为促使宾语所发生的变化，如“吹我罗裳〈开〉”（否定性的补语表示的是主语的行为没能促使宾语发生变化，如“鸩卫侯〈不死〉”），在少数情况下，“动宾补”谓语句中的补语表示的是主语的变化，如“（楚厉王）饮酒〈醉〉”。从空语类的角度看，“动宾补”谓语句中的补语前存在着与宾语同指的空主语，少数的是存在着与句子的主语同指的空主语。用语义指向的理论说，“动宾补”谓语句中的补语大都指向谓语动词的宾语，有时指向句子的主语，有时指向动宾短语。补语指向的对象不同，补语前的空语类也是不同的。

（二）“动宾＋说明性补语”式动宾补谓语句中的空语类

“动宾＋说明性补语”式“动宾补”谓语句与其他句式一样，主语有时蒙上省略，从而形成空主语，这种空语类是临时性的。除此之外，“动宾＋说明性补语”式“动宾补”谓语句中还有固定性的空语类，这种空语类如果补出来，句式就会发生变化。随着补语指向的对象不同，“动宾＋说明性补语”式“动宾补”谓语句中补语前的空语类也有所不同，有时则不包含空语类。下面我们分别加以说明。

第一，如果补语指向宾语，补语前存在着与宾语同指的空主语。例如：

① 宰夫胹熊蹯〈$_e$不孰〉，杀之。

这里补语“不孰”的前面存在着主语“熊蹯”，但如果把它补上，整个句子就变成了顺承关系复句（当然，前面同时需要加上语音停顿。下同）。

② 春风复多情，吹我罗裳〈$_e$开〉。

这里补语“开”的前面存在着主语“我罗裳”，但如果把它补上，整个句子就变成了顺承关系复句。

第二，如果“动宾补”谓语句的补语指向主语，补语前存在着与动宾短语的主语同指的空主语。例如：

③ 楚厉王有警，为鼓以与百姓为戍。$_{e}$饮酒〈$_{e}$醉〉，过而击之也。

这里第三句是一个“动宾补”谓语句，其中的补语“醉”前存在着与动宾短语“饮酒”的主语同指的空主语，不过“饮酒”的主语承前省略了，就是第一句的主语“楚厉王”。

④ 有一般瞎秃子，$_{e}$吃饭〈$_{e}$饱〉了，便坐禅观行。(唐《临济禅师语录》)

这里第二句是一个“动宾补”谓语句，其中的补语“饱”前存在着与动宾短语“吃饭”的主语同指的空主语，不过“吃饭”的主语“他们”承前省略了，与上一句主语的“一般瞎秃子”同指。

第三，如果“动宾补”谓语句的补语指向动宾短语，补语前不存在空主语。例如：

⑤ 王饮酒〈毕〉，因得自解去。

这里补语“毕”(意思是“完成”)指向的是动宾短语“饮酒”，前边不存在空主语。

⑥ 贫道解传语〈错〉。(《敦煌变文·大目乾连冥间救母变文》)

这里补语“错”指向的是动宾短语“解传语”，前边不存在空主语。

值得注意的是，通过在“动宾补”谓语句的补语前补出主语，可以使“动宾补”谓语句还原为顺承关系复句，但“动宾补”谓语句与顺承关系复句的语用功能不同，“动宾补”谓语句强调的是行为的结果，而顺承关系复句是按顺序陈述行为及其结果，如果将“动宾补”谓语句还原为顺承关系复句，就失去了“动宾补”谓语句的语用功能，所以“动宾补”谓语句补语前的空主语属于隐含型空主语。

二、“动宾＋评价性补语”式“动宾补”谓语句与空语类

与“动宾＋说明性补语”式“动宾补”谓语句不同，“动宾＋评价性补语”

式“动宾补”谓语句是汉语中的一种原生句式，它不是由其他句式转换成的，了解这一点，对于分析这种句式及其变体中的空语类十分必要。下面我们具体加以说明。

（一）“动宾＋评价性补语”式动宾补谓语句的来历

“动宾＋评价性补语”式“动宾补”谓语句中的补语主要用来对人说话做事的方式或结果进行评价。从古代文献中的语料来看，“动宾＋评价性补语”式“动宾补”谓语句在春秋时期也已经产生了，但历代使用频率都比较低，在现代汉语口语中使用频率则比较高。例如：

① 莫敖必败，举趾〈高〉，心不固矣。(《左传·桓公十三年》)

这里“举趾”是“抬脚”的意思。“举趾高”的意思就是抬脚抬得高。其中的“高”属于评价性方式补语。

② 宋人有酤酒者……县帜〈甚高〉。(《韩非子·外储说右上》)

这里“县帜甚高”的意思是悬挂酒旗悬挂得非常高。其中的“甚高”属于评价性结果补语。

③ 戴安道中年画行像〈甚精妙〉。(《世说新语·巧艺》)

这句的意思是：戴安道中年时画佛像画得非常精致美妙。其中的“甚精妙”属于评价性结果补语。

“动宾＋评价性补语”式“动宾补”谓语句没有更早的原型，它就是通过在动宾短语后直接加上评价性的方式补语或评价性的结果补语构成的。下面是现代汉语中的“动宾＋评价性补语”式”动宾补”谓语句的例子：

④ 他说话〈快〉。

⑤ 我吃饭〈晚〉。

⑥ 我上班〈晚〉。

⑦ 我下班〈晚〉。

⑧ 我睡觉〈晚〉。

⑨ 我回家〈晚〉。

⑩ 他吃饭〈快〉。

⑪ 他做事〈认真〉。

⑫ 他说话〈谨慎〉。

⑬ 他打人〈狠〉。

⑭ 毛泽东睡觉打呼噜〈很响〉。(权延赤《红墙内外》)

以上各例中的补语都是评价性的方式补语。

⑮ 小妹进了幼稚园，像奇迹一样，她展现了令人难以相信的才华，认字〈飞快〉，写字〈漂亮〉，能跳芭蕾，能弹钢琴……(琼瑶《我的故事》)

这里“飞快”是评价性的方式补语，“漂亮”是评价性的结果补语。

⑯ 他唱歌〈好听〉。

⑰ 他说话〈动听〉。

⑱ 他做饭〈好吃〉。

⑲ 他看书〈多〉。

⑳ 他打人〈疼〉。

以上五例中的补语都是评价性的结果补语。

在现代汉语中，“动宾＋评价性补语”式动宾补谓语句还有好几种变体。例如：

㉑ a. 他看书多。→ b. 他看书看得多。→ c. 他书看得多。

另外还有一种由“动宾＋评价性结果补语”式“动宾补”谓语句转换成的“动宾补”谓语句，转换的方式是在“动宾＋评价性结果补语”式“动宾补”谓语句的补语的后面加上动态助词“了”，具体表示如下：

㉒ 他看书看得多。→ 他看书看多了。→ 他书看多了。

“他看书看多了”的意思是：“他看书达到了多的程度”，是对“他”看书的结果的动态评价。“他书看多了”的意思与此相同。

上面我们说明了“动宾＋评价性补语”式“动宾补”谓语句的来历。“动宾＋评价性补语”式“动宾补”谓语句是汉语中的一种原生句式，不是由其他句式转换成的。

（二）“动宾＋评价性补语”式动宾补谓语句中的空语类

从补语的语义指向上看，“动宾＋评价性补语”式“动宾补”谓语句有两种，一种是补语指向动宾短语的，一种是补语指向宾语的，这两种“动宾＋评价性补语”式“动宾补”谓语句中的空语类有所不同。下面我们分别加以说明。

第一，如果“动宾＋评价性补语”式“动宾补”谓语句中的补语指向动补短语，除了有时存在由承前省略而成的空主语之外，不存在其他空语类。例如：

① 他有“一急四快”之称，即是 $_e$性子急，$_e$吃饭〈快〉，$_e$走路〈快〉，$_e$说话〈快〉，$_e$办事〈快〉。（陈廷一《宋氏家族全传》）

这里有四个“动宾＋评价性补语”式“动宾补”谓语句：“吃饭快”“走路快”“说话快”“办事快”，主语“他”全部承前省略。另外，这里“性子急”同样存在这省略型空主语“他”，但“（他）性子急”属于主谓谓语句（主谓短语作谓语的句子），不是“动宾补”谓语句。

第二，如果“动宾＋评价性补语”式“动宾补”谓语句中的补语指向宾语，则补语前存在着与宾语同指的空主语。例如：

② 他写字〈$_e$好看〉。

这里“好看”的前边存在着空主语，这个空主语毫无疑问就是与“写”的宾语“字”同指（不过更具体地讲，指的是“写出的字”），但这个空宾语“字”是不可以补出来的，只能隐含着，否则不符合语法规则。

③ 他写字〈$_e$大〉。

这里“大”的前边存在着空主语“字”（具体地讲，指的是“写出的字”）。

有一点值得注意。我们说“动宾＋评价性补语”式“动宾补”谓语句中的补语前的空主语是与宾语同指的，但这只是笼统的说法，实际上，这种空主语是带有特指性的。如“他写字大”中补语“大”前的空主语“字”是特指“他”写出的字，这句话的意思是说“他写字的结果是写出的字大”。再如：

④ 他花钱〈$_e$多〉。

这里补语“多”前的空主语“钱”是特指“他”花出去的钱，而不是指他所拥有的钱，与“花钱”的“钱”所指不完全相同，所以“他花钱多”的意思是“他花钱的结果是花出去的钱多”。

“动宾＋评价性补语”式“动宾补”谓语句有一些变体，“动宾＋评价性补语”式“动宾补”谓语句是这些变体的原型，对“动宾＋评价性补语”式“动宾补”谓语句中的空语类的分析，有助于分析它的变体中的空语类，这里我们就顺便分析一下它的变体中的空语类。为了表述方便和清晰醒目，我们借用英文字母来表示“动宾＋评价性补语”式“动宾补”谓语句中的“动宾补”短语：

VOA：这是“动宾补”短语的原型，其中 V 代表动词；O 代表宾语；A 代表形容词性补语。形容词性补语属于评价性补语。

VOV 得 A：这是“VOA”式动补短语的变体。“V 得 A”本身又是一个动补短语。

OV 得 A：这是“VOV 得 A”式动补短语的变体。

我们再用具体的例子表示上述的原型与变体之间的关系：

a. 看书多。→ b. 看书看得多。→ c. 书看得多。

这里 b 是由 a 演变成的，演变的方式是在动宾短语的后面重复一下动词，然后加上结构助词“得”，再加上形容词性补语。

下面我们举例说明用“VOA”式“动宾补”短语及其两种变体作谓语的句子中的空语类。

⑤ 而关秀姑人又漂亮，还能给你当保镖，当警卫员，一身好武功，写字〈写得 $_e$也很漂亮〉。（孔庆东 · 百家讲坛《〈啼笑因缘〉的爱情三模式》）

这里“写字写得也很漂亮”是“VOV 得 A”式的“动宾补”短语，是由“VOA”式的“动宾补”短语转换成的，也就是由“写字也很漂亮”转换成的，转换的方式是在补语中的补语“也很漂亮”的前面重复一下“写字”中的动词“写”，然后加上结构助词“得”。“写字写得也很漂亮”中的补语“也很漂亮”的前面隐含着主语“字”（指写出来的字）。

⑥ 周正 $_e$钢笔字〈写得 $_e$比较端正〉，就由他来写。（彭荆风《绿月亮》）

这里“钢笔字写得比较端正”是“OV 得 A”式的短语，是由“VOV 得 A”式的“动宾补”短语转换成的，也就是由“写钢笔字写得比较端正”转换成的，转换的方式是蒙后省略“写钢笔”中的动词“写”，结果在宾语“写钢笔”的前面形成空动词。当然，它的补语中的补语“写得比较端正”得前面隐含着空主语“钢笔字”（指写出的钢笔字）。如果不知道“钢笔字写得比较端正”的原型是“写钢笔字写得比较端正”，我们就不能正确地分析它的结构。再如：

⑦ 他 $_e$呼噜〈打得 $_e$很响〉。

这里“呼噜”的前边蒙后省略了动词“打”，补语中的补语“很响”的前面隐含着主语“呼噜”（指打出的呼噜）。

⑧ $_e$钱〈花得 $_e$不多〉，$_e$东西〈买得 $_e$却不少〉。

这里“钱”的前边蒙后省略了动词“花”,“不多”的前边隐含着主语“钱”(指花出去的钱),“东西”的前面蒙后省略了动词“买”,“却不少”的前面隐含着空主语“东西”(指买到的东西)。

以上是“OV 得 A”式短语中的补语指向宾语的例子，这种短语中的补语属于评价性的结果补语。如果“OV 得 A”式短语中的补语指向的不是宾语，而是动宾短语，那么，它的补语属于评价性的方式补语，前面不包含空主语。例如：

⑨ 他 $_{e}$英语〈说得非常流利〉。

这里“英语”前蒙后省略了动词“说”，而补语中的补语“非常流利”指向的是“说英语”，所以“非常流利”的前面不包含空主语。这里“说得非常流利”是对“他”说英语的方式进行评价，属于评价性的方式补语。再如：

⑩ $_{e}$这钱〈花得值〉。(《1994 年报刊精选 ・08》)

这里“这钱”的前面蒙后省略了动词“花”,“值”(“值得”，意思是“有价值”“有意义”) 指向的是“花这钱”，所以“值”的前面不包含空主语。另外，这里“花得值”是对“花这钱”的方式进行评价，意思是“花得很有意义”“是很有意义地花的”，属于评价性的方式补语。更多的评价性结果补语和评价性方式补语的例子，请看前面的(一)(“动宾 + 评价性补语”式“动宾补”谓语句的来历)部分。

另外，这种“VOV 得 A”式的“动宾补”短语还有一种临时性的变体，就是借助语境临时省略“VO”。例如：

⑪ 他〈讲得特别清楚〉。

这里只有主语“他”和补语“讲得特别清楚”，而省略了表示讲的内容的动宾短语“讲课”“讲这个问题”等。

⑫ 他〈看得很认真〉。

这里省略了表示看的内容的动宾短语“看戏”“看演出”等。

⑬ 台上的人〈唱得很卖力气〉。

这里省略了表示唱的内容的动宾短语“唱戏”等。

如前所述，还有“VOVA 了”(如“看书看多了”) 和“OVA 了”(如“书看多了”) 这两种动补短语，是在形容词性的补语的后面加上动态助词“了”，用来动态性地评价动作行为的结果，这两种动补短语中的补语(如“多了”) 的前边隐含着空主语，这个空主语与谓语动词的宾语同指(但有细微的差别)。例如：

⑭ 他喝酒〈喝多〉了。

这里“喝多了”补充说明“喝酒”的结果，意思是“喝进去的酒超过了正常的量”，也就是醉了。

⑮ $_e$这种书看〈$_e$多〉了是会看坏脑子的。(彤琤《笑拥晨曦》)

这里“看多了”补充说明“看这种书”的结果，意思是看过的“这种书”超过了一定的量。另外，“这种书看多了”是由“看这种书看多了”的说法转换成的，前面蒙后省略了动词“看”，结果在“这种书”的前面形成了空动词，同时补语中“多”的前面隐含着空主语“书”(指看过的书)。

以上我们说明了”动宾补”谓语句中的空语类问题。

第十三节　空语类与单谓语动词任意条件紧缩复句

单谓语动词任意条件紧缩复句是一种任意条件紧缩复句，里面包含任指用法的疑问代词。任意条件紧缩复句有两种，一种是保留了任意条件关系复句的两个分句的谓语动词的，如“他见什么拿什么”，保留了条件分句和结果分句的谓语动词“见”“拿”；“谁劝他也不听”，保留了条件分句和结果分句的谓语动词“劝”“不听”。由于这种任意条件紧缩复句保留了两个分句的核心，与单句有明显的区别，所包含的空语类也是显而易见的，很容易还原为任意条件复句，为了节省篇幅，这里我们不做专门说明。另一种任意条件紧缩复句是只保留结果分句的谓语动词的，如“谁也不许进来”，只保留了结果分句中的谓语动词“进来”，条件分句中的谓语动词没有保留下来；“什么我也不要”，只保留了结果分句中的谓语动词“不要”。由于这种任意条件紧缩复句只保留了一个分句的谓语动词，看起来很像是单句，所包含的空语类也不是一目了然的，因而这里我们主要谈谈这种任意条件紧缩复句中的空语类。由于这种任意条件紧缩复句看起来只有一个谓语动词，为了表述方便，我们把它称为“单谓语动词任意条件紧缩复句”。

下面我们先说说“单谓语动词”任意条件紧缩复句的生成方式，然后谈谈“单谓语动词”任意条件紧缩复句中的空语类。

在分析“单谓语动词”任意条件紧缩复句的生成方式之前，我们需要明确一下“任意条件复句”的概念。

一、任意条件复句

“任意条件复句”就是学术界所说的“无条件”条件复句，就是用“不管”“不论”“无论”等引导的条件关系复句。自从黎锦熙《新著国语文法》[①]（1924）开始，主要语法著作和现代汉语教材都称之为“无条件”条件复句。为什么把这种复句称为“无条件”复句呢？张志公在其主编的《汉语知识》（1962）中解释说：“无条件”句是“前边的偏句先排除一切条件，正句说明在任何条件下都会发生这样的情形”[②]，黄伯荣、廖序东主编的《现代汉语》也说：“偏句表示排除一切条件，正句表示在任何条件下都会产生同样的结果。”[③]不过仔细观察我们就会发现，这种条件复句的偏句并非表示排除一切条件，而是概括地指出与一种情况有关的任意的一个条件，正句表示在任意的一个条件下这种情况都会发生。例如：

无论你什么时候打这个电话，都有人接。

这里偏句表示在任意的一个时间“打这个电话”，比如在白天“打这个电话”、在晚上“打这个电话”、在半夜“打这个电话”、在后半夜“打这个电话”，正句表示在任意的一个时间里“打这个电话”的结果——都有人接，没有例外。显然这种条件关系复句属于任意条件复句，而不是无条件复句，因此我们称之为“任意条件复句”。学术界把“任意条件复句”称为“无条件复句”，这既不符合逻辑，也不符合事实。由于任意条件复句的条件和结果的关系明确，人们经常对任意条件复句进行紧缩，尤其在口语中，便形成了任意条件紧缩复句。

---

① 见黎锦熙《新著国语文法》，湖南教育出版社 2007 年版，第 253—254 页。

② 张志公主编：《汉语知识》，人民教育出版社 1962 年版，第 177 页。

③ 见黄伯荣、廖序东主编《现代汉语》（增订五版），高等教育出版社 2011 年版，第 134 页。

二、任意条件紧缩复句

一个完整的复句要有关联词语，分句间要有语音停顿，但人们在实际运用复句的时候，如果分句间的逻辑关系明确，人们就将关联词语省略，同时取消分句间的语音停顿，甚至还省略分句中的某些句法成分，于是形成了紧缩复句。任意条件复句紧缩的时候，通常是省略条件分句中的关联词语“不管”“不论”“无论”等，同时取消条件分句和结果分句中间的语音停顿，有时也省略某些句法成分。例如：

① 不管什么人上台，都不能做不利于祖国统一的事。(《人民日报》2000 年)

这个任意条件复句可以通过省略关联词语“不管”和取消分句间的语音停顿而紧缩为：

什么人上台都不能做不利于祖国统一的事。

② 不论阿拉法特在哪里，他都是巴勒斯坦的标志。(新华社 2004 年 10 月新闻报道)

这个任意条件复句可以通过省略关联词语“不论”和结果分句的主语“他”，并取消中间的语音停顿，而紧缩为：

阿拉法特在哪里都是巴勒斯坦的标志。

常见的任意条件紧缩复句都保留了两个分句中的谓语动词，与单句的区别很明显。有一种单谓语动词的任意条件紧缩复句，只保留了结果分句中的谓语动词，看起来像是单句，如“我什么也不要”。由于单谓语动词的任意条件紧缩复句中只有一个谓语动词，人们往往把它看成单句，因而学术界在谈到任意条件紧缩复句的时候，往往不提单谓语动词任意条件紧缩复句。下面我们专门谈谈单谓语动词任意条件紧缩复句。

三、单谓语动词任意条件紧缩复句

如前所述，单谓语动词任意条件紧缩复句是由任意条件复句紧缩成的，只保留了任意条件复句的结果分句的谓语动词，而对于条件分句，通常只保留任指疑问代词或任指疑问代词短语，因而条件分句的原型是什么，有时也不容易判断。

（一）单谓语动词任意条件紧缩复句的类型

从任指疑问代词或任指疑问代词短语与后面的谓语动词的语义关系上看，单谓语动词任意条件紧缩复句有三种，一种是任指疑问代词或任指疑问代词短语是后面的谓语动词的受事的；一种是后面的谓语动词的施事的；一种是与后面的谓语动词不存在直接的语义关系的。例如：

① 没有稳定的环境，什么都搞不成。(《邓小平文选 3》)

这里总体上是一个假设关系复句，而第二分句又是一个单谓语动词任意条件紧缩复句，它的原型是：

无论搞什么，都搞不成。

② 没有安定的政治环境，什么事情都干不成。(《邓小平文选 3》)

这里总体上也是一个假设关系复句，第二分句也是一个单谓语动词任意条件紧缩复句，它的原型是：

无论干什么事情，都干不成。

以上二例中的单谓语动词任意条件紧缩复句蒙后省略了条件分句中的谓语动词“搞”“干”，所以很容易还原。但是，更多的单谓语动词任意条件紧缩复句所省略的谓语动词与结果分句的谓语动词不同，这种单谓语动词任意条件紧缩复句有时很难还原。例如：

③ 秀芬气得插着腰说：“一个人不能随便叫人家去讨论，应该找县委去！”李铁说：“叫他们讨论吧！我问心无愧，什么我也不怕！”（雪克《战斗的青春》）

这里第三句中的“什么我也不怕”显然表示的是在任意条件下都可以产生的结果，而单独一个疑问代词“什么”并不能表示条件，显然“什么”的前边或后边还应该有动词性词语，而这个动词性词语是什么呢？不容易确切地说出。我们只能根据语境判断，这个句子的原型大体上是：

无论人家议论我什么，我也不怕！

④ 只要有人给我饭吃，什么我也肯干。（老舍《月牙儿》）

根据语境推测，这里第二分句的原型是：

无论让我干什么，我也肯干。

⑤ 什么困难她都不怕，都会去克服、去面对。（岑凯伦《蜜糖儿》）

这是一个任意条件紧缩复句，而结果分句有三个，根据语境推测，它的原型是：

无论遇到什么困难，她都不怕，都会去克服，都会去面对。

⑥ 什么东西这个人都吃。（选自某高校研究生考试题）

根据语境推测，它的原型是：

无论一种食物是什么东西，这个人都吃。

⑦（您去过外地什么地方吗？）没有，哪儿我也没去过。（《1982 年北京话调查资料》）

这里第二分句的原型更难确定，根据语境推测，大概是：

无论一个外地的地方是哪儿，我也没去过。

⑧ 汪东兴送走他们后，刚回来，毛主席就说："我们走，不同他们打招呼。谁也别通知，马上开车。先发前卫车。"（《人民日报》1994 年第 1 季度）

这里"谁也别通知"是一个单谓语动词任意条件紧缩复句，根据语境推测，它的原型是：

不管他们中的人是谁，也别通知。

⑨ 为什么要告诉你？谁我也没告诉！（白先勇《孽子》）

这里第二句是一个单谓语动词任意条件紧缩复句，根据语境推测，它的原型是：

无论一个人是谁，我也没告诉！

⑩ 谁我都认识。（《安徒生童话故事集》）

这是一个单谓语动词任意条件紧缩复句，根据语境推测，它的原型是：

无论一个人是谁，我都认识。

以上各例单谓语动词任意条件紧缩复句中的任指疑问代词所表示的都是后面的谓语动词所表示的行为的受事。如果这种单谓语动词任意条件紧缩复句的原型是判断句，它的完整的原型实际上并不使用，但它的不完整的原型偶尔还使用。它的不完整的原型是保留条件分句的判断谓语动词"是什么"等，而省略它的主语，这从一个侧面证明了单谓语动词任意条件紧缩复句是由任意条件复句紧缩成的。例如：

⑪ 其实这天很黑，是什么也瞅不见。（李晓明《平原枪声》）

⑫ 看你的样子，是什么都不会做，唔！（岑凯伦《幸运儿》）

以上二例的双谓语动词任意条件紧缩复句中的任指疑问代词是“什么”，它们的后一个谓语动词是否定式的，它们的原型分别是：

无论一个东西是什么，也瞅不见。

无论一件事情是什么事情，都不会做。

⑬ 女人到了出嫁的时候，是什么都看着舒服，什么都听着高兴。（余华《活着》）

这里前一个任意条件紧缩复句是双谓语动词的，后一个是单谓语动词的，前者的后一谓语动词和后者的单谓语动词都是肯定式的，它们的原型是：

无论一个东西是什么，都看着舒服；无论一件事情是什么事情，都听着高兴。

⑭ 开头，是什么都听不见。现在，是什么都听得见。（亦舒《邻室的音乐》）

这里的两个任意条件紧缩复句都是双谓语动词的，前者的谓语动词是否定式的，后者的谓语动词是肯定式的，它们的原型是：

开头，无论一种声音是什么声音，都听不见。现在，无论一种声音是什么声音，都听得见。

⑮ 缘分一旦来到两个人的中间，看来是谁也不可以逃避过去。（马荣成《中华英雄》）

这是一个假设关系复句，第二分句是一个任意条件紧缩复句，它的原型是：

缘分一旦来到两个人的中间，看来无论他是谁也不可以逃避过去。

值得注意的是，一般人意识不到这种任意条件紧缩复句中的“是什么”是由任意条件复句的条件分句紧缩成的，会把其中的“是”重读，并在潜意识中把它理解为“无论”。其实，即使把它理解成“无论”，整个句子也还是一个紧缩复句，我们试着把转换一下：

是什么都听不见。（假如）→ 无论什么都听不见。→ 无论一种声音是什么声音都听不见。

是谁也不可以逃避过去。（假如）→ 无论谁也不可以逃避过去。→ 无论他是谁也不可以逃避过去。

通过转换可知，如果把“是什么也（都）……”“是谁也……”之类的任意条件紧缩复句的前一部分中的“是”理解成“无论”，在转换成任意条件关系复句的时候，还得另外加入“是”，显然原来的那个“是”就是判断词，并不等于连词“无论”。

下面我们再来看看第二种单谓语动词任意条件紧缩复句，也就是任指疑问代词或任指疑问代词短语是后面的谓语动词的施事的：

⑯ 只要有资金、场地，什么人都能开眼镜店。(《人民日报》1996年6月)

这是一个充分条件复句，而它的结果分句是一个单谓语动词任意条件紧缩复句，根据语境推测，它的原型是：

无论一个人是什么人，都能开眼镜店。

⑰ 谁都认识这个字。

这是一个单谓语动词任意条件紧缩复句，它的原型是：

无论一个人是谁，都认识这个字。

⑱ 父子三人还互相鼓励，谁也不许落伍。(《1994年报刊精选·12》)

这里“谁也不许落伍”是一个单谓语动词任意条件紧缩复句，根据语境推测，它的原型是：

他们中的人不管是谁，也不许落伍。

以上二例中的任指代词“谁”指的是一定范围内的任意的一个人。有时任指代词“谁”所指为任意的一个人，没有一定的范围。例如：

⑲ 谁也不愿意花钱买个冒牌货。(《人民日报》1993年5月)

这是一个单谓语动词任意条件紧缩复句，它的原型是：

不管一个人是谁，也不愿意花钱买个冒牌货。

⑳ 谁都认识他。(老舍《火葬》)

这是一个单谓语动词任意条件紧缩复句，它的原型是：

不管一个人是谁，都认识他。

以上二例单谓语动词任意条件紧缩复句中的任指疑问代词“谁”所表示的都是后面的谓语动词所表示的行为的施事。这种单谓语动词任意条件紧缩复句的完整的原型实际上也是不使用的，但它的不完整的原型偶尔还使用，这也从一个侧面证明了单谓语动词任意条件紧缩复句是由任意条件复句紧缩成的。这种单谓语动词任意条件紧缩复句的不完整的原型是保留条件分句的判断谓语“是谁”“是什么”等，而省略它的主语。例如：

㉑ 眼前的事实，是谁也改变不了。（猫子《罢工新娘》）

㉒ 生老病死的痛苦，是谁也不能免除。（伍恒山《释迦牟尼佛传》）

以上二例也属于任意条件紧缩复句，省略了条件分句的主语，但保留了条件分句的谓语“是谁”。因为“谁”是指人的疑问代词，所以“是”前面的主语是不言而喻的，是“一个人”。以上二例的完整形式就是：

眼前的事实，不管一个人是谁，也改变不了。

生老病死的痛苦，不管一个人是谁，也不能免除。

以上二例的双谓语动词任意条件紧缩复句的后一个谓语动词是否定式的。

㉓ 只要是台湾女孩，是谁都可以。（梦萝《巫女跷家记》）

这里的双谓语动词任意条件紧缩复句的后一个谓语动词是肯定式的（实际上谓语动词“要”省略了，只保留了助动词“可以”），它的完整形式是：

不管她是谁，都可以（要）。

㉔ 铁路要面向市场，那就有一个由谁来对市场负责的问题。在目前的管理体制下，是谁都负责，谁又都不负责。（《文汇报》2000 年 9 月 1 日）

这里前一个任意条件紧缩复句是双谓语动词的，后一个是单谓语动词的，前者的后一谓语动词和后者的单谓语动词都是肯定式的，它们的原型是：

无论一个负责人是谁，都负责；无论一个负责人是谁，又都不负责。

㉕ 在美国是什么都能卖钱，只要能在市场露面，再稀奇古怪的货色也有人要。（《读书》vol.131）

这里第一句是一个单谓语动词任意条件紧缩复句，根据语境推测，它的原型是：

在美国，不管一个东西是什么，都能卖钱。

㉖ 现在是什么都涨价。（任溶溶译《小飞人三部曲》）

这是一个单谓语动词任意条件紧缩复句，根据语境推测，它的原型是：

现在无论一种商品是什么，都涨价。

值得注意的是，一般人意识不到这种任意条件紧缩复句中的“是什么”“是谁”是由任意条件复句的条件分句紧缩成的，会把其中的“是”重读，并在潜意识中把它理解为“无论”。

下面我们再来看看第三种单谓语动词任意条件紧缩复句，也就是任指疑问代词或任指疑问代词短语与后面的谓语动词不存在直接的语义关系的：

㉗ 清华设计小组的代表朱畅中坐在后排，他怎么也控制不住心慌的感觉。（张清平《林徽因》）

这里第二句是一个单谓语动词任意条件紧缩复句，前一个谓语动词蒙后省略了。它的原型是：

他无论怎么控制，也控制不住心慌的感觉。

㉘ 这阔别 30 多年的阳光呵！蓝天白云、绿树草坪……陌生的一切，她怎么都看不够。（《人民日报》1998 年）

这里“她怎么都看不够”是一个单谓语动任意条件紧缩复句，它的原型是：

她无论怎么看，都看不够。

以上二例中的单谓语任意条件紧缩复句中的任指疑问代词“怎么”与后面的谓语不存在直接的语义关系，它只是这两个任意条件紧缩复句原型中的条件分句中的状语，后面蒙后省略了与后一个谓语动词相同的动词“控制”“看”。再如：

㉙ 王法是对付老百姓才管用，他们自己人犯了法，关起门来怎么都好商量。（雪雁《星宿门》）

这里第三句是必要条件紧缩复句，里面包含着一个任意条件紧缩复句，根据语境推测，它的原型是：

只要关起门来，不管罪行怎么严重，都好商量。

㉚ 需要他夜里值班就让他住店里，不需要值班就让他回家住，怎么都行。（豆豆《遥远的救世主》）

这里第三句是一个任意条件紧缩复句，根据语境推测，它的原型是：

无论怎么做，都行。

㉛ 我不做决定，由你做，怎么都好。（周国平《妞妞》）

这里第三句是一个任意条件紧缩复句，根据语境推测，它的原型是：

无论你怎么做，都好。

以上三例中的单谓语动词任意条件紧缩复句中的任指疑问代词“怎么”与后面的谓语动词（或谓语中心）不存在直接的语义关系，它只是这三个任意条件紧缩复句原型中的条件分句的谓语动词（或谓语中心）的状语，后面省略了谓语动词（或谓语中心）“严重”“做”。

以上我们举例说明了几种常见的单谓语动词任意条件紧缩复句及其生成方式生成方式，下面我们在此基础上分析单谓语动词任意条件紧缩复句中的空语类。

（二）单谓语动词任意条件紧缩复句的转换与空语类

单谓语动词任意条件紧缩复句中的任指疑问代词或疑问代词短语都是从条件分句中保留下来的，所以它通常要出现在从条件分句中保留下来的所有句法成分前。但是，汉语是一种话题优先的语言，如果人们要将单谓语动词任意条件紧缩复句中的任指疑问代词或疑问代词短语后面的某个成分话题化，人们也常把它移到任指疑问代词或疑问代词短语的前面，结果在原来的位置上形成空语类，有时也会造成外表相同而内在的句法结构不同的句子。例如：

① 什么东西这个人都吃。→ 这个人$_{i}$ 什么东西$_{ie}$都吃。

为了把后半部分的主语“这个人”作为话题，就把它移到任指疑问代词短语“什么东西”的前面。“这个人”移位之后，在后半部分的谓语动词“都吃”的前面形成空主语。再如：

② 谁他都认识$_{e}$。→ 他$_{i}$ 谁$_{ie}$都认识$_{e}$。

这里“他”向前移位的动机与上一例相同，结果在后半部分的谓语动词“都认识”的前面形成空主语。

③ 什么他也听不进去$_{e}$。→ 他$_{i}$ 什么$_{ie}$也听不进去。

这里“他”向前移位的动机与上一例相同，结果在后半部分的谓语动词“也听不进去”的前面形成空主语。

④ 什么人都能开眼镜店。→ 眼镜店$_{i}$ 什么人都能开$_{ti}$。

这里为了将把后半部分的宾语“眼镜店”作为话题，而把它移到了任指疑问代词短语“什么人”的前面，结果在谓语动词“开”的后面形成移位型空宾语。

⑤ 谁都认识他。→ 他$_{i}$ 谁都认识$_{ti}$。

这里“他”向前移位的动机和结果与上一例相同，但它还造成了另一个结果，就是强调认识“他”的人多的“他谁都认识”与强调“他”认识的人多的“他谁都认识”外表相同。

⑥ 谁都认识这个字。→ 这个字$_{i}$ 谁都认识$_{ti}$。

这里为了将把后半部分的宾语“这个字”作为话题，而把它移到了任指疑问代词“谁”的前面，结果在谓语动词“认识”的后面形成移位型空宾语。

有一点值得注意，当任指疑问代词或疑问代词短语是后面的谓语动词的施事的时候，谓语动词的宾语只能移动到任指疑问代词或疑问代词短语的前面，不能放在任指疑问代词或疑问代词短语的后面，否则宾语与谓语动词的施受关系不明，造成误解，成为在语义上不合格的句子。例如：

⑦ 谁都认识他。→ 谁他都认识。

这里原句本来是说认识“他”的人多，而如果转换成“谁他都认识”，就成了“他”认识的人多，“他”由“认识”的受事变成了“认识”的施事，所以不可以这样转换，只能把“他”移到句首，说成“他谁都认识”。再如：

⑧ 谁都认识这个字。→ * 谁这个字都认识。

像上面这样转换，人们会觉得“这个字”是“认识”的施事，所以这是一个语义上不合格的句子，只有把“这个字”移到句首才可以，说成“这个字谁都认识”。

以上我们分析了汉语单谓语动词任意条件紧缩复句中的空语类，并以此为基础，分析了单谓语动词任意条件紧缩复句的句法结构及其生成方式。

第十四节　空语类与省略式反复反问句

“省略式反复反问句”就是以往学者们讨论过的“V 什么 V”句式和“A 什么 A”句式，前者的谓语中心是动词，如“看什么看”，后者的谓语中心是形容词，如“好什么好”等，有些学者将它们统一表示为“X 什么 X”。据我们分析，这两种句式的共同特点是：都是反问句的省略式的反复，所以我们称之为“省略式反复反问句”。关于省略式反复反问句的语义和语用功能，以往学术界探讨得比较充分，但还不够全面、准确，对于省略式反复反问句的句法结构和生成机制也还缺乏合理的认识，这里我们准备重新探讨一下这种句式的句法结构、语法意义、语用功能、生成机制等问题。

一、以往学术界的研究情况

以往学术界探讨过省略式反复反问句（“V 什么 V”句式和“A 什么 A”句式）的影响较大的学者并不多，成果也不很可观。这可能是因为这种句式虽然出现得很早，但使用的范围不广，尤其在正式的著作中不使用，在通俗的作品中出现得也不多，所以没能引起更多语法专家的注意。下面我们归纳一下以往学术界的研究情况。

（一）关于省略式反复反问句的结构

如前所述，省略式反复反问句有“V 什么 V”和“A 什么 A”两种形式，以往有些学者单独探讨“V 什么 V”句式，有的单独探讨“A 什么 A”句式，有的两种都探讨，并用“X 什么 X”来表示它。以往学术界对“省略式反复反问句”的句法结构探讨得很少。较早探讨这个问题的是史有为（1991）[①]，他以“吵什么吵”为例，指出:“这种格式是由‘吵什么’和‘吵’两部分构成的”，“第二个‘吵’并不是无意义的，它的重复是为了强调，为了加重语气。就此而言，第二个‘吵’是‘追补成分’，很像口语中‘你在哪儿你？’中的第二个‘你’，起着追补概念和强调语气双重作用。”指出“X 什么 X”句式中的后一个 X 具有加重语气的作用，这种看法是正确的，但他认为:“不管‘X 什么 X’中的 X 是动词还是形容词，这里的‘什么’都是虚宾语，不表示涉及什么事物，只是起到表示整个格式是禁止、否定的意思。”这实际上是把“X 什么 X”的前段“X 什么”看成了动宾结构，这种看法是不能成立的，因为“X 什么 X”中的“X 什么”明显是一种反问的说法，如果把它看成动宾结构，就等于说它的反问焦点是 X 的对象，“吵什么”的意义就变成了“吵的对象是什么”，实际上，“V 什么 V”中，“V 什么”的反问焦点是 V 的理由，整个句子在语法上相当于“为什么 V”，用来否定 V 的合理性、必要性等。如“看什么看”，在语法上相当于“为什么看”，意思是“你没有理由看，你不应该看”，用来责备并制止对方看自己或看与自己有关的东西，表达功能与“别看”相当，但比“别看”的语气更重，而且带有愤怒不满的语气。而“A 什么 A”中，“A 什么”的反问焦点是 A 的具体表现，整

---

① 见史有为《语野问答（四）》,《汉语学习》1991 年第 4 期。

个句子在语法上相当于“哪里A”“A在哪里”，用来否定A。如“好什么好”，在语法上相当于“哪里好”“好在哪里”，表达功能与“不好”相当，但比“不好”的语气更重，而且也带有愤怒不满的语气。由此可见，“省略式反复反问句”的前一部分不是动宾结构，而是动补结构，属于动补谓语句。

朱军、盛新华（2002）[①]认为“V什么V”句式的句法结构是主谓结构。他们说:“前V是‘什么’或‘什么V’的陈述判断对象，前V和‘什么’或‘什么V’之间构成主谓结构。”这种说法是不能成立的，因为“什么”并不是对前一个V进行陈述的，它不能说明V是什么、V做什么等，显然“V什么”不是一个动宾短语。至于“什么V”，它根本就不是一个句法结构单位，“什么”和V是分属于不同句法结构单位的两个构成成分，而不是一个短语中的两个构成成分，仅从这一点上看就不能说“什么V”是V的谓语。

另外，学术界有一种“构式语法”理论（Construction Grammar，也有人翻译成“构件语法”“框架语法”“构块式语法”“架构语法”等），这种理论强调只分析一个“构式”的整体的意义，而不分析它的语法结构，认为一个“构式”的意义不能从它的构成成分上推导出来，“构式”的构成成分的意义相加不一定能得出整个“构式”的意义，而且“从构式的形式来说，各成分的组合不一定都符合逻辑关系，而会发生组合关系的嬗变”[②]。国内有些学者接受了这种理论，根据这种理论，他们只能分析一个“构式”整体的意义，也分析各个组成部分的语义，以及什么样的词语能进入这个“构式”等，但不分析各个构成成分间的语法关系。

“构式语法”理论是有一定的合理性的，一种语言中一般都存在着那种不能从构成成分的意义上推知它的意义的语法结构单位，如汉语的“王冕死了父亲”“村里死了一个老太太”“看什么看”等，从构成成分的意义上很难看出这些句式的语法意义，各个组成部分的组合也不符合汉语的一般句法规则，因此，似乎不宜分析“构式”的语法结构，不能从语法结构上分析“构式”的语法意义的

---

① 见朱军、盛新华《“V什么V”式的句法、语义、语用分析》，《延安大学学报》2002年第4期。

② 见艾哈迈德《“X什么X”及其相关构式研究》，上海师范大学2012年硕士学位论文。

由来。不过，这种看法虽然有道理，但也是有问题的。学者们根据“构式语法”理论所认定的“构式”只是不能按照一般的语法规则来分析它的语法结构，因为它通常不是一种原生的语法结构单位，而是由其他语法结构单位转换成的，转换的规则使它的深层结构呈现出不同于按照一般的语法规则构成的语法结构单位，必须分析它的转换生成过程才能弄清它的深层结构，进而弄清它的语法意义的由来，但是“构式语法”学派恰恰不赞同转换生成语法理论所倡导的分析方法，认为“一个个的语法格式，并不是如转换生成语法学派所说的那样由生成规则或普遍原则的操作所产生的副现象（epiphenomena），换句话说，‘句法不是生成的’；每个句法格式本身表示某种独立的意义，不同的句法格式有不同的句式意义。”[①]这种说法否定了一种语言的语法的系统性。一种语言中的不同的结构单位固然有不同的意义，但这不等于不同的结构单位在句法结构上没有联系，不等于每一种结构单位都是按照一套独立的语法规则独立地造出的，事实上，如前所述，那些被认定为“构式”的结构单位之所以不能按照一般的语法规则分析其语法结构以及它的语法结构与它的语法意义之间的关系，是因为它不是按照一般的语法规则直接造出的，而是由那些按照一般的语法规则造出的结构单位转换成的，要想分析出它的语法结构及它的语法结构与它的语法意义之间的关系，必须弄清它是由哪种结构单位转换成的。例如，有些学者以为“V 什么 V”句式是按照汉语“主—动—宾”句式的结构直接造出的句子，把“V 什么”当作动宾短语来分析，结果无论如何也分析不出“V 什么”的意义与整个句式的意义之间的关系。而实际上，“V 什么 V”句式中的“V 什么”是由动宾短语转换成的动补短语，用来反问做某事的理由，同时，“V 什么 V”句式的后半部分结构不完整，只有一个和前半部分相同的动词，显然它的后面省略了和前半部分相同的“什么”，也就是说，后半部分的 V 是由“V 什么”省略成的，“V 什么 V”句式是由“V 什么 V 什么”句式省略成的。研究表明，汉语句式是有很强的系统性的，常规句式是根据汉语一般的语法规则直接造出的，而非常规句式（包括那些被称为“构式”的句式）通常是由常规句式转换成的，“句法不是生成的”的这种观点是不能成立的。“构式语法”理论的实质是淡化对句子的句法结构的分析，是用语义分析代替语法分析。

---

① 见高宁《“V 什么 V”格式研究》，吉林大学 2009 年硕士学位论文。

从学术界现有的研究成果看，目前对“省略式反复反问句”的结构尚没有合理的认识。

（二）关于省略式反复反问句的语法意义

以往学术界对“省略式反复反问句”的语义研究得比较充分，然而有将“省略式反复反问句”的语义与“省略式反复反问句”的语用相混淆的倾向。

朱军、盛新华（2002）说：“‘V什么V’式的基本语义特征是表否定，这是通过‘什么’实现的。‘什么’本是疑问代词，但在‘V什么V’式中不表示疑问，而是表否定，在吕叔湘先生主编的《现代汉语八百词》中提到了这种用法……‘什么’用在动词后，否定动作行为。”实际上，表示否定，并非“省略式反复反问句”的语义，而是它的语用，而有些学者之所以把表示否定看作“省略式反复反问句”的语义，是因为他们把里面的疑问代词“什么”的用法看成了否定用法，这实在是一种误解。实际上，反问句是以疑问的形式表示否定的意义，里面的疑问代词仍然是疑问代词，整个句子的否定用意是通过反问语气表现出来的，并不是由疑问代词表现出来的。

相业伟（2014）认为，“V什么V”句式的语义有两个，一是“表达对动作行为的禁止或劝阻，即‘不能做某事’”；二是“表达不应该发出某个动作，即‘不应该做某事’”[①]。其实，表示对动作行为的禁止或劝阻，是“V什么V”句式的语用功能，“V什么V”句式是用反问的形式间接表示“不应做某事”“不必做某事”等意义，从而实现禁止或劝阻对方做某事的目的。另外，相业伟（2014）对“V什么V”句式的语义和语用功能的概括还不够全面。

晏宗杰（2004）认为“V什么V”句式的意义是“不要V”，“别V”或“没有必要V”，同时“还有隐含意义，即总含有‘某种行为不合乎情理，是错的’这一意义”[②]。其实，“某种行为不合乎情理，是错的”才是“V什么V”句式的意义，这种意义是通过反问语气表示出来的，它的语用功能与否定句“不要V”“别V”“不V”等相当，都是用来表示制止对方的动作行为的。

---

① 见相业伟《“V什么V”构式探析》，《渤海大学学报》2014年第5期。

② 见晏宗杰《从“V+什么+V”看汉语表达的礼貌级别》，《汉语学习》2004年第5期。

吴怀成（2014）认为，“X 什么 X”的句式意义是“说话者认为他人不该做 X 或不该认为 X”[1]。这种看法是比较准确的，但不够全面。

通过归纳以往学者们的观点，我们可以看出，以往学术界对“V 什么 V”句式的语义的分析还不够全面，并且没有将该句式的语义和语用功能区分清楚。

（三）关于省略式反复反问句的语用功能

关于省略式反复反问句的语用功能，以往学术界谈得也不少。

史有为（1991）认为：“V 什么 V”句式的“整个格式与前半部分的功能相等或相近，即都表示说话人的禁止或否定。该种行为或性质对于说话人来说都是不满意的，甚或不愿见到的，因此要加以禁止或否定。这种格式带有强烈的主观感情色彩是显而易见的。”这种看法比较全面，后来的学者对“V 什么 V”句式的语用功能的看法与这种看法大体相同。

朱军、盛新华（2002）认为，“V 什么 V”句式“表示强烈的否定、斥责语气”，“表达强烈的意志性……表示不同意对方的说法、做法和表现”，具有“简略性”，而“简略性也正好适用于言语交际的需要，也适用于表达强烈否定、强烈意志性的需要”。这种看法大体不错，只是还不够全面。

相业伟（2014）的看法与朱军、盛新华（2002）大体相同，只是没有强调“V 什么 V”句式的“简略性”，认为，“‘V 什么 V’构式表达否定含义时，语气较强烈，经常带有斥责语气。”“‘V 什么 V’构式在表达否定含义时有很强的主观色彩”。

晏宗杰（2004）认为，“‘V+ 什么 +V’句式所表达的是‘不要 V’、‘别 V’或‘没有必要 V’的语义内容，具有表达不满情绪的语用功能，同时隐含着说话人烦躁、嫌弃、厌恶和些微的愤怒语气。说话人认为某种行为或言论显而易见是不合情理的，于是用反问的方式予以否定。”这种看法也是正确的，只是还不够全面。

朱锡明（2005）认为，“X 什么 X”句式比“X 什么”句式出现得晚，“‘X 什么 X’句式的兴起，正是为了弥补‘X 什么’句式所不能表达的强烈不满和否

---

① 吴怀成：《“X 什么 X”构式及其产生机制研究》，《海外华文教育》2014 年第 2 期。

定意义"[①]。

通过归纳以往学者们的观点，我们可以看出，以往学术界对"V什么V"句式的语用功能分析得比较清楚，不过还是不够全面。

（四）关于省略式反复反问句的形成机制

相对于以往学术界对省略式反复反问句的语义和语用的研究而言，以往学术界对于省略式反复反问句的形成机制问题的研究较少。

朱锡明（2005）认为，"V什么V"句式是在"V什么"句式的基础上形成的，是在"V什么"的后面重复一下V，并认为这个V"是一个'追补成分'，类似口语中'你怎么了你'中的第二个'你'，起着追补概念和强调语气的双重作用"。朱锡明的这个观察还是比较敏锐的，可惜后来的学者都没有顺着这个思路进行研究，这主要是因为这个看法不能说明后一个V是怎样起到加强语气的作用的，而且似乎是在说后一个V属于语气词或助词，这种看法明显是不符合实际的，汉语中并不存在这样的语气词或助词，所以后来的研究者没能从这种说法中得到启发。

吴怀成（2014）认为，"X什么X"句式"产生机制是动词重叠式VV根据动宾结构VO的反问形式'V什么O'结构，通过糅合类推形成的"。这实际上是认为"X什么X"句式是由"V什么O"句式类推成的。吴怀成（2014）的具体解释非常曲折，也不太合乎逻辑，是不能成立的。所谓动词重叠，按照一般看法，有两种，一种是"V一V"短语的省略形式，后一个V是借用量词，如"看看"是"看一看"的省略形式，是"看一下"的意思；另一种动词重叠是真正的动词重叠，表示动作行为持续的时间长，如"红旗飘飘"，"飘飘"表示长时间不停地飘。这两种形式的"VV"都没有演变为"V什么V"句式的语义基础，不可能演变为"V什么V"句式。

与吴怀成（2014）一样，相业伟（2014）也受了沈家煊"糅合类推"说的启发，认为"'V什么V'构式可以看成是由'V什么'和'什么V'叠加组合而成"。这种看法也是站不住脚的，因为"什么V"根本就不是一个语言单位，根

---

① 见朱锡明《口语中的"X什么"与"X什么X"句式》，《广西社会科学》2005年第9期。

本就不存在“什么V”这样的短语，一个实际存在的句法结构与一个根本不存在的句法结构怎么能叠加组合呢?

由于以往学术界解释不清“V什么V”句式的形成机制，所以有的学者认为这种句式应该不是在汉语中自生的，而应该是从其他语言借来的或模仿来的。徐复岭（1995）指出，有一种观点认为，“V什么V”句式来源于满语，是汉语“模仿”满语句法的结果[①]。这种“V什么V”句式来源于满语的说法是余志鸿、易洪川（1989）提出的，他们说：“‘V什么V？’（看什么看？）的反问句式，以往教材都没有提，但它活生生流行于北京口语。原先它是满语句法，但是人们觉得这样表述比‘V什么？’更有力，就模仿开来，并且大有向其他地区扩散的趋势。”[②] 关于这种说法，徐复岭（1995）指出：“根据包括笔者在内的多数人的考证，《醒》创作于明清交替之际，成书于清初顺治年间，且是山东人用地道的山东方言写成的。从该书的创作年代到其语言本身，都看不出满语对它有什么影响。”和徐复岭一样，笔者也没学过满语，只是根据余志鸿、易洪川（1989）的说法判断，满语中也有“V什么V”句式，但也不能排除满语中的“V什么V”句式是对汉语“V什么V”句式的模仿的可能，因为汉语本身也完全可以发展出这种句式。不过，不管是汉语模仿满语，还是满语模仿汉语，都不能说明“V什么V”句式是怎样形成的。

总之，以往学术界对于“V什么V”句式的语义和语用研究得比较充分，但也还有所不足，而关于这种句式的句法结构和形成机制，还没有人提出令人信服的观点。

下面我们根据空语类理论，谈谈我们自己对“省略式反复反问句”的语法结构、语法意义、语用功能、形成机制的看法，并谈谈“省略式反复反问句”中的空语类。

---

① 见徐复岭《“X什么X”句式溯源补说》，《汉语学习》1995年第3期。

② 余志鸿、易洪川：《理论和方法的考虑——“现代汉语”教材的探索》，《语文建设》1989年第1期。

二、省略式反复反问句的结构

我们认为，“V 什么 V”句式和“A 什么 A”句式是反问句“V 什么”和“A 什么”的不完整的反复形式，所以我们称之为“省略式反复反问句”。那么，我们是根据什么认定“V 什么 V”句式和“A 什么 A”句式是一种省略式反复反问句的呢？我们的根据是，在“V 什么 V”句式和“A 什么 A”句式中，“V 什么”和“A 什么”本身是完整的句子（但主语经常省略），“V 什么”和“A 什么”后面的 V 和 A 不是它们的句子成分，但又不是完整的句子，很明显，“V 什么”和“A 什么”后面的 V 和 A 是另一个句子的一部分，是另一个句子的核心，它的前后都可能存在着空语类。首先，可以肯定，“V 什么”和“A 什么”后面的 V 和 A 都是谓词性词语，它的前面存在着空主语，这个空主语显然不是由成分移位产生的，而是承前省略了，这个空主语与“V 什么”和“A 什么”的主语毫无疑问是相同的。其次，我们把“V 什么”和“A 什么”后面的 V 和 A 的主语补上之后，还是不能成为结构完整的句子，因为我们还是看不出它在意义上与整个句子的意义有什么联系。例如：

你哭什么哭？→ 你哭什么你哭？

我们把“哭”的主语补出之后，我们仍然看不出“你哭”的意思是什么，当然也就看不出它与“你哭什么”在意义上有什么联系。再如：

他聪明什么聪明？→ 他聪明什么他聪明？

我们把“聪明”的主语补出之后，我们仍然看不出“他聪明”的意思是什么，当然也就看不出它与“他聪明什么”在意义上有什么联系。

由此我们可以推测，V 和 A 的前边不仅承前省略了主语，后边还承前省略了“什么”，当我们在 V 和 A 的后面补上“什么”之后，我们才可以看出 V 和 A 与“V 什么”和“A 什么”在意义上的联系，它实际上是“V 什么”和“A 什么”的不完整的重复，或者说是“V 什么”和“A 什么”的省略式的反复，是反复句“V 什么 V 什么”和“A 什么 A 什么”的省略形式。

根据空语类理论，我们弄清了“V 什么 V”句式和“A 什么 A”句式的结构，原来它是一个省略式的反复句，是反复句“V 什么 V 什么”和“A 什么 A 什么”的省略形式。“V 什么”和“A 什么”是反问句，用来反问做某事的合理性、正确性、必要性和对事物的评价的依据等，从而否定做某事的合理性、正确性、必要性和对事物评价的正确性，并表达出愤怒、不满的情绪，而将它们用反复的形式连说两遍，无疑可以加强反问语气和否定的力度，并突出愤怒、不满的情绪。既然是这样，人们为什么又要把反复句“V什么V什么”和“A什么A什么”的后一个“什么”省略呢？这一方面是因为人有完形思维能力，后一个“什么”可以承前省略；另一方面是由于说话者对对方的行为或言论极为愤怒、不满，以至于不能把整个句子完整地反复一遍，于是就形成了“V什么V”和“A什么A”这种省略式的反复反问句。当然，这是就省略式的反复反问最初的句形成机制来说的，而事实上，这种句式形成之后，人们就可以仿照它的格式类推造句，而无须还原它的生成过程，所以即使说话者没有愤怒到不能把一句话完整地反复一遍的程度，也可以使用这种句式。

分析的结果表明，“V什么V”句式和“A什么A”句式是一种省略式的反复反问句，而这种“省略式反复反问句”的基础句“V什么”和“A什么”又是什么结构呢？以往有说它们是动宾结构的，有说它们是主谓结构的。实际上，“V什么”和“A什么”中的V和A与“什么”不是陈述与被陈述的关系，所以“V什么”和“A什么”不是主谓结构；V有时是不及物动词，A是形容词，都不能带宾语，显然“V什么”和“A什么”也不是动宾结构（但“V什么”是由动宾结构演变成的，“A什么”是由“V什么”类推成的。详见本书这一节的第五部分）。从意义上看，“V什么”和“A什么”中的“什么”指代的是动作行为的原因和评价事物的依据，它们在表示反问的功能上，与“为什么V”和“哪里A”相当，而“为什么V”和“哪里A”是状中结构，是原因状语和范围状语加中心语结构，“V什么”和“A什么”则是中心语加原因状语和范围状语，是动补结构。

三、省略式反复反问句的语法意义

省略式反复反问句是“V什么”和“A什么”式的反问句的省略式反复，它和“V什么”和“A什么”式的反问句一样，都是用疑问的形式表示确定的意义。每个省略式反复反问句随着所用的动词和形容词的意义不同，都有不同的意义，但我们可以概括出它们共同的语法意义。不过，同一个省略式反复反问句随着语境的不同，语法意义可能有所不同，而“V什么V”式的省略式反复反问句与“A 什么 A”式的省略式反复反问句由于谓语中心的词性不同，所表示的语法意义也有所不同。概括地说，“V 什么 V”式省略式反复反问句所表示的语法意义主要有两种，一种是“不应该做某事”，一种是“没有必要做某事”，而“A 什么 A”式省略式反复反问句所表示的语法意义主要是“不具有某种性质状态”。下面我们分别加以说明。

（一）不应该做某事

当说话者感到某种动作行为、言语、态度等明显是不符合情理的，或者明显是没有意义的，而对方应该意识到却没有意识到，往往会情不自禁地用“V 什么 V”句式来向对方表示不应该做某事。在这种情况下，“不应该做某事”是“V 什么 V”句式的言外之意，而不是它身的本意义——表示反问，这一点与反问句是一样的，毕竟“V 什么 V”句式实际上是一个反问句的反复。而“V 什么 V”句式的言外之意又是怎么表示出来的呢？是通过句子的反问语气表示出来的。“V 什么 V”句式通过反问语气否定了疑问代词“什么”所指代的做某事的任何理由，而否定了做某事的任何理由，就等于说无论如何也不应该做某事。说话者用“V 什么 V”句式表示的不应该做的事情有三种：一种是不符合情理的；一种是没有意义的；一种是会有不好的结果的。“不应该做某事”的意义是通过这三种意义间接地表达出来的。

1. 做某事是不符合情理的

当说话者使用“V 什么 V”句式向对方表示不该做某事的时候，有时含有“做某事是不符合情理的，所以不应该做某事”的意思，在这种情况下，整个句子的意思是“按理说，不应该这么做”。由于这种意思并不是明说的，是需要对方自悟的，所以说话者往往在后面补充说明做某事为什么是不符合情理的。例如：

① 严茉苏怒瞪他：“喂什么喂？！姑娘我有名字的！”（席娟《当家祖母》）

这里“严茉苏”的意思是：按理说，不应该“喂”（意思是“不应该用‘喂’来招呼我”），因为我是有名字的。

② 此刻也是这样，他一进门就冲工会副主席吹胡子瞪眼睛：“你叫什么叫？报丧一样！没看见我正忙着吗？”（网易新闻中心《侦破：新

中国奇疑要案 20 例》）

这里“他”的意思是：按理说，你不应该叫，因为我正忙着呢。

③ 你哭什么哭，我又不是骂你。（余宛宛《不止玩玩》）

这两句的意思是：按理说，你不应该哭，因为我不是骂你呢。

④ 吵什么吵，这是医院。（电视剧《裸婚时代》）

这两句的意思是：按理说，你不应该吵，因为这里是医院（需要安静）。

⑤ 胖胖大大的钱康从车上喝道而下：“挤什么挤？先下后上！”他穿过车门旁的人群昂首而去。（王朔《无人喝采》）

这里“钱康”的意思是：按理说，你们不应该挤，因为规则是先下后上。

2. 做某事会有不好的结果

说话者在使用“V 什么 V”句式的时候，有时含有“做某事会有不好的结果，所以不该做某事”的意思。由于这种意思也不是明说的，也是需要对方自悟的，所以说话者往往在后面补充说明不该做某事的原因，有时甚至先说不该做某事的原因。例如：

① 在一旁的魏德华一边看何波打电话的样子，一边止不住哧哧地笑。等到何波放下电话，终于止不住地笑出声来……何波显出恼怒的神情来，说，你笑什么笑，手机还开着呢，你就不怕让人家听到了……（张平《十面埋伏》）

这里“何波显”的意思是：你不应该笑，因为手机还开着，对方能听到。

② “敲什么敲？窗户都敲坏了！整条街都吵醒了？”外面的人说：“没办法，你睡得好死。”辣辣说：“哦，是老李呀。有事吗？”（池莉《你是一条河》）

这里“辣辣”的意思是：你不应该敲，因为会把窗户敲坏，把街坊邻居吵醒。

③ “再待一会，我刚才不是说过了吗？现在黑灯瞎火的走什么走。”林尚沃不愿让松伊就此离开，又一次将她抱紧说。（人民网《相思别曲（5）》）

这里“林尚沃”的意思是：现在天黑了，走路有危险，所以不应该走。这里先说明了不该走的原因。

3. 做某事是没有意义的

说话者在使用“V什么V”句式的时候，有时含有“做某事是没有意义的，所以不该做某事”的意思。由于这种意思也不是明说的，也是需要对方自悟的，所以说话者往往在后面补充说明不该做某事的原因，有时先说不该做某事的原因。例如：

① 向南回过神来，他向四周一看，只见所有人的都在看着他们这一对。向南向其他围观的人嚷嚷：“看什么看！有什么好看的？又不是演戏！”（石康《奋斗》）

这里“向南”的意思是：看是没有意义的，因为这没什么好看的，是不值得看的，所以不应该看。

② 当长海浑身泥血，躺在地上一动不动的时候，他爹才歇了手，对围观的人吼起来：“看什么看，死了人有什么看的！你们给出殡吧！”人们散开了。（郑万隆《古道》）

这里“看什么看”的意思与上一例相同。

③ 神经病，整天写，写，写什么写！有那工夫多赚点儿钱好不好！弄了一桌子烂纸，还不如让狗撕着玩哪！（曹桂林《北京人在纽约》）

这里说话人的意思是：你写作是没有意义的，因为你写的东西不能变成钱，所以不应该写。

④ 天这么冷了，面瓜一天到晚站在风口，该给他补一补了……筱燕秋像一个下等酒馆的女老板，热情地劝了，说：“喝点吧，天冷了，补补，鸡汤，还加了洋参片。”……面瓜抬起头，说：“补什么补？这么冷的天，让我夜里到大街上去转圆圈！”（毕飞宇《青衣》）

这里“面瓜”的意思是：补是没有用的，因为我在这么冷的天到街上转，损害身体健康，补也不起作用，所以不应该补。

以上我们举例说明的是“V什么V”句式的第一种语法意义：做某事是不符合情理的、做某事会有不好的结果、做某事是没有意义的，所以不应该做某事。这种意义不是明说的，是通过反问的语气让对方自悟的。

（二）没有必要做某事

当说话者感到某种动作行为、心理活动等明显是没有必要的，而对方应该意识到却没有意识到，往往会情不自禁地用“V 什么 V”句式来告诉对方没有必要做某事。和表示“不应该做某事”的意义一样，“V 什么 V”句式是通过反问语气来表示“没有必要做某事”的意义的。由于这种意思不是明说的，是需要对方自悟的，所以说话者往往在后面补充说明没有必要做某事的原因，或者先说明没有必要做某事的原因。例如：

①找什么找，咱这人你知道，升上去吃饭，不升也吃饭，用不着走上层路线！再说，因为这种事麻烦人家，也不好意思。（刘震云《官场》）

这里说话者的意思是：没有必要找上级领导，因为升官不升官的结果对我来说都是一样的，同时还得给人家添麻烦。

②“再跟他谈谈！”妈妈说。林小枫用筷子扒拉着碗里的米粒儿，“都到这份儿上了，还谈什么谈？”“得谈！不谈怎么能知道他和那女的到底什么关系。”“不谈也能知道。证据在那儿呢。”（电视剧《中国式离婚》）

这里“林小枫”的意思是：没有必要谈，因为有证据，不谈也能知道“他和那女的到底什么关系”。

③康元智接过那叠虽薄却情意深重的钞票，一时之间不知该如何感谢他，只能轻声道一句：“谢谢。”“谢什么谢，你是我师父，又是我的好哥儿们。”（冷玥《未婚夫你是谁》）

这里“他”的意思是：没有必要谢我，因为你和我的关系很近。

④鬼是怕人的，你怕什么怕？（麦家《风声》）

这里说话者的意思是：鬼怕人，所以你没必要怕鬼。

以上我们举例说明的是“V 什么 V”句式的第二种语法意义：没有必要做某事。这种意义也不是明说的，也是通过反问的语气让对方自悟的。

（三）不具有某种性质状态

当“省略式反复反问句”的谓语中心是形容词的时候，它的语法意义是否定该形容词所表示的人或事物的性质状态，表示主语所代表的人或事物不具有该性质状态（但主语经常省略）。说话者往往补充说明自己的论断的根据，或者先说明自己的论断的根据。例如：

① 石继志躺到床上，枕着胳臂道：“到四川，上峨眉山去！”柳才儿不由喜得一跳老高，叫道：“真的呀？那可太好了！”石继志不由一怔，皱了皱眉道：“你又不去，好什么好！”那柳才儿马上变得不高兴了，哭丧着脸道：“怎么不带我去，那我怎么办呢？”（萧逸《七禽掌》）

这里“好什么好”的意思是“（到四川，上峨眉山去对你来说）不好”，后面补充说明了这个论断的根据——“你”不去（我不带你去），是我自己去。

② 一直在盯着玉莲的江波看见她的举动，失望地说：“笨蛋！谁要吃东西？”玉莲斜了江波一眼：“笨什么笨？你脑袋想啥你以为我不知道啊？”（电视剧《敌营十八年》）

这里“笨什么笨”的意思是“（我）”不笨，后面补充说明了这个论断的根据——“你”脑袋想啥“我”都知道（这个根据也是用反问句来表示的）。

③ 施南生解释道：“她年纪有点大。”拉拉不以为然：“人家还不到35岁，大什么大呀！”（李可《杜拉拉升职记》）

这里“大什么大”的意思是“（她）不算大”，前面先交代了这个论断的依据——“人家还不到35岁”。

以上我们分析归纳了“省略式反复反问句”的语法意义，这三种语法意义与“不应该V”“不用V”“不A”这三种否定句所表示的意义相当，但说话者使用这种句式的时候，他的意图并不是仅仅让对方知道不应该做某事、不用做某事、不具有某种性质状态，否则会直接说“不应该V”“不用V”“不A”，他的意图是用来实现“不应该V”“不用V”“不A”这三种否定句所不具备的语用功能，所以人们用它来代替“不应该V”“不用V”“不A”这三种否定句。下面我们再来谈谈“省略式反复反问句”的语用功能。

四、省略式反复反问句的语用功能

省略式反复反问句是口语中经常使用的一种句式。根据我们平时对省略式反复反问句的用意的体会以及分析归纳可知，省略式反复反问句实际上是用来责备并制止、劝阻对方的行为以及拒绝对方的建议、否定对方的观点等的，是用反问的方式实现责备并制止、劝阻、拒绝、否定等意图，而之所以用反问的方式来实现责备并制止、劝阻、拒绝、否定等意图，是因为反问句可以表现愤怒、不满、轻蔑等情感，而将反问句进行反复，尤其是进行不完整的反复，更能突出这些情感。这就是省略式反复反问句的语用功能。下面我们从表示责备并制止、劝阻、拒绝、否定等意图和表示愤怒、不满、不屑等情感两个角度，举例说明省略式反复反问句的语用功能。

（一）表意功能

我们这里所说的“表意功能”，指的是省略式反复反问句的表达说话者的意图的功能。省略式反复反问句能够用来表示责备并制止、劝阻、拒绝、否定等意图。下面我们分别加以说明。

1. 用来责备并制止对方的行为

用来责备并制止对方的行为，是“V 什么 V”式的省略式反复反问句的常用功能之一。例如：

① 这孩子，莫名其妙的，哭什么哭！（谭竹《一生有多长》）

这里“哭什么哭”的意思是“不应该哭”，用来责备并制止“这孩子”哭。

② 叫什么叫，你活得不耐烦了？（电影《硬汉》）

这里“叫什么叫”的意思是“不应该叫”，用来责备并制止对方“叫”。

③ 别人都还没有反应过来，马梓威便先急眼了……左文录瞟了马梓威一眼，鄙夷地说：“我这不是提方案吗？还要等旅座最后定夺嘛，你急什么急？（徐贵祥《历史的天空》）

这里“你急什么急”的意思是“你不应该急”，用来责备并制止对方对自己“急”（发火）。

有时候，说话者用“V 什么 V”句式责备并制止对方的行为时，随后说出责备并制止的原因。例如：

④ 小勇急得大叫。一个警察很不客气地朝他吼道，叫什么叫，还没轮到你说话呢！（裘山山《正当防卫》）

这里用“叫什么叫”来责备并制止对方“叫”，随后说明了责备并制止对方“叫”的原因——还没轮到他说话。

⑤“淑英，你听我解释啊，你不能这样冤枉我啊！”“解释什么解释，人都找上门了。”（电视剧《丑女无敌》）

这里用“解释什么解释”来责备并制止对方“解释”，随后说明了责备并制止对方“解释”的原因——人家已经为这事找上门来了，解释也没用了。

有时候，说话者用“V 什么 V”句式来责备并制止对方的行为时，随后说出对方该怎么做。例如：

⑥ 闹什么闹，给我老老实实地坐着。（人民网《一大学生自述传销窝点经历被洗脑十几天》）

这里先用“闹什么闹”来责备并制止对方“闹”，随后指出他们应该“老老实实地坐着”。

⑦ 你们急什么急！就不能割慢一点！”（《读者（合订本）》）

这里先用“你们急什么急”来责备并制止对方割水稻着急的做法，随后指出应该慢一点割。

2. 用来劝阻对方的行为

“V 什么 V”式的省略式反复反问句有时用来劝阻对方的行为。例如：

① 多铎道：“这是大明内战，范司马你愁什么愁？”（电视剧《江山风雨情》）

这里“你愁什么愁”的意思是“你不用愁”，用来劝阻“范司马”发愁，前面还说明了“你不用愁”的原因。

② 同时小航也替姐姐急，一个女的，三十多了，豆腐渣了，这么优秀的丈夫没主动提出来休你就不错了，你还不说小心巴结着珍惜着，闹什么闹？真离了婚再上哪儿去找何建国这样的，除非你不打算再结婚了！（电视电影《新结婚时代》）

这里“闹什么闹”的意思是“不应该闹”，用来劝阻姐姐“闹”的做法，前面还说明了“不应该闹”的原因，后面还说明了“闹”的后果。不过，这段话其实只是“小航”的心理活动。

③ 放心，我死不了。担心什么担心，有什么好担心的。笑给你们看。别提我有多开心了。（微博）

这里“担心什么担心”的意思是“不用担心”，并带有不以为然的语气，用来劝阻对方担心自己，后面还说了一些安慰对方的话。

3. 用来拒绝对方的建议、想法等

当说话者认为对方的建议、想法求等非常不合理的时候，经常使用“V什么V”句式来否定对方的建议、想法等的合理性，从而表示拒绝对方的建议、想法等。例如：

① 老陈朝正要制止他们的小李摆摆手说：“你让他们说。”“说什么说$_e$！”（朱辉《青玉案》）

这里“说什么说”的意思是“不应该让他们说”，用来表示拒绝“让他们说”的建议。

② 柳真清说：“这人好不懂礼貌，我们走吧。”文涛说：“走什么走$_e$，古人都主张百家争鸣，听一听有好处的。”（池莉《凝眸》）

这里“走什么走”的意思是“不应该走”，用来表示拒绝“柳真清”的“走”的建议。

③“咱们……走吧？……”他看看手表，又看看王松山。“走？没个结果，走什么走$_e$？白来一趟啊？……”王松山有些光火。（梁晓声《冉之父》）

这里“走什么走”的语用功能与上一例相同。

有时对方提出建议后，用“好吗”或“好不好”来征求意见，在这种情况下，说话者有时用“好什么好”来表示拒绝。例如：

④“我遗下的财产三分之一是我妈的，我想这些足够她用了，剩下的三之二我打算捐出去，至于我的摄影器材，还有一些这些年来我陆陆续续拍下来的照片全送给你做纪念，好吗？”“好什么好！”家伟嘶哑地吼。“我才不稀罕你那些什么你自认为是宝贝的烂东西呢！”（于晴《触不到的爱》）

这里对方用“好吗”来征求意见，“家伟”用“好什么好”来表示拒绝。

4. 用来否定对方的观点

如果对方或他人用形容词A来对人或事物的性质状态作出评价，说话者有时使用“A什么A”的句式来否定对方或他人的观点。例如：

①“没有死人，这就好！”李杰明长出了一口气。“好什么好？！”林雁冬白了李杰明一眼。（谌容《梦中的河》）

这里“林雁冬”用“好什么好”来否定“李杰明”的“没死人就好”的

观点。

②“我没有偷懒……我在画画。”“我当然知道你在画画，我看到了。”……她点点头，“那就对啦。”“对什么对？”他皱起眉毛，“你现在把工作的时间拿来私用，你惭不惭愧？”(简璎《爱情来得狂》)

这里“他”用“对什么对”来否定“她”的观点(“她”的意思是：你知道我在画画而没有偷懒，这种看法是对的)。

③公交车上听到两个初中小女孩的对话：a：哎～你和他的事，家长同意了吗？b：嗯，我妈同意了，而且觉得他挺好的，特老实。老爸有点不愿意，觉得我还太小了。a：小什么小？又不是小学生了，怕什么？(百度贴吧·青岛62中吧)

这里“a”用“小什么小”来否定“b”的爸爸认为“b”小的观点，并带有鄙视这种观点的语气。

“A什么A”句式本来是用来否定对方对第三方的评价的，有时也用来回应对方对自己的表扬，表示自谦。例如：

④a：你唱得真好。b：好什么好，唱着玩呗。

这里b用“好什么好”来回应对方表扬他唱歌好，从而表示出谦虚的态度。

以上我们分析了省略式反复反问句表达说话者的意图的语用功能。

(二)表情功能

前面我们分析了省略式反复反问句的表意功能：用来表示责备并制止对方的行为，用来表示劝阻对方的行为，用来表示拒绝对方的建议、想法等，用来表示否定对方的观点。省略式反复反问句所表达的这些意图本来也可以用“不应该V”“不用V”“别V”“不V”“不A”等否定句来表示，但它还具有更强的表达愤怒、不满、轻蔑等情感的功能，也就是说，它所表达的愤怒、不满、不屑等情感比这几种否定句强烈得多，比“V什么”“A什么”式的反问句也强烈一些，这是人们用省略式反复反问句代替否定句和“V什么”“A什么”式的反问句的主要原因。我们把省略式反复反问句的这种表达情感的语用功能简称为“表情功能”。下面我们具体加以说明。

1.表示愤怒与不满

当说话者看见对方做不应该做的事而感到愤怒和不满的时候，或者认为对方的建议非常不合理而感到愤怒和不满的时候，常使用“V 什么 V 句式”，一方面表示责备并制止对方的行为、拒绝对方的建议；另一方面表达愤怒和不满的情绪。例如：

① “你还有点阿 Q 精神。”“喂喂，你们两个，说什么说！”“上司”冲着萧遥他们嚷道……（郁秀《花季雨季》）

这里“说什么说”是用来责备并制止对方说话的，它的这种表意功能与“别说了”“说什么”差不多，但同时流露出了更强烈的愤怒与不满情绪。

② 品慧疑惑地瞪了云飞一眼，忙对丫头家丁们挥手。“没事！没事！都干活去！看什么看！”丫头家丁散去了。云飞气得脸色发青。（琼瑶《苍天有泪》）

这里“看什么看”用来责备并制止“丫头家丁”们看“云飞”他们吵架，它的这种表意功能与“别看了”“看什么”相当，同时流露出了更强烈的愤怒与不满情绪。

③ 我跳起身子，往厨房就跑，奶奶直着喉咙嚷：“扯了我的毛线团了，跑什么跑？女孩子也没一点文雅样儿。”（琼瑶《在水一方》）

这里“奶奶”用“跑什么跑”来责备并制止“我”跑，它的这种表意功能与“别跑了”“跑什么”相当，同时流露出了更强烈的愤怒与不满情绪。

④ 哭哭哭，哭什么哭。不知道我们本来已经很难过了吗？不知道我们看到你哭心都碎了吗？（微博）

这里“哭什么哭”用来责备并制止“我”哭，它的这种表意功能与“别哭了”“哭什么”相当，但流露出了更强烈的愤怒与不满情绪。另外，前面的“哭哭哭”是“哭”的反复，形容对方哭的时间长，流露出了厌烦的情绪。

“V 什么 V”句式本来是用来责备并制止对方的行为的，同时表达强烈的愤怒与不满情绪，以上四例中的“V 什么 V”句式就是如此。但有时说话者对对方做某事的行为虽然愤怒、不满，但又无能力制止，也使用“V 什么 V”句式来表示自己的愤怒与不满。例如：

⑤ 三良趁吸气的工夫，大喊一声：“看什么看！小心看到眼里拔不出来！”大家伙儿笑得更欢了。（万方《天使漫游拉连河》）

这里“三良”对围观的众人既愤怒不满，又无可奈何，于是使用了“看什么看”的句式来表达这种愤怒与不满的心情。对他来说，这种句式已经没有了表示制止的功能，但有责备和发泄愤怒与不满的功能。

⑥ 其他围在李思璇身边的男子见他碰了一鼻子灰，全幸灾乐祸地哈哈大笑。“笑！笑什么笑！”瘦小男子恼羞成怒地喝道。（碧洛《天地不容》）

这里“瘦小男子”用“笑什么笑”的句式来发泄对幸灾乐祸的众人的愤怒与不满的情绪。另外，前面的“笑！”是一个不完整的句子，意思是“你们竟然笑”，表示对对方笑行为的不满与指责。对于这个“瘦小男子”来说，“笑什么笑”也失去了制止的功能，只剩下责备和发泄愤怒与不满的功能。

⑦ 在他背后，儿子正蹑手蹑脚想出门。父亲一声喝斥，他愣在原地。妻子这时出来替儿子讲情：“他也一天没出去了，让他出去走走吧。”杜在新很恼火：“走什么走？！”（人民网《两任落马书记的“滑铁卢”——湖北彻查监利腐败》）

这里“杜在新”用“走什么走”来表示对妻子“让他出去走走吧”的建议的拒绝，同时还表示对儿子的愤怒与不满和对妻子的愤怒与不满。

2. 表示轻蔑的态度

“V 什么 V”句式在用来表示拒绝对方的建议或安慰对方时，可以表示对对方所担心的事情的结果或所希望出现的事情的结果的轻蔑。例如：

①“快躲起来，你老婆都来了！”“躲什么躲！大不了鱼死网破！”（电影《命运呼叫转移》）

这里“躲什么躲”所表达的意思与“不用躲”相当，但它同时还可以表示对对方所担心的自己的行为被自己的老婆发现的结果的蔑视。

② 老丛说：“其实你不一定比地委老冯差，说不定你比他有优势，你不是和省委许书记认识吗？你何不去找一找他！这种关系，平常不能用，但关键时候，还是可以用一下的！”……“找什么找，咱这人你知道，升上去吃饭，不升也吃饭，用不着走上层路线！再说，因为这种事麻烦人家，也不好意思。”（刘震云《官场》）

这里“找什么找”所表达的意思与“不用找”相当，但它同时还可以表示对“老丛”所提醒的自己找“省委许书记”的结果——升官的蔑视（当然，从故事情节上看，这是故意掩饰自己真实心意的话）。

③ 窦玉泉正色道：“老李，那时候情况特殊，我对你的……那不叫

指示，只能理解是在紧急情况下采取紧急措施的一种建议。这个话以后最好不要再提了。”李文彬却不识眼色，梗着脖子说：“老窦你也太心虚了。你怕什么怕？那时候想杀梁大牙的也不是你一个人，是革命需要嘛。”（电视电影《历史的天空》）

这里“窦玉泉”担心“那时候”他让“李文彬”杀梁大牙的事被别人知道，而“李文彬”用“你怕什么怕”来劝说他。这里的“你怕什么怕”所表达的意思与“你不用怕”相当，但同时也表示了对这件事被别人知道的结果的轻蔑。

3. 表示亲昵、友好

省略式反复反问句在用来制止对方的行为、拒绝对方的建议、否定对方的观点时，通常用来表示愤怒、轻蔑等不友好的情感，但对自己亲近、喜爱的人使用这种句式时，可以表示亲昵、友好的情感。在这种情况下，说话者的语气是柔和的，而不是粗暴、强硬的。例如：

① 李大富由口袋里掏出一叠钞票……康元智接过那叠虽薄却情意深重的钞票，一时之间不知该如何感谢他，只能轻声道一句：“谢谢。”“谢什么谢，你是我师父，又是我的好哥儿们。”（冷玥《未婚夫你是谁》）

这里“李大富”用“谢什么谢”来劝“康元智”不用客气，表现出了对“康元智”的亲昵的情感。

②李大夫关切地问康伟业谈了女朋友没有？康伟业红着脸说没有，还早呢……李大夫说早什么早？恐怕是瞧不起一般的姑娘吧？康伟业腼腆地一笑，不作声了。（池莉《来来往往》）

这里“李大夫”用“早什么早”来否定“康伟业”认为自己现在找对象还早的观点，以此来表示对“康伟业”的友好。

上面我们分析归纳了省略式反复反问句的“表情”功能。省略式反复反问句所表示的情感随着双方关系的不同和语境的不同而有所不同，除了上面归纳的几种之外，还有一些不典型的情感，如无可奈何等。例如：

③“师父，你就没想过再给汉汉找个妈吗？”“还找什么找，我都多大岁数了。”（电视剧《想爱都难》）

这里师父用“还找什么找”来拒绝徒弟对自己的建议——再找个对象，带有一种无可奈何的情感。

当对自己亲近、喜爱的人使用省略式反复反问句时，有时只是表示两个人的关系比较亲近、随便，没有什么特殊的情感。例如：

④香妹伏过来枕着他的肩头，说："你这几天好忙是吗？要注意休息啊！""忙什么忙？不就是天天这里会那里会吗？只是无聊，累倒不怎么累。"朱怀镜敷衍道。（王跃文《国画》）

这里"香妹"以为"朱怀镜"的工作很忙，而"朱怀镜"则不以为然地说"忙什么忙"，来否定"香妹"的想法，同时表示跟"香妹"的关系比较亲近、随便（两人是夫妻关系）。

⑤ 拉拉找施南生交涉："哎，南生，给你招的那个，不是挺好的吗？又勤快，又聪明，销售经验也足，你干吗不肯要？"施南生解释道："她年纪有点大。"拉拉不以为然："人家还不到35岁，大什么大呀！三十到三十五岁年龄段的销售代表，可是平均业绩最好的一组。我有数据依据的。"（李可《杜拉拉升职记》）

这里"施南生"说"拉拉"给他招的那个销售代表年纪有点大，而"拉拉"则不以为然地说"大什么大"，来否定"施南生"的说法，同时表示跟"施南生"的关系比较近、随便。

五、省略式反复反问句的生成机制

如前所述，"V什么V"句式和"A什么A"句式是"V什么"和"A什么"这两种反问句的省略式的反复，所以我们称之为"省略式反复反问句"。按理说，省略式反复反问句的生成机制并不复杂，只要在重复"V什么"和"A什么"句式的时候，省略重复句中的"什么"就可以了。但问题是，"V什么"和"A什么"是怎样由询问动作行为的对象变成反问动作行为的原因的？而同样作为表示反问的疑问代词，"V什么"和"A什么"中的"什么"意思并不一样，前者中的"什么"的意思相当于"为什么"，而后者中的"什么"的意思相当于"在哪里"，这种差异又是怎么形成的？同时，在将反问句"V什么"和"A什么"进行反复的时候，为什么不完整地反复？这几个问题都是弄清"V什么V"句式和"A什么A"句式形成机制的关键性问题，对于这几个问题，以往学术界没有提出合理的解释。

根据我们的研究，“V 什么 V”句式确实是“V 什么”式反问句的省略式反复，而“A 什么 A”句式是由“V 什么 V”句式类推成的，因此，“V 什么”式反问句是这两种省略式反复反问句形成的基础，要弄清这两种省略式反复反问句形成的机制，必须先弄清楚“V 什么”式反问句形成的机制。

（一）省略式反复反问句形成的基础

如前所述，省略式反复反问句是在用来反问动作行为的原因的“V 什么”式反问句的基础上形成的，那么，“V 什么”式反问句又是怎么形成的？以往有些学者谈到了“V 什么”式反问句的形成问题。高宁（2009）指出：“‘V 什么’格式是由疑问句引申为否定句的。”[①] 认为“V 什么”式反问句是由“V 什么”式疑问句演变成的，这种看法是符合逻辑的。而关于“V 什么”式疑问句演变为“V 什么”式反问句的过程，高宁（2009）引用了邵敬敏、赵秀凤（1989）的一段话来说明：“疑问代词‘什么’有两个基本作用，一表示指代对象，二表示疑问语气。当它出现在特指疑问句中时，这两种作用同时发生效能，即既指代未知信息又负载疑问信息。但在引申用法中，这两种作用就发生了变化，指代作用弱化，而疑问作用则转化为否定作用。”[②] 认为“V 什么”式反问句中的“什么”用的是否定用法，是由于“指代作用弱化”导致“什么”的“疑问作用转化为否定作用”的。这段话并没有说明“什么”的指代作用是怎样弱化的，而认为“V 什么”式反问句中的“什么”用的是否定用法，这种看法也由来已久。王力先生早在 20 世纪 40 年代出版的《中国现代语法》就已经指出：“有一种‘什么’用于否定语或反诘语里，系表示坚决的否认，或强烈的辩驳。”[③] 之后许多学者也都持有这种观点，如吕叔湘（1999）认为，用在动词后和形容词后的“什么”能够表示否定，如“你跑什么”“挤什么”“重什么”“麻烦什么”等[④]。

其实，把“V 什么”式反问句中的“什么”看成“什么”的否定用法，这种观点并不正确。我们知道，反问句是用疑问句的形式表示否定的意义，这是反问

---

① 高宁：《“V 什么 V”格式研究》，吉林大学 2009 年硕士学位论文。

② 邵敬敏、赵秀凤：《“什么”非疑问用法研究》，《语言教学与研究》1989 年第 1 期。

③ 见王力《中国现代语法》，商务印书馆 1985 年重印本。

④ 吕叔湘：《现代汉语八百词（增订版）》，商务印书馆 1999 年版，第 485 页。

句的一种特殊的语用功能，反问句中不管有没有疑问代词，都可以表示否定的意义，这是人们的一种表达习惯。如："你不愿意去，我愿意去吗？"其中的"我愿意去吗"的意思与"我也不愿意去"相当。按照学者们的逻辑，应该把这种反问句中的疑问语气词"吗"看成是"吗"的否定用法，才能解释这种反问句为什么能表示否定意义，这显然是不符合实际的。同样，"V什么"式反问句中的"什么"仍然是疑问代词，指代动作行为的原因，它的功能相当于"为什么"，是整个句子的语气和语境表明整个句子是无疑而问，是反问，整个句子的表意功能相当于反问句，表示对动作行为的各种原因的否定，从而表示不该做某事、不必做某事等意义，并不是"什么"变成了具有否定意义的疑问代词。

经研究我们发现，表示反问的"V什么"句式是由表示疑问的"V什么"句式演变成的，由询问动作行为的对象演变为反问动作行为的原因，与"为什么V"式反问句相当，关于这一点，有的学者已经注意到了，如朱锡明（2005）指出：

> "X什么"句式中的宾语"什么"表示动作的原因，可以有如下变换：
>
> 你哭什么？→你为什么哭？
>
> 你心疼什么？→你为什么心疼？

朱锡明（2005）的变换分析无疑是正确的。不过，朱锡明（2005）仿照介宾短语"为什么"把"V什么"式反问句中的"什么"看成V的"原因宾语"，这是不对的，因为V并不是一个原因介词，其实这个"什么"是用来反问动作行为的原因的，它的意义相当于"为什么"，语法功能属于原因补语。不过，不管把它看成原因宾语还是原因补语，这并不影响对"V什么"式反问句的反问意义的理解，也不影响对"V什么"式反问句的否定功能的来源的认识。事实上，由于"V什么"句式是一个反问句，而"什么"指代V的原因，所以整个句子的意义是对V的一切原因、一切理由的否定，整个句子的否定意义是由整个句子的反问语气带来的，而不是"什么"相当于一个否定副词。那么，"V什么"是怎样由询问动作行为的对象的疑问句演变成反问动作行为的原因的反问句的？

其实，正常情况下的"V什么"式疑问句是不会由询问动作行为的对象的疑问句演变成反问动作行为的原因的反问句的，能够演变成反问动作行为的原因的反问句是反问动作行为的对象的反问句，由于反问动作行为的对象的反问句是无疑而问，是用来否定谓语动词所能支配的一切对象，这种情况下的“V 什么”式反问句虽然还是“主—动—宾”结构，但由于动作行为的对象是什么是不需要回答的，它也就很容易被重新分析[①]为反问动作行为的原因的反问句。例如：

① 你是个阿公，便叫将出来，说他几句，怕甚么。（南宋话本《快嘴李翠莲记》）

这里“甚么”是“什么”的早期写法。“怕甚么”是反问句，意思是“有什么可怕的”，言外之意是没什么可怕的，什么也不用怕，否定了对方可能怕的一切对象，怕的对象是什么是不需要回答的，因而整个句子听起来也像是在说“为什么怕”，“没有必要怕”。

由于用来反问动作行为的对象的“主—动—宾”结构的“V 什么”式反问句可以重新分析为反问对方做某事的原因的反问句，于是人们在这种现象的启发下，直接用“V 什么”式反问句来反问对方做某事的原因，这样，“V 什么”句式就演变成了反问对方做某事的原因的反问句，整个句子的结构也由“主—动—宾”演变为“主—动—补”。例如：

②（末跪云）谢小姐不弃，张珙今夕得就枕席，异日犬马之报。（旦云）妾千金之躯，一旦弃之。此身皆托于足下，勿以他日见弃，使妾有白头之叹。（末云）小生焉敢如此！（末看手帕科）【后庭花】春罗原莹白，早见红香点嫩色。（旦云）羞人答答的，看甚么？（王实甫《西厢记》）

这里“羞人答答的，看甚么”是一个因果关系复句，意思是“你看那个手帕我觉得羞人答答的，所以你不应该看”。这清楚地表明，“旦”（崔莺莺）明知“末”（张生）是在看手帕，感到害羞，所以责问他“看甚么”，显然这个“看甚么”不是在问“末”（张生）看手帕的原因是什么，而是用来嗔怪张生看手帕的，一方面用来掩饰自己羞愧的神情，一方面表示对张生的亲昵的情感。再如：

③ 员外、妈妈并哥嫂一齐起来，大怒曰：“这早晚，东方将亮了，

---

① 重新分析：re-analysis，是人们对语言单位（语素、词、短语、句子）的意义或语法功能产生了新的理解，从而导致语言单位产生新的意义或新的语法功能，或者同时产生新的意义和新的语法功能。详见第二章第四节第一部分“（二）无施事出现的被动句中的空语类”中的注释。

还不梳妆完，尚兀自调嘴弄舌！”翠莲又道：“爹休骂，娘休骂，看我房中巧妆画……今日你们将我嫁，想起爹娘撇不下；细思乳哺养育恩，泪珠儿滴湿了香罗帕。猛听得外面人说话，不由我不心中怕，今朝是个好日头，只管都噜都噜说甚么！（南宋话本《快嘴李翠莲记》）

这里“翠莲”的爹娘哥嫂在她出嫁这天的清早对她进行责骂，“翠莲”想到自己舍不得离开父母，而父母竟然在自己的出嫁日愤怒地责骂自己，很不满意，于是假装责备外面的人在自己的好日子“都噜都噜说甚么”，来责备爹娘哥嫂。这里的“甚么”已经完全没有了指代动作行为的对象的作用，单纯用来指代动作行为的原因，整个句子用来表示对对方行为的愤怒不满与责备。

有时候，“V什么”式反问句中的“什么”（甚么）的后面出现V的宾语，这种情况下的“什么”（甚么）在书面上看起来很像是宾语的定语，似乎不是指代V的原因。例如：

④ 员外却把课名天喜及鬼墓等事，细说一遍。孺人未及开口，忽听得员外身背一人高叫道：“问甚么卜？求甚么神？”……孺人道：“阿婆，怎见得不要问卜？不须求神？”（《三宝太监西洋记·第三回》）

这里“问甚么卜？求甚么神？”中的“甚么”看起来很像是“卜”和“神”的定语，但在当时的语境下（当然还有反问语调，只是从文字上看不出来），“孺人”听得很明白这是在反问她为什么要问卜、为什么要求神，意思是没有必要问卜、没有必要求神，所以“孺人”反问“阿婆”为什么没有必要问卜、没有必要求神：“怎见得不要问卜？不须求神？”

⑤ 若是氏儿前程远大，将来嫁得一个良人，一似尊神模样，偕老百年，也不辜负了春花秋月，说甚么富贵荣华。（元·邓玉宾《一枝花》曲）

这里“甚么”的后面出现了“说”的宾语“富贵荣华”，“甚么”显然不是指代“说”的对象，但也不是在询问“富贵荣华”的类别，因为“富贵荣华”通常是不分类别的，所以“甚么”显然也不是“富贵荣华”的定语，毫无疑问，“甚么”是指代“说”的原因的，整个句子的意思是“没有必要说富贵荣华”，表现出对富贵荣华的鄙视和对夫妻白头偕老的婚姻生活的向往。

从前面的几个例子中我们可以看出，指代动作行为的原因的疑问代词“什么”是由在及物动词后作宾语指代动作行为的对象的疑问代词“什么”演变成的，演变的机制是重新分析。由于“什么”由指代动作行为的对象的疑问代词演变成指代动作行为的原因的疑问代词后，仍然保留着指代动作行为的对象的用法，因而当它出现在及物动词后指代动作行为的原因时，看起来也像是指代动作行为的对象，当它出现在不及物动词后面指代动作行为的原因时，就不会呈现出这种双关的状态。例如：

⑥ 不提防一进门，劈脸就伸过一只纤纤玉手来，把阳伯胸前衣服抓住道：“傅大人，你跑什么！又不是姑太太来了，你怕谁呀？”（《孽海花·第二十二回》）

这里“跑”是不及物动词，是不带宾语的，我们可以清楚地看出“什么”是反问“跑”的原因的，很明显，“你跑什么”与反问句“你为什么跑”相当，意思是“你不用跑”“你没有必要跑”，用来阻止对方跑。

⑦ 跑下楼，叫：“妈妈，罢了！”鸨子说：“奴才，慌甚么？惊着你姐夫。”（元代话本《玉堂春落难逢夫》，见明代冯梦龙编订的《警世通言》卷24）

这里“慌”是形容词（但用的是动词的意义，意思是“发慌”），是不带宾语的，我们可以清楚地看出“慌甚么”与“为什么慌”相当，意思是“没有必要慌”，表达功能与“不要慌”“别慌”相当，但有愤怒与责备的语气。

另外，如果动词是双音节的，有时为了明确地表示“V什么”式反问句中的“什么”是指代动作行为的原因的，而不是动作行为的对象，通常把“什么”插在双音节动词的中间，而不是放在它的后面。例如：

⑧ 嫂嫂，你在这里，青天白日害甚么怕？（元杂剧《黑旋风双献功》）

这里说“害甚么怕”，而不说“害怕甚么”，可以使听者或读者清楚地知道“什么”是指代“害怕”的原因的，而不是指代“害怕”的对象。

值得注意的是，最初“V什么”式反问句只用来责备、制止对方做某事，并不是询问对方做某事的原因，但对方受到责备之后，往往申诉自己做某事的原因，这种情况下的“V什么”式反问句似乎有了责备、制止对方做某事和询问对方做某事的原因的双重作用。在这种现象的启发下，人们将“V什么”式反问句的用法进行了扩展，用来表示对对方做某事的原因感到疑惑并询问他做这件事的原因。我们先来看一下受到对方用“V什么”句式责备后而申诉自己的理由的例子：

⑨ 老鸨忙叫丫头去报玉堂春。丫头一路笑上楼来，玉姐已知公子到了，故意说："奴才，笑甚么？"丫头说："王姐夫又来了。"（元代话本《玉堂春落难逢夫》，见明代冯梦龙编订的《警世通言》卷24）

这里"玉姐"明知"丫头"是见"王姐夫"又来了而笑，而这正是"玉姐"所盼望的事，却为了维护自己的面子，故意责问她"笑甚么"，在当时的情景下，"丫头"当然也知道"玉姐"为了维护自己的面子假装责问自己，这种情况下的"笑甚么"既像是在责备"丫头"笑，又像是在问"丫头"笑的原因，因而"丫头"也回复了笑的原因。在这种情况下，"笑甚么"同时具有了责备对方笑的行为和询问对方笑的原因的双关作用。再如：

⑩ 将近有一更时分，行者心中有事，急睡不着。他一毂辘爬起来，到唐僧床前叫："师父。"此时长老还未睡哩，他晓得行者会失惊打怪的，推睡不应。行者摸着他的光头，乱摇道："师父怎睡着了？"唐僧怒道："这个顽皮！这早晚还不睡，吆喝什么？"行者道："师父，有一桩事儿和你计较计较。"（《西游记·第三十八回》）

从语境上看，这里"行者"到该睡觉的时候还没睡，并且呼叫"唐僧"、摇晃"唐僧"，"唐僧"就生气了，用"吆喝什么"来呵斥他，显然"吆喝什么"是用来责备并制止"行者"睡觉时"吆喝"的行为，但"行者"申诉了"吆喝"的原因，这种情况下的"吆喝什么"似乎既有责备并制止"行者"睡觉时"吆喝"的作用，也有了询问他"吆喝"的原因的作用。再如：

⑪ 一语未了，只听见背后咳嗽了一声。二人吓的忙回顾时，原来是窗友名金荣的。香怜本有些性急，便羞怒相激，问他道："你咳嗽什么？难道不许我们说话不成？"金荣笑道："许你们说话，难道不许我咳嗽不成？我只问你们，有话不分明说，许你们这样鬼鬼祟祟的干什么故事？我可也拿住了，还赖什么？先让我抽个头儿，咱们一声儿不言语。不然大家就翻起来！"秦、香二人就急得飞红的脸，便问道："你拿住什么了？"（《红楼梦·第九回》）

这里"香怜"和"秦钟"出来说话的时候，"金荣"悄悄跟了出来，并故意咳嗽一声，示意他知道他们在说悄悄话，提醒他们注意影响，从而达到讽刺他们的目的。"香怜"当然明白"金荣"咳嗽的用意，所以非常生气，质问他："你咳嗽什么？”用来指责“金荣”的咳嗽。接着“香怜”又明知故问地说：“难道不许我们说话不成？”言外之意，我们是在正常说话，正常说话难道还值得你提醒、讽刺吗？“难道不许我们说话不成”这一句的补充，又把“你咳嗽什么”处理成了质问“金荣”咳嗽的原因，使“你咳嗽什么”成了双关语。当然，从人物心理上讲，“香怜”这一句其实也是试探性的话，说明他也想知道“金荣”想怎样诬陷他们，他们也是有点“心虚”，这一点从后面的“秦、香二人就急得飞红的脸”这个描写也可以看出来。“金荣”当然明白“香怜”的意思，既是指责他，又是质问他，所以先反问道：“许你们说话，难道不许我咳嗽不成？”来回应“香怜”的指责，言外之意，你们说了悄悄话，还不允许我讽刺？我的讽刺是正当的，然后又说出了足以作为讽刺他们的理由的“证据”。

以上三例中的“V 什么”式的疑问句主要是用来责备对方做某事的，但同时也可以理解成是在询问对方做某事的原因。“V 什么”式疑问句就是在这种双关的状态的启发下进一步引申成纯粹询问对方做某事的原因的疑问句的。例如：

⑫ 冯氏便问：“叫我有什么事？女儿活了，应该喜欢，为何反倒哭起来了呢？莫不成牛驴子死了，你心疼他吗？”柳洪道：“那盗尸贼，我心疼他做什么？”冯氏道：“既不为此，你哭什么？”柳洪便将银子失去十封的话说了一遍，“因为心疼银子，不觉泪流。”（《三侠五义·第三十七回》）

这里“你哭什么”是用来询问“柳洪”哭的原因的，它的意思与“你为什么哭”是一样的，但比“你为什么哭”的说法所流露出的疑惑的心情更重，这是因为，询问原因的疑问代词“什么”处在句末焦点的位置上，具有突出询问动作行为的原因的作用。再如：

⑬ 她还不能够明白鸣凤为什么要这样伤心。但是她已经被这个少女的哭声感动了。她温和地问道：“鸣凤，怎么了？你哭什么？”（巴金《家》）

这里“她”不明白“鸣凤”为什么伤心地哭，于是关切地问她“怎么了，哭什么”，这里的“哭什么”是真正询问“鸣凤”哭的原因的，而不是对“鸣凤”的哭的责备和制止。

以上我们分析了“V 什么”式反问句和“V 什么”式询问句的形成机制。那么，人们是怎样确定“V 什么”句式究竟是责备并制止对方做某事，还是询问对方做某事的原因的？这主要是根据“V什么”句式的句重音和语调。当句重音在“什么”上同时整个句子使用降调的时候，句子是“V什么”式反问句，用来责备并制止对方做某事；当句重音在V上同时整个句子使用升调的时候，句子是“V什么”式询问句，用来询问对方做某事的原因。

“V什么”句式由责备对方做某事的反问句演变成了询问对方做某事的原因的疑问句，都说明了“V什么”句式中的“什么”是指代动作行为的原因的疑问代词，而责备对方做某事的“V什么”式反问句又是由询问动作行为对象的疑问句“V什么”演变成的。作为“V什么V”式反问句形成的基础的“V什么”句式是“V什么”式反问句，就是用来责备并制止对方做某事的“V什么”式反问句。

“V什么”式反问句本来是用来表示责备并制止对方做某事的，在这个基础上，人们又对这种用法进行了扩展，用来表示拒绝对方提出的做某事的建议。例如：

⑭ 女子急牵住他衣裾道：“不要慌！且再商量。”唐卿转身来抱住道：“还商量甚么！”（《初刻拍案惊奇·卷三二》）

这里“唐卿”用“还商量甚么”来反问“女子”提出的“再商量”的建议的必要性，从而表示对这个建议的拒绝。

“V什么”式反问句在使用的过程中，有时借助语境省略动词V。例如：

⑮ 朱传文：什么我们老朱家自私！我们是对秀儿好才留她在老朱家。（电视剧《闯关东》台词）

这里“什么我们老朱家自私”前借助语境省略了动词“说”。

⑯ 党向民激动地站起来：“总理，这怎行。说好了是我请客的啊！”“什么你请客？还不是县委出钱？”（《市场报·1994年A》）

这里“什么你请客”前借助语境省略了动词“说”。

⑰ 他们铁了心，什么艺术不艺术，“大团结”第一。（王浙滨《生为女人》）

这里“什么艺术不艺术”的前面省略了动词“管（他）”。

⑱ 自己有了丈夫，还要跟辛楣勾搭，什么大家闺秀！（钱钟书《围城》）

这里“什么大家闺秀”的前面省略了动词“算”。

“V 什么”式反问句在用来表示拒绝对方的建议的时候，实际上是否定了对方的建议。在这个基础上，人们对这种用法又进行了扩展，用来否定对方对事物性质状态的认识上，而事物的性质状态是用形容词来表示的，这样由“V 什么”式反问句又扩展出了“A 什么”式反问句，而“A 什么”式反问句是“A 什么 A”式反问句形成的基础。例如：

⑲ 智化叹道：“皆因小弟一时忽略，忘记知会。嫂嫂只当有官兵捕缉，立刻将侄儿侄女着人带领逃走了。”真是英雄气短，儿女情长。钟雄听了此句话，惊骇非常，忙问道：“交与何人领去？”智化道：“就交与武伯南、武伯北了。”钟雄听见交与武氏弟兄，心中觉得安慰点了，点头道：“还好，他二人可以靠得。”智化道：“好什么！……武伯南背负着侄儿，落将下去……却是武伯北将他主仆推下去的。”（《七侠五义·第一百二十回》）

这里“钟雄”认为“嫂嫂”将“侄儿侄女”交给“武伯南、武伯北”领走“还好”，“智化”便用“好什么”来否定这种看法，等于说“不好”，同时流露出了愤怒的情感，随后说明了自己说“好什么”的原因：“武伯南”背着“侄儿”在山上走的时候，被“武伯北”推到山沟里去了。

以上我们探讨了作为“V 什么 V”句式和“A 什么 A”句式形成基础的“V 什么”式反问句和“A 什么”式反问句形成的机制。下面我们就可以进一步探讨“V 什么 V”句式和“A 什么 A”句式这两种省略式反复反问句的形成机制了。

（二）省略式反复反问句的形成

如前所述，省略式反复反问句有“V 什么 V”句式和“A 什么 A”句式两种，其中“V 什么 V”句式是在“V 什么”式的反问句的基础上形成的，而“A 什么 A”句式是由“V 什么 V”句式类推成的。下面我们分别加以说明。

1.“V 什么 V”句式的形成

前面我们分析了“V 什么”式反问句和“A 什么”式反问句形成的机制。从具体的用例来看，人们在使用“V 什么”式的反问句责备并制止对方做某事的时候，同时用来表达愤怒与不满的情绪，但由于其中的疑问代词“什么”容易使人觉得有询问做某事的原因的意思（后来“什么”也因此引申为表示询问原因的代词），所以整个句子所表示的愤怒与不满的情绪不是很强烈，于是人们在使用这种句式责备并制止对方做某事的时候，把它反复一次，从而表达出更强烈的愤怒与不满的情绪，这样就形成了“V什么V什么”式的反复反问句。“V什么V什么”式的反复反问句与“V什么”式的反问句在形式上有明显的区别，由于反问语气的强化，完全否定了对方做某事的原因的合理性，给人以一种不容申辩的气势，对方不会再有询问做某事的原因的感觉。例如：

①“这位军爷，小的是来向江爷请罪的，劳你大驾通报一下。”说完塞那侍卫些银子。那侍卫掂了掂收起来说：“等着吧。”他就朝里面走去，来到西厢房敲了几下门：“总爷，总爷！”“嚷什么！嚷什么！”江彬此时正在睡觉。（民国·齐秦野人《武宗逸史》）

这里“江彬”连说两遍“嚷什么”（将“嚷什么”反复一次），用来责备并制止“侍卫”喊叫自己，表现出强烈的愤怒与不满。

②看什么，看什么？我长得又不漂亮。（周郎《奇兵系列之美人拳》）

这里将反问句“看什么”反复一次，用来责备并制止对方看自己的行为，表现出强烈的愤怒与不满。

③哭什么，哭什么，有什么好哭的！（谭竹《少女日记》）

这里将反问句“哭什么”反复一次，用来责备并制止对方哭，表现出强烈的愤怒与不满。

④看什么看什么？都躲开一边去。（王朔《千万别把我当人》）

这里将反问句“看什么”反复一次，中间没有语音停顿，气势更强大，更能表示对对方看自己的行为的愤怒与不满。而当人们对对方的行为非常愤怒与不满而使用“V什么”式反问句的反复形式进行指责的时候，往往由于怒不可遏而反复不完整，于是就形成了“V什么V”式的省略式反复反问句。例如：

⑤陈柳说：“我怎么昧心？我只问声狄大叔，他说该与你，我就与你去了。我待要你的哩！”李九强说：“杭杭子的腔！罢！你问甚么问，你可倒那布袋还我。”（《醒世姻缘传·第四十八回》）

这里“你问甚么问”是反问句“你问甚么”的不完整的反复形式，用来表示“你没有必要问”的意思，而由于“李九强”对“陈柳”打算问“狄大叔”该不该把“那布袋”还给他的做法极为愤怒与不满，以至于没能把“你问甚么”的句子完整地反复一遍，刚反复说出“问”就说不下去了（主语“你”承前省略了），但由于已经说出了“你问甚么”这个反问句，“陈柳”当然能够明白“李九强”的意思，同时由于重复句中只说出了一个“问”字，“陈柳”更能体会出“李九强”的怒不可遏的心情。当然，我们的这种分析是就“V 什么 V”这种省略式反复反问句最初形成的机制而言的，而如果《醒世姻缘传》中的“V 什么 V”句式不是最早的省略式反复反问句，那么它实际上是套用了现成的“V 什么 V”句式造出的[①]，因为一种句式形成之后，人们就可以根据它的格式类推造句，而无须重复它的生成过程。因此，在一般情况下，“V 什么 V”句式只能说是反复式反问句“V 什么 V 什么”的省略形式，而不能说是由于怒不可遏说不下去话而形成的省略式反复反问句。再如：

⑥ 惠希仁合单完齐道：“混话！甚底根菜壶酒合你做朋友哩！拿出锁来，先把这刘芳名锁起来，合他玩甚么玩！进去拴出童氏来！”（《醒世姻缘传·第八十回》）

这里“合他玩甚么玩”是反复句“合他玩甚么玩甚么”的省略形式，表示对对方说“混话”的行为非常愤怒与不满。

由于“V 什么 V”句式具有较强的表达能力，因此作为一种固定的句式被人们反复使用，而在反复使用这种句式的过程等中，人们又对它的用法进行了扩展，不仅用它来表示制止对方的行为、拒绝对方的建议，还用它来表示诚恳的劝阻，表示对方所要做的事是没有必要的，这时说话的口气是柔和的，不带有愤怒与不满的情绪，对方借助语境以及双方的关系也能体会说话者的意思，能够感觉对方的劝阻是非常诚恳的。例如：

⑦ 魏三封道：“我也不合他到官，我只拿出小科子来叫列位看看明白……”众人道：“老程，你那主意成不的。魏大哥，你听俺众人一言，看甚么看？想他这娘儿两个也羞不着他甚么。”（《醒世姻缘传·第七十二回》）

这里“看甚么看”的意思是“没有必要（让大家）看”，用来劝阻“魏三封”，感觉比“没有必要（让大家）看”的否定说法更诚恳。

---

① 朱锡明《口语中的“X 什么”与“X 什么 X”句式》认为，“V 什么 V”句式最早出现在明末清初的《醒世姻缘传》中。从现有的预料来看，确实如此。见朱锡明《口语中的“X 什么”与“X 什么 X”句式》，《广西社会科学》2005 年第 9 期。

2. “A 什么 A” 句式的形成

如前所述，“V 什么 V” 句式是 “V 什么 V 什么” 式反复反问句的省略形式，是在 “V 什么 V 什么” 式反复反问句的基础上形成的，而 “A 什么 A” 句式是 “A 什么 A 什么” 式反复反问句的省略形式，由此来看，“A 什么 A” 句式应该是在 “A 什么 A 什么” 式反复反问句的基础上形成的，不过，我们在语料库中没有找到 “A 什么 A 什么” 式反复反问句的用例，如果不是因为语料不足的话，那么就应该是人们最初仿照 “V 什么 V” 句式将 “A 什么 A 什么” 式反复句直接省略成了 “A 什么 A” 句式，也就是说，“A 什么 A” 句式最初是由 “V 什么 V” 句式类推成的。“A 什么” 句式是用来否定对方对人或事物的评价的，而 “A 什么 A” 句式和 “A 什么” 句式一样，也是用来否定对方对人或事物的评价的，但 “A 什么 A” 句式比 “A 什么” 句式能够表示更强烈的主观情感。例如：

① 小姐说：“大家瞧瞧她这德行，是不是有病？饮料又不是我定的价，物价部门定的，全市都一样。再说两块钱一杯冰冻饮料，贵什么贵？喂，哪里好玩你去哪里玩吧，我们领导不在店里。”（池莉《不要与陌生人说话》）

这里顾客嫌饮料贵，而服务员用 “贵什么贵” 加以否定，并表现出了愤怒的心情和很强的主观性。

② A：这个袜子腰太紧了，我不能穿。B：紧什么紧，别人怎么穿的？

这里一方嫌袜子腰太紧不愿意穿，另一方愤怒地加以否定，并表现出了很强的主观性。这是我们自拟的例句。“A 什么 A” 句式在北方口语中经常使用。当一方对一个人或事物作出某种评价之后，另一方常常用 “A 什么 A” 句式加以否定。其他如 “冷什么冷”“热什么热”“大什么大”“小什么小”“松什么松”“高什么高”“低什么低”“矮什么矮”“酸什么酸”“甜什么甜”“苦什么苦”“坏什么坏”“远什么远”“近什么近”“难什么难”“容易什么容易”“贵什么贵”“便宜什么便宜”，等等，都表现出愤怒的情感和强烈的主观性。“A 什么 A” 句式虽然在口语中很常用，但在语料库中却是罕见的，大概是因为这种句式是口语句式，而各大语料库中口语语料本来就很少，再加上这种句式通常是用来不尊重、不友好、不理性地反驳对方的观点的，在反映现实生活的文学作品中也就很少出现，而语料库中的口语语料主要是来自文学作品。

有时候用“A什么A”句式回应对方对自己的评价，带有谦卑的语气。例如：

③ 老掌柜吸着水烟说：“亲家这一阵可忙？好长时间没见到你了！”人家叫一句“亲家”，可锅三哪里敢以“亲家”自居，忙站起来答话说：“忙什么忙，小门小户，忙也就是瞎忙。现在刚过罢年，我烤了一炉烧饼，给老掌柜送来尝尝鲜！”（刘震云《故乡天下黄花》）

这里“老掌柜”猜测性地评价“锅三”最近可能比较忙，而“锅三”则谦卑地回答“忙什么忙”，来否定“老掌柜”猜测性的评价。

有一点值得注意，有的“A什么A”形式的句子并不是真正的“A什么A”句式，而是“V什么V”句式，其中的形容词用的是动词性的意义，而不是形容词性的意义。例如：

④ 沈致文对他一凶：“现在放马后炮？有什么用？”“奇怪，你凶什么凶？”叶鸣吼了回去。（琼瑶《水云间》）

这里“叶鸣”用“你凶什么凶”指责“沈致文”用凶狠的态度跟自己说话。按照词典的解释，“凶”是“凶狠”的意思，是形容词，但这里指的是用凶狠的态度说话，这是一种可控的行为，显然这个“凶”不是当形容词用的，而是当动词用的，因而这里的“你凶什么凶”不是真正的“A什么A”句式，所以它的意思也不是“你不凶”，而是“你不应该这么凶”“你不要这么凶”。再如：

⑤ 金全礼说：“老丛，你该忙去忙，我也马上要回去了。”老丛一摆手：“忙什么忙，让别人去忙，我要盖房子！”（刘震云《官场》）

“忙”本来是形容词，但这里“忙什么忙”中的“忙”指的是抓紧时间做事情，用的是动词性的意义。

另外，如果形容词是双音节的，很少使用“AA什么AA”句式，因为这不够简洁，所以通常只说成“AA什么（呀）？”例如：

⑥ 逃犯说：“我的智商当然比一般人高，我可是个昆虫学家。”警察说：“聪明什么呀，像你们这种人只在变态方面比别人来事，别的地方都是狗屁。”（艾伟《标本》）

这里“聪明什么”的意思是“不聪明”，流露出了对对方不满和鄙视的情感，这里没有使用“聪明什么聪明”的形式。

六、省略式反复反问句中的空语类

如前所述，省略式反复反问句有“V 什么 V”和“A 什么 A”两种形式，我们依据空语类原理，确定“V 什么 V”句式是“V 什么 V 什么”式反复反问句的省略形式，而“A 什么 A”句式是由“V 什么 V”句式类推成的，但它本质上属于“A 什么 A 什么”式反复反问句的省略形式。下面我们说说省略式反复反问句中的空语类问题。

（一）省略式反复反问句的形式

从主语的有无和主语的位置上看，省略式反复反问句有三种形式，一种是无主语的，如“哭什么哭”；一种是有主语的。有主语的省略式反复反问句中，还有主语在句首和在句末的两种，前者如“你哭什么哭”，后者如“哭什么哭你”。这三种不同形式的省略式反复反问句中的空语类有所不同。下面我们分别加以说明。

（二）不同形式的省略式反复反问句中的空语类

在三种不同类型的省略式反复反问句中，后一个动词或形容词的前面都存在着空主语，后面都存在着空补语“什么”。例如：

①你叫什么$_e$叫$_e$，你撒什么野，你还想把这家再砸一遍吗？（王朔《过把瘾就死》）

这里后一个动词“叫”的前面存在着承前省略的空主语“你”，后面存在着承前省略的空补语“什么”。

②有个小孩偷她的包，被谢先生的女朋友发觉了，瞪了他一眼。那小孩不但不怕，还说：“你看什么$_e$看$_e$！”（《都市快讯》2003 年 6 月 11 日）

这里后一个“看”的前面存在着承前省略的空主语“你”，后面存在着承前省略的空补语“什么”。

由于省略式反复反问句通常是在对话中使用的，句子的主语是不言而喻的，因而经常省略，在这种情况下，前后的两个动词或形容词的前面都存在着空主语。例如：

③ 宋青翎恼羞成怒地斥道：“色猪，$_e$笑什么 $_e$笑 $_e$！不是已经要你忘了吗？你管我的感觉好不好！”（小言《极品恶男》）

这里“笑什么笑”的前一个“笑”和后一个“笑”的前面都存在着空主语“你”，后一个“笑”的后面存在着空补语“什么”。

④ 罗一郎“哦”了一声道：“看来你比我还惨。”司徒云道：“$_e$惨什么 $_e$惨 $_e$？路是人走出来的，我很高兴自己有机会到人世来走一遭。”（谢天《狼云传》）

这里“惨什么惨”的两个“惨”的前面都存在着空主语“我”，前一个“惨”前面的空主语属于情景语境省略型空主语，后一个“惨”前面的空主语属于上下文语境省略型空主语。后一个“惨”的后面存在着空补语“什么”。

⑤ 问：“贤亮，你怎么不写长篇？”答曰：“老了再写。”“你现在都六十多了，还不老呀？”“$_e$才六十多 $_e$老什么 $_e$老 $_e$？还早着呢！”（《文汇报》2003 年 8 月 25 日）

这里“才六十多老什么老”是由“才六十多”和“老什么老”两个句子合并成的，中间的停顿被取消了。“才六十多”的前面存在着情景语境省略型空主语“我”，而“老什么老”的前面存在着上下文语境省略型空主语“我”，后一个“老”的前面存在着承前省略型空主语“我”，后面存在着空补语“什么”。

有时承前省略的主语不是一个人或事物，而是一种行为，这样的空主语比较模糊，需要用心体会才能确切地补出。例如：

⑥ 李大夫关切地问康伟业谈了女朋友没有？康伟业红着脸说没有，还早呢……李大夫说 $_e$早什么早？恐怕是瞧不起一般的姑娘吧？康伟业腼腆地一笑，不作声了。（池莉《来来往往》）

这里“早什么早”前的空主语是“你现在找对象”。

⑦ 梅子爸爸妈妈不停地赞扬，说什么人一辈子遇到这么好的领导不容易，要珍惜，等等。其实 $_e$好什么好？我心里非常清楚：在她身边久了，说不定还会犯下极其严重的错误。（张炜作品选）

这里“好什么好”前的空主语是“一辈子遇到这么一个领导”。

有时将“V 什么 V”句子的主语承前省略，但在后一个 V 的后面补出主语，这种情况下，这种“V 什么 V”句句首的空主语属于移位型空主语，属于被动移位型空主语，是由谓语向前移位造成的。例如：

⑧ 你还念，$_e$念什么 $_e$念 $_e$你？（电话剧《没完没了》）

这里在“念什么念”的后面补出了主语“你”，这样前一个“念”前边的空主语就可以看成移位型空主语，是由谓语向前移位而形成的空主语，后一个“念”前边的空主语仍然属于承前省略型空主语“你”，后面存在着空补语“什么”。

有一点值得注意。由一个动宾短语作谓语中心构成“V 什么 V”句式时，“什么”通常要插在动词和宾语之间，而不是放在宾语之后，从而形成“V 什么 OVO”的省略式反复反问句，这实际上是“V 什么 V”句式的一种变体。例如：

⑨ 都吃饭了，还看什么电视看电视？（电话剧《没完没了》）

这里“还看什么电视看电视”是把表示反问的疑问代词“什么”放在了动宾短语“看电视”的中间，而重复句不是只重复“看”，说成“* 还看什么电视看”，而是重复“看电视”。这是为什么呢？因为前一个动词“看”带宾语（“电视”），如果后一个“看”不带宾语，会让人觉得句子的韵律非常不和谐，因为头大尾小，听起来不均衡。其他如北方口语里常说的“喝什么酒喝酒”“吃什么饭吃饭”“睡什么觉睡觉”，都是“V 什么 OVO”格式的省略式反复反问句。

另外，人们在用双音节动词作谓语中心构成“V 什么 V”句式的时候，有时省略双音节动词的后一个音节。例如：

⑩“你这是打电话跟谁汇报呢？”“汇什么汇，我才没那闲工夫儿呢。”（电视剧《乡村名流》）

这里“汇什么汇”是“汇报什么汇报”的省略形式。按照一般习惯，还可以说成“汇什么报汇报”。

另外，个别情况下，“V 什么 V”句式的后一个 V 前不省略主语。例如：

⑪ 我服了什么我服了！（中央电视台《曲苑杂坛》）

这里重复句中的主语“我”没有承前省略，感觉比省略主语“我”更能表示对对方的看法的否定和不满。

还有，有时一方的话没说完，刚说出一个主语，另一方就临时借用他刚说出的主语作动词，构成假性的“V 什么 V”句式，轻蔑地制止他说话。例如：

⑫“我……”“我什么我，30 个俯卧撑。”（北京峰子《我们的黄金时代》）

这里“我什么我”借用对方说出的主语“我”代替动词“说”，这个句子等于“说什么说”，制止他继续往下说话，表现出很强的轻蔑的语气。

前面我们讨论了省略式反复反问句的句法结构、语法意义、语用功能、生成方式等问题，希望能够对正确地认识省略式反复反问句有所帮助。

以上我们运用空语类理论分析了汉语特殊句式的句法结构、生成方式或来历、所包含的空语类，以及汉语特殊句式的语用功能等，从中我们可以看出，空语类理论在汉语句法分析上，具有巨大的实用价值。下面我们再来谈谈空语类理论的另一个实用价值，就是用来提高汉语语法教学的效率。

第四章　空语类理论在汉语语法教学上的运用

通过我们前面的分析论述，我们可以看出，空语类理论讲究句式的转换与生成，这对于认识汉语中的特殊句式的深层结构与生成方式非常有利，而句式的生成方式其实就是造句规则的体现，因此我们把运用空语类理论分析出的汉语句式的深层结构与生成方式向汉语学习者讲授，无疑可以大大提高汉语语法的教学效率，这一点无论在理论上还是在实践上都能得到证明。

第一节　目前汉语语法教学上存在的问题

自从 20 世纪 50 年代中期以来，由于"形式派"的语法观点在汉语语法学界占了上风，在汉语语法教学上，甚至在对外汉语语法教学上，都采取了"形式派"的汉语语法理论体系，但是"形式派"的汉语语法理论体系的缺点是很明显的，就是它通常只是孤立静止地分析汉语的句法结构，而不是按照组词造句的实际情况动态地分析汉语的句法结构，如"这本书我看过"这种宾语前置句，语法学界硬是要把它的前置宾语"这本书"分析成句子的主语，如果把这种看法教给外国汉语学习者，外国汉语学习者就不知道"这本书我看过"这种句式是怎样生成的、具有什么语用功能，因为它毕竟不是按照汉语"主--动--宾"语序造出的句子，这样他们也就可能不会使用这种句式。再如，现代汉语语法学界把"$V_{动}V_{量}$"结构（如"说说""想想""玩玩"）说成是动词重叠结构，而真正的动词重叠结构表示动量大（重复的次数多，持续的时间长等），如"磕磕碰碰"，表示"反复磕碰"的意思，"蹦蹦跳跳"，表示不停地蹦跳的意思，"搂搂抱抱"表示长时间地搂抱的意思，这样他们就可能由此类推，把"V

$_{动}V_{量}$”结构也理解成表示动量大，结果就会造出“* 我找找很多次，但是找不到”“* 女儿一面吃，一面聊聊，爸爸生气了”这种“$V_{动}V_{量}$”结构使用偏误的句子（详见下文）。

目前的汉语语法学界有时似乎也动态地分析汉语的句法结构，表现在“变换分析法”的使用上，但是这种“变换分析法”却有很大的随意性，它并不考虑两种句式是否真的存在变换关系，也不考虑句法成分的省略、移位等因素，所以它实质上还是静态地分析汉语句法结构。主要的现代汉语教材和语言学概论教材都喜欢用“变换分析法”说明语义分析在句法分析中的作用，常举的例子是“台上坐着主席团”和“台上唱着戏”，说“台上坐着主席团”可以变换为“主席团坐在台上”，而“台上唱着戏”却不可以变换为“戏唱在台上”，原因是“坐”有“附着”的义素，“唱”没有。而实际上，“主席团坐在台上”强调的是“主席团”坐的位置，强调的是位置的选择，而“台上坐着主席团”强调的是“台上”所存在的人——“主席团”及“主席团”所处的状态，它的原型不可能是“主席团坐在台上”，而应该是“主席团在台上坐着”，这种句式强调的是“主席团”所处的状态——坐着，所以可以将它变换为“台上坐着主席团”，强调“主席团”以“坐着”的状态在“台上”存在，这样转换成的是一个存在句。可见将“台上坐着主席团”变换为“主席团坐在台上”，是没有考虑二者在结构和意义上是否真的存在变换关系。至于“台上唱着戏”，这是一个普通的陈述句，动词“唱”的前面隐含着一个“演员们”之类的主语，它的完整形式是“台上演员们唱着戏”之类的，强调的是“台上”所发生的事情，如果要变换的话，只能将处所状语移到谓语动词前，变换成“演员们在台上唱着戏”，强调演员们在台上正在做的事。

总之，“形式派”的汉语语法体系中存在着很多弊病，在汉语语法教学上缺乏实用价值，正如孙德金在《传统语法：对外汉语教学语法的基础》[①] 一文中所说的那样：“语法教学在中学语文教学中已经走入了死胡同，核心的问题是语法教学陷入了语法分析的游戏之中，‘书我看了’中‘书’是大主语，‘我书看了’中‘书’又成了小主语，师生都被弄晕了，语法学习和学生运用语言能力变得没有关系。因其无用，语法在中学语文教学中的地位自然一落千丈。”形式派的语

---

① 孙德金：《传统语法：对外汉语教学语法的基础》，《语言教学与研究》2011 年第 6 期。

法分析，不仅对汉语的学习者——人来说没有实用价值，对计算机也是如此，正如孙德金在同篇文章中所说的那样："传统语法对主语、宾语的定义是和意义联系起来的，而结构主义语法对主语、宾语的定义主要看分布，看位置，不考虑意义。比如'这本书我看了'，'这本书'之所以是主语，就因为它处于句首。胡明扬（2002）[①] 在谈到1990年进行的一项汉英机译系统的试验结果时就指出：'结构主义语法体系的句子成分是不考虑意义的，因此实际上只是一种位置功能而不是句法功能，无法据此推出相应的语义解释。'这项试验以失败告终，这从实践层面证明了语法研究必须遵循形式和意义相统一的语法原则，违反这一原则就要付出代价。"为了挽回"形式派"的语法体系造成的不良结果，学者们引入多种比较先进的语法理论，作为对"形式派"的语法体系的补充，取得了一些成绩，其中空语类理论对"形式派"的语法体系尤其具有补充纠正作用，在汉语语法教学上具有很强的实用价值。

第二节　空语类理论在汉语语法教学中的作用

空语类理论是静态描写与动态分析相结合地分析句法结构，这对于分析汉语特殊句式的生成方式非常有效，因为汉语的特殊句式都是由汉语的一般句式转换成的，将空语类的分析方法运用到汉语语法教学中去，能够让汉语学习者深入透彻地理解和掌握汉语的特殊句式，避免常见的汉语语法偏误。由于本课题的主要任务是归纳分析汉语中常见的空语类，并运用归纳的结果分析汉语中常见的句法成分或句法成分一部分的省略、移位、隐含的现象，以及汉语特殊句式的句法结构、生成方式，在此基础上分析汉语特殊句式的语用功能，因而这里我们主要通

① 指胡明扬：《现代汉语语法的开创性著作——〈新著国语文法〉的再认识和再评价》，《语言科学》创刊号。另外，这里所说的"传统语法"相当于"意义派"所倡导的语法体系，而"结构主义语法"相当于"形式派"所倡导的语法体系。

过一些汉语语法偏误的例子[①]，说明空语类理论对于避免某些汉语语法偏误的产生、提高汉语语法教学效率的作用，至于汉语学习者在汉语语法上所发生的其他类型的偏误，我们这里就不展开论述了。

一、加深对汉语特殊句式的认识

我们知道，汉语是“主—动—宾”（SVO）型语言，“主—动—宾”句（谓语中心是及物动词）和“主—谓”句（谓语中心是不及物动词以及形容词）是汉语的基本句式，而所谓汉语的特殊句式，就是不按照“主—动—宾”语序和“主—谓”语序构成的句子，而这些特殊句式之所以不按照“主—动—宾”语序和“主—谓”语序构成，是为了表达不适合于“主—动—宾”句和“主—谓”句表达或“主—动—宾”句和“主—谓”句不能确切地表达的语法意义。例如，汉语的“具体存在句”采用的是主谓倒置（“谓—主”）语序，如“天上飞着一只鹰”，用来表示天上有一只鹰、这只鹰处于盘旋飞翔状态的意义，而如果采用“主—谓”语序，说成“一只鹰在天上飞着”，更适合用来说明一只鹰在天上所处的状态。再如，汉语的“事件句”采取的也是主谓倒置语序，如“村里死了一个老太太”，用来表示“村里发生了一个老太太死了的事件”，而如果采用“主—谓”语序，说成“村里一个老太太死了”，更适合用来说明一个老太太所发生的变化。又如，汉语的“变化句”采取的也是主谓倒置语序，如“王冕死了父亲”，用来表示“王冕成了没有父亲的人（孤儿）”，而如果采用“主—谓”语序，说成“王冕父亲死了”，更适合用来说明王冕父亲所发生的变化。如果我们汉语教师没有如实指出这几种句式的采取的不是“主—谓”语序，汉语学习者就很难学会使用这几种句式，因为他们不知道这几种句式是怎样生成的，当然也不知道它们的语用功能，他们可能需要通过对大量语料的接触才能学会使用这几种句式，而他们不一定能具备这样的条件。

关于与空语类现象有关的汉语特殊句式，我们在本书的第三章进行了集中说明，这些特殊句式主要有：存在句、变化句、事件句、处置句、宾语话题句、中

---

① 我们这里所引用的汉语语法偏误的例子都出自陆庆和著的《实用对外汉语教学语法》一书，北京大学出版社 2006 年版。

心语话题句、主语话题句、连谓谓语句、兼语句、动补宾谓语句、“动宾补”谓语句、单谓语任意条件句、“省略式反复句”等。如果不将空语类理论引入汉语句法分析中去，就很难正确、全面地认识这些汉语特殊句式。运用空语类理论，我们还可以将外部结构相似（词序相同[①]）而句法结构不同的句子进行区别，如将“具体存在句”与动作行为句相区别（如“台上坐着主席团”与“台上唱着戏”）相区别、将主谓句与“主语中心话题句”相区别（“姜是一种植物”与“姜还是老的辣”）。运用空语类理论，我们还可以将单句与紧缩复句相区别（如“你懂什么”与“你什么都懂”[②]）。将空语类理论引入汉语句法分析中，并将分析的结果运用到对外汉语教学中去，可以使汉语学习者加深对汉语的特殊句式的认识，这样无疑会提高教学效率。

二、避免某些汉语语法偏误的产生

外国汉语学习者在造句时所产生的某些汉语语法偏误现象与目前通行的汉语语法理论有关。目前通行的汉语语法理论在分析汉语句子的结构时，基本上不考虑句法成分省略和移位等因素，而很多汉语的特殊句式恰恰是经过句法成分的省略或移位等方式，由常规汉语句式转换成的，而空语类理论是动态地分析句法结构，充分注意到句法成分的省略、移位等因素，能够使汉语学习者深入地认识汉语特殊句式的句法结构和生成方式，进而理解汉语特殊句式的语法意义，从而正确地使用它，避免语法偏误的产生。下面我们通过具体的例子加以说明。

（一）避免“$V_{动}V_{量}$”谓语句的使用偏误

“$V_{动}V_{量}$”谓语句就是用“$V_{动}V_{量}$”短语作谓语或作谓语中心的句子。所谓“$V_{动}V_{量}$”短语，就是目前通行的汉语语法理论中所说的“动词重叠”，如“拍

① 我们这里所说的词序，指的是句子或短语中的词类顺序，就是不同词类的词的排列顺序，如“台上坐着主席团”这个句子的词序是：“名—动（着）—名”，而“台上唱着戏”的词序也是“名—动（着）—名”。词序和语序不同。语序指的是句子或短语中的句法成分的排列顺序，如“台上坐着主席团”的语序是“状—动—主”，而“台上唱着戏”的语序是“状—动（着）—宾”。

② 参见本书第三章第六节第三部分的“（三）前置宾语是已知信息的宾语话题句”。

拍”“看看”“玩玩”等，这种短语实际上是“$V_{动}$一$V_{量}$”短语的省略形式，如“拍拍”是“拍一拍”的省略形式，“看看”是“看一看”的省略形式，“玩玩”是“玩一玩”的省略形式等，它只是看起来像是动词重叠，所以我们称之为“动词类重叠”（详见本书第二章第一节第四部分“（三）数词性空语类与汉语动词类重叠”）。在某些方言区（如东北方言区），人们只说“$V_{动}V_{量}$”，而不说“$V_{动}$一$V_{量}$”。“$V_{动}$一$V_{量}$”短语中的“$V_{量}$”是借用前面的“$V_{动}$”所形成的借用量词，它的省略形式“$V_{动}V_{量}$”短语中的“$V_{量}$”当然也是借用量词。“$V_{动}$一$V_{量}$”短语等于说“V一下”，“$V_{动}V_{量}$”短语也等于说“V一下”。

由于“$V_{动}V_{量}$”短语是“$V_{动}$一$V_{量}$”短语的省略形式，所以“$V_{动}V_{量}$”短语所表示的语法意义与“$V_{动}$一$V_{量}$”短语所表示的语法意义相同，它的基本语法意义是动作行为进行的次数少（一次或几次），如“拍拍”的意思是“拍一下”或“拍几下”。“$V_{动}V_{量}$”短语的引申用法是用来表示动作行为持续的时间短、动作行为是尝试性的、动作行为是轻松随意的等，如“看看”的意思是“看一会儿”“随便看一下”，“碰碰运气”中的“碰碰”的意思是“碰一下试试”，等等。如果不向外国汉语学习者讲清楚这一点，他们在使用“$V_{动}V_{量}$”谓语句时，就容易发生偏误。例如：

①＊我在军队里的时候经常想想以前和朋友在一起过的日子。

这是陆庆和《实用对外汉语教学语法》（以下简称“陆庆和2006”）中所举的偏误句[①]，下面所引用的多个偏误句都出自该书。关于这个偏误句，陆庆和（2006）指出：

改：我在军队里的时候经常回想起以前和朋友在一起的日子。

分析：“想想”在表示“回想、回忆”意义时，一般用于祈使句。如：“你好好想想，那天是几点到家的？”叙述句只能用“回想”。

其实，这样的分析还不够彻底，不足以让学习者记住“想想”的用法，因为学习者不知道为什么“想想”在表示“回想、回忆”的意义时，一般用于祈使句，而不用于叙述句，这背后的道理他们不清楚道。应该告诉学习者，“想想”是“想一想”的省略形式，意思是“想一下”或“想一会儿”，表示“想”的次

---

① 见陆庆和《实用对外汉语教学语法》，北京大学出版社2006年版。我们这里所引用的这类偏误句出自该书第118—125页。

数少或时间短，而不是“想”的次数多或时间长，所以不能说“经常想想”，而应该说“经常想”（当然，把“想”换成“回想”更正式一些）。另外，这种“$V_{动}V_{量}$”式短语并非只能用在祈使句中，陈述句中也经常使用，而它之所以适合在祈使句中使用，是因为它能表示动作行为的次数少或持续的时间短，它能给人以一种随意的感觉，用在祈使句中能够弱化祈使语气。

②＊那本书我稍微翻，没仔细看。

改：那本书我稍微翻了翻，没仔细看。

③＊我只是随便说的，何必这么认真呢？

改：我只是随便说说的，何必这么认真呢？

关于上面二例的偏误，陆庆和（2006）指出：

如要强调已经发生的动作的轻微、随便，特别是句中有“只是”“随便”“稍微”这样的修饰语时，一般要用动词的重叠式。

其实，上面二例中的偏误发生的根本原因，还是汉语教师没有从语法上讲清“$V_{动}V_{量}$”短语的来历的缘故，他们没能掌握“$V_{动}V_{量}$”短语表示动作行为轻微、随意的理据，甚至会由形容词的重叠（如“高高”“干干净净”等）和真正的动词重叠（如“红旗飘飘”的“飘飘”“蹦蹦跳跳”“说说笑笑”等）去类推，以为“$V_{动}V_{量}$”短语既然是动词的重叠，就应该表示“动量大”（重复的次数多、持续的时间长）的语法意义，所以只说“稍微翻”“随便说”，而没说“稍微翻翻”“随便说说”。关于这种偏误产生的原因，从下面这两个偏误的例子中我们可以看得更清楚：

④＊我的自行车在外边停着呢，可是我们吃完了以后看外边，我自行车不在那儿。我找找很多次，但是找不到。

改：我的自行车放在外边。可是等我们吃完饭往外边一看，发现我的自行车不见了。我到处找都没找到。

⑤＊今天是我爸爸的生日，我和妈妈想了想为爸爸送什么礼物好。

改：今天是我爸爸的生日，我和妈妈想了半天，该送给爸爸什么礼物好。

关于上面两个句子的偏误产生的原因，陆庆和（2006）说：“动词重叠一般不用于过去认真地、重复多次才完成了的动作。”这种说明同样很难让学习者理解并记住。实际上，这样的偏误产生的原因同样是没有真正掌握“$V_{动}V_{量}$”短语的来历及所表示的语法意义的缘故，以为“找找”是动词的重叠，表示找的次数多，以为“想了想”表示想了好长时间，而不知道“找找”是“找一下”的意思、“想了想”是“想了一下”的意思。

⑥*我和我的朋友正在等一等白晓华。

改：我和我的朋友正在等白晓华。

关于这一例的偏误，陆庆和（2006）说：动词重叠“不能用于正在进行的动作”。那么，为什么不能“用于正在进行的动作”呢？如果只这么说一说，学习者不知道它的理据，是很难记住的。其实汉语教师应该告诉学习者，“等一等”是“等等”的原型，意思是“等一会儿”，表示等一小段时间，那么，汉语学习者自然会知道“正在等”和“等一等”的区别了，也就不会有这样的偏误了。

⑦*女儿一面吃，一面聊聊，爸爸生气来了。

改：女儿一边吃饭，一边说话，爸爸生气了。

关于这一例的偏误，陆庆和（2006）说：动词重叠“不能用于同时进行的两个或两个以上的动作”。那么，为什么不能“同时进行的两个或两个以上的动作”呢？如果只这么说一说，学习者不知道它的理据，同样是很难记住的。其实汉语教师应该告诉学习者，“聊聊”是“聊一聊”的省略形式，意思是“聊一会儿”，而不是“不停地聊”，那么，汉语学习者自然会知道不能这样使用“聊聊”这个短语了。

⑧*我在街上逛逛的时候，被自行车撞了。

改：我在街上逛的时候，被自行车撞了。

⑨*我正在休息休息，朋友来了。

改：我正在休息，朋友来了。

关于这以上二例的偏误，陆庆和（2006）说：“单独一个动词重叠式不能作定语。”那么，为什么“单独一个动词重叠式不能作定语”呢？只这么说一说，学习者不知道它的理据，当然是很难记住的。而实际上，出现这种偏误，显然是由于汉语学习者不知道“逛逛”是“逛一会儿”的意思，“休息休息”是“休息一会儿”的意思。

⑩*昨天下了课，我和朋友玩玩，然后才回家。

改：昨天下了课，我和朋友玩了一会儿，然后才回家。

关于这一例的偏误，陆庆和（2006）说：“在表示叙述已经完成的动作的承接复句中，一般不能夹用非描写性的动词重叠式。”这仍然是没有弄清这个偏误产生的原因，这样解释这种偏误产生的原因，学习者更加难以理解，更加难以记住。实际上，这里“我和朋友玩玩”错在没有使用动态助词“了”，如果说成“玩了玩”（意思是“玩了一会”），就没问题了。

⑪ * 他常常丢丢东西。

⑫ * 他从小就喜欢拆拆机器了。

关于以上二例的偏误，陆庆和（2006）说：“表示经常性多次重复的一个动作时，不用动词重叠式。”这样解释这种偏误产生的原因，学习者同样难以记住。实际上，这种偏误显然是学习者不知道“丢丢”“拆拆”是“丢一丢”“拆一拆”的省略形式，是“丢一下”“拆一下”的意思，表示“丢”“拆”的时间短或次数少。

陆庆和（2006）所列举的“$V_{动}V_{量}$”短语使用偏误的例子还有一些，这些偏误产生的根本原因都是学习者不知道“$V_{动}V_{量}$”短语是“$V_{动}$一$V_{量}$”短语的省略形式，也不知道“$V_{动}V_{量}$”短语所表示的语法意义，而像陆庆和（2006）那样分析，几乎每一个这类偏误句都有自己的偏误原因，极其烦琐，难以理解，难以记住，这种“头痛医头，脚痛医脚”的教学方法怎么能让汉语学习者从根本上避免“$V_{动}V_{量}$”短语使用偏误呢？

（二）避免“重动句”使用的偏误

“重动句”就是重复一下动宾谓语句的谓语动词然后加上补语的句子，实际上也就是一种重动形式的“动宾补”谓语句，如“他喝酒〈喝醉〉了”“他喝酒〈喝了半天〉”等。

首先需要明确的是，“重动句”并非是一种汉语原型句式，而是由一种原型句式转换成的句式，是由单动形式的“动宾补”谓语句转换成的，如“他喝酒〈喝醉〉了”是由“他喝酒〈醉〉了”转换成的[①]。外国汉语学习者在“重动句”使用上的偏误大都是由不知道单动形式的“动宾补”谓语句与“重动句”的语用

① “他喝酒醉了”这种说法在中古汉语和近代汉语中使用过（但中古汉语中还没有动态助词“了”），在现代汉语中已经不使用了，被“他喝酒喝醉了”“他喝醉了酒”“他喝醉了”等说法代替了。

功能的差别引起的。一般说来，当谓语中心是动宾短语的时候，如果动宾短语所表示的行为结果是后面的句子所说的行为或现象发生的原因的时候，习惯上在动宾短语的结果补语前重复一下动宾短语的动词，从而形成“重动句”。例如：

① 晚上，九点多钟，我看书看累了，到院子里散步，见办公室的灯还亮着。(《读书》vol.069)

这里“看书看累了”是“到院子里散步”的原因，是需要强调的，所以在结果补语“累了”的前边重复了一下“看书”的“看”。

如果动宾短语的后面要加上评价性的结果补语，在重复动宾短语的动词之后，还要在后面加上结构助词“得”。例如：

② 昨晚自己“演戏”演得太累了，倒上床就睡了。(琼瑶《梦的衣裳》)

这里“演戏太累了”是“倒上床就睡了”这个行为发生的原因，是需要强调的，所以就在结果补语“太累了”的前边重复了一下“演戏”的“演”，同时，“太累”是评价性的结果补语，所以“演”的后面又加上了结构助词“得”。

一般的语法书和教材都没有说清“重动句”重复动词的条件和结构助词“得”使用的条件，因而外国汉语学习者在“重动句”的使用中，就容易发生该重不重、不该重反而重的偏误，以及该用“得”不用、不该用“得”反而用的偏误。下面是陆庆和(2006)所列举的“重动句”使用偏误的例子：

③ * 我们跳舞累了，所以坐下来休息。

这里跳舞累了是“坐下来休息”的原因，这是需要强调的，按照汉语的表达习惯，需要重复一下动词“跳”，所以陆庆和(2006)说：

改：我们跳舞跳累了，所以坐下来休息。

顺便提一下，“跳舞”实际上是一个并列短语，“跳”表示的是腿的动作，“舞”表示的是手的动作。“跳舞”和“舞蹈”的结构相同，“跳”指的是脚的动作，“舞”指的是手的动作，就是所谓的“手舞足蹈”。而一般人会把“跳舞”看成一个动宾短语，因而单独重复一下“跳舞”的“跳”，这只能算是正确的用法了，当然这一点可以不向外国学习者讲。

④ * 因为我把课文念得不太流利，所以挨了老师的批评。

这里应该说“我课文念得不太流利”，是“我念课文念得不太流利”的省略形式，因为“不太流利”是评价性的方式补语，所以重复谓语动词“念”之后，还要加上结构助词“得”，然后再加补语“不太流利”。这个句子的作者之所以错误地使用“把”字句，是因为没有掌握蒙后省略动词的重动句的用法。

另外，如果单纯说明动作行为的结果，而不是把动作行为的结果当作另一件事情发生的原因来说明，也要在动宾短语的结果补语前重复一下动宾短语的动词。例如：

⑤ 他喝酒喝醉了。

这里说明“他喝酒”的结果，要重复一下动词“喝”，否则不符合习惯（在近代汉语中是不需要重复动词“喝”的，直接说成“他喝酒醉了”）。

有的学习者不知道在说明动作行为的结果时，需要在动宾短语的结果补语前重复一下动宾短语的动词，结果形成偏误句。例如：

⑥ * 他爬山累了。

⑦ * 他喝酒醉了。

以上二例说的是“爬山”和“喝酒”的结果，按照习惯应该重复一下动词“爬”和“喝”，说成“他爬山爬累了”“他喝酒喝醉了”。只有以下两种情况下，补语前才不需要重复谓语动词：

第一，当“动宾补”谓语句用来表示假设性的陈述时，因为它不是陈述实际发生的事情，它的补语是不需要强调的，所以不需要重复谓语动词。例如：

⑧ 如果逛街累了，可在此歇脚。（网页《汉堡旅游指南》）

这里“逛街累了”属于假设性的陈述，补语“累”的前面不需要重复动词“逛”。由于汉语学习者不知道这个规则，在非假设性的“动宾补”谓语句中，补语的前面不重复谓语动词，造成例 ⑥例 ⑦那样的偏误。

第二，当对人或动物一惯性的动作行为的时间、动量等因素进行评价时，动宾短语的补语前不需要重复谓语动词。例如：

⑨ 他睡觉早。

⑩ 他吃饭少。

⑪ 他下班晚。

而当不是对人或动物一惯性的动作行为的结果、时间、动量等因素进行评价，而是对特定的某一次的动作行为的结果、时间、动量等因素进行评价时，需要使用“重动句”。如果没有对外国汉语学习者进行这样的说明，他们就容易发生偏误，例 ③的“我们跳舞累了”实际上也属于这种偏误。再看看陆庆和

（2006）所列举的其他例子：

⑫ * 小林打球得很累。

改：小林打球打得很累。

这里显然是说“小林”最近这一次打球打得很累，强调的是“小林”这一次打球的结果，应该使用“重动句”，说成“小林打球打得很累”。而该偏误句的作者没有掌握“重动句”的构成方式和语用功能，所以“很累”前没有重复“打球”中的动词“打”。

⑬ * 昨天他睡觉很早了。

改 $_1$：昨天他睡觉睡得很早。/ 改 $_2$：昨天他睡得很早。

“睡觉很早”这种动补结构适合说明人一贯有早睡的习惯，而要说明人某一天睡觉很早，应该使用“重动”结构“睡觉睡得很早”，或者省略“睡觉”，说成“睡得很早”。

⑭ * 爸爸每天下班得太晚，我怪担心的。

改：爸爸每天很晚才下班，我怪担心的。

其实这里说的是“爸爸”一贯下班晚，而不是某一次下班晚，无须使用“重动句”，只需说“爸爸每天下班太晚”即可，而像陆庆和（2006）那样改为“爸爸每天很晚才下班”，意思有所变化，由评论句变成了说明句，失去了“动宾补”谓语句的语用功能。

⑮ * 她吃饭得很少。

改 $_1$：她吃饭吃得很少。/ 改 $_2$：她吃得很少。/ 改 $_3$：她饭吃得很少。

这里显然是想说“她”饭量小，一贯吃饭很少，而不是某一顿吃饭很少，只需说“她吃饭很少”即可，无须使用重动的形式，如果要使用的形式，说成“她吃得很少”即可。

（三）避免已知信息前置句使用偏误

已知信息前置句就是将已知信息向前移位，而使未知信息处在句末焦点位置上而形成的句子。汉语的宾语前置句通常就是一种已知信息前置句。汉语的宾语前置句一般是将宾语从谓语动词后移到句首，让宾语做话题，但一般的语法书和汉语教材没有指出这一点，往往把前置宾语分析成句子的主语，因而汉语学习者往往不知道宾语前置句的生成方式和语用功能，在使用的时候容易出错，大都是该使用的时候不使用，使用的时候也有弄错语序的。下面是陆庆和（2006）所列举的例子：

① *我们住过一天这座旅馆。

改：这个旅馆我们住过一天。

这里“这座旅馆”显然是已知信息，按照汉语的表达习惯，应该放在句首，而不放在句末焦点的位置上。另外，陆庆和（2006）主张把“这座旅馆”改为“这个旅馆”，其实也可以不改，只是改了以后更加符合口语的特点。

数量补语后置句也是一种已知信息前置句。汉语的数量补语一般紧跟在动词的后面，而将宾语放在数量补语的后面；但如果宾语属于已知信息，就将宾语移到动词后，而将数量补语放在宾语后。如果汉语学习者不了解这个规则，就容易出现偏误。例如：

② 他打过〈两次〉人。

③ 他打过这个人〈两次〉。

这里前一例中的“人”是未知信息，所以放在句末焦点位置上（放在动词及数量补语后）；后一例中的“这个人”是已知信息，所以不放在句末焦点位置上，而将数量补语放在句末焦点位置上。我们再看看语料库中的例子：

④ 某徒工不到两天时间就连续打了师父〈两次〉。(《1994年报刊精选·09》)

这里“师父”是已知信息（徒工必然有师父），所以不放在句末焦点位置上。

陆庆和（2006）对下面这个偏误句的修改就不符合已知信息不置于句末焦点上的原则：

⑤ *我去过一次医院看他。

改：我去医院看过一次他。

陆庆和（2006）修改的结果其实也属于偏误句，因为“他”是已知信息，按照汉语的习惯，不放在句末焦点位置上。正确的说法应该是：

我去医院看过他〈一次〉。

⑥ *他曾经得过伤寒病一次。

改：他曾经得过一次伤寒病。

这也是陆庆和（2006）所列举的例子，修改的结果是正确的，因为这里“伤寒病”是未知信息，按照汉语的表达习惯，应该放在句末焦点的位置上。再如：

⑦ * 她练了太极拳一年。

改：她练了一年太极拳。

这里陆庆和（2006）所修改的结果也是正确的，因为“太极拳”是未知信息，按照汉语的表达习惯，应该放在句末焦点的位置上。

⑧ * 我打了电话给我妈妈很多次。

改：我给我妈妈打了很多次电话。

这里陆庆和（2006）所修改的结果也是正确的，因为“电话”和“很多次”都属于未知信息，没有必要让“很多次”单独处在句末焦点位置上。另外，汉语对象状语要放在动词的前边，所以这里“给我妈妈”应该放在动词“打”的前边，这一点与英语等语言是不同的。

宾语前置句中的宾语可以移到句首，也可以放在主语后，但放在主语后有时会影响理解，这时宾语必须放在主语前，这一点外国汉语学习者有时意识不到，也会造出偏误句。例如：

⑨ * 我那个臭豆腐怎么努力也吃不下。

改：那块臭豆腐我怎么吃也吃不下去。

这也是陆庆和（2006）所列举的例子。这里“那个臭豆腐”显然是已知信息，作者没有将它放在“吃不下”的后面而使它处在句末，这是对的，但将“那个臭豆腐”放在主语“我”的后面，这是不合适的，因为“我”和“那个臭豆腐”可以组成一个偏正短语，虽然有语境的提示，不至于使人产生误解，但可以使人产生不正确的联想，这样的表达是不严谨的，所以应该将“那个臭豆腐”放在主语“我”的前面。当然，量词“个”应该换成“块”。

值得注意的是，有一种用来强调动作行为的次数少的句式，格式是“主语＋一次也没＋动词＋过＋宾语”，这种句式中的宾语不管是已知信息还是未知信息，都可以放在句末。例如：

⑩ 嫁给我之后，妻子一次也没回过娘家。（《文汇报》2000 年 6 月 27 日）

⑪ 他一次也没到过中国。（《文汇报》2001 年 4 月 27 日）

⑫ 我一次也没见过他儿子。（谷伟林《初中一年级》）

⑬ 自从他妈妈死后，我一次也没打过他的屁股。（戴厚英《人啊人》）

⑭ 我一次也没等到过她。（王朔《动物凶猛》）

⑮ 十几个队员，一次也没缺过课。（《人民日报》2003）

陆庆和（2006）把这种“主语＋一次也没＋动词＋过＋宾语”句式看成了偏误句，这是不符合汉语语法的实际的。例如：

⑯ * 我一次也没滑过雪。

改：滑雪我一次也没滑过。

其实“我一次也没滑过雪”不是偏误句，而是符合汉语语法规则的说法，而“* 滑雪我一次也没滑过”反而是不符合习惯的说法。

人们有时也将这种“主语＋一次也没＋动词＋过＋宾语”句式中的宾语移到数量短语的后面。例如：

⑰（我）两年一次假也没请过，一次课也没逃过。（网页）

这里将“请过”的宾语“假”和“逃过”的宾语“课”都放在了数量短语“一次”的后面。

⑱ 陈育红的家离济南华联商厦很远，她每天挤公共汽车上班，在路上要花一个小时，但她从未迟到，甚至连一次假也没有请过。（《人民日报》1997）

这里将“请过”的宾语“假”放在了数量短语“一次”的后面，“一次”的前边还加上了语气副词“连”来进一步强调它。

（四）避免“把”字句使用偏误

“把”字句，学名“处置式”，它的实质是用处置介词“把”把谓语动词的宾语提到谓语动词的前边，使谓语动词落在句末焦点位置上，从而突出了处置的方式和结果等。例如：

① 我做完作业了。→ 我把作业做完了。

值得注意的是，将否定形式的动宾谓语句转换成“把”字句时，处置介词“把”及其宾语仍然要放在谓语动词语的前边，而不能放在否定副词“没”的前边，这种情况下的否定副词“没”的作用实际上是对肯定形式的“把”字句的谓语的否定。如果汉语教师没有强调这一点，汉语学习者就有可能把“把”及其宾语放在“没”的前边，从而造出不符合汉语表达习惯的偏误句。例如：

② * 我把作业没做完。

这是陆庆和（2006）所举的偏误例子。如果汉语学习者知道“把”的实际作用是把谓语动词的宾语提到谓语动词的前面，就不会造出这种偏误句了：

我没做完作业。→ 我没把作业做完。

“把”的实际作用是把谓语动词的宾语提到谓语动词的前面，而不是提到其他成分的前面，这里“做”的前面有否定副词“没”，“把”及其宾语“作业”也只能放在“没”的后面，而不能放在“没”的前面。再如：

③ * 我洗干净了把衣服。

改：我把衣服洗干净了。

这也是陆庆和（2006）所举的偏误例子。这个偏误句的原型是“我洗干净了衣服”，“把”的作用是将谓语动词“洗”的宾语“衣服”提到“洗”的前面，而不是在原来的宾语“衣服”前加上介词“把”。由于有影响的语法学家们都强调不宜把处置介词“把”的作用说成把谓语动词的宾语提到谓语动词的前边，教师们也就不这样讲，结果在一定程度上降低了“把”字句的教学效率（详见下文）。再如：

④ * 我去买东西，然后差点儿忘放在商店里我买的东西。

这里作者显然没有掌握处置介词“把”的用法，不知道应该用“把”把宾语“我买的东西”提到谓语动词“忘放”的前边（当然，“忘放”的说法是错误的，应该说成“落”）。这个句子应该改为：

我去买东西，买完之后，差点儿把我买的东西落在商店里。

顺便说一下，从上面这个偏误句中也可以看出，作者也没有学会使用“丢三落四”的“落”（là）这个动词，这是因为，有些对外汉语教材的编写者似乎是中国南方人，有些普通话的口语词带有北方方言色彩，他们不习惯使用，如表示“把东西放在一个地方，忘记拿走”意义的动词“落”（là）就是如此，教材的编写者有时用动词“忘”代替它[①]，但用“忘”表示这个意义并不确切，学生也感觉到了这一点，就在“忘”的后面加上了一个动词“放”，说成“忘放”。

值得注意的是，由于有些“把”字句不能符合现代汉语表达习惯地转换成非

① 如刘珣主编的《新实用汉语课本》（北京语言大学出版社2004年版）第四册第四十四课课文（二）《“胖阿姨”文具店》中说：“小学生有时把书包什么的忘在店里，她会给他们保管好，等他们来取。”这里就用“忘”代替了“落”（là）。

“把”字句，有些语法学者就强调不宜把“把”字句看成用介词“把”把谓语动词的宾语提到谓语动词前的方式生成的。如黄廖本《现代汉语》说[①]：

用介词“把”介引的词语不宜理解分析为动词的宾语提前或“前置宾语”。因为有很多“介引成分”在一定的句子格式里不能移到动词后面。例如：

⑤ 他让卖粥大嫂把粥盛在饭盒里。

⑥ 老张把炉子生上了火。

动词后有介词短语做补语的句子（如例⑤），动词后另有宾语的句子（如例⑥），其中的介引成分不能移后作动词的宾语。

如果将黄廖本《现代汉语》所举的这两个例子中的宾语移到动词后面，说成“盛粥在饭盒里”和“生炉子上了火”，的确不符合现代汉语的表达习惯，但在古代汉语和近代汉语中这两种说法是存在的，如“弃竹于江中”（唐·刘肃《大唐新语》）、“害我女儿死”（明·凌濛初《二刻拍案惊奇》），由此类推，“盛粥在饭盒里”和“生炉子上了火”的说法也是符合古汉语和近代汉语的语法规则的，只是这种“动宾补”短语在现代汉语中基本不使用了，所以我们会感到“盛粥在饭盒里”和“生炉子上了火”的说法不符合语法。从历时的角度看，所有“把”字句中“把”的宾语都可以移到动词后面的，因此可以说，“把”字句是用介词“把”把谓语动词的宾语提到了谓语动词的前边。

值得注意的是，我们说，“把”字句是用介词“把”把谓语动词的宾语提到了谓语动词的前边，这只是就“把”字句的实质而言的。从“把”字句的来源上看，处置介词“把”是由“把”字动宾短语中的动词“把”经重新分析演变成的，介词“把”的宾语实际上是由动词“把”的宾语在原位置上转换成的，并没有经过移位的过程。例如：

⑦ 明年此会知谁健？醉把茱萸仔细看。（杜甫《九日蓝田崔氏庄》）

这里“醉把茱萸仔细看”的意思是“在酒醉中拿着茱萸仔细看”。

⑧ 把君诗卷灯前读，诗尽灯残天未明。（白居易《舟中读元九诗》）

这里“把君诗卷灯前读”的意思是“拿着你的诗卷在灯前读”。

⑨ 云边踏烧去，月下把书看。（贯休《寄乌龙山贾泰处士》）

---

① 黄伯荣、廖序东主编：《现代汉语》（增订五版），高等教育出版社出版2011年版，第91页。

这里“月下把书看”的意思是“在月光下拿着书看”。

以上三例中的“把”都是动词，意思是“拿”，但由于由“把”带宾语而成的动宾短语，如“把茱萸”“把君诗卷”“把书”，表示的是伴随性的行为，后面的动词或动词短语表示的是主要行为，这样，人们就忽视了由“把”带宾语而成的动宾短语所表示的行为，并且对“把”的意义也产生了重新分析，把它理解为用来引出后面的动词或动词短语处置的对象，也就是把它理解为处置介词，这样理解“把”并这样使用“把”，就形成了“把”字句。例如：

⑩ 莫言鲁国书生懦，莫把杭州刺史欺。（白居易《戏醉客》）

⑪那堪旅馆经残腊，只把空书寄故乡。（王建《维扬冬末寄幕中二从事》）

以上二例中的“把”用的都不是动词“拿”的意义，而是用作处置介词的，所在的句子就是处置句。这两个处置句都可以转换为一般的动宾谓语句：

莫欺杭州刺史。

只寄故乡空书。

总之，从最初来源上看，“把”字句并不是通过用介词“把”将谓语动词的宾语提到谓语动词前的方式生成的，但“把”字句却是由近代人对动词“把”的语法功能进行这样的重新分析（将谓语动词的宾语提到谓语动词前）而形成的，同时“把”的宾语可以移到谓语动词的后面，因此我们可以说，在现代汉语中，“把”字句的实质是用介词“把”把谓语动词的宾语提到了谓语动词的前边，利用这种看法进行“把”字句的教学，可以提高教学效率。

（五）避免被动句的使用偏误

被动句是用来表示主语所代表的人或事物受到某种处置的句子。从有无被动标记的角度看，汉语被动句有两种类型，一种是无标记被动句，一种是有标记被动句。与其他语系的一些语言不同，汉语经常使用无标记被动句，而无标记被动句属于受事主语句，与宾语前置句看起来相似，而汉语语法学界又很少承认宾语前置句的存在，通常把宾语前置句看成受事主语句，也就是看成无标记被动句，在对外汉语教学中通常也这样处理，这样会导致汉语学习者以为宾语前置句就是被动句，而如果他们的母语中不使用或很少使用无标记被动句，在应当使用汉语的宾语前置句时，他们自然会将它转换成有标记被动句来使用。为了能让外国汉语学习者学会使用汉语宾语前置句，我们需要弄清无标记被动句与宾语前置句在语法意义上和语用功能上的区别。

无标记被动句是与主动句形式相同而谓语动词用于被动意义的被动句。这种被动句与宾语前置句表面上看起来相同，谓语动词前的名词性成分都是谓语动词的受事，只是谓语动词所用的语态不同。例如：

① 生米煮成熟饭了。

这里“煮成熟饭了”等于说“被煮成熟饭了”。再如：

② 参展的中文图书几天时间就卖完了。

③ 我们的名声已经传出去了。

④ 此后，水兵们对袁老伯的照顾一直没间断。煤气用没了，水兵们给他换；大米吃完了，水兵们帮他买。

⑤ 碗刷了。

⑥ 垃圾扔了。

以上六例中的谓语动词用的都是被动意义。在现代汉语中，有时为了将宾语话题化，而把宾语提到谓语动词或谓语动词短语的前面，这种宾语前置句式看起来像是无标记被动句。例如：

⑦ 房子不卖了。

这个句子实际上是由“不卖房子了”转换成的，说的是卖房子计划的取消。这里“房子”虽然处在主语的位置上，但它不是这句话的主语，因为后面的“不卖”不是对“房子”的说明，真正的主语“我”“我们”等省略了。再如：

⑧ 鸡不杀了。

这个句子实际上是由“不杀鸡了”转换成的，说的是杀鸡计划的取消，“鸡”是前置宾语，而不是主语。

⑨ 我在这儿这么些日子了，一顿中国饭还没吃过。

这里“一顿中国饭还没吃过”是由“还没吃过一顿中国饭”转换成的，说的是“我”还没有做过什么，而不是说“一顿中国饭”还没受到过什么处置，很明显“一顿中国饭”是前置宾语，而不是主语。

⑩ 你早餐吃了吗？我带你去吃，好不好？

这里“你早餐吃了吗？”是由“你吃早餐了吗？”转换成的，问的是“你”是否吃了早餐，而不是问早餐是否被吃掉，显然“早餐”是前置宾语。

⑪ 这个节目应该看。

这个句子是由“应该看这个节目”转换成的，同时“应该看”的前面省略了主语“你”“我们”等。

⑫ 他的声音一点也听不见。

这句话是由“一点也听不见他的声音”转换成的。

⑬ 这些作业两个小时也做不完。

这句话是由“两个小时也做不完这些作业”转换成的。

⑭ 李学文坐起来，“你睡的地方找到没有？”他关切地问。

这里“你睡的地方找到没有”是由“你找到睡的地方没有”转换成的。

⑮ A：书放在哪儿？ B：（书）放在地上。

这里“书放在哪儿”是由“在哪儿放书”调整成的，“书放在地上”是由“在地上放书”调整成的。问话中的处所疑问代词“哪儿”代表的是未知信息，所以要放在句末，而答话也顺着问话的语序进行回答。

⑯ 书别放在地上，放在桌子上。

这里“书别放在地上”是“书放在地上”的否定形式，是由“别在地上放书”调整成的，“放在桌子上”是由“在桌子上放”调整成的。而之所以这样调整，是为了让处所词语处在句末焦点的位置上，从而得到强调。

由于宾语前置句的宾语处在主语的位置上，而它在语义上又是谓语动词的受事，因而学者们往往把宾语前置句看成无标记被动句，把前置宾语看成受事主语。那么，该怎么区别宾语前置句与无标记被动句呢？一般说来，宾语前置句的谓语动词前不可以加上被动助动词，同时提前的宾语可以移回谓语动词或动词短语的后面。如例⑦的“房子不卖了”不可以转换成“* 房子不被卖了”，但可以转换成“不卖房子了”，所以“房子不卖了”就是一个宾语前置句。而无标记被动句的谓语动词前如果加上被动助动词“被”，或者由主动者介词“被”“叫”等引出行为的主动者，就可以转换为有标记被动句。例如：

⑰ 生米煮成熟饭了。→ 生米被煮成熟饭了。

⑱ 生米煮成熟饭了。→ 生米被他煮成熟饭了。

⑲ 碗刷了。→ 碗叫我刷了。

但是，如果一个句子看起来像是无标记被动句，但句首的名词前或谓语动词前能够加上主语，同时意思不变，那还是宾语前置句。例如：

⑳ 作业写了吗？→ 你作业写了吗？

㉑ 作业写了吗？→ 作业你写了吗？

以上我们明确了无标记被动句与宾语前置句的区别。从语法意义和语用功能上看，无标记被动句属于受事主语句，主要用来说明主语受到了什么处置，或将会受到什么处置，它的谓语是对主语的说明，而宾语前置句是为了让宾语作话题而将宾语移到句首，它的谓语不是对前置宾语的说明，前置宾语本来是谓语的一部分。如果汉语学习者掌握了这种区别，就比较容易学会宾语前置句，避免该使用宾语前置句的时候而使用被动句。下面是陆庆和（2006）所举的偏误例子：

㉒ * 因为我出了汗，所以我的衣服需要隔几分钟被换一换。

改：因为我出了汗，所以我的衣服需要隔几分钟换一换。

这里第二分句无须使用被动句，应该将被动助词“被”删掉，使之成为宾语前置句。汉语的被动句通常用来说明人或事物已经受到的处置或将会受到的处置，而不用来表示需要受到某种处置，这一点与英语等语言中的被动句很不相同。

㉓ * 房间被扫干净了。

改：房间打扫干净了。

㉔ * 那篇文章被修改完了。

改：那篇文章修改完了。

㉕ * 信被我写好了。

改：信我写好了。

㉖ * 运动会上星期被举行了。

改：运动会上星期举行了。

以上四例都不恰当地使用了被动句，陆庆和（2006）都按照汉语的习惯修改成了宾语前置句，修改的结果无疑是正确的，这不仅是因为宾语前置句可以用来表达相应的意思，还因为汉语的被动句，尤其是口语中的被动句，一般用来表示人或事物受到了某种不如意的、不利的处置，或者是用来表示事物受到了对领有者不利的处置，等等，而房屋被打扫干净了、文章被修改好了、信被写好了、运动会被举行了等，都是对房屋、文章、信的领有者和运动会的举办者有利的事，在汉语中都不习惯用被动句来表示。了解了这一点，并了解了宾语前置句的生成方式，就可以有效地避免被动句使用的偏误。

以上我们举例说明了空语类理论在对外汉语教学上的应用价值。当然，我们并不是说，要把空语类的理论教授给汉语学习者，而是要把运用空语类理论研究汉语语法所得到的成果运用到对外汉语教学中去，这对于外国汉语学习者深入地认识汉语语法、避免汉语语法上的一些偏误无疑是非常有意义的。由于笔者这几年没有进行对外汉语教学，只是在给外国留学研究生讲授《汉语史》课和《古汉语专题研究》课的时候，偶尔将我们的研究成果与外国留学研究生进行交流，加深了外国留学研究生对我们所提到的汉语语法现象的认识。2017 年 5 月笔者通过了孔子学院总部与国家汉办举行的国家公派出国教师选拔考试，7 月中旬到 8 月中旬进行了 4 个星期的培训，于 8 月末来到亚美尼亚孔子学院任教，在教学过程中，笔者把本课题的少量研究成果运用汉语教学中去，效果比较可观。在一次本土教师培训会上，笔者做了《谈谈汉语语序的变化》的讲座，主要讲了以下三种情况下的语序变化：

第一，如果主语是未知信息，通常要放在谓语的后面，从而形成“谓语 + 主语”的语序。举了“来客人了”“1992 年十二月，河底镇失踪了一个年轻人”“我市发生了一起恶性伤人事件”等例子，都是事件句，但由于受时间限制，笔者没有将我们所说的事件句展开说明。

第二，如果宾语是已知信息，而且是谈话的话题，通常要放在主语的前面，形成“宾语 + 主语 + 动词”的语序。举了“不用调查了，这个人我知道，不是敌人，是我们的朋友”“他让我去找一个人，这个人我现在找到了”“雷锋我没见过，活雷锋我见到了”等宾语前置句的例子。

第三，定中短语的中心语如果是话题，通常要放在句子的开头。举了“姜还是老的辣”“蔬菜应吃新鲜的，久放的蔬菜含硝酸铵，可致癌”“中国小说我只看过一本”等例子。

培训会中间休息的时候，一些本土教师和中国教师以及志愿者都表示听了这个讲座，收获很大，并表示将会把本讲座的观点运用到教学中去。

当然，本书所探讨的只是与空语类有关的汉语语法问题，还有不少与空语类没有关系或没有直接关系的汉语语法现象这里没有探讨，对于这些语法现象，笔者的看法有一些与学术界是不同的，而笔者把这些看法运用到汉语语法教学上，都获得了比较好的教学效果。在今后的对外汉语教学实践中，笔者将不断地进行探索和学习，对以往的研究结果进行补充、纠正和完善。

参 考 文 献

说明：由于篇幅所限，这里仅列出本书撰写期间主要参考的一些学术专著和一些学术论文，另外还有一些非主要参考的学术论文，我们引用了其中的观点，已经在正文的脚注里注明出处，这里不再列出。

[01] Chomsky N, *Lectures on Government and Binding*; Foris. 1981.

[02] Chomsky N, *Some Concepts and Consequences of the Theory of Government and Binding*; MIT Press. 1982

[03] Chomsky N, *The Minimalist Program*, MIT Press. 1995.

[04] 陆俭明、沈阳:《汉语和汉语研究十五讲》，北京大学出版社 2004 年版。

[05] 吕叔湘:《汉语语法分析问题》，商务印书馆 1979 年版。

[06] 吕叔湘:《中国文法要略》，商务印书馆 1982 年重印本。

[07] 沈阳:《现代汉语空语类研究》，山东教育出版社 1994 年版。

[08] 沈阳、何元建、顾阳:《生成语法理论与汉语语法研究》，黑龙江教育出版社 2001 年版。

[09] 石定栩:《乔姆斯基的形式句法——历史进程与最新理论》，北京语言文化大学出版社 2002 年版。

[10] 石毓智:《语法化的动因与机制》，北京大学出版社 2006 年版。

[11] 吴刚:《生成语法研究》，上海外语教育出版社 2006 年版。

[12] 徐杰:《普遍语法原则与汉语语法现象》，北京大学出版社 2001 年版。

[13] 徐烈炯:《生成语法理论》，上海外语教育出版社 1988 年版。

[14] 徐烈炯:《生成语法理论：标准理论到最简方案》，上海教育出版社 2009 年版。

[15] 赵元任著，吕叔湘译:《汉语口语语法》，商务印书馆 1979 年版。

[16] 赵元任著，李荣编译:《北京口语语法》，开明书店 1952 年版。

[17]朱德熙:《语法讲义》, 商务印书馆 1982 年版。

[18]朱德熙:《语法答问》, 商务印书馆 1985 年版。

[19]蔡炎:《生成语法中的四种空语类》,《广西师范学院学报》2012 年第 4 期。

[20]韩景泉:《空语类理论与汉语空位宾语》,《国外语言学》1997 年第 4 期。

[21]胡明扬:《读沈阳著〈现代汉语空语类研究〉》,《语言文字应用》2004 年第 1 期

[22]李勤:《汉语不同句式中的空语类探析》,《北方论丛》2005 年第 5 期。

[23]沈阳:《汉语句法结构中名词短语部分成分移位现象初探》,《语言教学与研究》1996 年第 1 期。

[24]屠爱萍:《现代汉语非名词性空语类》,《现代外语》2013 年第 3 期。

[25]徐烈炯:《管辖与约束理论》,《国外语言学》1984 年第 2 期。

[26]徐烈炯:《空语类研究》,《外国语》1989 年第 4 期。

[27]徐烈炯:《与空语类有关的一些汉语语法现象》,《中国语文》1994 年第 5 期。

[28]徐小球:《论汉语中的空语类》,《湖北经济学院学报》2010 年第 3 期。

后　记

经过将近三年的时间，这本《深层汉语语法分析》终于写完了。这本书是笔者在备课、上课、指导本科生和研究生毕业论文之外的时间写成的。这本书并不像笔者的上一本书《应用现代汉语语法》那样内容复杂、宽泛，本不该直到2018年4月才完成，以至于没能参加辽宁省2015—2018年科学研究一般项目的第一次结题，这是因为在撰写这本书的最后一年里（从2017年4月中旬到2018年4月中旬），笔者报名参加了孔子学院总部／国家汉办举办的外派教师选拔考试，之后又于2017年7月中旬到2017年8月中旬参加了孔子学院总部／国家汉办外派汉语教师岗前培训，历时一个月左右，每天从早到晚培训，异常忙碌。当时正值暑假期间，本来空余时间比上课的一个学期（5个月左右）的空闲时间还要多，而这期间这本书却没能写一个字，尔后从2017年8月末开始，笔者又来到了亚美尼亚孔子学院任教，由于是第一次在国外从事汉语国际教育与中国文化传播工作，没有经验，没有积累，备课格外费时间，前一个半月的时间里除了备课、上课、搞活动之外，没有一点业余时间，后来也仅仅能挤出一点点时间继续写本书，结果没能在2017年11月末第一次结题前完成。好在还有第二次结题，在第二次结题前本书终于完成了。

同笔者的前几本书一样，这本书也是在我的家人支持下写成的。在写作这本书期间，我爱人仍然承担了全部家务，使我能够挤出时间写这本书。特别是这本书完稿前的两个月里，我爱人由于太劳累，身体出现不适，却坚持带病买菜、做饭、收拾碗筷、洗衣服、擦地板，等等，我却不能帮她分担一点家务，实在惭愧。另外，在来到亚美尼亚孔子学院之前，我完成了外派汉语教师岗前培训之后，回到大连，办了两天出国手续，然后才赶回老家看望88岁的老母亲，在老家仅仅住了5天，还每天从早到晚写这本书，只能抽出零散的一点时间跟母亲说说话。在我离开老家的前一天下午，我母亲就躲在厨房里悄悄地哭泣了，因为第二天我一走，就要一年后才能回来。我不忍心看这悲伤的一幕，但也没敢过去劝说，怕越劝她老人家哭得越厉害，就假装没看见，从厨房门口走了过去。第二天早晨，我就在老母亲含泪而无言的告别中离开了老家，赶回了大连，办理其他未完成的出国手续，然后于 8 月 25 日和我爱人一起，带着四个大行李箱和一个小行李箱、两个背包，从大连乘坐动车来到北京上飞机，经过 29 个小时才来到了亚美尼亚首都埃里温。等安顿好了之后，经过孔子学院的试讲等环节，我就正式开始上课了。正像前边提到的那样，又经过了一个半月以后，才接着写这本书。

本书中仍然凝结着我大量的心血与汗水，不过这不值一提，而我母亲的眼泪与对重逢的期盼，以及我爱人的辛勤操劳，是我永远也不能忘记的。

在本书的出版阶段，笔者在亚美尼亚孔子学院任教，与国内联系不够方便，所以本书的出版事宜都是由笔者的国内单位——大连外国语大学文化传播学院的张恒军院长和院办公室主任刘明阳老师、教学秘书潘婧妍老师代理，在此表示深深的谢意！

这本书是我的辽宁省 2015—2018 年科学研究一般项目的最终成果，感谢辽宁省教育厅的资助和大连外国语大学的一比一配套资助！感谢中国戏剧出版社有限公司的大力支持！本科研项目的阶段性成果也获得了《现代语文》杂志编辑部、《语文学刊》杂志编辑部、《语言教育》杂志编辑部等的支持，已在本书正文的注释中注明，在此再次表示感谢！

袁庆德

2018 年 9 月 21 日

于亚美尼亚孔子学院